Findbuch des Bestandes Abt. 11
Regierungskanzlei (Obergericht) zu Glückstadt – Teil 2
von Jörg Rathjen

Veröffentlichungen des Landesarchivs Schleswig-Holstein
Band 119

Jörg Rathjen

Findbuch des Bestandes Abt. 11

Regierungskanzlei (Obergericht) zu Glückstadt

Teil 2

Hamburg University Press
Verlag der Staats- und Universitätsbibliothek Hamburg
Carl von Ossietzky

Impressum

Bibliografische Information der Deutschen Nationalbibliothek:

Die Deutsche Nationalbibliothek verzeichnet diese Publikation in der Deutschen Nationalbibliografie; detaillierte bibliografische Daten sind im Internet über http://dnb.d-nb.de abrufbar.

Online-Ausgabe
Die Online-Ausgabe dieses Werkes ist eine Open-Access-Publikation und ist auf den Verlagswebseiten frei verfügbar. Die Deutsche Nationalbibliothek hat die Online-Ausgabe archiviert. Diese ist dauerhaft auf dem Archivserver der Deutschen Nationalbibliothek (https://portal.dnb.de/) verfügbar.

ISSN 2627-9002
DOI https://doi.org/10.15460/HUP.LASH.119.184

Printausgabe
ISSN 1864-9912
ISBN 978-3-943423-51-8 (Gesamtaufnahme)
ISBN 978-3-943423-52-5 (Teil 1)
ISBN 978-3-943423-53-2 (Teil 2)

Redaktion: Veronika Eisermann, Rainer Hering, Sven Schoen, Malte Bischoff
Gestaltung: Atelier Bokelmann, Schleswig
Produktion: Books on Demand, Norderstedt

Verlag
Hamburg University Press, Verlag der Staats- und Universitätsbibliothek Hamburg Carl von Ossietzky, Hamburg (Deutschland), 2020
http://hup.sub.uni-hamburg.de

INHALTSVERZEICHNIS

Teil 1

Vorbemerkung XIX

Kanzleiarchiv 1
- Staaten und Regenten in Europa 1
- Dänemark und Norwegen 1
- Friedensverhandlungen, Allianzen und sonstige Verhandlungen 3
- Reichs-, Fürsten-, Kollegial- und Deputiertentage 3
- Reichsgerichte 4
- Niedersächsischer Kreis 10
- Herzogtum Bremen und Verden mit Stadt Bremen und Insel Krautsand 12
- Kaiserreich Frankreich 18
- Herzogtum Lauenburg 21
- Grafschaft Oldenburg und Delmenhorst 22
- Stadt und Stift Lübeck 23
- Stadt Hamburg und Domkapitel 34
- Elbe 41
- Königliches Erbhaus 47
- Gemeinschaftliche Rechte und Streitigkeiten des Gesamthauses Holstein 47
- Abgeteilte Herrschaften 49
- Statthalterschaft 49
- Allgemeine Justiz- und Regierungsangelegenheiten 51
  - Verwaltung 51
  - Beamte 54
  - Justiz 56
  - Indigenatsrecht 58
  - Testamente und Fideikommisse 59
  - Schuld- und Pfandprotokolle 60
  - Presse, Druckwesen, Altertümer und gelehrte Gesellschaften 61
  - Grenzen 62
- Kriminalfälle 63
- Kirche 64
  - Allgemeines, Episkopalhoheit, Konsistorien, Synode 64
  - Kirchenvisitationen 66
  - Generalsuperintendent 68
  - Pröpste 69
  - Prediger und Kirchenbedienstete 69
  - Kandidaten der Theologie 72
  - Gottesdienst, Festtage und Kirchenagende 75
  - Taufe, Konfirmation, Trauung, Abendmahl, Beichte und Beerdigungen 77
  - Ehe 79
  - Kirchengebäude, Kirchengüter, Kircheninventare, Kollekten und Abgaben 81
  - Geistliche Bücher und Schriften 83

- Fremde Religionsverwandte 84
- Stiftungen 87
- Geistliche Institute und Vereine 88

Konsistorium (Eheangelegenheiten) 89
Zuchthaus 126
Schule 131
Deiche, Schleusen und Wasserlösung 140
Arme, Bettler, loses Gesindel, Zigeuner 152
Maße und Gewichte 155
Ansteckende Krankheiten 156
Medizinalwesen 162
Viehseuchen 169
Wege 175
Sonstige Polizeiangelegenheiten 176

- Presse und Druckwesen 176
- Pässe, Reisende, Ein- und Auswanderung 177
- Gesinde 181
- Lotterie, Glücksspiel, Veranstaltungen 181
- Polizeiordnung, Luxusordnung, Trauerordnung 182
- Polizeibedienstete 186
- Reisende Handwerksgesellen und Wanderbücher 183
- Gewerbepolizei 184
- Beerdigungen 184
- Öffentliche Ordnung und Sicherheit 185
- Tiere 186

Handel und Schifffahrt 186
Handwerk und Gewerbe 199
Landesökonomie 200
Kammerwesen 204
Landesmatrikel, Kontribution und Steuern 206
Münzwesen 216
Holz- und Jagdwesen 217
Sonstige herrschaftliche Einnahmen 219
Militär 228
Klöster allgemein 230
Sankt Johanniskloster vor Schleswig 231
Kloster Itzehoe 231
Kloster Preetz 242
Kloster Uetersen 253
Adel 260
Adlige Güter allgemein 260
Adlige Marschgüter 265
Lübsche Güter 265
Einzelne adlige Güter 270

- Ahrensburg 270
- Annenhof 272

Ascheberg 272
Bahrenfleth 273
Bekdorf, Bekhof und Bekmünde 274
Blumendorf 274
Borstel mit Grabau 275
Bossee 276
Bothkamp 277
Bramstedt 279
Breitenburg 280
Brodau 286
Bürau 286
Depenau 287
Drage 288
Ehlerstorf 290
Emkendorf 290
Farve 291
Fresenburg 291
Freudenholm 292
Futterkamp 292
Gaarz 293
Glasau 294
Großenbrode 294
Güldenstein 295
Hagen 295
Hanerau 295
Haselau und Haseldorf 298
Hasselburg 300
Heiligenstedten mit Kampen 301
Helmstorf 302
Höltenklinken 302
Hoisbüttel 303
Jersbek und Stegen 303
Kaden 305
Kletkamp 306
Kollmar, Groß und Klein 307
Kronsburg 309
Krummendiek mit Kampen 310
Kühren 312
Lammershagen 312
Lehmkuhlen 312
Löhrstorf 312
Mannhagen 313
Marutendorf 313
Mehlbek 314
Muggesfelde 315
Nehmten 316

Neudorf 316
Neuendorf 317
Neuhaus 318
Neverstorf 319
Nienhof und Pohlsee 319
Klein Nordsee und Neu Nordsee 319
Groß Nordsee mit Klein Königsförde 320
Nütschau 321
Övelgönne mit Winterhagen 321
Oppendorf 323
Osterrade 323
Panker 324
Perdöl 324
Petersdorf 325
Plessensche und Blomesche Wildnis 325
Projensdorf 327
Pronstorf 328
Putlos 328
Quarnbek 328
Rade 329
Rantzau 329
Rastorf 330
Rethwisch 330
Rixdorf 331
Rohlstorf 331
Rosenhof 332
Salzau 332
Sarlhusen 333
Satjewitz 333
Schierensee 333
Schmoel und Hohenfelde 334
Schönweide 334
Schrevenborn 335
Schulenburg 336
Seedorf mit Hornstorf 337
Seegalendorf 337
Seestermühe 338
Sierhagen 339
Siggen und Godderstorf 339
Silk 340
Tangstedt 340
Testorf 341
Tralau 341
Travenort 341
Wahlstorf 342
Wandsbek 342

Warleberg (Schwartenbek) 349
Weißenhaus 349
Wellingsbüttel 349
Wensin und Travenhorst 350
Westensee 351
Wittenberg 351
Wittmoldt 351
Wulksfelde 352
Adlige Kirchen 353
Adlige Kirchen allgemein 353
Altenkrempe 356
Barkau 357
Blekendorf 359
Bovenau 360
Elmschenhagen 360
Flemhude 361
Giekau 362
Hansühn 362
Haselau 363
Haseldorf 363
Hohenstein 363
Lebrade 364
Lensahn 364
Neukirchen 365
Nüchel 366
Preetz, Fleckenskirche 367
Preetz, Klosterkirche 368
Probsteierhagen 368
Sarau 369
Schlamersdorf 370
Schönberg 371
Schönwalde 372
Selent 372
Stellau 372
Sülfeld 373
Westensee 376
Woldenhorn 377
Propsteien 377
Propstei Flensburg 377
Propstei Münsterdorf 378
Allgemeines 378
Kirchenvisitation 383
Glückstadt 386
Itzehoe 386
Krempe 389
Wilster 391

Kirchspiel Beidenfleth 394
Kirchspiel Borsfleth 396
Kirchspiel Breitenberg 398
Kirchspiel Brokdorf 399
Kirchspiel Heiligenstedten 400
Kirchspiel Hohenaspe 402
Kirchspiel Hohenfelde 403
Kirchspiel Horst 405
Kirchspiel Kollmar 406
Kirchspiel Krummendiek 407
Kirchspiel Sankt Margarethen 408
Kirchspiel Münsterdorf 410
Kirchspiel Neuenbrook 412
Kirchspiel Neuendorf 414
Kirchspiel Neuenkirchen 416
Kirchspiel Stellau 417
Kirchspiel Süderau 417
Kirchspiel Wewelsfleth 421
Propstei Plön 423
Allgemeines 423
Kirchenvisitation 427
Plön 427
Kirchspiel Ahrensbök 431
Kirchspiel Curau 431
Kirchspiel Gleschendorf 431
Kirchspiel Gnissau 432
Kirchspiel Ratekau 433
Kirchspiel Reinfeld 434
Kirchspiel Süsel 435
Kirchspiel Wesenberg 436
Kirchspiel Zarpen 437
Konsistorien Eutin und Segeberg 439
Propstei Rendsburg 440
Allgemeines 441
Kirchenvisitation 441
Rendsburg 442
Kirchspiel Bovenau 448
Kirchspiel Hademarschen 448
Kirchspiel Hohenwestedt 449
Kirchspiel Jevenstedt 451
Kirchspiel Kellinghusen 452
Kirchspiel Nortorf 455
Kirchspiel Schenefeld 459
Kirchspiel Westensee 462
Propstei Segeberg 462
Allgemeines 462

Kirchenvisitation 467
Heiligenhafen 469
Lütjenburg 469
Oldesloe 470
Segeberg 473
Kirchspiel Blekendorf 477
Kirchspiel Bornhöved 477
Kirchspiel Bramstedt 479
Kirchspiel Großenbrode 481
Kirchspiel Kaltenkirchen 481
Kirchspiel Leezen 484
Kirchspiel Pronstorf 486
Kirchspiel Sarau 487
Kirchspiel Schlamersdorf 487
Kirchspiel Sülfeld 488
Kirchspiel Wandsbek 489
Kirchspiel Warder 490
Propstei Süderdithmarschen 491
Allgemeines 491
Kirchenvisitation 494
Kirchspiel Albersdorf 495
Kirchspiel Barlt 496
Kirchspiel Brunsbüttel 497
Kirchspiel Burg 499
Kirchspiel Eddelak 500
Kirchspiel Hemmingstedt 502
Kirchspiel Marne 503
Kirchspiel Meldorf 505
Kirchspiel Sankt Michaelisdonn 509
Kirchspiel Nordhastedt 510
Kirchspiel Süderhastedt 510
Kirchspiel Windbergen 511
Kirchspiel Wöhrden 512
Propstei Norderdithmarschen 513
Allgemeines 513
Kirchenvisitation 514
Kirchspiel Sankt Annen 514
Kirchspiel Büsum 515
Kirchspiel Delve 516
Kirchspiel Heide 516
Kirchspiel Hemme 518
Kirchspiel Hennstedt 518
Kirchspiel Lunden 520
Kirchspiel Neuenkirchen 521
Kirchspiel Schlichting 522
Kirchspiel Tellingstedt 522

Kirchspiel Weddingstedt 524
Kirchspiel Wesselburen 524
Ehemalige großfürstliche Kirchen 526
Allgemeines 526
Kirchenvisitation 527
Kiel 528
Neustadt 529
Oldenburg 529
Kirchspiel Altrahlstedt 530
Kirchspiel Bargteheide 532
Kirchspiel Bergstedt 533
Kirchspiel Bordesholm 534
Kirchspiel Brügge 535
Kirchspiel Eichede 536

Teil 2

Kirchspiel Elmschenhagen 537
Kirchspiel Grömitz 537
Kirchspiel Großenaspe 538
Kirchspiel Großflintbek 539
Kirchspiel Grube 540
Kirchspiel Neumünster 542
Kirchspiel Nortorf 544
Kirchspiel Schönkirchen 544
Kirchspiel Siek 545
Kirchspiel Steinbek 546
Kirchspiel Sülfeld 548
Kirchspiel Trittau 548
Kirchspiel Westensee 549
Propstei Kiel 549
Allgemeines 549
Kirchenvisitation 550
Kiel 552
Kirchspiel Barkau 553
Kirchspiel Bordesholm 554
Kirchspiel Brügge 555
Kirchspiel Elmschenhagen 556
Kirchspiel Flemhude 557
Kirchspiel Großenaspe 558
Kirchspiel Großflintbek 559
Kirchspiel Lebrade 559
Kirchspiel Neumünster 560
Kirchspiel Nortorf 561
Fleckenskirche Preetz 561
Kirchspiel Probsteierhagen 562

Kirchspiel Schönberg 562
Kirchspiel Schönkirchen 563
Kirchspiel Selent 564
Kirchspiel Westensee 564
Propstei Oldenburg 565
Allgemeines 565
Kirchenvisitation 566
Oldenburg 567
Lütjenburg 569
Heiligenhafen 570
Kirchspiel Altenkrempe 570
Kirchspiel Blekendorf 571
Kirchspiel Großenbrode 572
Kirchspiel Giekau 572
Kirchspiel Grömitz 572
Kirchspiel Grube 573
Kirchspiel Hansühn 576
Kirchspiel Hohenstein 576
Kirchspiel Kirchnüchel 577
Kirchspiel Lensahn 577
Kirchspiel Neukirchen 577
Kirchspiel Schönwalde 578
Propstei Stormarn 578
Allgemeines 578
Kirchenvisitation 579
Oldesloe 580
Kirchspiel Ahrensburg 580
Kirchspiel Altrahlstedt 580
Kirchspiel Bargteheide 581
Kirchspiel Bergstedt 583
Kirchspiel Eichede 583
Kirchspiel Sahms 585
Kirchspiel Siek 585
Kirchspiel Steinbek 586
Kirchspiel Sülfeld 587
Kirchspiel Trittau 587
Kirchspiel Wandsbek 588
Kirchspiel Woldenhorn 589
Ämter und Landschaften allgemein 589
Amt Tondern 590
Amt Flensburg 590
Amt Husum 591
Amt Bredstedt 591
Amt Gottorf 594
Amt Schwabstedt 594
Domkapitel Schleswig 594

Amt Cismar 595
Landschaft Süderdithmarschen 597
  Allgemeines, Verfassung, Verwaltung, Privilegien, Jurisdiktion und Grenzen 597
  Justiz 599
  Kirche und Schule 599
  Armenwesen 600
  Ökonomie und Schifffahrt 600
  Finanzen, Steuern und Abgaben, Landwesen 601
  Deiche, Wasserlösung und Hafen 604
  Polizei 606
  Post und Fuhren 608
  Militär und Festung 608
Landschaft Norderdithmarschen 608
  Allgemeines, Verfassung, Verwaltung, Privilegien, Jurisdiktion und Grenzen 608
  Justiz 610
  Kirche und Schule 611
  Armenwesen 612
  Ökonomie und Schifffahrt 612
  Finanzen, Steuern und Abgaben, Landwesen 613
  Deiche, Wasserlösung und Hafen 615
  Polizei 616
  Post und Fuhren 618
  Militär 618
Ämter Kiel, Bordesholm und Kronshagen 619
Amt Neumünster 624
Plönische Ämter 629
  Allgemeines, Verfassung, Verwaltung, Privilegien, Jurisdiktion und Grenzen 629
  Justiz 631
  Kirche, Schule und Ehe 631
  Armenwesen 632
  Ökonomie und Schifffahrt 633
  Finanzen, Steuern und Abgaben, Landwesen 634
  Polizei 637
  Post und Fuhren 638
  Militär 638
Amt Rendsburg 638
  Allgemeines, Verfassung, Verwaltung, Privilegien, Jurisdiktion und Grenzen 638
  Justiz 640
  Kirche und Schule 640
  Armenwesen 640
  Ökonomie und Schifffahrt 641
  Finanzen, Steuern und Abgaben, Landwesen 642
  Polizei 645
  Post und Fuhren 646
Amt Segeberg 647
  Allgemeines, Verfassung, Verwaltung, Privilegien, Jurisdiktion und Grenzen 647

Justiz 648
Kirche und Schule 649
Armenwesen 649
Ökonomie 649
Finanzen, Steuern und Abgaben, Landwesen 650
Polizei 652
Militär 653
Amt Steinburg 653
Allgemeines, Verfassung, Verwaltung, Privilegien, Jurisdiktion und Grenzen 653
Justiz 655
Kirche 656
Armenwesen 656
Ökonomie und Schifffahrt 656
Finanzen, Steuern und Abgaben, Landwesen 658
Deiche, Wasserlösung und Hafen 662
Polizei 664
Post und Fuhren 666
Militär 666
Ämter Tremsbüttel und Steinhorst 667
Ämter Reinbek und Trittau 669
Allgemeines, Verfassung, Verwaltung, Privilegien, Jurisdiktion und Grenzen 669
Justiz 671
Kirche und Schule 671
Armenwesen 672
Ökonomie und Schifffahrt 672
Finanzen, Steuern und Abgaben, Landwesen 673
Polizei 675
Post und Fuhren 678
Militär 678
Herzogliche Fideikommissgüter 679
Städte allgemein 681
Stadt Sonderburg 682
Stadt Flensburg 682
Stadt Friedrichstadt 684
Stadt Schleswig 684
Stadt Eckernförde 684
Stadt Krempe 684
Allgemeines, Verwaltung, Bürgerrecht, Jurisdiktion 684
Justiz 686
Kirche und Schule 686
Armenwesen 688
Ökonomie und Schifffahrt 689
Finanzen, Steuern und Abgaben 690
Polizei 691
Fuhren 692
Militär und Festung 692

Stadt Glückstadt 692
  Allgemeines, Verwaltung, Privilegien, Bürgerrecht und Jurisdiktion 692
  Justiz 693
  Kirche und Schule 693
  Armenwesen 696
  Ökonomie und Schifffahrt 696
  Hafen, Deiche und Wasserlösung 698
  Finanzen, Steuern und Abgaben, Domänen 699
  Polizei 701
  Post, Fuhren und Fähren 703
  Militär und Festung 703
Stadt Heiligenhafen 704
Stadt Itzehoe 707
  Allgemeines, Verwaltung, Bürgerrecht, Jurisdiktion, Grenzen 707
  Justiz 709
  Kirche und Schule 709
  Armenwesen 711
  Ökonomie und Schifffahrt 711
  Finanzen, Steuern und Abgaben 713
  Polizei 715
  Post und Fuhren 716
  Militär 717
Stadt Kiel und Universität 717
  Allgemeines, Verwaltung, Privilegien, Bürgerrecht, Jurisdiktion, Grenzen 717
  Justiz 718
  Kirche und Schule 718
  Armenwesen 720
  Universität 720
  Ökonomie und Schifffahrt 722
  Finanzen, Steuern und Abgaben 723
  Polizei 724
  Post und Fuhren 725
  Militär 725
Stadt Lütjenburg 725
Stadt Neustadt 729
Stadt Oldenburg 731
Stadt Oldesloe 735
  Allgemeines, Verwaltung, Privilegien, Bürgerrecht, Jurisdiktion, Grenzen 735
  Justiz 735
  Kirche, Schule und Ehe 736
  Armenwesen 738
  Ökonomie und Mühlen 738
  Trave und Fischerei 739
  Finanzen, Steuern und Abgaben 740
  Polizei 741
  Militär 742

Stadt Plön 742
Stadt Rendsburg 746
Allgemeines, Verwaltung, Privilegien, Bürgerrecht, Jurisdiktion, Grenzen 746
Justiz 747
Kirche und Schule 747
Armenwesen 749
Ökonomie und Schifffahrt 750
Finanzen, Steuern und Abgaben, Landwesen 751
Polizei 752
Post und Fuhren 753
Militär und Festung 753
Stadt Segeberg 753
Stadt Wilster 758
Allgemeines, Verwaltung, Privilegien, Bürgerrecht, Jurisdiktion, Grenzen 758
Justiz 759
Kirche, Schule und Ehe 759
Armenwesen 761
Ökonomie 762
Finanzen, Steuern und Abgaben 763
Polizei 764
Fuhren 764
Militär 764
Grafschaft Rantzau 764

Altonaer und Pinneberger Archiv 769
Königliche Gerechtsame an der Herrschaft Pinneberg 769
Lehen 769
Insel und Werder 770
Stadt Hamburg 771
Domkapitel Hamburg 774
Reichsgerichte 777
Ziviljustiz und Regierung 778
Kirche 780
Allgemeines 780
Kirchenvisitation 783
Altona mit Ottensen 784
Poppenbüttel (Kirchspiel Bergstedt) 787
Kirchspiel Elmshorn 787
Kirchspiel Eppendorf 787
Kirchspiel Haselau 787
Kirchspiel Haseldorf 788
Kirchspiel Herzhorn 788
Kirchspiel Niendorf 789
Kirchspiel Nienstedten 790
Kirchspiel Quickborn 793
Kirchspiel Rellingen 794

Kirchspiel Seester 798
Kirchspiel Uetersen 798
Kirchspiel Wedel 800
Kammerwesen 801
Ökonomie und Schifffahrt 806
Polizei 808
Arme, Bettler, loses Gesindel und Zigeuner 811
Post 813
Militär 813
Altona und Ottensen 814
Kloster Uetersen 816
Pinneberger Vogteien 822
Herrschaft Herzhorn, Sommerland und Grönland 829
Laurvigsche Wildnis (Herzhorner Wildnis, Bülowsche Wildnis) 832
Grafschaft Rantzau 833

Rantzauer Archiv 835
Kirche 835
Allgemeines und Kirchenvisitation 835
Kirchspiel Barmstedt 835
Kirchspiel Elmshorn 837
Kirchspiel Herzhorn 839
Kirchspiel Hörnerkirchen 839
Polizei 840
Arme und Bettler 840
Elmshorn 841
Handwerk und Gewerbe 841

Journale und Protokolle 842

Alte Findmittel 852

Register 855
Personenregister 855
Sachregister 934
Ortsregister 964

Veröffentlichungen des Landesarchivs Schleswig-Holstein 1018

Kirchspiel Elmschenhagen

9481 Beschwerden gegen Schulmeister Diercks in Wellingdorf 1802

Kirchspiel Grömitz

9283 Anlage in der Kirchengemeinde Grömitz zur Bezahlung eines Vorschusses 1779-1780

9287 Reparatur der Kirche und des Pastorats in Grömitz 1780

9298 Wiederherstellung der Kapelle in Cismar 1781-1845

9299 Kirchenanlage in Grömitz zum Kostenabtrag für das Predigerwitwenhaus und den Pastoralsstall 1782

9303 Streitigkeiten zwischen Pastor Schütt in Neuhagen und Pastor Ipsen in Grömitz wegen verweigerter Heirat (1781) 1782-1784

9320 Baufälligkeit der Predigerwitwen- und Organistenhäuser in Grömitz 1784

9324 Zulage der Pastorenwitwe Berenberg in Grömitz 1784-1785

9351 Aufhebung der Schulgemeinschaft des Dorfes Nienhagen mit den Dörfern Bökenberg und Schwienhagen 1788-1789

9353 Reparatur der Kirchengebäude in Grömitz 1788

9374 Bau eines Pferdestalls beim Pastorat in Grömitz 1791

9453 Besetzung der Schulmeisterstelle in Lenste 1799

9456 Verweigertes Armengeld des Kammerherrn von Sievers in Grömitz 1799-1800

9520 Adjunkt für Pastor Ipsen in Grömitz 1804-1807

9528 Beschwerden des Konsistoriums in Eutin gegen Pastor Ipsen in Grömitz 1805

9533 Reparatur der Kirchengebäude in Grömitz 1805

9535 Dienstverbesserung des Schulmeisters Knutzen in Grömitz 1805

9571 Bestimmung des Eisernen Viehs und Einfriedung der Ländereien des Pastorats in Grömitz 1807-1808

9575 Bau eines Stalls und eines Backhauses beim Pastorat in Grömitz 1808

9609 Erlass der Gagen- und Akzidentiensteuer von den Pastoratseinkünften in Grömitz 1810

9611 Ausbesserung des Kirchendachs in Grömitz 1810

Kirchspiel Großenaspe

9288 Nutzung des Predigerwitwenhauses mit Ländereien in Großenaspe durch Pastor Scheel 1780, 1796-1797

9309 Bau eines Backhauses beim Pastorat in Großenaspe 1783

9330 Bearbeitung des Predigerlandes in Großenaspe 1785-1788

9348 Zulage des Pators Scheel in Großenaspe 1787-1788

9387 Schulleistungen in Heidmühlen 1792

9417 Grabstättengelder in Großenaspe 1795

9418 Kirchenleistungen der Insten in Großenaspe 1795-1796

9427 Zulage der Pastorenwitwe Scheel in Großenaspe aus den Kircheneinkünften 1796-1797

9433 Besetzung des Schulmeisterdienstes und Anschaffung einer Orgel in Großenaspe 1796-1800

9436 Blitzableiter für die Kirche in Großenaspe 1797

9450 Hauptreparatur des Küster- und Schulhauses in Großenaspe 1799-1800

9470 Adjunkt für Pastor Haberkorn in Großenaspe sowie Auseinandersetzung zwischen Pastor Schneevoigt in Großenaspe und Pastor Glasemeyer in Breitenberg 1801-1809

9488 Reparatur des Pastorats in Großenaspe 1802

9496 Reparatur des Küster- und Schulhauses in Großenaspe 1802

9544 Bewilligung des Predigerwitwenhauses in Großenaspe für die Tochter der Pastorenwitwe Scheel 1805-1806

9576 Dienstverbesserung des Pastors Schneevoigt in Großenaspe 1808-1809

9622 Reparatur des Kirchturms in Großenaspe 1811

9630 Unterstützung der Organistenwitwe Stolle in Großenaspe 1811-1816

Kirchspiel Großflintbek

9326 Miete des Witwenhauses für Pastor Fitzmann in Großflintbek 1785-1786

9342 Pastoratseinkünfte und freie Wohnung der Pastorenwitwe Fitzmann in Flintbek 1787

9360 Bearbeitung des Pastoratslandes in Großflintbek 1789-1799

9379 Verweigerte Beiträge der Erbpächter in Rumohrhütten zu den Kirchenanlagen in Großflintbek 1791, 1811-1812

9404 Verweigerter Beitrag der Erbpächter in Rumohrhütten zu den Kirchenanlagen in Großflintbek 1794-1795, 1800

9424 Gundelachsches Begräbnis in Großflintbek 1796

9460 Auseinandersetzung des Pastors Albrecht in Großflintbek mit der Witwe seines Amtsvorgängers 1800-1802

9523 Sonntagsschule in Großflintbek 1804

9566 Dienstverbesserung des Schulmeisters Burchard in Mielkendorf 1806-1807

Kirchspiel Grube

9280 Bau eines Pastorats in Grube 1779-1788

9281 Holzausweisung für den Prediger in Grube 1779-1780

9297 Beleidigung des Amtmanns von Cismar durch Pastor Burchardi in Grube 1781-1782

9305 Aufhebung der Schulverbindung der Dorfschaft Gosdorf mit den Dörfern Riepsdorf und Quaal 1782-1784

9316 Forderungen der Prediger in Grube an die Parzellisten des niedergelegten Vorwerks Cismar 1783-1802, 1833-1834

9323 Verordnungswidrige Verheiratung des Christian Alexander Caspersen in Grube durch den dortigen Kompastor Ulich 1784

9327 Verbesserung des Kompastorats und der Kompastorenwitwe in Grube 1785

9331 Weigerung des Pastors Burchardi in Grube zur Konfirmation des Peter Höft in Thomsdorf 1786-1788

9332 Bau eines Backhauses für Kompastor Ulich in Grube 1786-1787

9336 Versteigerung zur Reparatur der Kirchengebäude in Grube 1786-1787

9929 Vokationskosten des Kompastors Ingwersen in Grube 1817

9338 Amtsvergehen und Streitigkeiten des Pastors Burchardi in Grube 1787-1789

Enthält auch: Nachlässigkeiten des Pastors Ulich in Grube beim Kommunikantenwein

9352 Reparatur der Kirchengebäude in Grube 1788-1791

9377 Adjunktur des Sohnes des Organisten Semler in Grube 1791

9392 Reparaturen der Kirche und der kirchlichen Gebäude in Grube 1793-1794

9412 Vergrößerung der Kirchspielschule und Erweiterung der Organistenscheune in Grube 1795

9421 Armenbeiträge der Eingesessenen in Grube 1796

9422 Benutzung des Predigerwitwenlandes und Versorgung der Predigerwitwen in Grube 1796-1798, 1823-1836

9428 Verlegung der Mittwochfastenpredigt in Grube 1796

9446 Bearbeitung der Schulländereien in Grube (1797) 1798

9472 Verbesserung des Schuldienstes in Gosdorf 1801

9489 Reparatur der Kirchenorgel in Grube 1802

9494 Ankauf von Pastoratsland zur Vergrößerung des Kirchhofs in Grube und Regulativ des Kirchhofs 1802, 1808, 1834-1839

9505 Versorgung der Organistenwitwe in Grube 1803

9514 Verheiratung des Parzellisten Babbe in Dahme durch Kompastor Ulich in Grube 1804

9516 Streitigkeiten zwischen den beiden Predigern in Grube wegen der Gebühren 1804

9518 Verweigerter Beitrag des Gutes Rosenhof zu den Kirchenanlagen in Grube 1804-1805

9524 Privatkonfirmation des Sohnes des Krügers Schult in Grube 1804

9534 Vokations-, Ordinations- und Introduktionsgebühren des Kompastors Schröder in Grube 1805

9539 Zustand des Schulhauses in Altratjensdorf 1805-1806

9579 Strohdächer auf den Pastoratsgebäuden in Grube 1808-1809

9583 Beschwerden des Schulmeisters Meyer in Dahme 1808-1815

9585 Überlassung von Kompastoratsland an den Maurermeister Martiensen in Grube 1809

9597 Unterstützung des Schullehrers Jensen in Rüting 1809-1810

9607 Reparatur des Kompastorats in Grube 1810

9612 Abschaffung von Beerdigungen in der Kirche in Grube 1810

9618 Ausbesserung der Kirche in Grube 1811-1812, 1830-1831

Kirchspiel Neumünster

9328 Bau eines Pastorats in Neumünster 1785-1791
Darin: Grundrisse und Ansichten

9372 Baukosten des Kompastorats in Neumünster 1791

9375 Einfrieden einer Kirchenhölzung in Boostedt 1791-1813

9376 Überlassung von Ländereien an die Kirche in Neumünster 1791

9380 Verweigerte Zahlung von Kirchenbaurechnungen an den Landesbaumeister Richter durch die Kirchenvisitatoren in Neumünster 1792

9382 Ausliefern von Kirchenpapieren wegen des Kircheninventars in Neumünster 1792

9385 Teilung der Pastoratswiese in Neumünster 1792-1793

9390 Kirche in Neumünster: Bestellen von zwei Predigern, Führen der Kirchenbücher und Herumtragen des Klingelbeutels 1778-1796, 1837

9397 Brackersche Geschlechtstühle in der Kirche in Neumünster (1741) 1793-1794

9398 Wiesenheuergelder der Kirchenjuraten in Neumünster 1794

9401 Wohnungsgeld für die Pastorenwitwe und das Predigerwitwenhaus in Neumünster 1794, 1802-1803

9416 Kosten der Vokation und Introduktion von Predigern in Neumünster 1795

9426 Reparatur des Glockenstuhls in Neumünster 1796

9430 Eingestellte Sonntagsnachmittagspredigt des Pastors Callisen in Neumünster 1796-1797

9442 Vokations-, Ordinations- und Transportkosten des Pastors Bruhns in Neumünster 1797-1798

9444 Einfriedung der Priesterhölzung in Bönebüttel 1797

9461 Vergrößerung der Unterküsterwohnung in Neumünster 1800

9463 Reparatur des Prediger- und Schulhauses in Neumünster 1800

9471 Bau einer Scheune auf der Kirchenziegelei in Boostedt 1801

9473 Verhalten des Schulmeisters Göttsche in Tungendorf 1801

9484 Verkauf von Bäumen aus der Kirchenhölzung in Boostedt und Reparatur des Daches der dortigen Kirchenziegeleiwohnung 1802

9495 Gebühren des Superintendenten für die Introduktion eines Predigers in Neumünster 1802

9508 Beschwerden gegen den Unterküster Hadenfeldt in Neumünster 1803

9510 Beschwerden gegen den Schreibmeister Sönnichsen in Neumünster (1803) 1804

9560 Bau eines Wohnhauses auf der Kirchenziegelei in Neumünster 1807

9564 Diensteinkünfte des Predigers in Neumünster 1806-1811, 1821

9567 Verhalten des Distriktschullehrers Kroneweiter in Neumünster (1805-) 1807

9568 Reparatur des Rektoratshauses und Vergrößerung der Schulstube in Neumünster 1807

9570 Ernennung des Schreib- und Rechenmeisters Harbeck in Neumünster 1807-1808

9572 Verleihung des Pastorats in Oldenburg an Pastor Kruse in Neumünster 1808

9580 Anstellung des Hans Hinrich Kock als Schulmeister in Kleinkummerfeld 1808-1809

9588 Unterlassene Anzeige der Prediger in Neumünster über Sterbefälle 1809

9598 Gebühren der Prediger in Neumünster für stille Beerdigungen 1809

9604 Vergütung der Kirchenvisitationsmahlzeiten in Neumünster 1810-1813

9605 Wohnung der Predigerwitwe Lorenzen in Neumünster 1810

9619 Abgängige Eichen in der Predigerhölzung bei Bönebüttel 1811

Kirchspiel Nortorf

9449 Beschwerden der Dorfschaft Sören im Amt Bordesholm gegen ihren Schulmeister Glindemann 1798-1799

Kirchspiel Schönkirchen

9333 Ernennung des Georg Christoph Reese zum Küster und Schulhalter in Schönkirchen (1688) 1786-1787

9452 Verweigertes Schulgeld des Kammerherrn Stolle an die Schule in Mönkeberg 1799

9464 Besetzung der Predigerstelle in Schönkirchen 1800-1801

9474 Wittum vom Pastoratsdienst in Schönkirchen 1800-1803

9554 Wahl des Schulmeisters Petersen in Oppendorf zum Küster in Schönkirchen 1806-1807

9555 Dienstverbesserung des Schulhalters Lorenz in Neumühlen im Amt Kiel (1788) 1806-1807

9625 Abstellung von Gottesdienstmissbräuchen in Schönkirchen 1811

9627 Heirat der Tochter des Gutsbesitzers Kühl auf Oppendorf mit einem französischen Offizier 1811

9631 Vergütung des Küsters in Schönkirchen für Lieferung des Abendmahlweins 1811-1812

Kirchspiel Siek

9311 Verweigerte Kirchenanlage in Meilsdorf zum Kirchenbau in Siek 1783

9334 Gebühr der Kirchspiele Trittau und Siek für einen Leichentransport nach Hamburg 1786

9340 Kirchhofsmauer und neue Kirchhofspforten in Siek 1787

9341 Kirchenanlage in Siek zur Kostenbestreitung für die Einführung des Predigers und für Instandsetzungen 1787

9345 Reparatur des Pastoratsdaches in Siek 1788

9394 Ausbesserung der Kirchturmmauer in Siek 1793

9447 Reparatur des Kirchturms in Siek 1798

9459 Bau des Schulhauses in Oetjendorf 1799-1804

9469 Beitrag zum Kirchturmbau in Siek 1800-1801

9485 Beschwerden des Schulmeisters Beckmann in Rausdorf 1802

9507 Reparatur der Kirche und der kirchlichen Gebäude in Siek 1803

9540 Bau der Pastoratsscheune in Siek 1805-1806

9543 Priesteropfer in Siek 1806

9606 Reparatur der Kirchenmauer in Siek 1810-1811

Kirchspiel Steinbek

9284 Verwendung eines Kapitals für die Kosten eines Altars und eines Predigerstuhls in Steinbek 1779

9306 Reparatur des Kirchturms in Steinbek und des Hauses des Hollischen Schullegats in Schiffbek 1782

9318 Kirchengestühl in Steinbek 1784

9319 Reparatur des Pastorats in Steinbek 1784

9339 Reparatur der Kirche und des Organistenhauses in Steinbek 1787

9355 Reparatur der Orgel in Steinbek 1788-1789

9356 Pastoratland für die Predigerwitwen in Steinbek 1788

9359 Umtausch von Kirchengestühl in Steinbek 1789

9367 Besetzung der Katechetenstelle in Reinbek 1790

9368 Schulstube im Organistenhaus in Kirchsteinbek 1790

9393 Reparatur der Kirche und Kirchengebäude in Steinbek 1793

9403 Ausbesserung der Kirche in Steinbek 1795-1798

9413 Bestallungsgebühren und Ordination des Kapellenpredigers Spiess in Reinbek 1795

9439 Bedeckung des Organistenhauses in Steinbek 1797

9480 Schulgeldforderung des Katecheten Kuss in Reinbek 1801-1802

9490 Blitzableiter am Kirchturm in Reinbek 1802

9493 Beteiligung an den Reparaturkosten der Schulkate in Boberg 1802

9499 Amtsführung des Katecheten Kuss in Reinbek 1803

9501 Reparatur des Organistenhauses in Steinbek 1803

9522 Bau des Pastoratswitwenhauses in Steinbek 1804-1805
Darin: Ansicht und Grundriss

9530 Reparatur der Pastoratswohnung und der Orgel in Steinbek 1805-1807

9531 Vokations- und Introduktionsgebühren des Pastors Brüning in Steinbek 1805

9541 Brennholz des Schullehrers Stolle in Boberg 1805-1806

9548 Verkauf eines Kirchenstuhls in Steinbek 1806

9550 Reparatur der Kirchengebäude in Steinbek 1806

9562 Landüberlassung an den Prediger in Steinbek zum Torfstich 1807, 1824

9573 Reparatur der Planken um den Organistengarten in Steinbek 1808

9587 Reparatur des Organistenhauses in Steinbek 1809

9592 Verheuerung einer Kirchenkoppel in Steinbek 1809

9603 Neues Stuhlbuch für die Kirche in Steinbek 1810

9610 Verbrauch der Witweneinkünfte der Pastorenwitwe Wiese in Steinbek außerhalb des Landes 1810

9620 Reparatur des Pastorats-, Organisten- und Witwenhauses in Steinbek 1811

Kirchspiel Sülfeld

9315 Schmälerung der Schuleinkünfte des Schulmeisters Claus Steinbock in Itzstedt 1783

9483 Bau einer Schulkate in Nahe 1802-1803

Kirchspiel Trittau

9275 Reparaturen der Kirche und der kirchlichen Gebäude sowie Bau eines Glockenstuhls in Trittau Trittau 1763, 1788-1798

9282 Verteilung und Nutzung einer wüsten Pastoratshufe in Trittau 1779-1780

9292 Reparatur des Kirchengewölbes in Trittau 1781

9313 Reparatur des Küster- und Schulhauses in Trittau 1783, 1808-1809

9325 Reparatur des Pastorats- und Predigerwitwenhauses in Trittau 1785

9350 Gnadenjahr in Trittau 1788

9361 Anfrage des Pastors Cellarius in Trittau 1789-1790

9370 Bau eines Backhauses beim Pastorat in Trittau 1790-1791

9391 Vergehen des Pastors Cellarius in Trittau wegen Verheiratungen ohne Amtskonsens 1793

9395 Beschwerden des Kammerherrn und Amtmanns von Hobe gegen Pastor Cellarius in Trittau 1793-1795

9400 Weigerung des Pastors Cellarius in Trittau zum Erstellen von Dokumenten wegen seiner Angabe zur Kupfermühle in Hamfelde 1794

9402 Besetzung des Kirchenjuratenamtes in Trittau 1794-1795

9406 Heirat des Johann Ratje Scharnberg in Trittau außerhalb des Kirchspiels und Behältnis in der dortigen Kirche zur Aufbewahrung der Kirchenregister 1794-1795

9410 Totengräberdienst der Dorothea Fickbohm in Trittau 1795

9431 Bessere Versorgung des Schulmeisters Susemihl in Lütjensee 1796

9448 Reparatur der Kirchenfenster in Trittau 1798

9475 Schulland in Vorburg 1801-1802

9502 Reparatur der Kirche und Kirchengebäude in Trittau 1803-1820

9513 Gemütskranker Schulmeister Susemihl in Lütjensee 1804

9547 Reparatur des Pastorenwitwenhauses in Trittau 1806

9557 Reparatur der Kirche und der kirchlichen Gebäude in Trittau 1806-1807

9578 Feuerungsdeputat der Predigerwitwe Schröder in Grube 1808-1810

9582 Unordnung bei einer Beerdigung auf dem Kirchhof in Trittau 1809

Kirchspiel Westensee

9599 Dienstentlassung des Schulmeisters Wulff in Schierensee 1809-1812

Propstei Kiel

Allgemeines

9634 Einrichtung 1812-1831
Darin: gedrucktes Regulativ für das Konsistorium, 1820

9641 Verbindung eines Teils des Distrikts Dänischwohld mit der Propstei Kiel 1812-1813

9658 Abgabe der Schullehrer in den Ämtern Kiel und Kronshagen 1814

9684 Deputatholz des Konsistorialrats Fock 1814-1815

9693 Sechsprozentabgabe der Pastoratsländereien in Flintbek und Brügge an die Reichsbank 1816-1817

9700 Streitigkeiten zwischen den Predigern in Bordesholm und Brügge wegen des Trauungsortes eines Brautpaares 1816

9703 Erhöhung der Einnahmen des Konsistorialbotens 1816

9755 Streitigkeiten zwischen den Predigern in Großflintbek und Nortorf wegen Taufen in Blumenthal 1819

9782 Verwaltung des Predigerdienstes in Großenaspe und Vikarien bei Predigervakanzen in der Propstei Kiel 1822-1823

9785 Besoldung des Kirchenboten im Amt Bordesholm 1822

9651 Befreiung des Propstes Fock vom Besuch der Delinquenten 1813-1814

9835 Verwaltung der Propsteigeschäfte während der Auslandsreise des Konsistorialrates Fock 1828

9848 Prediger für Ministerialhandlungen an Unvermögenden 1829-1830

Kirchenvisitation

9638 Spezialkirchenvisitation 1812-1829

9640 Spezialkirchenvisitation im Amt Neumünster 1812

9679 Spezialkirchenvisitation in Bordesholm, Brügge und Großflintbek 1815

9680 Spezialkirchenvisitation in der Landgemeinde Kiel 1815-1817

9681 Spezialkirchenvisitation in Lebrade, Selent und Flemhude 1815-1834

9682 Spezialkirchenvisitation in Schönkirchen und Barkau 1815-1816

9725 Spezialkirchenvisitation in Barkau, Elmschenhagen, Preetz, Schönberg, Probsteierhagen, Großflintbek, Brügge, Bordesholm, Schönkirchen, Kiel, Lebrade, Selent und Flemhude 1817-1819

9749 Spezialkirchenvisitation (1779) 1819-1821

9756 Generalkirchenvisitation 1819-1820

9765 Spezialkirchenvisitation im Klosterdistrikt Preetz und anderen Orten 1820-1822

9783 Spezialkirchenvisitation im Klosterdsitrikt Preetz 1822

9786 Speziakirchenvisitation in Selent, Lebrade und Flemhude 1822

9787 Spezialkirchenvisitation in Schönkirchen und Barkau 1822

9788 Spezialkirchenvisitation im Amt Bordesholm 1822

9789 Generalkirchenvisitation 1822 und 1825 1823-1834

9803 Spezialkirchenvisitation im Klosterdistrikt Preetz 1824

9804 Spezialkirchenvisitation im adligen Distrikt 1824-1826

9808 Spezialkirchenvisitation in Brügge, Bordesholm und Großflintbek 1825

9820 Spezialkirchenvisitation im Klosterdistrikt Preetz 1826

9822 Spezialkirchenvisitation im Amt Bordesholm 1827

9653 Generalkirchenvisitation 1814, 1817

9846 Spezialkirchenvisitation im Klosterdistrikt Preetz und im Amt Bordesholm 1829-1830

9847 Spezialkirchenvisitation in den adligen Patronatskirchen 1829-1833

9851 Spezialkirchenvisitation bei den adligen Kirchen 1830-1831
Enthält: Orgelbau in Selent; Schulstube in Flemhude; Verfassung der Schule im Kirchspiel Lebrade

9852 Spezialkirchenvisitation im Amt Bordesholm 1830-1831

9853 Spezialkirchenvisitation im Klosterdistrikt Preetz 1830-1833

9860 Spezialkirchenvisitation im Amt Neumünster 1833

9861 Spezialkirchenvisitation im Amt Bordesholm 1833

Kiel

9660 Schulpflicht des Erbpächters Schroeder in Greverkate zur Schule in Wik und des Gehöfts Hammer zur Schule in Demühlen 1814-1816

9661 Vergrößerung des Schulgebäudes in Brunswik 1814-1815

9666 Schulpflicht der Holzvogtstelle in Poppenbrügge 1814-1828

9670 Gagen- und Akzidentiensteuer des Schullehrers Ehlers in Demühlen 1815-1816, 1829

9677 Verbindung der Schulen in Projensdorf und Suchsdorf 1813-1815

9742 Inspektion über die Landschulen in Kiel 1819-1821

9743 Abendmahl für die Reformierten in Kiel durch Konsistorialrat Fock 1819-1820

9745 Änderung des Abendmahlritus durch den Archidiakon Claus Harms in Kiel 1818

9762 Neues Gartenhaus im Archidiakonatgarten in Kiel 1820

9764 Dienstentlassung des Hauptpastors Fock in Kiel 1820-1821

9767 Verlegung der Nebenschule des Hinrich Jacob Claussen in Brunswik nach Kiel 1820-1823

9780 Ersatz für Kosten der Deputatholzlieferungen an die Archidiakonwitwe Holst in Kiel 1822

9795 Hebung von Leichengebühren von Fremden durch Rektor Frise in Kiel 1823

9816 Schulhausbau in Brunswik 1826-1834

9819 Schulbeiträge des Amtsboten Landtau in Kronshagen 1826

9823 Vergrößerung der Schulstube in Suchsdorf und Verbindung des Gutes Projensdorf mit der Schule in Suchsdorf 1826-1832

9830 Kauf einer Kate für die Schule in Ottendorf 1828

9836 Bau eines Schulhauses in Demühlen 1828-1829

9837 Landüberlassung zum Bau eines Armenhauses in Moorsee 1828-1829

9838 Wahl des Schullehrers in Moorsee 1828

9842 Schule in Moorsee und Pensionierung des Schullehrers Rieper 1829-1833

9859 Unanständige Leichensteininschrift in Kiel 1833

Kirchspiel Barkau

9699 Abtretung von Pastoratsland in Barkau an Hinrich Rix in Kirchbarkau 1816

9714 Tausch von Schulland in Honigsee 1817

9727 Weide und Winterfütterung der Kühe des Schullehrers und Organisten Boldten in Kirchbarkau 1818

9728 Dienstland des Schuldistrikts Barkau 1818-1824

9732 Heiratsgebühren des Pastors Schütze in Barkau 1818

9747 Bau des Organisten- und Schulhauses in Kirchbarkau 1819

9757 Einrichtung einer Nebenschule in Boksee 1819-1820

9759 Ersatz des Pastors Schütze in Barkau für Deputatholz 1819

Kirchspiel Bordesholm

9643 Hökereikonzession des Johann Ferdiand Weber in Kirchbarkau 1812

9659 Beschwerden des Pastors Göttsche in Bordesholm wegen Verfahrens der Kirchenvisitatoren (1813) 1814

9673 Schul- und Organistenhaus in Bordesholm 1815-1816

9696 Schulpflicht des Erbpächters Rix auf dem Hoffeld in Bordesholm 1816

9701 Bau des Schulhauses in Eiderstede 1816-1817

9718 Bau einer Pastoratstreppe in Bordesholm 1817

9720 Rückständige Roggenlieferungen an den Schullehrer Blunck in Boostedt 1817

9722 Bau der Wohnung des Schullehrers Kroneweiter in Neumünster 1817-1821

9724 Landabfindung des Organisten und Schullehrers Göttsche in Bordesholm 1817-1818

9729 Unterstützung des Sohns der Professorenwitwe Thiess in Bordesholm 1818

9735 Zulage des Organisten in Bordesholm 1818

9769 Auslage des Schullandes für Fiefharrie 1821

9773 Beihilfe zum Schulhausbau in Schönbek 1821

9776 Ersatz des durch herabfallende Ziegel von der Kirche in Bordesholm an herrschaftlichen Gebäuden verursachten Schadens 1822-1826

9778 Strafgeld des Pastors Göttsche in Bordesholm wegen verweigerter Veröffentlichung eines Plakats zur Verwaltung der Vikarien in Großenaspe 1822

9790 Bearbeitung der Schulländereien in Boostedt 1822-1823

9807 Unterstützung zum Schulhausbau in Schönbek 1825

9810 Landabtretungen an das Pastorat und den Organisten in Bordesholm 1825, 1831-1832

9818 Verteilung der Schullasten im Schuldistrikt Bordesholm 1826-1827

9821 Haustrauung des Goldschmieds Hans Otto Ganzer in Neumünster mit Friederike Bertram vor Entrichtung der Gebühr an die großfürstliche Witwen- und Waisenkasse 1827

9825 Gagenzahlung der Kompastoren Harding und Charles in Neumünster 1827

9849 Vergütung der Kirchenjuraten Schroedter und Kühl in Bordesholm für Dienste beim Erstellen des Kircheninventars 1830

9857 Strittige Prüfung des Unterlehrers Andresen in Bordesholm 1832

9862 Bau des Schulhauses in Grevenkrug 1833-1834

9865 Landtausch der Schulkommune Mühbrook mit dem dortigen Hufner Stümer 1834

Kirchspiel Brügge

9671 Verweigerte Schulleistungen an den Schullehrer Rixen in Techelsdorf 1815

9690 Rückständige Schulleistungen der Dorfschaft Techelsdorf an den Schullehrer Rixen in Groß Buchwald 1815-1817

9741 Schulbeitrag des Johann Friedrich Jacob Hartwig in Brügge für seine Parzellenstelle (1729) 1818-1819

9774 Priesteropfer in Brügge 1821

9777 Bau des Küsterhauses in Brügge 1820-1822

9800 Bestätigung eines Landtauschvertrages zwischen der Dorfschaft Reesdorf und ihrem Schullehrer 1824

9814 Landtausch des Schullehrers Mester in Brügge mit den dortigen Kätnern Friedrich und Gerhard Christian Bracker 1826-1828

9831 Abtretung von Pastoratsland in Brügge zum Bau eines Armenhauses 1828

Kirchspiel Elmschenhagen

9657 Abgabe des Schullehrers Glau in Dorfgarten 1814

9662 Saatbestellung auf den Schulländereien in Elmschenhagen 1813-1814

9669 Dienstländereien des Distriktsschullehrers Hüseler in Klausdorf (Kloster Preetz) 1815, 1828-1833

9688 Leistungen des Erbpächters Mordhorst in Vieburg an die Schule in Gaarden 1815

9697 Bau des Schulhauses in Wellingdorf 1816-1817

9702 Bau und Reparatur des Schulhauses in Klausdorf (Kloster Preetz) 1816-1817

9705 Weide und Fütterung der Kühe des Schullehrers in Gaarden 1816

9710 Verkauf von Schulland in Wellingdorf 1816-1821

9736 Schulleistungen in Klausdorf (Kloster Preetz) 1818

9740 Beschwerden des Schullehrers Koll in Ellerbek wegen des Gerichtszwangs des Klosters Preetz 1818-1819

9798 Unterstützung der Schullehrerwitwen Koch in Altheikendorf und Francke in Gaarden 1823-1829

9824 Beschwerden von Eingesessenen in Gaarden gegen Ernennung des August Hermann Francke aus Heide zum Schullehrer 1827

9828 Weide des Schullehrers in Gaarden für zwei Kühe 1827-1828

9655 Diensteinkünfte der Schullehrer Glau in Dorfgarten und Stuhlmann in Wellsee 1813-1814

9864 Vereinigung von Anbauern in Poppenbrügge mit der Schule in Dorfgarten 1833-1834

Kirchspiel Flemhude

9691 Rückständige Kirchenanlagen der Güter Marutendorf und Klein Nordsee 1816

9717 Rückständiges Gehalt des Schullehrers in Flemhude 1817

9733 Holzdeputat des Organisten in Flemhude 1818

9744 Verweigerte Fuhrleistungen für den Prediger in Flemhude 1818-1819

9811 Kirchenfuhren in Flemhude 1825

9827 Umtausch einer Wiese der Schulländereien in Flemhude 1827-1828

9841 Entlassung des Schullehrers Sell in Melsdorf 1828-1829

9843 Pferdeweide des Pastorats in Flemhude 1829-1830

9845 Pastoratsscheune in Flemhude 1829-1831

9855 Kirchenopfer in Flemhude 1831-1832

Kirchspiel Großenaspe

9639 Schulgeld für den Knaben Hinrich Weber in Großenaspe 1812

9656 Einquartierung bei Pastor Schneevoigt in Großenaspe 1814

9663 Vergütung des Pastors in Großenasse für die Kirchenvisitationsmahlzeit 1813-1814

9678 Kapitalaufnahme der Kirche in Großenaspe 1815-1817

9687 Schulleistungen der Schulinteressenten in Großenaspe 1815-1816

9689 Benutzung der Predigerwitwenländereien durch Pastor Schneevoigt in Großenaspe 1815-1816

9694 Verbindung der Dorfschaft Fehrenbötel mit der Armenanstalt in Großenaspe 1816-1817

9704 Verwesungsgebühr der Dorfschaften Fehrenbötel, Heidmühlen und Brokenlande (1788) 1816-1817

9712 Winkelschreiberei des Pastors Schneevoigt in Großenaspe 1816

9723 Unterhalt der Organisten-, Küster- und Schullehrerwohnung in Großenaspe 1817-1818

9731 Bau des Schulhauses in Heidmühlen 1817-1818

9737 Schullasten des Erbpachtsmüllers Strenge in Heidmühlen 1818

9752 Zuweisung der Bewohner der Glashütten an den Schuldistrikt Heidmühlen 1819-1825

9799 Beschäftigung eines Unterlehrers im Winter durch den Schullehrer Eggerling in Großenaspe 1824

9829 Forderungen des Organisten Eggerling in Großenaspe wegen Hauptreparatur der Orgel 1827

9832 Schulabgaben des Insten Jochim Hinrich Möller in Großenaspe 1828

9844 Feuerungsdeputat des Schullehrers in Großenaspe 1829-1830

Kirchspiel Großflintbek

9636 Pension der Organistenwitwe Jensen in Großflintbek 1812

9642 Bau eines Predigerhauses in Flintbek 1812-1817
Darin: Profile und Grundrisse

9664 Aufhebung des Predigeropfers in Flintbek 1814-1815

9672 Bau des Schulhauses in Molfsee 1815

9685 Torfdeputat des Organisten in Großflintbek 1815

9707 Vorschlag zur Beilegung der Dorfschaft Rumohr zur Kirche in Flintbek 1816

9708 Verteilung der Beiträge an die Armenkasse in Flintbek 1816

9719 Vereinbarung der Dorfschaften Böhnhusen und Voorde mit ihrem Schullehrer 1817

9730 Bau des Pastorats in Flintbek 1818

9739 Bau des Schul- und Organistenhauses in Großflintbek 1818-1819, 1829-1830

9746 Beitrag des Hofes Schulenhof zu den Schulleistungen in Molfsee (1817-) 1819

9850 Abgang des Schullehrers Hans Göttsche in Kleinflintbek 1830-1831

9858 Entlassung des Schullehrers Graaf in Böhnhusen 1832

Kirchspiel Lebrade

9665 Dienstland des Schullehrers in Ratjendorf 1814-1815

9805 Dienstvergehen des Schullehrers Baumann in Neuenwohld 1825

9817 Bitte des Krugpächters Friedrich Christoph Sander in Rathjensdorf um Entlassung des Schullehrers Fey 1826

Kirchspiel Neumünster

9635 Streitigkeiten der Interessenten des Privatlehrinstituts in Neumünster mit Rektor Detleffsen und Schreibmeister Harbeck 1812

9647 Abstämmige Eichen in der Pastoratshölzung in Bönebüttel 1813

9648 Umwechslung der Repräsentationen der Kirchenkasse in Neumünster 1813

9649 Erweiterung der Schulstube des Mädchenlehrers an der Fleckensschule in Neumünster 1813-1814

9650 Bau des Schulhauses für die Dorfschaften Großharrie und Kleinharrie 1813-1815

9675 Torfdeputat und Dienstland des Schullehrers in Großharrie 1815

9683 Anleihe der Schulkommune in Neumünster 1815

9695 Einrichtung einer Schule in Bönebüttel 1816

9713 Änderung des Schulregulativs in Tungendorf 1816-1818

9734 Bau der Wohnung des Mädchenschullehrers in Neumünster
Darin: Lageplan und Grundrisse (1817) 1818-1823

9738 Bankhaft auf den Kirchengebäuden in Neumünster 1818

9750 Aufteilung und Einkoppelung von Kirchenländereien in Neumünster 1819

9751 Heulieferung an den Pastor in Neumünster 1819

9760 Weigerung der Hufner Pingel und Harder in Gadeland zum Pflügen eines Landstücks in der Schulwiese 1819-1824

9763 Beihilfe aus dem Schulfonds zu den Schulbeiträgen in Willingrade 1820

9768 Unterstützung für die Reparatur des Schulhauses in Einfeld 1821

9771 Landtausch zwischen den Kirchenjuraten in Neumünster und dem Hufner Bracker 1821

9772 Zur Ehe aufgebotene Personen in Neumünster 1821-1822

9775 Schulbeitrag des Apothekers Jahn in Neumünster 1821-1822

9794 Witwenabgabe für die Pastorenwitwe Offermann in Neumünster 1823

9802 Beschwerde des Schullehrers Kroneweiter in Neumünster gegen Beschäftigung eines Unterlehrers und sein Abgang wegen Trunkfälligkeit 1824

9809 Beibehaltung der Schule in Husberg 1824-1826

9815 Bau von Wohnungen für den Mädchenschullehrer und den Organisten in Neumünster 1826

9652 Einkünfte und Schulwohnung des Schullehrers Krohn in Neumünster 1813

9833 Bau eines Schulhauses in Wittorf 1827-1828

9834 Anonyme Anzeige gegen Pastor Harding in Neumünster wegen seines Verhaltens beim Abendmahl 1827-1828

9856 Bau des Schulhauses in Schipphorst und Schulgehalt 1831-1832

Kirchspiel Nortorf

9667 Schule in Blumenthal 1815-1816

9793 Beihilfe zum Schulhausbau in Loop 1823

Fleckenskirche Preetz

9676 Ruhestand des Schullehrers Henschen in Wahlstorf 1815

9716 Gebühren der Prediger an der Fleckenskirche in Preetz für Taufschmuck 1816-1817

9721 Vereinigung der Dörfer Wakendorf und Schellhorn zu einem Schuldistrikt 1817

9748 Mangelhafte Weide der Kühe des Schullehrers Gravenhorst in Kühren 1819

9753 Bearbeitung des Schullandes des Schullehrers in Trent 1819-1825

9761 Dienstverbesserung des Schullehrers Gravenhorst in Kühren 1820-1822

9766 Aufhebung der Verbindung von Sieversdorf und Pohnsdorf zu einer Distriktschule 1820

9784 Pensionierung des Schullehrers in Postfeld 1822

9826 Umwandlung der Frühpredigt in der Fleckenskiche in Preetz in eine Nachmittagspredigt 1827-1828

Kirchspiel Probsteierhagen

9686 Zulage des Organisten und Kirchspielschullehrers in Probsteierhagen 1815

9806 Anschaffung von Tischen und Bänken für die Schule in Hagen 1825

Kirchspiel Schönberg

9692 Schulland des Organisten und Schullehrers Berendsen in Schönberg 1815-1816

9698 Unterhalt des Organistenhauses in Schönberg 1816

9726 Pension des Schullehrers Finck in Krokau (1816-) 1818

9781 Beitrag der Kätner in Krokau, Stakendorf und Krummbek zu den Bau- und Reparaturkosten der Schulhäuser 1822

9791 Holzgeld der Schullehrer in Schönberg 1822-1830

9840 Zustand der Schulstube in Schönberg 1829-1830

Kirchspiel Schönkirchen

9645 Gehalt des Schullehrers Dohrn in Schönhorst 1813

9646 Vermögensverhältnisse des Pastors Müller in Schönkirchen 1813-1821

9668 Einquartierungsfreiheit der Schule in Schönkirchen 1814-1815

9674 Unterhalt des Organistenhauses in Schönkirchen 1814-1815, 1825-1830

9706 Leistungen von Landstellen an die Schule in Schönkirchen 1816

9711 Kirchenweg von Oppendorf nach Schönkirchen 1815-1832

9715 Tausch einer Pastoratskoppel in Schönkirchen 1817

9754 Beitrag der Güter Hagen und Dobersdorf zu den Schuleinkünften (1813-) 1819

Darin: Regulativ für die Landschulen des Klosters Preetz, 1813; Regulativ für die Landschulen der Propstei Kiel, 1817; Regulativ für die adligen Schulen im Klosterdistrikt Preetz, 1818

9770 Schulgeld des Bauervogts Stoltenberg in Schönkirchen 1821

9779 Oertzsches Familienbegräbnis in der Kirche in Schönkirchen 1822-1828

9792 Bankhaftzinsen von der Pastoratsländereien in Schönkirchen 1823-1825

9796 Handdienste der „kleinen Leute“ beim Schulland in Schönkirchen 1823-1824

9797 Anfrage des Pastors Müller in Schönkirchen zur Pension einer Pastorenwitwe 1823

9812 Anfrage des Pastors Müller in Schönkirchen zur Versorgung der Schullehrerwitwen 1825

9839 Entlassung des Schullehrers Paul Paysen in Neumühlen 1829-1831

Kirchspiel Selent

9637 Zustand der Schulhäuser im Gut Rantzau und Benehmen des Pastors Tychsen in Selent 1812-1813

9644 Reparatur der Küsterwohnung und Bau einer Schulstube in Selent 1812-1818

9758 Einrichtung der Distriktsschule in Mucheln 1819, 1831

9801 Instandsetzung der Schulwohnung des Schullehrers Bock in Mucheln 1824

9813 Schulland des Schullehrers Meyer in Schlesen 1826

9854 Handdienste der Insten des Gutes Salzau für das Schulland 1831-1832

9863 Beschwerden des Schuldistriktes Fargau gegen den Schullehrer Seyfert 1833-1834

Kirchspiel Westensee

9709 Bau des Schulhauses in Schierensee 1816-1817

9654 Änderung der Schuleinrichtung für die Untergehörigen in Schierensee 1813-1814

Propstei Oldenburg

Allgemeines

9878 Gagen- und Akzidentiensteuer des Propstes Christiani 1813

9880 Dienstentlassung des Propstes Christiani 1813-1814

9892 Bestallung der Kirchenpröpste 1814

9898 Vokations-, Ordinations- und Reisekosten des Propstes Posselt 1815-1816

9903 Predigerverein zur Verwaltung der Vakanzgeschäfte 1815, 1821-1827

9912 Überweisung der Heiraten und Beerdigungen an den Propst 1816

9916 Rückständige Kirchenanlagen der Güter Putlos und Ehlerstorf 1816-1817

9942 Beteiligung der Prediger an den Schwängerungsbrüchen 1819

9950 Gehalt des Propstes Posselt 1819

9956 Handdienste für die Schullehrer im Amt Cismar 1820-1825

9966 Ausfertigung der Bestallungen für die Schullehrer in Heiligenhafen, Lütjenburg und Oldenburg 1820-1821

9968 Akzidentien für Propstgeschäfte 1820-1827

9975 Pensionsgenuss der Propstwitwe Posselt in Neustadt 1821

9992 Heiratserlaubnis für beurlaubte Landsoldaten 1823

9993 Gagen- und Akzidentiensteuer des Propstes Schroedter 1823-1826

9995 Abgang der Schullehrer Schröder in Wandelwitz, Töpfer in Schwienkuhl und Susemihl in Beschendorf 1824-1825

10000 Ausdehnung der Propstrechte durch Propst Schroedter 1824

10014 Vergütung des Propstes Schroedter für Reisen und Schreibbücher 1827

10015 Vergütung für die Revision der Konsistorialrechnung und Dezision der Notate 1827-1833

10029 Bestallungsgebühren für die Schullehrer in den adligen Distrikten 1828

10031 Vergütung für Vakanzpredigten 1829-1838

10034 Scheune und Brunnen für den Schullehrer Hagemann in Schönwohld 1829

10037 Verpachtung der Pastoratsländereien in Grube und Großenbrode 1829-1832

10049 Auszüge aus den Kirchenbüchern für das Amtskollegiatstift in Lensahn 1832

Kirchenvisitation

9882 Spezialkirchenvisitation 1812 1813-1816

9883 Zulassung von Unregelmäßigkeiten durch die Kirchenvisitatoren (1811-) 1813

9895 Spezialkirchenvisitation 1815

9896 Generalkirchenvisitation 1814-1817

9951 Generalkirchenvisitation 1819 1819-1820

9959 Aussetzung der Spezialkirchenvisitation 1820

9979 Spezialkirchenvisitation 1821

10042 Spezialkirchenvisitation 1827 wegen fehlender Bestätigungen von Kircheninventaren (1827-) 1830-1831

10047 Spezialkirchenvisitation 1829 (1829-) 1830-1831
Enthält: Bescheinigung von Kinderblattern; Anlage von Rechnungsnotaten; Einschärfung des Reskriptes vom 21. April 1770; Kirchturmspitze in Lütjenburg; Rangstreit in Altenkrempe

10048 Generalkirchenvisitation 1831-1832
Enthält: Zustand der Schulen in Jahnsdorf und im Gut Brodau

10052 Spezialkirchenvisitation 1832 und 1833 1832-1850
Enthält: Kircheninventare in Hohenstein, Kirchnüchel, Altenkrempe und Großenbrode sowie Kirchenprotokollführung während der Vakanzen; Kirchturmbau in Lütjenburg; gräflich-rantzauisches Begräbnis in Lütjenburg

10058 Spezialkirchenvisitation (1833) 1834
Enthält: Wegbleiben mehrerer Gutsbesitzer bei den Visitationen; Zurücksendung eines Entwurfs für ein Regulativ des Begräbnisplatzes in Lütjenburg durch die Gutsherrschaft Helmstorf; Vorschüsse für Altratjensdorf

Oldenburg

9876 Verheuerung der Diakonatländereien in Oldenburg 1812-1813

9881 Auszahlung des Dienstgehalts an Pastor Schroedter in Oldenburg 1813-1815

9884 Kirchspielsammlung von Hafer für die Verweser des Kantorats in Oldenburg 1813-1815

9885 Rückständige Kirchenanlagen der Güter Gaarz und Johannisthal 1813-1822

9889 Korn-, Kirchspiels- und Stadtsammlung des vakanten Hauptpastorats in Oldenburg 1813-1814

9897 Rückständiges Schulgeld des Elementarschullehrers Mohr in Oldenburg 1814-1815

9906 Beschwerden des Magistrats in Oldenburg gegen Propst Posselt wegen Verheiratung mehrerer Brautpaare an einem Tag 1815-1818

9907 Streitigkeiten zwischen Propst Posselt und Pastor Schroedter in Oldenburg wegen der Konfirmanden 1815-1816

9919 Rückständige Kirchenanlagen des Gutes Gaarz 1817

9931 Verbesserung der Diensteinkünfte des Schullehrers Paisen in Jahnshof 1817

9937 Vorenthaltene Schulleistungen des Schullehrers Schenck in Plügge 1818-1819

9943 Verweigerte Diensteinkünfte des Schullehrers Weller in Johannisdorf 1819

9944 Beteiligung der Dorfschaft Giddendorf an der Schule in Jahnshof 1819-1820

9965 Witwenabgabe des Hauptpastorats in Oldenburg an die Propstwitwe Posselt 1820-1822

9976 Beschwerde des Hospitalpredigers Wiegmann in Elmshorn wegen geringschätziger Begegnung bei der Archidiakontswahl in Oldenburg 1821

9986 Schullasten in Sütel, Damlos, Dannau (Gut Kuhof), Grammersdorf und Wandelwitz 1822-1823

9988 Verbot des Schulbesuchs in Dannau (Gut Kuhof) für Kinder aus Wessek 1823

9996 Beschwerde des Magistrats in Oldenburg wegen rückständiger Kirchenanlagen des Landsassen von Levetzow auf Putlos und Ehlerstorf 1824

10004 Beitrag des pensionierten Schullehrers Schröder in Wandelwitz zum Schulgehalt 1825

10013 Ausschluss des Dr. Bärmann aus Hamburg bei der Rektorwahl in Oldenburg 1827

10033 Beteiligung an Reparaturkosten der Schulstube im Organistenhaus in Oldenburg 1828-1829

10035 Mitbenutzung des Schulhauses in Dannau (Gut Kuhof) durch die Arbeitslehrerin Jochimsen 1829

10038 Konfirmandenunterricht des Propstes Schroedter in der Kirche in Oldenburg 1829-1830

10040 Ermittlung der Besitzer von Kirchenstühlen in Oldenburg 1829-1833

10041 Vereinigung des Kirchenrenten- und Kirchenbaujuratenamtes in Oldenburg 1830

10059 Brunnenbau für den Kantor Mohr in Oldenburg 1833-1834

Lütjenburg

9890 Gnadenjahr der Kinder des Hauptpastors Wolff in Lütjenburg 1813-1817

9891 Zurückzahlung der Zweiprozentsteuer von einem Kirchenkapital in Lütjenburg 1814

9961 Gebühren der Prediger in Lütjenburg von den Eingesessenen auf dem Land 1820-1821

9969 Leichengebühren der Kirchen- und Schulbediensteten in Lütjenburg 1820-1821

9977 Einzahlung des Rektors Eyler in Lütjenburg in die Witwenkasse 1821

9997 Kircheninventar in Lütjenburg 1824

10011 Bau einer Diakonatswohnung mit Scheune in Lütjenburg 1826-1829

10022 Beschwerde des Gutsbesitzers von Futterkamp gegen die Kompatrone der Kirche in Lütjenburg wegen verweigerter Rechte, Kirchenstühle und Begräbnisse 1827-1832

10030 Pensionierung des Schullehrers Peter Claussen in Deichkamp im Gut Waterneverstorf 1828

Heiligenhafen

9868 Dienstentlassung des Pastors Stilcke in Heiligenhafen 1812

9871 Unterhalt der Pastoratsscheune in Heiligenhafen 1812

9875 Kirchenrechnung in Altenkrempe 1812

9893 Erledigter Küster- und Totengräberdienst in Heiligenhafen 1814

9904 Verbesserung der Diensteinkünfte des Schullehrers Lübbers in Dazendorf 1815

9920 Entschädigung des Rektors Krah in Heiligenhafen wegen Verlustes an Diensteinkünften 1817

9934 Bau des Schulhauses für die Dörfer Dazendorf, Kembs und Sulsdorf 1817-1818

9936 Verweigerte Bearbeitung des Schullandes in Kembs (Kirchspiel Heiligenhafen) 1818

9955 Entlassung des Rektors und Diakons Krah in Heiligenhafen sowie Besetzung der Stelle 1819-1823

9989 Vergütung des Diakons Sievers in Heiligenhafen für die Introduktionsmahlzeit 1822-1823

10003 Beschwerden gegen den Schreib- und Rechenmeister Ehlers in Heiligenhafen 1825-1828

10018 Zuschuss des Pastors in Heiligenhafen zur Heuersumme für die Diakonatsländereien sowie Gnadenjahr der Diakonatswitwe 1828-1832

10021 Wohnen der Pastoratswitwe Dose in Heiligenhafen im Pastorat 1828

Kirchspiel Altenkrempe

9869 Kirchenrechnungswesen in Altenkrempe 1812

9872 Reparatur der Pastoratsscheune in Altenkrempe 1812

9877 Landheuer des Gutsbesitzers von Hasselburg an den Prediger in Altenkrempe 1813-1814

9914 Einmischung des Justitiars Dierck in die Pastoratsgeschäfte in Altenkrempe 1816

9922 Verhalten des Pastors Jungclaussen in Altenkrempe auf dem Kirchenkonvent 1816-1817

9924 Vorenthaltene Schulleistungen des Gutsbesitzers von Hasselburg an die Schullehrer in Altenkrempe und Sibstin 1817-1822, 1832

9945 Reparatur des Schulhauses und Erweiterung der Schulstube in Altenkrempe 1819

9947 Schulland in Bliesdorf 1819

9954 Leistungen des Müllers Grell in Sibstin an den Prediger und Organisten in Altenkrempe 1819-1820

9984 Bestallungsgebühren des Schullehrers in Merkendorf und dessen Einzahlung in die Witwenkasse 1822

9991 Beitrag des Erbpachtsmüllers Nickels in Merkendorf zu den Schulbaukosten 1823

10009 Einrichtung einer Schule in Bendfeld 1826

10036 Pensionierung des Organisten und Schullehrers Köhnke in Altenkrempe und Bestallung des Schullehrers Jungclausen durch den Gutsbesitzer von Hasselburg 1829

10045 Kirchenanlagen in Bliesdorf 1830-1831

Kirchspiel Blekendorf

9913 Verweigerte Schulleistungen für die Schullehrer Lemcke und Jürgens in Futterkamp 1816-1817

9960 Präsentation, Wahl und Bestellung des Predigers in Blekendorf 1820

9980 Streitigkeiten zwischen dem Dorf Kaköhl und dem Gut Futterkamp wegen der Hand- und Spanndienste zur Kirche in Blekendorf 1821-1822

Kirchspiel Großenbrode

9901 Mängel bei der Schule in Großenbrode 1815

9908 Dienstabgabe des Pastors Dibbern in Großenbrode an die Pastorenwitwe Ettler (1815) 1816

9915 Rückständige Schulgelder des Schullehrers Mohr in Großenbrode 1816-1817

9946 Diensteinkünfte des Schullehrers Kohlsaat in Lütjenbrode 1819

9972 Grund- und Benutzungssteuer von den Predigerländereien in Großenbrode (1816-) 1821

10043 Lieferung des Holzdeputats des Schullehrers in Großenbrode 1830

Kirchspiel Giekau

9925 Vergrößerung des Pastoratsbackhauses in Giekau 1817

9978 Umtausch der Küsterkoppel in Giekau 1821

10023 Abgang des Schullehrers Gerstenacker in Gadendorf 1827-1831

10039 Besetzung der Distriktsschule für Dransau und Pülsen mit einem Nichtseminaristen 1829-1830

Kirchspiel Grömitz

9873 Verteilung der Schulleistungen für die Schulen in Suxdorf und Nienhagen 1812

9918 Vergütung des Pastors Lorenzen in Grömitz anstatt des Predigeropfers 1816-1817

9935 Torflieferung des Landsassen Niemeier auf Brodau in an seinen Schullehrer 1818

9941 Schulleistungen des Schuldistriks Suxdorf und Nienhagen (1818) 1819

9967 Beitrag des Parzellisten Evers in Kattenberg zur Schule in Nienhagen (1820) 1821

9981 Witwenabgabe des Predigers in Grömitz 1821-1822

9994 Landabfindung des Schullehrers in Suxdorf 1824

10007 Entlassung des Schullehrers Marx Diewitz in Brenkenhagen und Suxdorf 1825-1826

10016 Beteiligung zum Bau eines Organisten- und Schulhauses in Grömitz 1827

10020 Beschwerden des Schullehrers Klüver in Rettin gegen die Gutsherrschaft in Brodau 1827-1828

10025 Beitrag des fürstlich-lübeckischen Dorfes Gömnitz zu den Fuhrleistungen für die Kirchenvisitatoren 1828-1829

10032 Beteilung von Eingesessenen in Suxdorf an den Realschullasten in Grömitz 1829-1830

10056 Holz- und Torfausweisungen für die Predigerwitwe Lorenzen in Grömitz 1832-1833

10057 Auszahlung der sogenannten Summarien oder Mantelgelder an Pastor Meier in Grömitz 1833

Kirchspiel Grube

9866 Quartalsopfer der Prediger in Grube 1756-1767, 1817

9867 Rückständige Kirchenanlagen der Güter Rosenhof und Augustenhof 1812-1814

9874 Beteiligung an den Baukosten der Schulgebäude in Grube 1812

9886 Schulpflicht des Hufners Prüss und des Bödners Wulff in den Riepsdorfer Söhlen 1812-1834

9887 Landtausch des Kompastors Hensler in Grube 1813-1815

9888 Parzellistenschule in Poggenpohl 1813-1815

9894 Schulbauten in Siggeneben 1814-1820

9899 Schulleistungen der Untergehörigen des Gutes Augustenhof 1815

9900 Verweigertes Zeugnis des Pastors Burchardi in Grube für die Hausvogtswitwe Nissen 1815

9902 Schule in Klenau für das Gut Augustenhof 1815-1816

9909 Vakanz des Diakonats in Grube 1816

9910 Bau des Schulhauses für die Dörfer Thomsdorf und Altratjensdorf 1816-1822

9923 Diensteinkünfte des Pastors Ingwersen in Grube 1816-1817

9933 Instandsetzung der Einfriedung der Pastoratsländereien in Grube 1817-1825

9939 Führung der Kirchenbücher in Grube und Amtsführung des Pastors Burchardi 1818-1825

9958 Organistenhaus in Grube 1820-1833

9962 Unterhalt des ehemaligen Schullehrers Meyer in Dahme 1820-1822

9970 Pflichtgelder der Insten auf den Parzellenländereien in Cismar und Dahme für den Prediger und Organisten in Grube 1821, 1832-1833

9971 Schulbeitrag des Kätners Brandt in Dahme (1820) 1821

9982 Bestellung eines Kirchenjuraten in Grube (1821) 1822

9985 Entfernung eines Knaben aus der Schule in Grube 1822-1823

9987 Anlagegelder der Anbauer in Gruberhagen zum Unterhalt der Kirchengebäude in Grube 1822-1823

10001 Konfirmationstag in Grube 1825

10002 Vergütung der Auslagen des Schullehrers Findeisen in Gosdorf für Handdienste 1825

10005 Entschädigung des Kompastors in Grube für verlorene Rentengelder 1825-1826

10006 Entschädigung des Pastors Tamsen in Grube für Visitationsmahlzeiten 1825

10008 Zulage des Kompastors Ingwersen in Grube 1826

10012 Beschwerden des Predigers in Grube über das Verfahren des Justitiariats in Lensahn bei Ernennung des Schulvorstehers in Riepsdorf 1827

10019 Gnadenjahr der Kinder des Pastors Tamsen in Grube 1827-1828

10024 Bewilligung von Diensteinkünften des Hauptpastorats in Grube an Kompastor Ingwersen 1828-1830

10028 Diensteinnahmen des Hauptpastorats in Grube 1828

10044 Auseinandersetzung des Pastors Ingwersen in Grube mit der Kirche und seinem Vorgänger 1830-1832

10050 Armenbeiträge des Predigers und des Hegereiters in Grube 1831-1832

10051 Tausch des alten Schulhauses mit Land in Guttau 1832-1833

Kirchspiel Hansühn

9911 Verweigerte Einkünfte des Schullehrers Güldenzopf in Wangels 1816

9921 Schulgeld des Küsters und Schullehrers Callsen in Hansühn 1817

9926 Gnadenjahr für die Kinder des Pastors Klinck in Hansühn 1817

9927 Schulleistungen des Gutsbesitzers von Karlshof und der Erbpächter in Barensdorf sowie Berarbeitung des Schullandes in Hansühn 1816-1821

9930 Unterhalt des Küster- und Schulhauses in Hansühn 1817

9964 Gehalt des Schullehrers Maack in Wasbuck 1819-1821

9974 Pension für die Predigerwitwen von den Predigereinkünften in Hansühn 1821

10054 Anstellung des Sohnes des Schullehrers Maack in Harmsdorf als Mitschullehrer 1832-1833

Kirchspiel Hohenstein

9940 Schulen im Gut Weißenhaus 1818

9952 Einzug der Organisten-, Küster- und Schulstelle in Hohenstein 1819-1822

9953 Diensteinkünfte des Schullehrers in Gramdorf 1819-1821

10010 Fuhrleistungen während der Predigervakanz in Hohenstein 1826-1827

10055 Organisten-, Küster- und Schullehrerstelle in Hohenstein 1832-1833

Kirchspiel Kirchnüchel

9999 Umtausch der Küster- und Schulländereien in Kirchnüchel 1824

Kirchspiel Lensahn

9917 Opfer des Erbpächter in Manhagen an den Organisten in Lensahn 1816

10017 Pensionierung des Organisten und Schullehrers Stein in Lensahn 1827

10026 Umtausch einer Organistenkoppel in Lensahn 1828

10053 Erhebung von Verlobungsgebühren durch Pastor Petersen in Lensahn 1832-1833

Kirchspiel Neukirchen

9905 Antrag des Generalmajors von Sames wegen Auszeichnung des Pastors Ross in Neukirchen 1815

9928 Predigeropfer und Feuerungsdeputat in Neukirchen 1816-1825

9932 Gehalt des Schullehrers in Meeschendorf 1817

9938 Beschwerden des Organisten Petersen in Neukirchen 1818-1823

9948 Beschwerden des Schullehrers Sierck in Meeschendorf 1819-1820

9949 Bestimmung eines Getreidemaßes im Kircheninventar in Hansühn 1819-1820

9957 Dienstentlassung des Schullehrers Seehase in Fargemiel 1820-1823

9983 Beitrag der Hufner im fürstlich-lübschen Teil des Dorfes Rellin an den Schullasten in Heringsdorf 1820-1828

9998 Unterstützung der Schullehrerwitwe Seehase in Fargemiel aus dem Schulfonds 1824

10046 Eintreibung rückständiger Beiträge zum Schullehrergehalt in Högsdorf 1830-1831

Kirchspiel Schönwalde

9870 Lieferungen des Dorfes Kasseedorf an das Hauptpastorat in Eutin 1812

9879 Heuerverträge über die Predigerwitwenländereien in Schönwalde 1813

9963 Diensteinkünfte des Schullehrers Zietz in Kasseedorf 1820-1821

9973 Diensteinkünfte des Schullehrers in Langenhagen 1820-1821

9990 Bau eines Schulhauses in Schönwalde 1823

10027 Prüfung und Bestallung des Seminaristen Thomsen zum Schullehrer in Langenhagen 1828

10060 Besetzung der Unterlehrerstelle in Schönwalde mit einem Distriktschullehrer 1833-1834

10061 Umtausch eines Schullandstücks in Kasseedorf 1834

Propstei Stormarn

Allgemeines

10086 Jährliche Besichtigung der Kirchengebäude 1817

10088 Abgabe der Visitorialgeschäfte durch Amtmann von Lowtzow 1817

10097 Verteilungsnorm der Kirchspielslasten in den Kirchspielen Siek und Rahlstedt 1818-1819

10100 Befreiung des Erbpachthofes des Leutnants Hansen im Amt Reinbek von Kirchen- und Schulanlagen 1818-1819

10103 Abgaben von den Schulländereien in Großensee und Stapelfeld sowie Bau des Schulhauses in Großensee 1818-1819, 1831

10112 Aufrechterhaltung der Schulen in Willinghusen, Stellau und Stemwarde 1818-1826

10114 Beförderung der Propsteibriefe durch Laufreisen 1819

10168 Schulgelder der nicht von den Eigentümer selbst bewohnten Landstellen 1825

10181 Spanndienste der Großkätner für die Schullehrer 1827

10195 Öffentliche Auslage der Kirchenrechnungen von Rahlstedt, Bergstedt, Trittau, Siek, Eichede und Bargteheide 1828

10200 Feste Einnahmen für die Kirchenjuraten in Bargteheide, Eichede, Trittau, Steinbek und Bergstedt 1828-1829

13006 Schulgehalt des Schullehrers Johann Friedrich Lübkert in Delingsdorf 1828-1829

10211 Predigerwitwenzulagekasse 1832-1834

Kirchenvisitation

10068 Generalkirchenvisitation 1814-1828

10073 Spezialkirchenvisitation 1815-1816

10091 Spezialkirchenvisitation in Bargteheide, Woldenhorn und Wandsbek 1817

10095 Spezialkirchenvisitation 1818-1819

10122 Generalkirchenvisitation 1819 und 1821 1820-1821

10150 Generakirchenvisitation 1822 1823-1833

10152 Spezialkirchenvisitation 1823 (1823) 1824

10171 Generalkirchenvisitation und Verfall des Schulwesens 1825-1826

10189 Spezialkirchenvisitationen 1827-1829

10209 Kirchenvisitation 1831, besonders verzögerte Ablieferung der Klingelbeutelgelder 1831-1832

10216 Spezialkirchenvisitation 1833-1834
Enthält: Aufbewahrung der Duplikate der Kirchenbücher in Woldenhorn; Schultabelle für Sasel; Verwaltung der Armengelder

Oldesloe

10164 Abgelehnte Einverleibung der Kate Schlegelsteich in das Kirchspiel Oldesloe 1824-1825

Kirchspiel Ahrensburg

10136 Eheverhältnisse des ehemaligen Schullehrers Untiedt in Ahrensburg 1819-1821

Kirchspiel Altrahlstedt

10063 Reparatur an der Kirche und der kirchlichen Gebäude in Altrahlstedt 1812

10065 Kirchenanlage in Altrahlstedt 1813

10067 Verteilung der Baukosten für die Schulkate in Stapelfeld 1812-1817

10074 Kirchenanlage in Altrahlstedt 1815, 1818

10075 Ausstehende Steuern des Pastors Koch in Altrahlstedt 1815

10107 Beschwerde des Pastors Elfeld in Brunstorf gegen Pastor Dittmer in Altrahlstedt 1819

10111 Änderung des Schulregulativs für Braak und Stapelfeld 1818-1820, 1830-1831

10134 Konfirmation von Kindern aus der Gemeinde Altrahlstedt in Hamburg 1821

10143 Anstellung eines zweiten Lehrers in Rahlstedt und Gehaltsverbesserung des Organisten, Küsters und Schullehrers 1821-1823 (1863)
Enthält auch: maschinenschriftliche Abschriften von Akten zur Landabtretung in Rahlstedt für die Eisenbahn 1863

10155 Kirchenanlagen im Kirchspiel Altrahlstedt 1824, 1835-1839

10158 Bau einer Pastoratsscheune in Rahlstedt 1824, 1833

10160 Auszahlung von Geldern und Beihilfe zum Schulhausbau für den Schuldistrikt Hinschenfelde und Tonndorf 1824-1826

10174 Bearbeitung der Weide des Schullehrers Luther in Sprenge 1826, 1829

10175 Entschädigung für das fehlende Dienstland der Schule Hinschenfelde-Tonndorf 1826

10180 Reparatur des Kirchturms in Rahlstedt 1827-1829

10185 Kirchenanlage in Altrahlstedt 1827-1828, 183-1834

10204 Neuer Begräbnisplatz in Altrahlstedt 1829-1833

10207 Beihilfe zum Schulhausbau in Meiendorf 1831

10217 Gesetzwidrige Verheiratung durch Pastor Dithmer in Rahlstedt 1834

Kirchspiel Bargteheide

10078 Gebrauch der Leichenlaken in der Kirche in Bargteheide 1816

10080 Reparatur der Kirche in Bargteheide 1816-1834

10087 Zulage des Organisten und Schullehrers Paulsen in Bargteheide 1817

10121 Befreiung der Viertelhufner von den Schulspanndiensten in Bargteheide (1772) 1820

10128 Schulleistungen und Schulbau in Vorburg 1819-1822, 1830-1832

10140 Kirchenstände der Erbpächterfrauen in Bargteheide 1821

10166 Unterstützung des Schulhausbaus in Klein Hansdorf 1825

10170 Wiese für die Predigerwitwe in Bargteheide 1825-1826

10172 Unterstützung des Schulhausbaus in Bargteheide 1825-1826

10186 Verkauf der Schulkate und Bau eines Schulhauses in Hammoor 1827

10187 Bau eines Predigerwitwenhauses in Bargteheide 1827-1830

10188 Dienstabgabe an die Propstwitwe Berger in Bargteheide 1827-1828

10194 Schulspanndienste der Bödener Christoph Dabelstein und Eggert Dittmann in Klein Hansdorf (1827) 1828

10196 Befreiung der Kirchenjuraten Berend Ahlers in Bargteheide und Claus Heinrich Gerken in Hammoor von den Kirchenanlagen 1828

13007 Propstei Stormarn: Plan zur Bildung eines Vereins für Schullehrer zur Sicherung der Hausmiete für ihre Witwen 1828-1829

10201 Witwenabgabe des Organisten und Schullehrers Feddersen in Bargteheide 1829

10202 Abort beim Organisten- und Schulhaus in Bargteheide 1829

10203 Einfriedung der Pastoratsländereien in Bargteheide 1828-1829

10221 Pension der Töchter des ehemaligen Propstes Berger in Bargteheide 1834

Kirchspiel Bergstedt

10090 Erschlichene Heirat außerhalb des Kirchspiels Bergstedt 1817

10099 Reparatur der Kirchengebäude in Bergstedt 1818

10104 Verweigerte Schulleistungen des Schullehrers Schnack in Bergstedt 1818-1819

10110 Diensteinkünfte des Schullehrers in Bergstedt 1818-1819

10116 Umtausch von Ländereien des Organisten und Schullehrers in Bergstedt 1820

10127 Dienstentlassung des Pastors Henningsen in Bergstedt 1820-1827

10129 Diensteinkünfte des Schullehrers Richter in Rade (Gut Wulksfelde) 1820-1821

10133 Bearbeitung des Schullandes des Schullehrers Bornemann in Tangstedt 1820

10135 Torflieferung an den Schullehrer Burius in Duvenstedt 1821

10138 Reparatur des Pastorats in Bergstedt 1821

10146 Bau eines Schulhauses in Wellingsbüttel 1822-1827

10148 Bau einer Schulwohnung in Hoisbüttel 1822-1823

10151 Umtausch einer Pastoratswiese in Bergstedt 1822-1823

10206 Dienstabgabe an die Predigerwitwen in Bergstedt 1830

10210 Landtausch zwischen der Schulkommune Bramfeld und dem Kätner Peter Giffey 1832-1834

Kirchspiel Eichede

10064 Anfrage des Pastors Jessen in Eichede zur Verheiratung französischer Untertanen 1813

10077 Bau eines Pastorats in Eichede 1816-1818
Darin: Aufriss und Grundriss

10081 Bearbeitung der Predigerländereien in Eichede 1816, 1832-1833

10082 Land für das Predigerwittum in Eichede 1816-1830

10105 Beschwerde des Pastors Jessen in Eichede wegen einer Konfirmation des Pastors Volckmar in Siek 1818-1819

10109 Schulleistungen der zu Eichede eingepfarrten Dörfer 1818-1819

10113 Kirchenanlage in Eichede 1819-1820, 1825

10115 Küster- und Schulland in Eichede 1818-1820

10119 Entzogene Katenmiete des Pastors Jessen in Eichede 1820

10120 Schweineschinken, Schweinsköpfe und Mettwürste für die Kirchenbediensteten in Eichede 1820

10123 Pastoratseinkünfte in Eichede 1820-1826

10124 Entzug von Dachstroh des Pastors Jessen in Eichede durch die Dorfschaft Sprenge 1820-1823

10130 Kirchen- und Schullasten der Besitzer der Erbpachtsländereien in Todendorf 1822-1827

10131 Verbindung der Radelandbesitzer in Stubben (Amt Steinhorst) mit der Schule in Eichede 1820-1822

10132 Schulländereien in Mollhagen 1820, 1832

10139 Reparatur des Pastorats in Eichede 1821-1822

10154 Bauplatz für das Schulhaus in Tonndorf 1824

10159 Schulspanndienste der Erbpächter in Lasbek 1824

10173 Bau eines Schulhauses in Lasbek (1816-) 1826-1830

10176 Unterstützung des Schulhausbaus in Mollhagen (1825) 1826-1827
Darin: Profilriss und Grundriss

10178 Dienstabgabe für die Pastorenwitwe Jessen in Eichede 1826-1827

10183 Verleihung des Küster- und Schulmeisterdienstes in Eichede an Johann Friedrich Mohr 1827

10197 Vergütung von Reisekosten für Pastor Ostwald in Eichede 1828

10198 Verweigerte Katenmiete des Pastors Ostwald in Eichede (1822) 1828

10205 Anschaffung einer Kirchenorgel in Eichede 1830-1833

10212 Kirchenstände und Grabstellen in Eichede 1832-1833

10219 Schulzwang des Erbpächters Dwenger in Todendorf 1834

Kirchspiel Sahms

10141 Holzdeputat des Pastors Claudius in Sahms 1821-1822

Kirchspiel Siek

10093 Deputatholz des Pastorats in Siek 1817-1818

10094 Bau des Schulhauses für die Dorfschaften Langelohe, Kronshorst und Papendorf 1817-1818

10098 Bau der Pastoratsgebäude in Siek 1818-1820

10102 Verweigerte Schulleistungen des Schullehrers Mansfeldt in Hoisdorf 1817-1827

10117 Schulländereien in Siek 1820

10118 Anlage einer Distriktsschule in Kronshorst ohne Verbindung mit Langelohe und Papendorf 1819-1820

10137 Hausmiete der Küsterwitwe Pieper in Siek 1821

10142 Verbindung der Erbpachtung Papendorf mit der Schule in Siek 1821-1827

10179 Kostenverteilung für das Küster- und Schulhaus in Siek 1827-1837

10220 Gagen- und Akzidentiensteuer des Pastors Volckmar in Siek 1834

Kirchspiel Steinbek

10062 Reparaturen der Kirche und der kirchlichen Gebäude in Steinbek 1812

10066 Reparatur der kirchlichen Gebäude in Steinbek 1813

10071 Reparatur der Pastorat- und Organistenwohnung, der Kirche sowie Neubau des Organisten- und Schulhauses in Steinbek 1815, 1828-1830

10076 Reparatur des Kirchturms in Steinbek 1816

10083 Forderung des Pastors Volckmar in Reinbek an Hausvogt Janssen wegen ausstehender Schulgelder 1816-1817

10092 Schuleinrichtung in Schiffbek 1817

10108 Nebenschule in Oetjendorf 1819-1821

10149 Verwaltung der Vikarien in Steinbek und unbefugte Predigt des Kanzleirats Fiedler 1822-1823

10156 Anleihe der Kirche in Steinbek für Baukosten 1824-1826

10161 Entlassung der Schullehrer Wohlert in Ohe und Westphal in Glinde sowie die dortige Schuleinrichtungen 1824-1826, 1833

10162 Unterstützung des Schulhausbaus in Boberg 1825

10163 Veröffentlichung einer Bekanntmachung des Hebungsbeamten in Reinbek in der Kirche 1825

10169 Unterstützung des Schulhausbaus in Stemwarde 1825-1826

10177 Dienstabgabe für die Pastorenwitwe Brüning in Steinbek 1826

10184 Anlage für das Wittum der Predigerwitwe in Steinbek 1827

10192 Neues Schulhaus in Schiffbek 1828, 1831

Kirchspiel Sülfeld

10213 Landtausch zwischen dem Schullehrer Schwarz und dem Dreiviertelhufner Hüttmann in Nahe 1831-1833

Kirchspiel Trittau

10069 Abgebranntes Schulhaus in Lütjensee 1814, 1830

10072 Holzdeputat des Organisten- und Küsterdienstes in Trittau 1815

10079 Verlust von Kirchendokumenten in Trittau 1816

10106 Holz auf dem Schulland in Köthel 1817-1822

10125 Distriktschulen in Witzhave und Grande 1819-1820

10126 Bau eines Schulhauses in Köthel 1820-1826

10145 Abgang des Schullehrers Ahlers in Großensee 1821

10147 Anstellung eines Unterlehrers in Grönwohld 1822

10153 Taufe des Kindes des von Plüskow zur Kupfermühle in Hamfelde durch einen anderen Prediger 1824

10157 Unterstützung des Schulhausbaus in Grande 1824-1825

10165 Zuweisung der Anbauer in Grande an die dortige Schule und Vermehrung des Schulgehalts 1825-1827

10167 Aufhebung der Schulverbindung von Hohenfelde mit der Dorfschaft Köthel 1824-1826

10182 Unterstützung des Schulhausbaus in Trittau 1827-1828

13005 Vergrößerung des Kirchhofs in Trittau 1828

10208 Neues Schulhaus in Lütjensee 1831-1834

10214 Neue Kirchenglocke in Trittau 1833

10215 Unziemliches Betragen des Pastors Schorer in Trittau 1833

Kirchspiel Wandsbek

10084 Verbindung der Dorfschaft Hinschendorf mit der Kirche in Wandsbek 1817

10085 Bestellung des Kirchenjuraten und Armenvorstehers in Wandsbek 1817

10089 Vergrößerung der Schulstube für die Knabenschule in Wandsbek 1817-1818

10101 Verheiratung der Eheleute Helms durch Pastor Schröder in Wandsbek 1818-1819

10144 Umwandlung des Quartalsopfers in Wandsbek in eine Personalabgabe 1821-1823

10190 Beichte und Abendmahl des Gärtners Goldfuss aus Wendemuth in Wandsbek 1828

10191 Vakanzarbeiten und Beförderungen bei einer Predigervakanz in Wandsbek 1828

10193 Verweigerte Ausstellung eines Totenscheins über den Landmilitärreserven Peter Martin Eichhoff durch Pastor Schröder in Wandsbek 1828

10199 Adjunktur des Kandidaten der Theologie Claudius in Wandsbek 1828

10218 Kirchenstände für die königlichen Beamten in Wandsbek 1834

Kirchspiel Woldenhorn

10070 Nutzung der Kirche in Woldenhorn als Magazin 1814-1815

10096 Gesetzwidrige Verheiratung des Sohnes der Witwe Degenhard durch Pastor Busch in Woldenhorn 1817-1822

Ämter und Landschaften allgemein

10222 Übertragung der Verordnung über die Bestallung von Taxatoren im Herzogtum Schleswig auf das Herzogtum Holstein 1771-1774

10223 Aufhebung der Festequalität in den Ämtern Bordesholm, Kiel und Neumünster (1768) 1783

10224 Anzeigen der Beamten über Amtsantritte und Dienstveränderungen 1802

10225 Aufhebung des Festeverhältnisses 1802-1803, 1826

10226 Sicherstellung der herrschaftlichen Gefälle von den Bauernhöfen mit Setzwirtschaft 1805

10227 Bewachung der Amtsverwalterwohnungen 1811

10228 Ordnung der Amtsachive in den ehemaligen großfürstlichen Distrikten 1826-1836

Amt Tondern

1364 Streitigkeiten zwischen Landvogt und Gevollmächtigten der Bökingharde wegen Rechnungen 1678-1679

1365 Landstreitigkeiten in Leck und Emmelsbüll 1679

Amt Flensburg

1367 Privilegien von Riesbriek, Verhältnisse in der Wiesharde, der Nordergoesharde und der Nieharde im Krieg sowie Pferdelieferungen nach Braunschweig (1627-) 1648-1653

1368 Heiraten in Steinberg und Ausacker 1649-1651

2585 Lastenerleichterung für die Geestharden und die Interessenten des Langenhorner alten und neuen Koogs 1660

1369 Ländereien bei Flensburg 1664

1370 Streitigkeiten zwischen Amt und Stadt Flensburg wegen der Lieferung von Ochsen 1664-1672

1371 Beleidigungsfall in Wallsbüll 1681-1682

1372 Klage des Fiskals und der Sandleute der Husbyharde gegen Andreas Hinrichsen in Trögelsby wegen der Erschlagung eines Mannes (1680-) 1690-1696

1373 Landstreitigkeiten zwischen Hans Nissen in Rupel und Kammerjunker Christian Albrecht von Brockdorff 1693-1694

2586 Streitigkeiten des gottorfischen Hofmeisters Hinrich von Qualen mit Amtsverwalter Meley und Hausvogt Petersen in Verwaltungs- und Justizangelegenhieten 1704-1709

1374 Beleidigungsfall zwischen Christian Müller in Flensburg und Lorenz Ingbert Martensen in der Husbyharde 1710-1713

Amt Husum

1366 Streitigkeiten von Amtsuntertanen wegen Kornlieferungen, ausstehender Zahlungen und Ländereien im Margarethenkoog (1649) 1650-1652

Amt Bredstedt

1416 Ausstehende Gelder von einem Hof in Ockholm 1647

1436 Prozess der Anne Thoms aus Holland gegen Jacob Baesen in Bredstedt wegen Pfandländereien 1648-1649

1414 Kriegsschäden in Bredstedt und Wasserschäden in Langenhorn 1649-1650

1437 Erbschaftsprozesse zwischen Eingesessenen der Kirchspiele Langenhorn, Bordelum, Bargum und Wallsbüll (1647-) 1650-1652

2594 Verschuldung des Diakons Peter Pauli in Breklum und Forderung des Diakon Conrad Ziegler in Drelsdorf 1650-1655

2595 Auseinandersetzung der Diakone Peter Pauli in Breklum und Conrad Ziegler in Drelsdorf mit der Gemeinde in Drelsdorf (1639-) 1650-1666

1430 Bordelumer, Ockholmer, Breklumer und Bredstedter Koog 1651-1656

Enthält u. a.: Prozess des Peter Brodersen in Uphusum(Amt Bredstedt) gegen die Interessenten des Bordelumer Koogs

1438 Schuldprozess in Osterbordelum und Ehevogtschaftsangelegenheit in Bredstedt 1663-1672

1431 Deich- und Koogangelegenheiten in Langenhorn und Breklum 1664-1672

1417 Kontribution 1666-1671

1420 Kirchengemeinde in Ockholm 1668

1415 Überschwemmung in Ockholm 1668

1439 Freier Fuhrweg in Bohmstedt 1671-1672

2599 Weidegerechtigkeit in Högel 1672

1440 Streitigkeiten zwischen den Eingesessenen in Bohmstedt und Spinkebüll wegen eines Torfmoores 1672-1678

1441 Erbschaftsprozess gegen die Erben des Johannes Martin in Bredstedt 1673-1675

1421 Beleidigungsprozess gegen den Landvogt Dietrich Wittmack (1673-) 1675

2598 Ländereien des Grafen Burchard von Ahlefeldt in Ockholm 1675-1676

1433 Prozess der Erben des Hans Martensen gegen die Interessenten des Breklumer Koogs wegen eines Regresses 1675-1684

1442 Streitigkeiten zwischen den Heuersleuten in Ockholm und Graf Burchard von Ahlefeldt 1676

1423 Prozesse des Landschaftsvorsprechers und Gevollmächtigten Harmen Paysen, des Landvogts Detlef Wittmack und des Pastors in Ockholm 1676-1677

1443 Pferdediebstahl in Breklum 1676-1679

1432 Bau und Unterhaltung der Deiche und Dämme im Breklumer Koog 1676-1682

1422 Streitigkeiten zwischen Landvogt Wittmack in Bredstedt mit Proviantverwalter Selmer wegen einer Geldforderung 1677

1424 Prozesse des Hinrich Stolteley in Rendsburg gegen Landschreiber Hinrich Heye wegen Rechnungslegung 1677-1678

1444 Streitigkeiten um Elmodeland bei Bredstedt 1677-1679

1418 Zollvergehen in Bredstedt und Kontribution der Eingesessenen in Ockholm 1678-1679

1434 Aufgrabung eines Sielzugs im Langenhorner Koog 1678-1679
Darin: Lageskizze

1445 Streitigkeiten zwischen den Eingesessenen in Norstedt und Bohmstedt wegen abgepflügten Ackerlandes 1679-1682

1435 Streitigkeiten im Bargumer Koog und Störtewerkerkoog 1680

1425 Streitigkeiten des Landvogts Heye und Landschreibers Jessen mit dem ehemaligen Landvogt Wittmack wegen eines Kaufvertrags (1682) 1683

1426 Streitigkeiten des Landvogts Heye und Landschreibers Jessen mit dem ehemaligen Landvogt Wittmack wegen eines Kaufvertrags 1683-1685

1427 Entschädigung des Landvogts für eine Reise nach Kopenhagen 1691

1419 Kriminalprozess gegen Fedder Numbsen in Dörpum wegen des Totschlags an Sünne Jensen in Langenhorn 1691-1698

1446 Streitigkeiten zwischen Peter Paysen in Wallsbüll und den Erben des Peter Hansen in Bredstedt wegen eines Wegerechts (1642-) 1692-1693

1447 Güterpfandprozess des Hermann Paysen in Bredstedt 1693

1428 Witwe und Erben des Landvogts Heye 1696-1698

1448 Vormundschafts- und Schuldangelegenheiten in Bredstedt, Ockholm und Mönkebüll 1696-1699

2597 Erben des Landvogts Heye 1698-1706

2596 Streitigkeiten der Konservatoren und Juraten der Kirche in Hadersleben mit der Witwe des Landvogts Heye wegen Schuldforderungen 1699

1449 Moor-, Mühlen- und Kirchenweg über einen Hof in Ostenau 1701-1704

1429 Klage über den Deichvogt in Bordelum wegen eines Siels 1729

Amt Gottorf

1451 Erbschaftsprozess des Rittmeisters Benedikt Pogwisch in Goltoft 1668-1672

1452 Beleidigungsfall des Hans Karsten in Langstedt (1675-) 1678

1453 Schmälerung der Einkünfte des Pastors Alexander Zesche in Ulsnis 1691-1696

1454 Klage des Berend Petersen in Tolkschuby gegen den Reitvogt Marx Hansen in Brekling wegen eines Torfmoores (1689-) 1704-1705

Amt Schwabstedt

1037 Prozess des Leinwandhändlers Jürgen Striedtbeke aus Hamburg gegen den Hausvogt Ulrich von Steinberg 1649

1038 Streitigkeiten mit gottorfischen Untertanen in Deichangelegenheiten 1652

2550 Zusendung der Amtsrechnung 1693

Domkapitel Schleswig

1028 Stiftsvogtsländereien in Bordelum 1648

1029 Streitigkeiten wegen des Gutes Akeby (1642-) 1649

1030 Schuld bei der Stadt Flensburg 1649

1031 Vormundschaftsangelegenheit des Domschulrektors Peter Petraeus in Schleswig und des Reitvogts Peter Klüver 1662

1032 Forderung an den Verwalter des königlichen Anteils des Domkapitels Schleswig (1625-) 1666-1668

2549 Güterstreitigkeiten mit dem Stiftsvogt und Stiftspflüge in Bordelum (1658-) 1667-1676

1033 Appellationsgang für die Eingesessenen der Vogtei Stedesand 1673

1034 Sechshufner in Kius 1680-1681

1035 Streit zwischen Eingesessenen in Stedesand wegen einer Scheune vor dem Reit- und Kapitelsvogt und den zwölf Bonden des Kapitels 1694

1036 Prozess um die Erbschaft des Sönke Paysen in der Stiftsvogtei Leck 1711-1712

Amt Cismar

10229 Befreiung der Hufnerwitwe Böckmann in Nienhagen von Diensten wegen der Dorfschulkate (1729) 1780-1781

10230 Widerspenstigkeit des Bettlers Marklofsky beim Transport durch den Bauervogt Timmermann und den Krüger Rulfes in Grömitz (1784) 1785

10231 Wegfall der bisherigen Trauscheine 1796-1797

10232 Beitrag des Erbpächters Finck in Lenste zu den Kriminal-, Hebammen- und Wegebesserungskosten 1796

10233 Befreiung des Joachim Sager in Nienhagen von einer Amtsanlage 1797

10234 Gebühren des Amtmanns und Amtsschreibers für Aufnahme der Kirchenrechnung 1798

10235 Aufbringen der Militärkosten sowie Beteiligung an den Hebammen- und Kriminalkosten 1801

10236 Polizeiwidrige Unordnungen 1802

10237 Beschwerden des Hausvogts Nissen gegen den Amtsschreiber Jürgens 1802-1803

10238 Aufbewahrung der Landwehrkompaniegewehre und Ausrüstungsstücke in der Kapelle in Cismar 1803-1804

10239 Strandung der Jacht „Zufriedenheit“ bei Grömitz 1804-1805

10240 Einrichtung eines Amtsgefängnisses 1804

10241 Erhöhung der Einkünfte der Amtsbediensteten und der Bauervögte 1809-1811, 1836

10242 Fähre bei Grube 1810, 1847-1850

10243 Rückständige Herrengefälle der kleinen Landbesitzer 1810

10244 Amt Cismar: Beteiligung des Hausvogts und der Armenkassen an den Strandfällen 1811-1812

10245 Unterhalt des Nachtwächters in Cismar 1811-1813

10246 Rechnungen für Fouragetransport 1814

10247 Aufenthalt des Schmieds Burmeister in Suxdorf (1814-) 1816

10248 Sporteltaxe des Amtsschreibers 1816-1817

10249 Beschwerden des Gastwirts Bendfeldt in Cismar wegen nicht erlaubten Tanzunterrichts 1820

10250 Verweigerte Dienstleistungen für die Witwe des Erbpachtmüllers Bendfeld in Cismar 1820-1821

10251 Erhöhung von Gebühren der Amtsvögte Colscheen und Hagelstein 1822, 1833-1834

10252 Vorstellung der Dorfschaft Grömitz zur Anlage eines Verbindungskanals zwischen der Ostsee und dem Klostersee 1824

10253 Anstellung einer dritten Hebamme für die Dörfer Guttau, Gruberhagen und Grönwohldshorst 1825-1828

10254 Amt Cismar: Protokoll der Kommission zur Untersuchung der Unregelmäßigkeiten 1832

Landschaft Süderdithmarschen

Allgemeines, Verfassung, Verwaltung, Privilegien, Jurisdiktion und Grenzen

735 Landesteilung [1568] 17. Jh.

736 Einführung des Landvogts Heinrich Wasmer 1630

753 Suppliken und Beschwerden von Eingesessenen 1647-1668

752 Entscheidungen in verschiedenen Angelegenheiten (1645-) 1647-1659
Enthält u. a.: Abrechnung mit der Landkasse und Unterhalt von Artilleriepferden; Schuldenwesen

749 Reparatur des Friedrichshofs 1647

755 Bestätigung der Privilegien der Eingesessenen 1648

780 Sandbank Riesgen 1710-1757

789 Präsentationsrecht der Landesgevollmächtigten (1701-) 1731-1736

792 Irrungen bei der Wahl eines Gevollmächtigten in der Südervogtei Meldorf (1731) 1732

791 Veröffentlichung der Verordnungen 1732

800 Grenzpfähle zwischen den Landschaften Norderdithmarschen und Süderdithmarschen 1738-1743

803 Übersendung einer Publikation an den Landvogt über den Titel „Kaiserliche Hoheit“ für den Herzog von Gottorf 1743

10256 Witwen- und Waisenkasse 1751-1758

10257 Pension der Polizeireiterwitwe Könicke in Meldorf 1752-1753

10261 Streitigkeiten mit der Landschaft Norderdithmarschen wegen des sogenannten Riesenwohldes 1774, 1805-1813

10263 Aufhebung einer Erklärung zu den Präsentationen in erledigten Kirchspielvogteien 1778

10264 Rückständige Berichte des Landvogts Eggers an die Rentekammer 1780-1781

10265 Mitteilungen von Akten aus dem Archiv der Landesregierung zur Grenzregulierung mit dem Gut Hanerau 1781

10268 Abstimmungsmodus in den Versammlungen der 109-Bürgerschaften in Meldorf 1787

10269 Einrichtung des Justiz-, Polizei-, Kirchen- und Schulwesens in den eingedeichten neuen Kögen 1788, 1818

10270 Art der Bekanntmachung von Publikationen, Aufgeboten und Edikten über den Kronprinzenkoog 1790

10271 Grenzstreit mit dem Gut Hanerau wegen der Wolber- oder Holsten-Aue 1791-1792

10275 Reisen des Inspektors des Kronprinzenkoogs 1794

10281 Grenzstreitigkeiten zwischen Eingesessenen in Meldorf und Interessenten der Moorländereien in Sarzbüttel 1800-1803

10284 Kassation der Wahl des Hinrich Hansen zum Gevollmächtigten im Kronprinzenkoog 1802-1804

10291 Adjunktur beim Kirchspielschreiber Jansen in Marne 1804-1805

10295 Präsentationen bei erledigten Kirchspielvogteien 1806

10298 Eigenmächtiges Verfahren der Gevollmächtigten des Kronprinzenkoogs (1788) 1808
Darin: gedruckte Konditionen zur Versteigerung der Koogparzellen, 1788

10312 Präsentationswahlen der Landesgevollmächtigten im Kirchspiel Wöhrden 1814-1817

10315 Untersuchung wegen Missständen 1815-1816

10324 Wahl des Kirchspielvogts in Albersdorf 1817

10333 Wahl eines Bauerschaftsgevollmächtigten in Barlt 1818-1819

10334 Präsentation des Hinrich Martens am Brunsbüttelhafen zum Landesgevollmächtigten 1819

10347 Bestimmung der Hauses des Landvogts Heinzelmann in Meldorf zur Landvogteiwohnung 1823-1825

10357 Bauerschaftsgevollmächtigte und Eidgeschworene 1832-1849

Justiz

790 Landschaftsschlüsse zu den Konfirmationsgebühren für Bestallungen der Beamten sowie zu Kriminalsporteln für den Landvogt und Landschreiber (1730) 1731-1736

10273 Gebühren des Kirchspielschreibers Remmers in Meldorf für Taxationsprotokolle bei Pfändungen 1793

2240 Bestimmung des Dithmarscher Landrechts über Erbfolge bei Voll- und Halbgeschwistern 1795-1800

10277 Verfahrens des Inspektors des Kronprinzenkoogs bei einer Güterberichtigung 1796

10318 Untersuchung gegen den Branddirektor Dultz in Meldorf wegen seines Verfahrens mit der Versicherungssumme für Jürgen Martens in Lieth 1815-1817

2278 Eviktionsleistung in Wennbüttel 1821

10346 Streitigkeiten des Kirchenbaumeisters Brahmst in Barlt mit dem Landesgevollmächtigten Oehlrich wegen Vollzugs von Verträgen (1812-) 1831-1828

Kirche und Schule

10303 Legat des Landesgevollmächtigten Bütje für die Gelehrtenschule in Meldorf 1808-1836

Armenwesen

10286 Armengeld des Kronprinzenkooginspektors von Eggers 1802

10290 Unordnungen im Armenwesen des Kirchspiels Wöhrden 1804-1805

Ökonomie und Schifffahrt

739 Holzlieferung an die königliche Mühle in Meldorf 1636

744 Reparatur der Windmühle im Gut Lütjenhastedt 1643

754 Brauerei und Ausschank des roten Biers 1648

767 Wegschaffung der Marschbienen in den Kirchspielen Burg und Süderhastedt 1664

794 Annahme von Handwerksgesellen aus königlichen Gebieten in den Zünften 1733

10274 Vorschläge des Kooginspektors von Eggers zur Ökonomie des Kronprinzenkoogs 1793-1794

10300 Ständiger Aufenthalt handelnder Juden 1810

10310 Ausfuhr des Rübsamens und Getreides 1813

10342 Handel des Claus Peters senior in Brunsbüttelhafen mit Mehl und Müllerwaren 1821

10343 Krug- und Schankwirtschaft sowie Gewürzwarenhandlung des Peter Petersen in Brunsbüttel 1821

10348 Bericht der Landvogtei an die Statthalterschaft zur Regulierung des städtischen Gewerbes 1824

10349 Landhandwerker im Kronprinzenkoog 1824-1832

10350 Landhandwerker im Sophienkoog 1824-1832

Finanzen, Steuern und Abgaben, Landwesen

1458 Proviantlieferung des Claus Petersen in Barlt 1649

742 Privileg für Jagd- und Fischfuhren 1640

747 Einteilung der Marschländereien für die Kontribution in Klassen 1643

745 Lastenfreiheit für die Witwe des Landvogts Wasmer von ihren Ländereien 1643

748 Donativ- und Subsidialgelder 1647

751 Neue Landmaße 1647-1648

756 Fischerei im Kudensee 1648

757 Aufnahme der Lizent- und Akzisenrechnungen 1649

758 Beschwerden wegen des Eiderzolls in Friedrichstadt und eines Wegezolls 1649-1650

760 Reparatur der Brücke auf dem Friedrichshof 1650-1651

765 Rangstreitigkeiten in Meldorf 1661

766 Deichunterhaltung in Großbüttel durch königliche oder gottorfische Untertanen im Kirchspiel Wöhrden 1661

770 Ländereien der Eingesessenen der Meldorfer Oster-Geest 1663-1664

741 Auseinandersetzung um die Pflugzahl zwischen den Kirchspielen Albersdorf, Meldorf Geest, Hemmingstedt und Burg 1638, 1672-1674

Enthält u. a.: Rechnung über die Vermessung von Wiesenstücken in den Kirchspielen Süderhastedt und Burg, 1638

773 Einforderung ausstehender Landesanlagen und Aufnahme der Rechnungen 1672

784 Streitigkeiten zwischen Eigentümern und Heuersleuten wegen Kriegslasten 1713

788 Streitigkeiten zwischen den Eingesessenen in Marne und Sankt Michaelisdonn mit dem Kirchspiel Marne wegen der Feuerherdschatzung 1731-1732

793 Aufnahme und Dezision der Kirchspielsrechnungen der Nordervogtei Meldorf 1732

799 Schatzungen des Konferenzrats und Landvogts von Helm 1738-1739

10255 Anlage neuer Werke im Hafen in Wöhrden durch Eingesessene in Büsum 1750-1760

10258 Gebühren der Interessenten des Friedrichsgabekoogs wegen des Vorlandanwachses 1752-1756, 1772

10262 Abgabe der Interessenten des Friedrichsgabekoogs für Zoll- und Lizenzfreiheit 1775-1804

10266 Befreiung des Diakons Struck in Marne von Personal- und Reallasten sowie von der Stellung eines Mannes zur Nachtpatrouille 1783-1785

10267 Änderung von Kreditbestimmungen für die Geschwister Michelsen in Wilster 1786-1789

10272 Erhöhung des Bürgergeldes oder der Bauernschuld in Meldorf 1791

10278 Beitrag des Kooginspektors von Eggers und der Konferenzratwitwe von Eggers für den Armenvogt und die Nachtwache in Meldorf 1796

10279 Regulierung der Grenze des Kudensees (1767-) 1796-1812
Darin: Karten

10280 Anleihe für den Gevollmächtigten Hans Hansen im Kronprinzenkoog 1800

10285 Verweigerter Beitrag von Eingesessenen des Kronprinzenkoogs zu den Kosten der Landesverteidigung 1802-1803

10287 Strandung eines Bootes im Kronprinzenkoog 1804

10288 Behinderung der freien Nutzung des Hafens in Barlt durch den Gevollmächtigten Hansen 1804-1805

10294 Land für den Kätner Dreesen in Bargenstedt aus den Kommunegründen 1806

10296 Familienstellen und Abgaben der Eingesessenen im Kronprinzenkoog 1805
Enthält u. a.: Verzeichnis der Stellen

10305 Vergütung der Nordervogtei Meldorf für Korn- und Fouragelieferungen 1812

10306 Verteilung der Vergütungsgelder für Korn- und Fouragelieferungen des Kirchspiels Marne 1812

10308 Verteilung der Einquartierungslasten in Burg 1812

10309 Auflage für Meldorf wegen Einquartierung 1813

10311 Auskleiung und Erweiterung des Hauptstroms in Barlt 1813

10313 Rückständige Schatzungen des Claus Hinrich Kleenwordt und des Hans Pingel in Wöhrden (1814) 1815

10316 Beteiligung der landlosen Eingesessenen in Meldorf an Lieferungen und Fuhren (1814) 1815-1816

10317 Fürsprache der Ritterschaft wegen Abgabenerleichterung 1815

10320 Vergütung der Einquartierungslast des Thies Hinrichs in Ammerswurth 1815-1816

10322 Instandsetzung des Siels in Friedrichshof 1816-1818

10323 Verweigerter Beitrag des Propstes Clasen zu den Schulden in Meldorf 1816

10325 Beteiligung des Postmeisters Mesner in Meldorf an den Kirchenfuhren 1817

10326 Beschwerde des Curt Sievers in Brokdorf wegen einer Holz- und Buschauktion in Brunsbüttel 1817

10327 Lasten eines fehlenden Pfluglandes in Friedrichshof 1817

10332 Beschwerde des Peter Lau in Diekshörn wegen Kopfsteuerhebung 1818

10338 Aufbringen der Pflugabgaben in Barlt 1819

10339 Schatzungen des Claus Seemann in Barlt 1820-1821

10344 Beschwerden des Kirchspiels Barlt gegen den Kirchspielvogt Jäger wegen bezahlter Bankzinsen 1821

10351 Beschwerde des Hinrich Witt in Epenwöhrden wegen Verwaltung der landschaftlichen Gelder 1823-1825

10358 Bauernschuld, Einfahrtsgeld, Rezeptionsgebühr und Kirchenschatz 1832-1839

10359 Beschränkung des Verkaufs von Saat- und Wiesenländereien (1828-) 1833-1834

Deiche, Wasserlösung und Hafen

738 Auseinandersetzung zwischen gottorfischen und königlichen Untertanen im Kirchspiel Wöhrden wegen der Reparatur des alten Deichs 1635

743 Einsetzung der Deichgrafen und Geschworenen 1641

746 Deichordnung 1643

759 Geldsumme zur Ablösung der Lizenten 1650

762 Ernennung eines Einnehmers der Landesgelder 1652

763 Verteilung der gemeinen Anlagen auf die Kirchspiele 1657

764 Erlass rückständiger Brandschatzungen und Kontributionen aus dem Krieg von 1657 1658

768 Ungleiche Verteilung der Pfluganteile der Eingesesenen in den Kirchspiele Burg und Süderhastedt 1662

771 Beitrag zu den Bollwerken bei Brunsbüttel 1664

774 Beschwerde der Fischer in Amt Ritzebüttel wegen der auf der Marner Plate gestrandeten Pipenstabe 1690

775 Oktroi für den Friedrichsgabekoog (1701-) 1831-1841

776 Strandung eines Schiffs aus Hamburg beim sogenannten Hundesand 1702-1705

777 Außendeichskommission 1706

781 Niederlegung der Fähren in Brunsbüttel und Brokdorf, Anordnung von Strandwachen und Abbruch des Handels mit den jenseitigen Elblandschaften 1711-1716

782 Oktroi über die Außendeichsländereien für die Fürstin Anna Sophia von Schleswig 1712

786 Neue Deichordnung 1723

796 Strandung eines holländischen Schiffs nahe Marne 1735

798 Reparatur der Schleuse im Friedrichsgabekoog 1736

795 Entwässerung des Sophienkoogs 1734-1741

802 Auskleiung eines Kanals auf dem Watt bei Barsfleth durch gottorfische Untertanen in Büsum 1742-1743

10297 Einbringen von Strandgütern durch Eingesessene aus Blankenese in den Hafen in Barlt 1807

10314 Entschädigung des Schiffers Schulz aus Wöhrden für sein aus dem Hafen in Brunsbüttel weggeführtes Schiff 1814-1815

10330 Abwässerung des Mieltals (1805-) 1818-1850

10331 Bestellung eines Deichgeschworenen in Brunsbütttel 1818-1819

Polizei

740 Verbot heimlicher Zusammenkünfte 1637

750 Verbot des Verkaufs von Lebensmitteln in Meldorf an Sonntagen 1647

769 Taubenhaltung 1662

778 Verbot des Abbruchs und Abtransports von Häusern und Gebäuden aus einem Kirchspiel 1708

779 Fremdes Gesindel, Ausfuhr von Pferden und Durchmarsch schwedischer Truppen nach Tönning 1709

785 Einscharrung des toten Viehs 1713

787 Verkauf giftiger Waren 1726

797 Abschaffung der öffentlichen Miststellen auf den Landstraßen und Gassen 1735

804 Steinpflaster zwischen Meldorf und Nindorf 1748

805 Unterhalt des sogenannten Wetterungswegs in Nordhusen und Mühlenstraßen (1748) 1749

10259 Vorkehrungen wegen des wahnsinnigen Carsten Peters aus der Südervogtei Meldorf 1768

10260 Verhaftung von entwichenen Gutsuntertanen in Burg durch den Gutsbesitzer Kapitän von Buchwald auf Fresenburg 1772

10276 Arbeitshaus in Meldorf 1794-1797

10282 Vorschläge des Kronprinzenkooginspektors von Eggers zur Vorbeugung von Mangel und Teuerung des Brotgetreides 1801

10283 Skorbutisch-venerische Krätze im Kirchspiel Eddelak 1801-1807

10292 Brückenbau in Trennewurth 1805

10293 Verkauf des Geestwegs „Schütten“ in Marne 1806

10302 Beitrag der Dorfschaft Buchholz zur Wegeinstandsetzung 1811

10307 Ansetzung von Auktionatoren 1812

10321 Brand- und Mobiliengilde in Windbergen 1815-1816

10328 Neues Gefangenenhaus 1818

10329 Verteilung der Wegebesserungslasten im Kirchspiel Brunsbüttel (1817) 1818

10335 Anstellung der Anna Catharina Trümpel in Meldorf als Hebamme 1819

10336 Räumungsbefehl für den jüdischen Hausierer Wulf Seligmann in Ammerswurth 1818-1819

10337 Landschaft Süderdithmarschen: Hebammen 1819-1820

10340 Wegestreitigkeiten in Ammerswurth 1821-1822

10341 Instandsetzung des Persenwegs von Wöhrden nach Heide 1821-1824

10345 Kleiung eines Grabens in Brunsbüttel zur Wegeinstandsetzung 1821

10352 Befreiung des Claus Jensen in Burg von einer Bestimmung der Dorfbeliebung zum Gebäudebau 1827

10353 Wiedererstattung der vom Norderkirchspiel Meldorf vorgeschossenen Impfgebühren 1827-1828

10354 Physikat (1810) 1830-1832

10355 Unterhalt der Wege und Fußsteige 1830-1836

10356 Beerdigungskosten für die am Elbstrand angetriebenen Leichen 1832-1833

Post und Fuhren

783 Fuhrlohn 1713

10319 Fuhrrechnungen für Johann Hinrich Schulz und Tönnies Behrs in Sankt Michaelisdonn 1815-1816
Enthält u. a.: Rechnungsbuch des Tönnies und Johann Jürgen Behrs, 1804-1815

Militär und Festung

737 Ausschuss sowie Unterhalt der Soldaten in Glückstadt 1630

761 Festungsarbeiten in Glückstadt 1651

2538 Werber 1656

772 Landausschuss 1671-1676

801 Anlage einer Schanze 1740

806 Auseinandersetzung um einen Exerzierplatz für den Landausschuss bei Meldorf 1750-1751

10289 Landmilitärfuhren 1804

10299 Pflicht der Südervogtei Meldorf Geest und Marsch zur Küstenmiliz 1808-1809

10301 Landung westfälischer Deserteure im Kronprinzenkoog 1810-1811

10304 Vergütung der Lagemänner im Kirchspiel Marne 1810-1812

Landschaft Norderdithmarschen

Allgemeines, Verfassung, Verwaltung, Privilegien, Jurisdiktion und Grenzen

715 Kommission zur Visitation der Quartiere 1713-1717

721 Rechnungsgebühren des Kirchspielschreibers in Delve 1719

727 Grenzstreitigkeiten zwischen Lohe, Braaken und Rickelshof und den Eingesessenen des Südereggers in Heide 1732-1734
Darin: Skizze

734 Unordnungen im zu Hennstedt eingepfarrten königlichen Dorf Fedderingen 1748

10364 Grenzstreitigkeiten zwischen Rickelshof und den Interessenten der Norderegge in Heide 1757

10369 Gouvernement des Statthalters 1776

10370 Vereinigung der Kirchspielschreiberei mit der Kirchspielvogtei sowie Verbindung der Kirchspielschreiberei mit der Organistenstellen 1779-1846

10372 Verweigerter Aufenthalt des Johann Lütjens in Sankt Annen (1781) 1782

10373 Unterhalt der Grenzeinfriedungen von Westerborstel, Welmbüttel und Tellingstedt 1782

10386 Präsentationswahlen der Kirchspielvögte, Kirchspielsgevollmächtigten und Deputierten 1796-1797

10387 Präsentationswahl zur Adjunktur der Kirchspielvogtei in Hennstedt 1797

10389 Verbindung der Kirchspieleinnehmerschaft mit der Kirchspielvogtei in Tellingstedt (1798) 1799

10390 Verbindung der Kirchspieleinnehmerschaft mit der Kirchspielvogtei in Lunden 1799

10399 Wahl eines Inspektors und der Gevollmächtigten im Karolinenkoog 1802-1803, 1816

10409 Präsentation und Wahl des Kirchspielsinteressenten Detlefs in Hennstedt zum Kirchspielsdeputierten 1804-1805

10410 Verbindung der Kirchspielschreiberei mit der Kirchspielvogtei in Büsum 1805

10417 Einreichung von Beamtenbestallungen 1808, 1814

10419 Präsentation des Jacob Ahrens zur Kirchspielvogtei in Weddingstedt 1809

10421 Beschwerden der Bauerschaften Stelle und Wittenwurth wegen Wahl eines Kirchspielsdeputierten 1810

10423 Unregelmäßigkeiten in der Verwaltung des Kirchspiels Lunden, Predigt des Diakons Harms in Lunden, fiskalischer Prozess gegen den Kirchspielvogt Bruhns in Wesselburen und Beschwerden wegen der Verwaltung der Landschaft Norderdithmarschen 1814-1837

10424 Vergütung der Reise des Schiffers Popp aus Büsum in königlichen Diensten nach Pellworm und Föhr 1814-1815

10428 Kirchspielvogtei in Tellingstedt sowie Kirchspielschreiberei in Süderwöhrden und Norderwöhrden 1815

10442 Beschwerden des Kirchspielvorstehers Boiens in Zennhusen 1817

10445 Präsentation zur Wahl eines Kirchspielvorstehers in Hemme 1818

10463 Missliche Verhältnisse des Kirchspielvogts Bruer in Büsum 1822

10466 Kommission zur Untersuchung des Hedwigenkoogs und zur Bestimmung seiner Grenzen mit den Kirchspielen Büsum und Wesselburen (1728-) 1823-1828

10470 Unregelmäßiges und ordnungswidriges Verfahren der Beamten im Kirchspiel Weddingstedt 1824-1825

Justiz

10430 Beschwerden der Kirchspielvorsteher in Heide gegen den Pfenningmeister Ottens 1814-1815

Kirche und Schule

717 Beitrag zum Kirchenschoss von Ländereien im gottorfischen Anteil des Kirchspiels Wöhrden 1715-1716

718 Verbindung der Kirchspielschreiberei mit dem Diakonat in Delve 1717-1718

724 Zinszahlungen des Kirchspiels Lunden an die Domkirche in Schleswig 1721

731 Kielmannseggsches Legat für die Universität in Kiel 1738

10366 Beschwerde des Maurermeisters Hans Jürgen Schenk in Fedderingen wegen strafbarer Verwaltung der Kirchengüter in Hennstedt 1771-1781

10367 Verheiratung des Sönke Volquards mit Maria Catharina Johannsen aus dem Amt Tondern durch Pastor Jansen in Schlichting 1772-1773

10368 Beitrag der Dorfschaft Fedderingen zur Predigerwitwenabgabe in Hennstedt 1772-1773

10371 Stimme des Kirchspielvogts Paulsen in Heide bei der Wahl eines Kirchspielschreibers und Organisten 1780

10375 Aufgebot über die Schulen des Kirchspiels Büsum (1712-) 1786-1790, 1815-1816

10400 Kirchspielschreiberei und Organistenstelle in Tellingstedt 1803

10403 Widersprüche gegen einen Beschluss des Kirchspielsvorsteherkollegiums in Norderwöhren über eine Zulage für den Rektor 1803-1804

10405 Ländereien der Kirche in Hennstedt in Tielenhemme 1804

10408 Beitrag des Jochim Möller in Stördorf zu den Kirchspielsanlagen in Hemme und Wesselburen 1804

10444 Beschwerden des Harm Witt in Lunden wegen abgelegter Kirchspielsrechnung 1817-1818

10447 Kirchspielsanlage in Neuenkirchen 1819

2537 Verpflichtung der Dorfschaft Bösbüttel zur Abgabe an die Kirche in Sankt Annen [1514, 1646] 1820

Armenwesen

10422 Trennung der Bauerschaft Sankt Annen vom Kirchspiel Lunden hinsichtlich des Armenwesens 1811-1812

10437 Armengeld des verabschiedeten Leutnants Schmidt in Lunden 1816

10453 Verhältnis der Schuhmachergesellen-Bruderschaft in Heide zur Armenanstalt 1820

10461 Behandlung der Armenkranken im Pflegehaus in Wesselburen 1822-1830

10476 Vergütung des Physikus Dr. Dohrn in Heide aus der Armenkasse in Wesselburen für Apothekerrechnungen 1827

10478 Errichtung einer Arbeits- und Pflegeanstalt in Heide 1832-1844

Ökonomie und Schifffahrt

10362 Bergung von Butterfässern auf dem großfürstlichen Strand von Wöhrden durch den Baakenstecher Rhamna 1757

10380 Kontrakte wegen Rapssaathandels 1791-1792

10393 Strandung des Schiffs „Johann Christian“ 1801

10425 Beschlagnahmung von Getreide durch die schwedisch-mecklenburgische Intendantur 1814

10432 Gewerbefreiheit 1816

10448 Privileg des freien Handels 1819

10469 Landhandwerker im Hedwigenkoog 1824-1832
Enthält u. a.: Verzeichnisse

10471 Landhandwerker im Friedrichsgabekoog 1824-1832
Enthält u. a.: Verzeichnis, 1831

10472 Landhandwerker im Karolinenkoog 1824-1832

Finanzen, Steuern und Abgaben, Landwesen

712 Beilegung der Streitigkeiten zwischen den Landschaften Norderdithmarschen und Süderdithmarschen über die Kontribution (1595-) 1647

713 Beschwerde über den Zöllner in Itzehoe wegen des Viehzolls 1648

714 Streitigkeiten zwischen den Interessenten des Hedwigenkoogs und Pastor Behrens in Wandsbek wegen Koogrechnungen 1701

716 Schuldenwesen 1714

720 Bestimmung des Eggenbuchs in Heide wegen Neubauten 1718

723 Fideikommiss des Freiherrn von Schlitz genannt von Görtz 1720

725 Einzug der sogenannten vier Gerechtigkeiten des Geheimrats von Königstein im Preilinger Außendeich durch die gottorfische Rentekammer 1724-1727

726 Auskleiung des Stroms im Friedrichsgabekoog 1726

729 Kielmannseggsches Kapital 1735-1736

10360 Verkauf großfürstlicher Domanialstücke 1753-1754

10365 Beschwerde gegen die Landschaft Süderdithmarschen wegen Einfriedung des Riesewohld 1770

10376 Schatzungen des Johann Heinrich in Wesselburen 1788-1789

10377 Rückständige Zinsen des Kirchspiels Hemme 1790-1793

10378 Kapital des Marcus Hinrich Kreyenberg aus Kiel im Kirchspiel Wesselburen 1790

10385 Wiederabtretung des ehemaligen Hofes des Peter Thiessen in Süderdeich an denselben durch das Kirchspiel Wesselburen 1796

10392 Landschaft Norderdithmarschen: Gagen- und Akzidentiensteuer der geistlichen und weltlichen Beamten 1800

10394 Neuer Koog von Schülpersiel bis Wollersum 1801-1802

10395 Verteilung eines zu Lunden gehörenden Moores 1802

10396 Vergütung für die Gräsung der Deicherpferde im Karolinenkoog 1802

10397 Verpachtung der Preusserschen Ländereien (1631) 1802

10401 Einquartierung 1803-1804, 1813
Enthält nur Deckblatt

10402 Abgabe vom Kaufgeld an den Deichfonds bei Landverkäufen im Karolinenkoog 1803-1804

10406 Zollfreiheit des Karolinenkoogs 1804-1806

10411 Finanz- und Ökonomieangelegenheiten des Karolinenkoogs 1804-1805

10416 Sicherung eines auf den Hof des Hans Classen in Mahde angeliehenen Kapitals des königlichen Leihinstituts 1808

10418 Benutzung der Außendeichsländereien in Lehe und Darenwurth 1808

10429 Beitrag der Parzellisten in Tielenhemme zu den Anlagegeldern des Kirchspiels Tellingstedt 1815-1817

10431 Umlagen wegen der Kriegsschäden 1814-1818

10436 Ankauf eines Hauses im Hedwigenkoog als Wohnung für den Konventdiener 1816

10438 Aufnahme der Kirchspielsrechnungen in Tellingstedt 1816

10439 Abgabe der Bauerschaften Flehde, Rehm und Bargen vom Mooranwachs 1817-1818

10449 Reichsbankzinsen des Kaufmanns Nissen in Heide 1819

10456 Befreiung des verabschiedeten Unteroffiziers Carstensen in Büsum vom Beitrag zu Kirchspielsschulden und Wegearbeiten 1821-1822

10458 Aufnahme von Geldern für den Hedwigenkoog zur Bezahlung der Abgaben und Gefälle 1821-1822

10460 Sicherung der zu berichtigenden Gefälle im Kirchspiel Wesselburen 1822

10462 Beitrag der Heuersleute im Kirchspiel Wesselburen zu königlichen Schatzungen sowie zu Landes- und Kirchspielslasten 1822

10467 Umwechslung der Reichsbankzettel im Aktuariat in Heide 1823

10473 Kirchspielsabgabe des Kontrolleurs Arnorius in Lunden 1825-1828

10474 Plan einer Anleihe zur Tilgung der Landschafts- und Kirchspielsschulden 1826-1827

10475 Ankauf eines Hauses als Wohnung für den Lizentiaten Frey in Neuenkirchen 1826

10479 Bauernschuld des Konstablers Claus Hinrich Junge in Hemme 1834

Deiche, Wasserlösung und Hafen

722 Gemeinschaftliche Feldmarkschleusenrechnung der Eingesessenen in Kleve und Schlichting 1719

10374 Sturm vom September 1782 und vom 24. April 1784 sowie Vorschlag des Landvogts über Assekuranz 1784

10379 Deichschäden der Sturmflut 1791

10381 Verteilung von Überscher-Grasen auf dem Außendeich in Hemmerwurth 1791-1792

10382 Beschädigung und Instandsetzung der Seedeiche in Büsum 1794, 1806

10383 Anlage einer Berme vor einer Deichstrecke in Norddeich 1794

10384 Aufsässigkeit von Interessenten des Seedeichs in Schülp und Strübbel wegen Deichbedeckung 1794-1802

10388 Erlass eines Deichregulativs 1798

10407 Bergung von Gütern im Hedwigenkoog 1804-1806
Darin: Karte zum südlichen Teil des Koogs

10414 Familienstellen und Abgaben im Karolinenkoog, Hedwigenkoog, Sophienkoog und Friedrichsgabekoog 1805
Enthält u. a.: Verzeichnis der Stellen im Karolinenkoog und Hedwigenkoog

10427 Außendeichsgrenze zwischen Norddeich und Schülp 1815, 1819

10441 Beschwerden des Kooggevollmächtigten Brüning und des Georg Claus Loy in Deichhausen wegen des Deichrezesses in Wesselburen 1817-1819

10451 Beteiligung an den Kosten eines Zuggrabens beim neuen Deich im Schlichtinger Neuerkoog 1819

10464 Reklamierung von bei Schülp gestrandeter Ballen durch den Agenten Lexow in Tönning 1822-1823

10465 Berechnung des Bergelohns und der Prozente des Hebungsbeamten bei Strandfällen 1823

Polizei

719 Papageiengilde in Heide 1718

732 Wegnahme von Feldsteinen aus der Landschaft Süderdithmarschen 1738

733 Beteiligung von Fedderingen an Brücken- und Schleusenbaukosten 1739-1758

2466 Beitrag von Eingesessenen der Dorfschaft Fedderingen zu den Baukosten der Eishammer Brücke und einer Eiderschleuse 1739-1833

10361 Wegnahme einer Schaluppe aus Helgoland durch den Strandvogt in Büsum 1755

10363 Einführung des Brandreglements von Hennstedt in der Dorfschaft Fedderingen 1758

10391 Unterhalt des Wegs vom Wrohmer Koog bis Lexfähre 1800

10404 Englische Werber im Karolinenkoog 1804

10412 Umlage des Wächterlohns in Weddingstedt 1805

10413 Befugnis des Polizeimeisters in Tönning zur Visitation des Wirtshauses im Karolinenkoog 1805

10415 Befugnis der Kirchspielvögte zur Erteilung von Pässen 1807

10420 Transport von Kranken 1809-1811

10426 Einquartierung im Karolinenkoog 1814-1815

10433 Anstellung eines Arztes in Wesselburen 1815-1816

10434 Brandstiftungen 1816

10435 Brandschaden des Carsten Scheel in Lehe 1816

10440 Weg durch die Hölzung in Tellingstedt 1817

10443 Unterhalt des Gerichtswegs von Fedderingen zur Landstraße zwischen Heide und Lunden 1817-1818

10446 Beschwerden des Georg Claus Loy in Deichhausen wegen Unterhalts einer Brücke über den Kanal bei Wöhrden 1818-1819

10450 Weg von Wesselburen nach Heide 1819, 1832-1833

10452 Instandsetzung des Sandwegs von Lunden nach Bargen 1819-1823

10454 Instandsetzung der Wege bei der Fährstelle in Süderstapel und Bargen auf der Dithmarscher Seite 1821-1828

10455 Wegeinstandsetzungskosten im Kirchspiel Wesselburen 1821-1827
Darin: gedruckte Verordnung zum Verfahren bei versäumter Wegeinstandsetzung, 1827

10457 Öffentliche Arbeiten des Physikus Dr. Dohrn in Heide 1822

10459 Gebühren für die Brandversicherungstaxatoren 1821-1822

10468 Versäumte Abstellung feuergefährlicher Mängel durch Hauseigner 1823-1824

10477 Gebührenerstattung an Unterpolizeibedienstete in Requisitionsfällen 1829

Post und Fuhren

730 Verbot der freien Durchfahrt durch Heide für die Rollfuhrleute aus Itzehoe 1736-1737

10398 Anlage einer neuen Fährstelle in Lexfähre 1802-1804

Militär

728 Deserteur Peter Wieben vom Jütischen Regiment und eigenmächtiger Durchmarsch gottorfischer Truppen durch das Kirchspiel Albersdorf 1734-1735

Ämter Kiel, Bordesholm und Kronshagen

929 Weidegerechtigkeit von Hüttblek im Amt Segeberg und Sievershütten im Amt Trittau sowie von Krogaspe im Amt Rendsburg und Einfeld im Amt Bordesholm, Streitigkeiten zwischen Bünzen im Amt Rendsburg und dem Amt Bordesholm wegen Holzlieferungen 1694

930 Kirche und Episkopalrecht in Schönkirchen 1696-1774

931 Kirchen- und Totenweg über das Vieburger Feld im Amt Kiel für Meimersdorf 1710-1715

933 Pachtschulden des Geheimrats Graf Hinrich von Reventlow vom Gut Kronshagen 1731

937 Beschwerde der Dorfschaft Meimersdorf wegen eines Torfteichs und einer Wiese 1745-1761

10480 Schule in Sachsenbande und Vereinigung des Landes Sachsenbande mit dem Amt Steinburg 1752-1793, 1844

10481 Austritt der Knechte aus dem Gut Kronshagen 1763

10482 Nicht getauftes Mädchen im Kirchspiel Schönkirchen 1763

10483 Niederreißen des Kirchenstuhls des Bauervogts Sachau aus Rumohr in Großflintbek 1768-1769

10484 Aufrechterhaltung der Erbpachtskontrakte in Kronshagen und Aufhebung eines Amtsdekrets 1779-1788

10485 Beschwerde des Krügers Johann Justus Sievers in Kronshagen wegen der Krugwirtschaft des Schmieds Wolters in Ottendorf 1781-1782

10486 Holzpassagen der Pächterin des Hamburger Baums im Amt Kiel 1782

10487 Mähegerechtigkeit in einer Zuschlagswiese für die Hufner und Halbhufner in Blumenthal 1782-1783

10488 Auflagen des Hufners Claus Cristoph Frahm in Großflintbek bei der Landaufteilung und Einkoppelung 1782

10489 Ämter Kiel und Bordesholm: Beschwerden gegen die Rentekammer wegen Fuhren und Diensten 1783, 1794-1799

10490 Bestätigung eines Landtauschs des Vaters des Hufners Marx Köhler in Mielkendorf 1792-1793

10491 Amt Bordesholm: Trennung der Kruggerechtigkeit vom Brauzwang 1793-1798

10492 Vogtstelle in Sachsenbande 1793, 1803, 1824-1830

10493 Verweigerte Beteiligung der Erbpachtsparzellisten in Sprenge und Rumohrhütten an den Kriminalkosten und Polizeianstalten 1794-1795

10494 Amt Bordesholm: verweigerte Hand- und Spanndienste für den Brückenbau in Schulenhof 1795-1796, 1845

10495 Epidemische Krankheit in Wattenbek, Brügge und Negenharrie 1795

10496 Beschwerden des Pächters des Lübschen Baums bei Kiel Marx Hinrich Dahl 1796-1797

10497 Ämter Kiel und Bordesholm: Befreiung von der Naturalstellung zum Landausschuss und der Rekruten gegen Geldabgabe 1797

10498 Abmähen des Nachmatts auf den Amtsländereien in Bordesholm (1776) 1797-1798
Darin: gedrucktes Dienstreglement für die Dorfschaft Loop, 1776

10499 Zahlung von zwei Rechnungen aus der Amtsanlage in Bordesholm 1797

10500 Bezahlung einer Medizinalrechnung wegen einer epidemischen Krankheit in Rumohr 1798

10501 Missverständnisse zwischen dem Amtmann und Amtsschreiber in Bordesholm 1798-1799

10502 Untersagter Leichentransport aus Brunswik durch Kiel 1798-1799

10503 Verweigerte Vergütung für Amtsbedienstete aus Kiel für Fuhren und Diäten in kirchlichen Angelegenheiten in Schönkirchen 1801

10504 Beschwerden der Erbpächter in Kronshagen wegen Neuerungen 1801-1802

10505 Verweigerte Fuhren von Eingesessenen in Russee 1801

10506 Amt Bordesholm: angebliche Befreiung der Erbpächter von der Landabgabe 1801-1802

10507 Landentnahme aus der Gemeinheit in Großharrie 1802

10508 Anlage eines Siels auf der Landstraße zwischen Wellingdorf und Neumühlen 1803

10509 Amt Bordesholm: Leinweberei 1803

10510 Ämter Kiel, Bordesholm und Kronshagen: Anketten der Haushunde 1804-1805

10511 Amt Kiel: verweigerte Fuhren 1805

10512 Kornmahlen für das Feldkommissariat auf der Öl- und Lohmühle des Müllers Kühl in Neumühlen 1805-1806

10513 Quartierleistungen des Advokaten Hagemeister in Kiel und des Erbpächters Börm in Bordesholm 1807

10514 Ämter Kiel, Bordesholm und Kronshagen: Unterhalt des geisteskranken Johann Detlev Stange (1806) 1807

10515 Amt Bordesholm: Verwendung einer Anleihe des Reuters Osbahr 1809

10516 Juden in Brunswik 1808-1832

10517 Amt Bordesholm: Forderung an die Landschaft Stapelholm 1809

10518 Fischereigerechtigkeit des Gutsbesitzers von Bothkamp im Bissee 1810

10519 Amt Kiel: Beteiligung am Bettler- und Vagabundentransport in der Stadt Kiel 1809-1811

10520 Unterstützung des Papiermüllers Geu im Gut Blockshagen 1811

10521 Amt Kiel: Beteiligung der Eingesessenen zur Unterstützung der Landsoldatenfamilien 1811-1812

10522 Amt Bordesholm: Feuerspritzen 1813

10523 Amt Bordesholm: Verbindung der Erbpachtdistrikte mit dem übrigen Amtsdistrikt oder Bildung eines gemeinschaftlichen Erbpachtsdistriktes 1813

10524 Amt Bordesholm: Holzlieferung an die Festehufner zum Bau und Unterhalt der Festegebäude 1813-1815, 1819

10525 Amt Kiel: Aufenthalt der Kaufleute von Bergen und Söhle aus Hamburg 1813

10526 Schul- und Armenstiftung des Erbpächters Dose in Schönhorst 1814-1826

10527 Verhalten des Advokaten Diederichsen in Brunswik während des Krieges 1814

10528 Russische Einquartierung des Hufners Porath in Wellingdorf 1815

10529 Zwangspflicht der Einwohner von Kiel zur Mühle in Neumühlen 1816

10530 Ersatz des Hufners Wulf in Eiderstede für den Verlust seiner Pferde während des Krieges 1816

10531 Fuhr- und Wegebesserungspflichten des Advokaten Diederichsen in Brunswik 1815-1816

10532 Vergütung der Einquartierungslasten der Dorfschaften Eiderstede und Schmalstede 1816, 1821-1822

10533 Ämter Kiel, Bordesholm und Kronshagen: Fuhrleistungen 1816-1818

10534 Amt Bordesholm: Verzeichnisse des Hausvogts Glüsing über Korn- und Fouragelieferungen 1817

10535 Hand- und Spanndienste bei der Freischleuse in Neumühlen (1770-1773) 1817-1819

Darin: gedruckte Dienstreglements von Dörfern des Amtes Kiel, 1770-1773

10536 Anschaffung eines Hauses für den Distriktschirurgen in Bordesholm 1818

10537 Abgebrannte Gebäude des Halbhufners Rixen in Brügge 1817-1819

10538 Beschwerden der Dorfschaft Bissee wegen Reinigung der Eider (1818) 1819
Darin: Karte des Eiderverlaufs vom Bothkamper See bis Groß Buchwald

10539 Streitigkeiten der Bäcker, Brenner und Brauer in Kiel mit dem Mühlenpächter Porath in Neumühlen wegen der Wägezettel 1819-1820

10540 Amt Kiel: Ausgabe für den Vagabunden Erich aus der Amtsanlage 1820

10541 Privilegienbestätigung für die Eingesessenen in Sachsenbande 1821

10542 Brüche des Holzvogts Witthöfft in Kleinharrie wegen versäumter Wegebesserung 1820-1824

10543 Aufenthalt der Louise Degetau in Brunswik 1822-1834

10544 Grenzbestimmung zwischen dem Moorsee und dem Kloster Preetz 1823-1826

10545 Maskerade auf dem Schloss in Kiel 1823

10546 Eigentum über die Steine und den Sand im Hafen in Kiel 1826

10547 Amt Bordesholm: Zehrgeld der Prediger für reisende Bettler 1826-1827

10548 Amt Kiel: Armenkommune 1827

10549 Backofen in der Scheune der Wassermühle in Neumühlen 1827

10550 Ämter Kiel, Bordesholm und Kronshagen: Befahren des Kanaldamms durch Beamte und Ärzte bei Untersuchungen 1827-1828

10551 Amt Bordesholm: Aufträge an den Hausvogt Boldt zur Ausführung von Polizeimaßnahmen 1827

10552 Benennung der Landstelle des Diederich Christoph Diederichsen in Gaarden in „Marienlust“ 1827-1828

10553 Auslieferung des entlaufenen Schusterlehrlings Schacht an das Polizeiamt in Kiel 1827-1828

10554 Anlage eines Graupenganges in der Mühle in Demühlen 1828

10555 Baumgeldtaxe beim Lübschen Schlagbaum (1805) 1828

10556 Schmiedegerechtigkeit der Stelle des Schmieds Jonas in Ottendorf 1828-1829

10557 Einverleibung der Parzellen in Moorsee in die Dorfskommüne 1829

10558 Änderung beim Armengeld in Brunswik 1830-1832

10559 Realgerechtigkeit zum Bier- und Weinschank des Johann Hinrich Schildt in Brunswik 1830

10560 Amt Bordesholm: Beitragspflicht der Beamtenländereien zur Stellung eines Remontepferdes 1832, 1839

10561 Amt Kronshagen: Beschwerden der Eingesessenen gegen Verlegung der Amtsschreiberei nach Kiel 1832-1833

10562 Hebammen in Kronshagen 1833-1834

10563 Ämter Kiel, Bordesholm und Kronshagen: Handwerker (1758-) 1835-1849

10564 Änderung des Verfahrens beim Armengeld in Brunswik (1832) 1833-1834

Amt Neumünster

932 Berichtigung der Ordinations-, Bestätigungs- und Reisekosten für den Prediger im Kirchspiel Neumünster 1716-1718

934 Vorenthaltung der Roggengefälle des Pastors in Kellinghusen durch den Amtmann in Neumünster 1732

935 Jagdrecht auf dem Ricklinger und Willingrader Feld (1730-) 1733

936 Kirchengebühren der in Neumünster eingepfarrten Untertanen des Amtes Segeberg 1740-1741

10565 Streitigkeiten zwischen dem Amtmann von Mardefeld und der Äbtissin Mette Christina von Ahlefeldt in Itzehoe wegen Gildegeld der Gilde in Hohenwestedt für einen Amtsuntertanen 1752-1753

10566 Untersuchung eines vom großfürstlichen Vizekanzler Muhlius an die Gräfin von Dernath gesandten Kästchens in Neumünster 1756

10567 Strittige Weidegerechtigkeit zwischen den Dorfschaften Kummerfeld und Hollenbek 1755-1758

10568 Auschluss der königlichen Untertanen in Fehrenbötel und Heidmühlen von der Predigerwahl in Neumünster 1756

10569 Bestallung der Bediensteten 1774, 1784-1789, 1803

10570 Zucht-, Spinn- und Tollhaus 1779-1812
Enthält u. a.: Verzeichnisse der Insassen

10571 Reinigung des Mühlenteichs in Neumünster durch den Mühlenpächter Hudemann 1780, 1797-1800

10572 Zuständigkeit bei Streitigkeiten der Knechtsgilde in Heidmühlen (1769) 1780-1781

10573 Vergehen des Diedrich Hintzelmann in Neumünster bei Regulierung der Bauplätze 1781

10574 Anlage einer neuen Schmiede-Esse in Neumünster 1782

10575 Verzeichnis der Heiraten, Geburten und Beerdigungen in den ehemaligen großfürstlichen Distrikten 1785

10576 Abstellen des Bettelns 1786

10577 Bestimmung des Gewichts einer Tonne Roggenmehl in Neumünster 1785-1792

10578 Einsammeln des Schulgeldes in Neumünster 1790-1791

10579 Auffälligkeiten bei Setzung der Dorfschaften Gadeland und Kleinkummerfeld 1791-1793

10580 Trennung der Dorfschaften vom Flecken Neumünster hinsichtlich der Anlagen und der Armenkasse 1791-1797

10581 Verpflegungsgelder für die Delinquenten und Vagabunden sowie Amtskriminaltaxe (1756) 1792-1793

10582 Weigerung des Hufners Hinrich Wittorf in Gadeland zur neuen Setzung 1793-1799

10583 Grenzregulierung zwischen Willingrade und Gönnebek (1795) 1796

10584 Einfriedung einer Koppel des Hufners Lohse in Großenaspe 1795-1796

10585 Änderung der Inschrift an den Warnpfählen zum Almosengeben an Landstreicher und fremde Bettler 1796

10586 Befreiung der Naturalstellung der Landausschussleute und Nationalrekruten gegen eine Abgabe 1797

10587 Beschwerde des Amtmanns wegen einer Kanzleiportorechnung 1797

10588 Entzug von Weideland auf der Erbpachtstelle in Halloh durch die Rentekammer 1799-1805

10589 Grenzbesichtigungen 1799

10590 Neues Arresthaus in Neumünster 1799-1800, 1822-1824

10591 Ellermann-von Iltenschenes Haus in Neumünster 1800-1801

10592 Auffindung eines Kindes bei Neumünster 1800-1801

10593 Vereinigung mit den Ämtern Kiel, Bordesholm und Kronshagen bei Vakanz der Amtmannstelle 1802

10594 Armenkasse 1803-1834

10595 Beteiligung am Brückenbau in Gadeland 1805

10596 Einrichtung des Armenwesens in Neumünster 1805-1806

10597 Benutzung des Hauses des Kammerjunkers von Revenfeldt in Neumünster als Lazarett (1805) 1806

10598 Versteigerung einer Korn- und Fouragelieferung 1805

10599 Beteiligung der Kirchen- und Schulbediensteten in Neumünster an den Kriegslasten 1808-1810

10600 Entlassung des Bauervogts Hinrich Loop in Latendorf 1808-1809

10601 Grenzregulierung mit dem Gut Bothkamp 1809, 1819, 1830

10602 Zuordnung des Dorfes Gadeland zum Hebammendistrikt des Fleckens Neumünster 1809

10603 Listen über Ordonnanzreiten der Einwohner des Fleckens Neumünster 1811

10604 Besetzung der Nachtwächter- und Torwärterstelle in Neumünster 1812

10605 Verlauf der Mühlenau zwischen der Papiermühle bei Groß Kummerfeld und der Mühle in Wittorf 1812

10606 Abhalten von Auktionen 1812

10607 Einquartierung 1814

10608 Beschäftigung von Insten in den Militärhospitälern 1814-1817

10609 Ausgleich für Lazarettlieferungen 1816

10610 Instandsetzung der Brücke bei Brokenlande 1816

10611 Verkauf von Gartenland des Armenhauses in Neumünster 1817

10612 Kraz- und Spinnmaschinen des Tuchfabrikanten Renck in Neumünster 1817

10613 Befreiung der Kätner von den Fuhren und Herabsetzung ihrer Beiträge zu den Kommunallasten 1818-1819

10614 Einschränkung der Wegenutzung von Gadeland nach Wittorf 1814

10615 Anhalten der passlosen Eingesessenen Naskow und Moselmann aus Lütjenburg in Neumünster 1818

10616 Unterhalt des Wegs entlang des Braaker Geheges bis zur Latendorfer Scheide 1818

10617 Armengeld des Advokaten Bay in Neumünster 1818-1819

10618 Beitrag des Advokaten Bay in Neumünster zur Schulkasse 1819

10619 Hebammen 1819

10620 Forderung des Apothekers Jahn in Neumünster für Medikamente 1819, 1827-1831

10621 Kriminalkostenrechnungen 1820-1822

10622 Streitigkeit des Schusters Mänzel in Neumünster mit dem dortigen Schusteramt 1820-1821

10623 Behandlung der Armen durch den Physikus Dr. Maes in Neumünster (1816-) 1821

10624 Beschwerde des Hausvogts Flemmich in Neumünster wegen Anweisung von Plätzen für die Buden auf Jahrmärkten 1823

10625 Brandschaden des Claus Diedrich Wulff in Bönebüttel 1823-1824

10626 Weigerung des Postamtes in Neumünster zur Lieferung eines Exemplars der Chronologischen Sammlung der Verordnungen 1824

10627 Forderung des Dr. Maes in Neumünster für Behandlung des Tagelöhners Claus Reimers 1823-1824

10628 Zahlung der Arztrechnungen des Dr. Meyer in Itzehoe 1826

10629 Zahlung der Rechnungen des Physikus Klink in Neumünster 1826-1828

10630 Verwaltung der Arrestverwalterstelle durch den Amtsdiener 1831-1837, 1847

Plönische Ämter

Allgemeines, Verfassung, Verwaltung, Privilegien, Jurisdiktion und Grenzen

10631 Bestallung von weltlichen Personen mit Rang des Herzogtums Plön 1763, 1776, 1784, 1836

10635 Amt Traventhal: Reiseerlaubnis des Amtmanns von Gadau nach Mecklenburg 1765

10636 Beschwerden des Hans Bewader und des Matthias Schmüser in Strukdorf sowie des Asmus Drengberg und des Hinrich Ramm in Westerrade bei der Generallandeskommission 1765

10637 Amt Traventhal: Akten aus dem Archiv in Plön über Grenzstreitigkeiten 1766

10640 Amt Traventhal: Öffnen der Schreiben durch den Amtsverwalter bei Abwesenheit des Amtmanns 1768

10643 Amt Ahrensbök: Grenzvergleich mit Gut Glasau 1774

10645 Grenzvergleich zwischen den Dorfschaften Meinsdorf und Thürk 1777-1778

10646 Anbringen eines Brettes an einem Grenzpfahl durch den Magistrat in Plön 1778

10647 Grenzregulierung zwischen den Dorfschaften Altenweide, Rethwisch und Boden sowie den Feldmarken Boden und Schürensöhlen 1782-1783

10650 Grenzberichtigung zwischen Wakendorf und dem Gut Fresenburg 1783-1785

10653 Plönische Ämter: Höhe der Bestätigungsgebühren 1785

10658 Auffinden von Vermessungsakten in Wakendorf 1788-1790

10659 Amt Plön: Beschwerden des Amtsverwalter von Gülich gegen den Amtssekretär Westpfahl wegen vorenthaltener Verfügungen 1773

10662 Beibehaltung der verliehenen Immunitäten der Parzellisten in Rethwisch 1791-1794

10667 Plönische Ämter: Warnungspfähle an der Grenze zum Fürstbistum Lübeck 1792-1793

10671 Plönische Ämter: Einholen herrschaftlicher Bestätigungen für Erbpächter 1795

10678 Hauptreparatur des Schlosses in Traventhal und Verlegung des Amtshauses nach Oldesloe 1798, 1803

10683 Bürgschaft der Dorfschaft Wittenborn für den Kammerrat Janssen 1800

10689 Streitigkeiten der Landlieger am Middelburger See 1802-1803

10692 Amt Plön: verweigerte Weiterleitung einer Aufforderung der Justizkanzlei in Eutin 1805

10694 Amt Plön: Streitigkeiten des Amtmanns Hennings mit dem Amtsverwalter, dem Konsistorium und der Armenkommission 1804-1808

10716 Fleckenrecht für die Bauplätze aus dem herrschaftlichen Garten in Reinfeld 1811

10719 Amt Traventhal: Siegel der Beamten 1812

10728 Benutzung eines Fahrwegs des Beamten in Rethwisch 1817

10747 Grenzregulierung zwischen Friedrichshof (Amt Plön) und dem Amt Eutin (1783-) 1825-1835

Darin: gedruckte Verkaufsbedingungen für das Vorwerk Friedrichshof, 1783

10750 Vorstellung des Amtschirurgen Ziegler in Ahrensbök zum Verkauf der dortigen Beamtenwohnung 1826-1830

10752 Aufgezwungene Heuerlinge des Eigenkätners Holdorf in Tarbek 1826-1827

10760 Amt Reinfeld: Verbesserung des Dienstes des Amtspförtners Detlev Grube-Mörck 1832-1847

10761 Vereinigung der Katenstelle des Johann Rohde in Barghorst mit Ahrensbök 1834, 1838

Justiz

10682 Plönische Ämter: Erhöhung der Vergütung der Amtspförtner für Verpflegung der Arrestanten 1799-1813

10710 Amt Traventhal: Einrichtung eines Gefängnisses und dessen Nutzung durch Segeberg 1804-1809

10717 Plönische Ämter: Weigerung der Franzosen zur Festhaltung lübischer Untertanen 1811

10756 Plönische Ämter: Instandsetzung der Gefängnisse 1829-1851

Kirche, Schule und Ehe

10638 Stipendien der Herzogin Dorothea Christina von Schleswig-Holstein-Sonderburg-Plön 1764-1775

10648 Aufhebung der Ehe des im Tollhaus in Plön einsitzenden Hufners Claus Püttjer aus Rethwisch 1782

10652 Schulbeteiligung der Baustellen auf den ehemaligen Vorwerken Treuholz und Rethwisch 1785-1790

10660 Schulpflicht der Anbauer in Christianshof zur Schule in Klein Gladebrügge (1789) 1790

10661 Schulpflicht der Anbauer in Christianshof und Christiansfelde 1790-1792

10664 Amt Plön: Streitigkeiten mit dem Konsistorium in Eutin wegen Kirchenanlagen und Baus eines Priegels (Nordempore) in der Kirche in Bosau 1791-1792

Armenwesen

10655 Amt Rethwisch: Unterhalt eines in Treuholz aufgefundenen Kindes eines gewissen Sanders 1786-1787

10668 Amt Rethwisch: Beiträge der Parzellisten zum Armenwesen 1792

10706 Amt Traventhal: Unterhalt der Kinder des Amtspförtners Lütje 1808-1811

10707 Amt Rethwisch: Kosten für Kur und Betreuung der Margaretha Elisabeth Iven 1808

10708 Streitigkeit zwischen den Dorfschaften Havighorst und Willendorf wegen Unterhalts der Stina Wittern 1808-1809

10720 Armenversorgung in Steinfeld 1812

10725 Amt Reinfeld: Streitigkeit mit dem Amt Steinhorst wegen Aufnahme der Frau des Tagelöhners Krull in Steinfeld 1815

10739 Beitrag der Erbpächter zu den Armenleistungen der Dorfschaft Mönkhagen 1821

10740 Beitrag der Erbpächter in Treuholz zu den Armenlasten in Rethwisch 1821-1822

10742 Verhältnis der Dorfschaft Rethwisch zu den Erbpächtern in Treuholz hinsichtlich der Armenversorgung 1822

10743 Beitrag der Eigenkätner und des Erbpächters Jürgens in Mönkhagen zum Armenunterhalt 1822

10745 Ankauf der Stelle des Jürgen Dahlmann in Christiansfelde zur Aufnahme verarmter Personen 1823-1824

10746 Armenversorgung in Ratzbek und Fliegenfelde 1825

10751 Amt Reinfeld: Heimatschein des Drechslers Gehrke aus Ratzeburg 1826

10759 Armenland des Johann Christian Koppitsch in Ratzbek 1832-1833

Ökonomie und Schifffahrt

10639 Plönische Ämter: Zucht von Rassepferden 1768

10666 Amt Traventhal: Mehlhandel des Müllers auf der Herrenmühle 1792

10669 Vebot für die Hutmacher aus Ratzeburg und Mölln zum Besuch der Jahrmärkte in Wesenberg (1758-) 1793-1795

10675 Anlage einer Windmühle durch den Besitzer der Wassermühle in Klein Rönnau 1796

10684 Amt Rethwisch: Fischfuhren der Teichpächter 1800-1803

10686 Mühlenfuhren und Radegelder in Havighorst (Amt Reinfeld) (1747, 1756) 1802, 1807

10693 Amt Traventhal: Streitigkeiten mit dem Zimmeramt in Segeberg 1804-1805

10697 Schmiedegerechtigkeit bei einer Anbauerstelle in Treuholz 1806

10698 Plönische Ämter: Konvention mit der Regierung in Eutin wegen Mühlenvergehen 1806

10702 Überlassungsvertrag der Fischereierbpachtsstelle in Niederkleveez 1808

10704 Erhöhung des Kanons der Papiermühle bei Fegetasche 1808

10721 Streitigkeit des Fischereipächters Kreutzfeldt in Nehmten mit dem Fischer Schnoor in Plön 1812

10722 Schmiede des Hufners Gadau in Klein Gladebrügge 1812

10748 Hökerei- und Krügereikonzession des Kätners Hans Friedrich Classen in Meinsdorf 1826-1829

10749 Konzession des Schneiders Beeck aus Wulfsfelde für das Kirchspiel Pronstorf 1826

10754 Krügerei des Christian Simonsen in Plön 1827

10757 Plönische Ämter: Schmiede und sonstige Gewerbetreibende 1829-1841

Finanzen, Steuern und Abgaben, Landwesen

2541 Kauf- und Hausbrief für den Kirchenlansten Jürgen Ditmer in Gleschendorf 1718

2542 Kaufvertrag für Christoph Erlau über Ländereien des Vorwerks Garkau 1768

10634 Hemmung eines Wasserlaufs bei Westerau durch die Brüder Boocken in den sogenannten Kaspelkaten im Amt Rethwisch 1761-1762

10641 Plönische Ämter: Zinsbeschränkung für Juden 1768

10642 Weigerung des Gutsbesitzers zu Pronstorf zur Einkopplung der Dorfländereien in Strukdorf 1769

10644 Anschwellen des Kleinen Plöner Sees 1775-1776

10649 Amt Ahrensbök: verweigerte Delinquentenwachen der Erbpächter 1782-1804

10654 Überschwemmung des Plöner Sees (1646-) 1786-1842

10656 Sielbau auf der Landstraße zwischen Westerrade und Goldenbek 1787-1817, 1830

10657 Instandsetzung des Stubbendorfer Redders durch die Parzellisten in Reinfeld 1789-1790

10663 Vermessung und Verteilung der Ländereien in Wakendorf 1791-1792

10670 Plönische Ämter: Umwandlung der Fuhren und Dienste in eine Geldabgabe, besonders im Amt Reinfeld 1794-1796

10672 Verweigerter Beitrag des Erbpächters Goldenstädt im Haffkrug zu den Amtsanlagen 1795

10673 Landverkauf von der Hufe des Bauervogts Burmeister in Bredenbek ohne Konsens der Rentekammer 1795

10674 Fehlende Landmaße des Bauervogts Dresler in Ottendorf 1795-1796

10677 Sammelholz der Eingesessenen in Reinfeld 1798-1799

10679 Weiderecht längs der Feldmark Ratzbek auf der Landstraße von Oldesloe nach Lübeck 1799

10680 Befreiung der Parzellisten in Steinhof, Neuhof und Bahrenhof von Verpflegungskosten sowie anderen Amts- und Kirchenanlagen 1797-1801, 1828-1843

10681 Amt Reinfeld: Befreiung der Eingesessenen der Amtsdörfer und der Erbpächter in Heidkamp von Verpflegungs- und anderen Kosten 1798-1799

10687 Amt Ahrensbök: Vemessung des Woltersteichs 1801-1802

10688 Amt Ahrensbök: Kontributionserleichterung für Hufenbesitzer wegen ihres Beitrags zum Landausschuss 1802-1803

10690 Amt Plön: Stauung der Seen 1804

10696 Befreiung von Gieschenhagen von der Fouragelieferung 1805

10699 Fuhrleistungen der Viertelhufner in Heilshoop 1806

10700 Plönische Ämter: Verteilung und Vergütung der Einquartierungskosten 1806

10701 Verzögerte Ausfertigung des Annahmevertrages des Schmieds Wulff in Holstendorf 1808

10705 Vergütung des Bauervogts Scheel in Damsdorf für ein Offiziersquartier 1808

10714 Übertragung der Hufe des Hans Christian Krützfeld in Meinsdorf an Hans Friedrich Teckenburg 1811

10718 Zuschreibung einer Landstelle in Rethwisch an den Schutzjuden Philipp Seeligmann aus Glückstadt 1811

10724 Rückständige Backgelder der Bäcker Stubbe und Klahn in Reinfeld 1815

10727 Streitigkeiten der Dorfschaften Behl und Niederkleveez mit dem Papiermüller Dencker in Plön wegen Stauung des Behler Sees 1816-1817

10729 Vergütung für Exerzierplätze bei Wulfsfelde (1809-) 1817

10730 Reparatur der Schleuse in Heidekamp 1817-1819

10731 Plönische Ämter: Amtsanlagengelder 1816-1818, 1830-1832

10733 Kosten der Reinigung der Au für die Voll- und Halbhufner in Heilshoop (1818) 1819

10735 Gezahlte Abgaben des Parzellisten Dose in Ahrensbök 1820-1821

10755 Plönische Ämter: Aufhebung von Nebenzöllen 1828-1831

Polizei

10632 Plönische Ämter: Schießen bei Hochzeiten 1764

10633 Plönische Ämter: Verbot des Kranzreitens zu Pfingsten 1763-1767

10651 Beitrag der Parzellenpächter des ehemaligen Vorwerks Hohenhorst zur Wegeinstandsetzung (1777-) 1783

10665 Wegeinstandsetzung der Dorfschaften Schlamersdorf, Altengörs, Weede und Mielsdorf außerhalb ihrer Feldmarken 1791-1793

10676 Amt Reinfeld: Wegeinstandsetzung 1796-1804

10691 Brandhilfsleistungen der Dorfschaften Barghorst, Holstendorf und Havekost für den Halbhufner Kneesch in Spechserholz 1804-1807

10695 Anlage eines Schlagbaums bei Rethwisch 1805

10703 Verweigerter Beitrag des Gutsbesitzers von Mönkhagen zur Wegeinstandsetzung (1758-) 1808

10709 Amt Traventhal: Tanz- und Musikverbot 1809

10711 Plönische Ämter: Verbesserung der Diensteinnahmen der Polizeireiter 1809

10713 Kosten des Umzugs der Hebamme Stieglitz von Geschendorf nach Zarpen 1810

10715 Anlage eines Schlagbaums bei Eckernschmiede 1811

10723 Arretierung des Johann Hinrich Sorgenfrei aus Bosau 1813

10726 Plönische Ämter: Forderung des Claus Koch in Bornhöved an Brandschadensgeldern und Untersuchung gegen Branddirektor Milenz 1816-1818

10732 Plönische Ämter: Polizeireiter 1818-1820

10734 Hebammen in den Ämtern Reinfeld, Rethwisch und Traventhal 1819

10736 Hebammen in den Ämter Plön und Ahrensbök 1821-1822, 1827

10737 Amt Plön: Beschlagnahmung der Butter des Johann Gliesmann aus Quickborn (Herrschaft Pinneberg) 1821

10738 Amt Ahrensbök: Anschaffung eines Dienstpferdes für den Polizeireiter Kreutzfeld 1821

10741 Amt Ahrensbök: Dienstwohnung des Amtschirurgen 1821-1823

10744 Forderungen des Arztes Nootbaar Peters in Reinfeld für ärztliche Leistungen und Medikamentenlieferungen 1822-1826

10753 Vergütung des Branddirektors Storjohann in Traventhal 1827

10758 Amt Traventhal: Zahlenlotteriesammlung in Reinfeld 1830

Post und Fuhren

10685 Fuhrstreitigkeiten in Havighorst 1800-1803

Militär

10712 Amt Traventhal: Anlage zur Berichtigung der Miete für die Landsoldatenfamilien 1809-1814

Amt Rendsburg

Allgemeines, Verfassung, Verwaltung, Privilegien, Jurisdiktion und Grenzen

812 Verfügungen an Beamte und Untertanen 1638-1646

817 Grenzstreitigkeiten zwischen Dörpstedt, Nienborstel und Hütten im Kirchspiel Hohenwestedt und Osterstedt im Kirchspiel Schenefeld
Darin: Karte 1719-1736

818 Verordnungen in Justiz-, Kirchen- und Kriminalangelegenheiten für den Amtmann Hans Rantzau 1722

819 Grenze zwischen dem Dorf Rade sowie dem Land und Moor in Osterrönfeld 1722
Enthält u. a.: Skizze

821 Überweisung von Moor- und Grenzstreitigkeiten mit der Stadt Rendsburg an die Landeskommission 1726

10762 Grenzstreitigkeit mit den gräflich castellischen Gütern bei Störkathen 1754-1755

10764 Grenzstreitigkeiten zwischen Jahrsdorf und Reher 1756, 1764

10766 Grenzstreitigkeiten von Dörfern 1735-1790
Enthäl: Krogaspe, Böken, Bünzen und Willenscharen

10767 Versehentliches Unterstützungsschreiben des Amtmanns an das Kloster Itzehoe wegen eines Hausbaus in Nortorf 1760

10769 Erläuterung der Fleckensartikel von Kellinghusen wegen einer Prozessangelegenheit 1766

10771 Landausschussprivileg des Hans Mohr in Klint 1769-1770

10773 Ernennung und Entlassung der Kirchspielsgevollmächtigten 1769-173, 1806

10774 Mitteilung von Verfügungen durch den Kirchspielvogt an die Kirchspielsgevollmächtigten in Kellinghusen (1769) 1770

10778 Absendung von Deputierten an das königliche Hoflager 1774

10781 Änderung im Amt des Bauervogts 1775

10782 Grenzstreitgkeiten des Claus Holm in Lockstedt mit dem Kloster Itzehoe bei Springhoe (1775) 1776

10784 „Schleswigsche" Dörfer Nübbel, Fockbek, Alt Büdelsdorf, Neu Büdelsdorf, Borgstedt und Lehmbek 1778

10796 Reparatur der Vogteigebäude in Hohenwestedt 1794-1795

10797 Verweigertes Aufhauen und Anfahren des Deputatholzes für die Forstbediensteten durch die Walddörfer 1795

10798 Bezug einer Wohnung in Nindorf durch den Schuster Hans Jürgen Schmidt in Heinkenborstel 1796

10807 Grenzregulierung mit Gut Mehlbek 1800

Justiz

10791 Einrichtung eines Amtsgefängnisses 1791

10858 Kosten für Feuerung und Licht für die Amtsarrestanten im Stadthaus in Rendsburg 1828-1829

Kirche und Schule

829 Weigerung der Eingesessenen in Brokstedt zum Unterhalt der Schule in Hasenkrug im Amt Segeberg und Beitrag zur Brandassekuranzkasse des Amtes Segeberg 1747

10776 Verweigerte Roggenlieferung von Eingesessenen in Tappendorf und Glüsing an das Pastorat in Hohenaspe 1773-1774

10777 Verweigerte Pflichtroggenlieferung von Eingesessenen in Nindorf, Rade, Vaasbüttel, Grauel und Hohenwestedt an das Pastorat in Hohenaspe 1773

10788 Änderung der Schulverordnung des Herzogtums Schleswig für die Dörfer Lehmbek und Borgstedt 1788

Armenwesen

10763 Unterhalt des ehemaligen Musketiers Monjeu in Warringholz aus der Armenkasse 1756

10785 Verordnungswidriger Armentransport von Brokstedt nach Bramstedt und Vergütung für die dortige Armenkasse 1781-1782

10824 Unterhalt der Gretje Daldern in Gribbohm 1812

10826 Verteilung der Alimentationskosten des blinden Jürgen Rohwer in Stafstedt 1812

10838 Rückständige Roggenlieferungen der Kirchspielvogtei Nortorf an die Hospitalarmenkasse in Rendsburg 1818-1820

10843 Vereinbarung im Kirchspiel Schenefeld wegen der Armen 1819-1820

10850 Verbesserung des Armenwesens 1823-1824

10853 Vergütung des Physikus Kühnel in Rendsburg für die Armenkranken (1797) 1825

Ökonomie und Schifffahrt

810 Streitigkeiten der Stadt Itzehoe mit den Kirchspielen Schenefeld, Hohenwestedt und Kellinghusen wegen Malzens und Bierbrauens 1623-1652

811 Terminliche Verlegung des Jahrmarkts in Hohenwestedt 1637

816 Beschwerde des Weißbäckeramtes in Itzehoe über die Bäcker in Schenefeld wegen des Backens von Weißbrot 1694-1696

10780 Abschaffung der Rossmühlen und Handqueren in Kellinghusen und im Zwangsdistrikt der neuen Mühle bei Kellinghusen (1715-) 1775-1799

10792 Schiffbarmachung der Au bei Böken, Innien und Heinkenborstel sowie Lagergeld der Dorfschaft Bünzen 1791-1792

10800 Mahlen geschälter Gerste durch den Pächter der Kornwassermühle in Rendsburg 1796

10834 Hökereigebühr des Hans Ohlen in Hohenwestedt 1816-1827

10848 Hökereikonzession des Jochim Sievers in Lütjenwestedt 1823

10849 Wohnung des Glasers Stelzner in Nortorf 1823

10855 Konzession des Färbers Jacob Spindler in Hohenwestedt 1826-1827

Finanzen, Steuern und Abgaben, Landwesen

813 Einrichtung einer Wildbahn und eines Geheges 1639

814 Lieferung von Brennholz durch Untertanen an das Schloss in Glückstadt 1650-1654

815 Beschwerde der Kirchspiele Nortorf, Kellinghusen, Jevenstedt und Hohenwestedt über das Kirchspiel Schenefeld wegen Fuhrdiensten 1652

820 Mast in Bargfeld 1723

822 Roggenlieferung an das Gut Drage 1727

823 Streitigkeiten mit Gut Mehlbek wegen Jagdgefälle 1729

824 Streitigkeiten zwischen Lütjenwestedt und Breiholz wegen eines Moordammes 1730

825 Streitigkeiten zwischen dem Kirchspiel Jevenstedt und Breiholz wegen der Hofdienste 1730

826 Abtretung einer halben Hufe von den Ländereien des Eggert Eggers in Gokels an das Zollhaus in Hanerau (1714) 1730-1732

828 Weidegerechtigkeit des Pastors in Nortorf auf der sogenannten Bülten 1738

830 Streitigkeiten zwischen den Untertanen der Stadt Rendsburg in Osterrönfeld und Amtsuntertanen in Schacht und Schuldorf wegen ausgepflügten Landes aus der gemeinen Weide 1748

831 Hofdienste der Eingesessenen in Nortorf (1699-) 1748-1767

2539 Wegnahme von Roggen in der Sachsenbande durch Eingesessene des Kirchspiels Schenefeld 1749-1765

10765 Gemeinweide und Pastoratsländereien in Kellinghusen sowie Aufteilung der Ländereien in Overndorf 1737-1782

10768 Eigentum über die Bäume auf den Ländereien der Untertanen sowie Setzung des Weichholzes 1763-1770

10770 Zerstörung eines Einfriedungswalls in Lockstedt durch die Dorfschaft Silzen (1766) 1767-1768

10775 Untersuchung gegen Hans Wiese in Bokel wegen einer Holzlieferung an das Arsenal in Rendsburg 1770-1772

10779 Moor in Nutteln (1711-1713) 1717-1720, 1750-1789
Enthält: Grenzstreitigkeiten; Fahrweg; Prozesskosten

10783 Gebühren der Untertanen des Gutes Emkendorf in Eisendorf und Groß Vollstedt wegen Aufteilung der Gemeinheiten 1778

10786 Rechtsgang in der Streitsache zwischen Detlev Hinz und Hans Staven in Nortorf wegen eines Landtauschs 1787

10789 Roggenlieferung der Armenlansten in Duvenstedt an den Hardesvogt der Hohner Harde 1789

10793 Kornlieferungen des Kirchspiels Nortorf an Kirchen, Prediger, Güter, Klöster und Privatpersonen 1791-1798

10802 Setzung und Regulierung der Abgaben des Carsten Kühl in Schacht 1798

10803 Verteilung des Holzes auf den Abfindungsgründen in Brinjahe 1797-1798

10804 Verbindung der Hölzungen in Fockbek und Nübbel mit der Hölzung in Osterhamm 1799

10805 Streitigkeiten der Dorfschaften Eisendorf und Warder mit Gut Emkendorf wegen eines Torfmoores 1799-1802

10808 Aufteilung der Gemeinheit in Alt und Neu Büdelsdorf 1800-1806

10812 Stauungen im Mühlenteich in Ostermühlen sowie im Töns- und Glasebach 1804

10813 Landverteilung in Schülldorf 1805

10814 Beteiligung der Eingesessenen in Kellinghusen zu den Kantonierungskosten 1806-1833

10816 Fuhrleistungen des Borchert Wegner in Kellinghusen 1808

10817 Verteilung der Fuhren in den Kirchspielen Raumort, Jevenstedt und Hohenwestedt 1808-1810

10818 Roggen- und Haferlieferungen in Ellerdorf 1808-1809

10819 Einquartierung in Remmels 1809

10820 Vermessung und Verteilung der Gemeinheitsländereien in Reher 1810

10822 Beteiligung des Hartwich Loose in Stafstedt an den Hand- und Spanndiensten der Dorfschaft Haale 1811

10823 Streitigkeit zwischen der Dorfschaft Todenbüttel mit dem Bauervogt in Haale wegen Magazinkornlieferung 1811-1812

10827 Verweigerte Annahme der Fouragelieferung des Kirchspiels Schenefeld 1812-1814

10828 Beteiligung des Marx Wieben auf der Lust zur Reparatur des Deichs in Haale 1813

10832 Fuhre der Dorfschaft Lütjenwestedt 1814-1815

10833 Rechnungsablage des Kirchspielvogts in Schenefeld wegen Lieferungen an feindliche Truppen 1815

10835 Aufbringen der Kriegskosten in Kellinghusen 1817-1818

10836 Fuhrleistung des Marx Wieben in Haale 1817

10837 Vergütung der Pastorenwitwe Thode in Nortorf für Roggenlieferung in der Kriegszeit 1817

10845 Landtausch zwischen dem Müller Maas in Rade und dem Klosteruntergehörigen Franzen in Hohenwestedt 1822

10856 Beteiligung der Dorfschaft Hohenwestedt an den Amtskosten 1826-1829

10859 Vergütung für außerordentliche Einquartierung 1828-1829
Enthält u. a.: Einquartierungsliste des Kirchspiels Raumort

Polizei

827 Abstellung der Unordnungen bei den Gilden 1735

10772 Eingriffe in die Rechte der Distriktshebamme Margaretha Dorothea Krackauen in Kellinghusen 1769-1770

10787 Brücke über die Hollenau bei der Schmiede in Timmaspe 1787

10790 Aufnahme des wahnsinnigen Marx Beck in Beringstedt im Tollhaus 1790

10794 Unterhalt eines Wegs zwischen Breiholz und Hamweddel 1793

10795 Reparatur des Steinsiels in Bargfeld 1794

10801 Verweigerte Teilnahme des Postmeisters in Nortorf an Wegearbeiten 1797

10806 Brückenbau in Groß Vollstedt 1800

10809 Verteilung der Wegearbeit in Fockbek 1800-1801

10810 Wegeausbesserung in Lütjenwestedt 1800-1801, 1809-1810

10811 Wegeinstandsetzung der Dorfschaften Breiholz und Jevenstedt 1803-1804

10815 Kosten der Dämpfung des Flugsandes in Vaale 1807-1812

10821 Bau der Brücke in Wennebek 1811

10825 Spritzenanlage in Kellinghusen 1812

10829 Lehr- und Kostgeld für die Hebamme Paulsen in Lütjenwestedt 1813-1814

10830 Wiederherstellung der Brücke auf dem Steindamm in Jevenstedt 1814

10831 Wohnung der Hebamme Stahmer in Hohenwestedt 1814

10839 Vergütung von Rechnungen des Dr. med. Zwanck in Nortorf 1818

10840 Hebammen in Kellinghusen 1818-1819

10841 Verbot des Butterkaufs durch Kiepenträger 1819

10842 Hebammen 1819

10844 Austritt von zwei Untertanen des Klosters Itzehoe in Kellinghusen aus dem Brandversicherungsregister des Amtes Rendsburg 1822

10846 Verhalten des Branddirektors Piper, des Kirchspielvogts und des Predigers in Jevenstedt beim dortigen Brand 1822-1823

10847 Bestimmung des Distriktes des Tierarztes Höhncke in Hohenwestedt 1822-1823

10851 Wegebesserungspflicht und Einkünfte des Dingvogts in Embühren 1824-1834

10852 Bezahlung des Bataillonschirurgen Kürschner in Rendsburg für chirurgische Bemühungen 1824-1825

10854 Anonyme Anzeige wegen großer Hochzeiten und Unordnungen in Kellinghusen und den umliegenden Dörfern 1826-1830

10857 Erweiterung der Landstraße bei Heinkenborstel 1827

Post und Fuhren

10799 Schutz der Privilegien der Fuhrinteressenten in Nortorf 1796-1797

Amt Segeberg

Allgemeines, Verfassung, Verwaltung, Privilegien, Jurisdiktion und Grenzen

832 Salinengüter des Klosters Reinfeld in Lüneburg 1564-1703
Enthält u. a.: Pergamenturkunde mit der Verschreibung der Güter an Franz Düsterhops Söhne und deren Erben durch König Friedrich II. von Dänemark, 1583

833 Streitigkeiten zwischen Hermann von Hatten und Diderich Pollmann wegen der Kirchspielvogtei Kisdorf 1638-1640

834 Amt Segeberg: einzelne Angelegenheiten 1639-1648
Enthält u. a.: Deputat für den Amtmann Caspar von Buchwald; Bauangelegenheiten; Vieh- und Pferdezoll in Oldesloe; Zauberin in Wakendorf; Mönchsmühle in Segeberg; Suppliken

836 Beschwerden der Amtsuntertanen über verschiedene Angelegenheiten 1648

837 Auseinandersetzung der Untertanen mit Hinrich Rantzau auf Tralau und Friedrich von Buchwald auf Borstel wegen der Sperrrung eines Wegs nach Hamburg 1648-1657

838 Zustand der Untertanen 1652

844 Grenze mit der Stadt Lübeck 1668

845 Bekanntgabe von Rechtsansprüchen auf Ländereien sowie Verkauf der Mühle, des Sees in Bornhöved und des Schmalenseer Sees an Ernst von Wedel und Bertram Rantzau (1665-) 1672, 1730-1770

846 Beschwerde der Dorfschaft Bimöhlen über den Bauervogt Hinrich Runge 1692-1707

850 Widersetzlichkeiten von Bewohnern im Kirchspiel Bramstedt 1711

851 Grenzstreitigkeiten der Dörfer Henstedt und Wakendorf mit dem Gut Tangstedt 1726-1742

10861 Grenzstreitigkeiten von gräflich-breitenburgischen und adligen Untertanen in Mönkloh und Weddelbrook mit Lentföhrden 1737, 1760-1776

852 Streitigkeiten von Amt und Stadt Segeberg mit Herzog Carl Friedrich von Plön (1630-) 1737-1749

853 Grenzvergleich zwischen Ulzburg und Gut Kaden von 1604 1738

855 Grenzstreitigkeiten von Amt und Stadt Segeberg mit dem Herzogtum Plön 1735-1754

10862 Witwenkasse 1734, 1755-1759
Enthält u. a.: Rechnungen; Quittungen

10863 Grenzstreitigkeiten mit dem Amt Neumünster sowie Erdbuch und Rechtsdokumente in Breitenburg 1754-1758, 1776-1777

10865 Grenzstreitigkeiten mit dem Amt Trittau, besonders zwischen Struvenhütten und Bredenbekshorst 1758-1763

10874 Grenzbestimmung zwischen Fehrenbötel und Rickling 1794-1796

10876 Grenzregulierung zwischen dem Kirchspiel Kaltenkirchen und der Grafschaft Rantzau 1794-1795

10877 Schutz der Privilegien in Bramstedt zum Wechsel von Ratmännern 1794-1795

10879 Grenzregulierung zwischen Blunk und dem Meierhof Erfrade 1796

10890 Diäten des Haus- und Kirchspielvogts 1810-1811

10908 Landreiterdienst in Bramstedt 1818-1819

10916 Aufenthalt des Isaac Levin in Kaltenkirchen 1820-1821

Justiz

857 Bestätigung eines Testaments der Witwe Steinbock in Kaltenkirchen 1750

2638 Bestimmung aus dem Justizreglement zur Zuständigkeit des Konsistoriums 1757

10891 Bau eines Gefängnisses 1811-1818

10892 Erhöhung der Gebühren des Pflugvogts für Verpflegung und Bewachung der Gefangenen 1812

10926 Gehilfe für den Amtsgerichtsdiener und Gefangenenwärter Lusty in Segeberg 1833-1834

Kirche und Schule

10878 Umlage der Baukosten für die Schulkate in Fehrenbötel 1795-1796

Armenwesen

856 Bestallung der Bettelvögte und Abschaffung der Polizeireiter 1742

10866 Unterhalt des bei Wittenborn gefundenen Kindes 1765-1766

10867 Weigerung des Amtes Traventhal zur Zahlung der Verpflegungskosten für den Bettler Johann Jacob Wegener 1766

10906 Beherbergung der Bettler und Vagabunden in Nützen (1767) 1817

Ökonomie

10860 Landhandwerker auf dem Gut Hartenholm 1824-1832

847 Konzessionierung des Holzhandels auf der Stör [17. Jh.]

10872 Streitigkeit zwischen dem Mühlenpächter Bahr in Segeberg und der Dorfschaft Groß Rönnau wegen Reinigung der Trave (1788-) 1791

10888 Anlage einer Schmiede in Wiemersdorf 1809

10897 Kauf von Branntwein aus dem Magazin in Bramstedt durch den Brenner Schenck in Weddelbrook 1815-1816

10907 Detailhandel des Thies Runge in Wakendorf 1818

10914 Streitigkeiten zwischen dem Schmiedeamt in Segeberg und Hans Ramm in Negernbötel (1810) 1820

10915 Streitigkeiten zwischen dem Schmiedeamt in Segeberg und dem Schmied Daedeler in Todesfelde 1820-1821

Finanzen, Steuern und Abgaben, Landwesen

835 Fuhrlohn des Kirchspiels Segeberg für den Kalk und Soldaten in Segeberg 1640

841 Aufschub der Kontributionszahlungen 1643, 1651

840 Landbesitz der Kirchspielvogtei Bramstedt im Flecken Bramstedt 1653

843 Meierhof Winsen 1665-1742

842 Schäferei Kuhlen 1665-1833

848 Auseinandersetzung zwischen den Kirchspielen Bramstedt und Kaltenkirchen mit Graf Rantzau wegen neuer Auflagen 1705

849 Streitigkeiten zwischen dem Gut Kaden und dem Kirchspiel Kaltenkirchen wegen des Torfgrabens 1709

10868 Holzeigentumsrechte und Holznutzung der Eingesessenen 1767-1769

10869 Eigentumsrecht an den Torfmooren 1769-1772, 1791

10870 Forderungen der Dasselschen Erben wegen eines Darlehens an die Salinengüter in Reinfeld 1772-1783

10873 Vermessung, Bonitierung und Verteilung der Wege im Kirchspiel Segeberg 1792-1794

10875 Landauslegung für die Kätner in Götzberg und Struvenhütten 1794

10882 Kuhweidegeld der Kätner in Bornhöved 1803

10883 Verteilung der Hölzung Bockhorn 1804

10884 Überlassung der Bornhöveder Heide an den Kammerherrn von Buchwald auf Fresenburg 1805-1806

10885 Kriegsfuhren der Hufner in Högersdorf 1806

10887 Kauf einer Landstelle in Kisdorf durch die Bankiers Israel, Dehn und Kompagnie aus Altona 1809

10893 Militärfuhren des Kirchspiels Bornhöved 1813

10894 Einquartierung in Bramstedt 1813

10898 Abgaben der Achtelhufner Kackmeister und Schmuck in Kisdorf 1815-1816, 1832

10901 Vergütung des Erbpachtsmüllers Wichmann in Bramstedt für Roggenlieferungen zur Kriegszeit 1806

10902 Vergütung für Roggen- und Haferlieferungen des Gutes Kaden in das Magazin in Bramstedt 1816

10904 Verteilung der Einquartierung und Fuhren unter den Kätnern in Winsen 1817

10905 Teilnahme der Kätner in Winsen an außerordentlichen Lieferungen und Leistungen 1817

10912 Kriegsschadensvergütung der Dorfschaft Bark 1819

10919 Beitrag des J. C. Dose in Wiemersdorf zu den Kommunalausschlägen 1823

10920 Einsendung von Verzeichnissen der Bankhaftzinsen durch die Kirchspiele Segeberg und Bramstedt 1823

10925 Austausch von Bauplätzen zwischen den Hufnern Wickhorst und Niese in Hagen 1833-1834

Polizei

854 Hausbau des Jochim Hüttmann in Kaltenkirchen 1738-1739

10864 Baum- und Wegegeld an der Brücke bei Leezen 1757-1758, 1825-1826

10871 Hand- und Spanndienste in Blunk zur Wegeinstandsetzung 1782-1783

10881 Wegebaum im Kirchspiel Kaltenkirchen 1798-1799

10886 Sperrung der Brücke nach Barlt und Föhrden 1807-1822

10889 Gesundbrunnen in Bramstedt 1810

10895 Anhalten von Wagen und Pferden von Eingesessenen der Krempermarsch in Bramstedt 1814

10896 Ausschreibung von Brandkassengeldern durch Branddirektor Springer in Kaltenkirchen 1815

10899 Transport der Vagabunden von Bramstedt nach Neumünster 1816

10900 Requirierter Branntwein in Hohenfelde (Amt Steinburg) 1816-1817

10903 Bekanntmachung des Kirchspielvogts Cirsovius in Bramstedt zur Passkontrolle 1817

10909 Unterhalt eines Feldwegs der Dorfschaft Struvenhütten 1818-1819, 1828-1829

10910 Transport der Vagabunden 1817-1818

10911 Medikamentenlieferungen des Apothekers Noodt in Bramstedt während des Krieges 1819

10913 Hebammen 1819

10917 Gebühren für Besiegelungen der Quittungsbücher im Brandwesen 1822

10918 Anstellung einer Hebamme im Distrikt Leezen 1822-1824

10921 Wohnung des Chrirurgen Jenkel in Kisdorferwohld 1823

10922 Beteiligung der Kätner in Winsen an der Wegeinstandsetzung 1824-1825

10923 Instandsetzung des sogenannten Mühlenwegs in Kampen 1826-1827

10924 Pflasterung des Marktplatzes in Bramstedt 1833-1841

Militär

839 Entlassung des Landausschusses 1652

10880 Rekrutenziehung 1797-1798

Amt Steinburg

Allgemeines, Verfassung, Verwaltung, Privilegien, Jurisdiktion und Grenzen

891 Verzeichnis der Einkünfte des Amtmanns, des Amtsschreibers und des Hausvogts 1612

858 Amt Steinburg: Abschriften von Nachrichten und Dokumenten 1521-1642

Enthält u. a.: Konzessionen für beide Marschen wegen der Grundbrüche; Außendeich „Wildnis“; Rechnung der Krempermarsch; Vergleich zwischen Krempermarsch und Wilstermarsch wegen der Herrendienste; Amtsrechnung

859 Amt Steinburg: sonstige Angelegenheiten 1596-1664

Enthält u. a.: freie Bierbrauerei; Wagenfuhren in den Marschen; Landausschuss; Diakon in Wewelsfleth; Pest in Lübeck; Kruggerechtigkeit in Horst (Gut Horst); Advokatengeld in der Krempermarsch und Wilstermarsch; Wein- und Branntweinausschank in der Wilstermarsch

894 Vergleich mit der Herrschaft Pinneberg über Jurisdiktion bei Delikten von Untertanen im jeweils anderen Distrikt 1635

876 Auseinandersetzung des Kirchspielvogts in Beidenfleth mit dem Kloster Itzehoe wegen Eingriffen in landesherrliche Rechte 1649

873 Streitigkeiten zwischen Wilster und der Wilstermarsch wegen Hökereihandels, Schanzenbaus und Wachdiensten 1646-1659

886 Rangstreitigkeiten zwischen dem Landschreiber der Krempermarsch Ulich einerseits und Pastor Tollius in Beidenfleth, Diakon Bornholt in Krempe und Lizenziat der Medizin Vollrath in Krempe andererseits 1675

887 Amt Steinburg: sonstige Angelegenheiten (1615-) 1681-1689
Enthält u. a.: Erdbuch der Wilstermarsch; Marschrechnung; Auseinandersetzung des Kirchspiels Sankt Margarethen mit den anderen Kirchspielen der Wilstermarsch wegen Verteilung der Auflagen; Landhandwerker

907 Eingriffe der Regierung in die Jurisdiktion 1731-1732

2467 Jurisdiktionsstreitigkeiten mit der Herrschaft Herzhorn, Sommerland und Grönland über vier Katen 1731-1769

913 Auseinandersetzung zwischen Amtmann Graf von Dehn und Amtsverwalter Hildebrandt wegen Zuständigkeiten und Gebühren 1741

10938 Ablieferung von Briefen über die neuen königlichen Pflüge in Beidenfleth (1745-) 1771

10939 Bestimmung einer Verfügung für die Gevollmächtigten der Vorwerksländereien in Steinburg (1731-) 1771-1772
Enthält u. a.: Erbpachtvertrag über die Vorwerksländereien mit Register der Erbzinsgelder, 1731

10942 Schutz der Diensteinkünfte des Kirchspielvogts Fries in Sankt Margarethen (1761-) 1776

10949 Fastnachtssammlung der Amts- und Landdiener in der Krempermarsch und Wilstermarsch (1787) 1788

10951 Untersagter Aufenthalt des Jochim Schwarck in Nuttelnmoor 1790

10956 Verbesserung der Diensteinkünfte der Landdiener in der Krempermarsch und Wilstermarsch 1798-1799

10965 Verlegung des Amthauses von Itzehoe nach Glückstadt 1805

10968 Vergütung der Landschreiber für Laufreisen durch die Marschen 1807-1808

10979 Vergütungen des Amtssekretärs für Offizialrechnungen durch die Krempermarsch und Wilstermarsch 1810-1812

10984 Wechsel der Hauptleute in der Wilstermarsch und des Deichgrafen Eggert Marler in Dammfleth 1813-1817, 1830-1834

10996 Untersuchung wegen Mängeln in der Amtsverwaltung sowie in der Verfassung der Krempermarsch und Wilstermarsch (1783-) 1814-1820, 1836

11005 Einkünfte an Tagegeldern und Fuhrbefreiungen der Gevollmächtigten der Wilstermarsch 1815

11012 Vereinigung der Landschreiberstelle in der Krempermarsch mit dem Bürgermeisterdienst in Krempe 1816

11018 Bestellung des Heuerinsten Stoldt als Ältermann in Altenmoor 1816

11047 Landdiener 1826-1851

11051 Diensteinkünfte des Kirchspieldieners und Armenvogts Dütsch in Dammfleth 1827

11053 Ernennung des Landschreibers Arbo in Wilster zum Justizrat 1828

Justiz

2237 Nießbrauch des Vaters beim Eingehen einer zweiten Ehe an den Gütern seiner unmündigen Kinder aus erster Ehe in der Krempermarsch und Wilstermarsch 1747-1748

2428 Erbfolge in Gebieten mit Land- und Marschrecht, insbesondere in der Krempermarsch und Wilstermarsch (1563-) 1765-1768

10931 Geltendmachen von Rechten des Amtes und der Mühle in Steinburg gegenüber den Untertanen des Klosters Uetersen in Horst 1765-1774

2469 Umschreibung der Grundstücke in der Krempermarsch 1807-1837

10999 Amtsgefängnis 1814-1816

11029 Hinzuziehung des Landschreibers bei öffentlichen Verkäufen in der Krempermarsch und Wilstermarsch 1818-1823

11052 Verfahren des Kirchspielvogts Müller in Neuenbrook gegen die Tischlermeister Fischer und Kröger aus Itzehoe 1827

Kirche

10953 Minderung der Abgaben von Kirchenländereien in Ecklak 1796

10980 Rückständige Amtsabgaben des Pastors Kochen in Wilster 1811

10981 Steinmann-Schmidtsches Legat 1811-1812

Armenwesen

914 Streitigkeiten zwischen Wilster und Heiligenstedten wegen des Beitrags zu den Armenlasten 1742-1790

10963 Armengeld des Peter Breide und Cornils Bolten in Brokdorf 1804-1806

10982 Anstellung eines Bettelvogts im Kirchspiel Brokdorf 1812-1814

Ökonomie und Schifffahrt

892 Erklärung der Krempermarsch und Wilstermarsch zum Handel mit Island, zur Niederlegung des Kornhandels in Glückstadt und zum Geldtag in Glückstadt 1630

871 Bierkauf der Marschbewohner in den Städten 1643

869 Auseinandersetzung mit Untertanen des Amtes Rendsburg wegen Bauholzfuhren zu den Mühlen 1632-1652

881 Forderung der Stadt Wilster nach einem Handelsverbot für Kirchspielseingesessene 1656

896 Bau einer Windmühle in der Wilstermarsch 1706-1707

900 Landgewerbe der Wilstermarsch 1713-1716

906 Windmühle in Averfleth 1729

10928 Streitigkeiten zwischen der Krempermarsch und der Stadt Krempe wegen Landzimmerleuten (1751) 1753

10948 Beibehaltung der Mahlgänge in den Windwassermühlen des Hans Ploeg in Neufeld und Thies Ösau in Schotten 1787, 1791

10955 Bau einer Schraubenmühle in Averfleth 1798-1800

10959 Gebührenrechnung des Kammerrats von Stage in Sankt Margarethen wegen Verkaufs von Ladung eines gestrandeten Schiffs 1799

10961 Beschwerden der Stadt Wilster wegen des Gewerbes von Eingesessenen der Wilstermarsch (1771-) 1803-1804

2441 Schiffbarmachung des Kremper Flusses von Steinburg bis Bramstedt 1804-1805

10983 Ellenhandel des Schneiders Claus Kleemann in Groß Kampen 1812-1813

10993 Tuchlieferung der Krempermarsch an den schwedischen General von Boye 1814

10998 Zoll von Schlachtvieh 1814

11000 Lagerung von Kolonialwaren in Wewelsfleth 1815

11011 Bosselgang in der Kornmühle in Bischof 1814-1815

11019 Einsetzung des Eingesessenen Schlüter aus der Blomeschen Wildnis zum Strandaufseher in Ivenfleth 1817

11023 Beschwerden des Bäckeramtes in Wilster gegen Jochim Siess in Dammfleth 1817-1818

11039 Beschwerden des Schusteramtes in Wilster über die Schuster auf dem Land 1821

11043 Konzessionierung des Schmieds Claus Granz in Wewelsfleth 1823-1824

11044 Krügerei der Witwe Gehrckens in Neuenbrook 1825

11045 Gebühren von Schiffern an den Kontrolleur Stolley im Hafen in Büttel 1824-1825

11054 Krügereikonzession des Claus Rymann in Hohenfelde 1833

11055 Privileg der Grobbäckerei und Hökerei am Haus des Detlef Rehse in Beidenfleth 1834

Finanzen, Steuern und Abgaben, Landwesen

860 Neue Landmaße für die Wilstermarsch 1602-1603

862 Streitigkeiten zwischen den Kirchspielen Sankt Margarethen, Wilster, Brokdorf, Wewelsfleth und Beidenfleth wegen neuer Land- und Feldmaße 1612

864 Kontribution in der Wilstermarsch 1615

865 Herrenfuhren in der Krempermarsch und der Wilstermarsch 1615

866 Rechnung des Landschreibers der Wilstermarsch über die außerordentliche Kontribution 1615-1624

868 Schuldige Wagenfuhren der Krempermarsch und Wilstermarsch 1632-1635

870 Unterhalt des Steinhaupts und des Moordeichs bei Sankt Margarethen 1636-1649

861 Ausgleich der Lasten zwischen Krempermarsch und Wilstermarsch sowie ordentliche und außerordentliche Lasten der Marschen 1607-1655

872 Dienst- und Abgabenfreiheit des Hofes Lütjenhastedt 1643

874 Abgrabung der Erde vom Kremper Moor zum Moordeich bei Neuenbrook 1647-1648

877 Zahlung der Abhandlungssumme für die Lizenten durch die Krempermarsch und Wilstermarsch 1650

880 Gebührenforderung der Landmesser für die Landmaße in der Wilstermarsch 1652-1653

879 Auseinandersetzung der Wilstermarsch mit Wilster und Inhabern freier Ländereien wegen des Beitrags zur Abhandlungssumme für die Lizenten und den Donativ 1651-1652

883 Aufnahme eines Darlehns durch die Stadt Wilster und die Wilstermarsch 1657

885 Schuldenaufschub für die Krempermarsch und Wilstermarsch wegen des Krieges 1658-1660

890 Marschrechnung der Wilstermarsch alte Seite 1687

889 Streitigkeiten zwischen dem Landschreiber der Wilstermarsch und dem Hauptmann der Kampereger Schleuse wegen Rechnungsführung 1687

895 Beschwerden der Besitzer der niedrigen Ländereien im Kirchspiel Neuenbrook über Untertanen der Herrschaft Breitenburg wegen des wilden Moorwassers 1703

899 Marschausschlag in der Krempermarsch 1712-1714

902 Streitigkeiten zwischen den Kirchspielen Brokdorf, Sankt Margarethen, Beidenfleth und Wewelsfleth wegen wüster Ländereien und Höfe 1723-1726

904 Marschausschlagsgelder der Besitzer der Ländereien im neuen Koog bei Sankt Margarethen 1727-1728

10927 Katenbau des Hinrich Meier aus Wewelsfleth am Deich in Ivenfleth 1751

10930 Vergütung einer Rechnung des Kirchspielvogts Giesmann in Brokdorf 1761-1762

10934 Auffällige Einträge in den Rechnungen der Krempermarsch und Wilstermarsch 1766

10940 Viehschoss und Fuhren in Elskop (1649, 1686) 1773

10947 Verkauf einer Wiese in Brunsholt 1784

10952 Löschung der Bürgschaft des Jacob Hoffmann in Wewelsfleth für den dortigen Fährpächter Behrend von Thun 1793

10954 Erhebung und Einkassierung der Bohlgelder in der Krempermarsch 1797-1798

10957 Akzidentiensteuer des Landschreibers Eckmann in Wilster 1798

10960 Streitigkeit mit Wilster wegen eines zugekleierten Scheidungsgrabens 1801-1802

2468 Streitigkeiten zwischen Eingesessenen in Achterhörn und Sachsenbande wegen Moorländereien 1805

10966 Gebühren des Landschreibers für Aufnahme der Rechnung der Krempermarsch 1806

10967 Vergütung für Fouragemagazine in Neuenbrook 1807

10973 Beitrag der Plincken auf dem Pastoratsland in Neuenbrook zur Einquartierung 1807-1809

10974 Beteiligung der Eingesessenen der Wilstermarsch an den Einquartierungskosten (1808) 1809

10976 Unordnung bei Verteilung der öffentlichen Lasten in der Krempermarsch 1809

10977 Beitrag des Hofs des Kirchspielvogts Meinert in Süderau zur Einquartierung 1809-1810

10989 Vergütung für von den Marschen gelieferte und kassierte Stückpferde 1813-1814

10985 Acht des Deichbandes der Wilstermarsch wegen des Reichsbankgeldes 1813-1814

10986 Beiträge des Landsoldaten Nottelmann in Seedorf zu den Korn- und Fouragevergütungsgeldern 1813

10987 Bezahlung der Kommunalschulden und des Schleusenschosses in Altenhafen 1813

10988 Entfernung der Wache und Taxation des Hauses des Hinrich Hansen im Außendeich in Sankt Margarethen 1813

10991 Befreiung des Zollverwaltes in Sankt Margarethen von der Einquartierung 1813-1814

10995 Beitrag zu den Kriegskosten der Landbesitzer 1814-1816

10997 Tonnen- und Leuchtentaxe für die Stör 1814-1820

11002 Schadensersatz für Marx Starck und Jacob Thode in Uhrendorf sowie für Jacob Frauen in Groß Kampen wegen Einquartierung 1814-1815

11003 Belastung des Johann Ehlers in Brokdorf bei der Einquartierung 1815

11004 Attestierung der Rechnungen der Substituten der Deichgrafen in der Wilstermarsch 1815

11006 Umlage und Schosssammlung in der Wilstermarsch wegen Entschädigungen

11007 Quartier des Oberstleutnants von Kirchner 1815

11014 Verteilung der Einquartierung nach Größe des Landbesitzes 1815-1816, 1849

11016 Verpachtung des Krempermarschwalls 1816

11021 Ersatz der Güter Krummendiek und Kampen für im Krieg requiriertes Leder 1817-1818

11024 Berichtigung einer Rechnung des Feldmessers Russ 1818-1819

11033 Beteiligung der Eingesessenen in Kiebitzreihe und Bekenreihe an außerordentlichen Ausschreibungen 1819-1821

11035 Beitrag von Eingesessenen in Dägeling zu außerordentlichen Leistungen der Krempermarsch 1819-1820

11036 Rückständige Gefälle des Jacob Peters in Flethsee 1820

11037 Rechnung über die Zwangsanleihe von 1813 und 1814 in der Wilstermarsch 1821-1842

11041 Verteilung der während der Suspendierung des Kirchspielvogts Wedel erwachsenen Einnahmen 1822-1824

2471 Beitrag des Hofbesitzers Neel Kahlke in Borsfleth zum Marschausschlag 1832-1834

11046 Zollfreiheit der Eingesessenen 1825-1832

11048 Abtrag der Marsch- und Kirchspielsausschläge in der Wilstermarsch 1826-1827

11049 Zollfreiheit des Zollverwalters, des Kirchspielvogts und der Schullehrer in Sankt Margarethen 1827-1831

Deiche, Wasserlösung und Hafen

863 Einteilung des neuen Deichs bei Sankt Margarethen 1615

867 Bestallung des Matthias Typotius zum Deichgrafen in den Marschländern 1630

875 Auseinandersetzung der Deichgrafen der Wilstermarsch mit den klösterlichen und adligen Untertanen an der Beke wegen Unterhaltung der Deiche 1648

878 Streitigkeiten zwischen den Eingesessenen der Wildnis bei Glückstadt und Eingesessenen der Krempermarsch wegen Unterhaltung des Elbdeichs 1650-1651

884 Instandsetzung des Elbdeichs bei Sankt Margarethen 1658

888 Besichtigung des Außendeichs bei Sankt Margarethen 1683

898 Bakengeld bei Wewelsfleth 1711

903 Streitigkeiten zwischen den Interessenten des Wilstermarsch-Deichbandes und den Eingesessenen in Groß Kampen wegen Busch- und Pfahllieferungen sowie wegen Beitrags zu den Stuckhöften und Bollwerken 1726-1727

905 Streitigkeiten zwischen den Eingesessenen des Kirchspiels Sankt Margarethen und der Wilstermarsch wegen des halben Monddeichs 1728

909 Auseinandersetzung der Interessenten der Bekdorfer Ducht mit den Deichgrafen der Wilstermarsch und den Interessenten des Hartdeichs wegen erhöhter Deichreparaturkosten (1662-) 1734-1738

911 Schau und Pfändung der Wilstermarsch-Deichgrafen über den Wischdeich bei Aebtissinwisch (1574-) 1737-1739

912 Reparatur des Wetterungswalles in Kuskoppermoor 1738-1739

10933 Bestätigung der Vereinbarung über die Aufteilung des neuen Elbdeichs in der Krempermarsch 1766-1769

10941 Kapitalaufnahme auf den Deichband der Krempermarsch 1774

10950 Kanalbau der Dorfschaft Ecklak durch das Kirchspiel Sankt Margarethen zur Schleuse in Neuhafen 1788-1796

10958 Ersatz von durch Schiffe verursachten Schaden am Elbdeich der Wilstermarsch 1799

10975 Streitigkeiten in Sankt Margarethen wegen Gebrauchs des Hafenstücks in Büttel (1805-) 1809

11008 Viehseucheschaden des Marx Dohrn in Neuenbrook 1815

11020 Wasserableitung am Weg nach Flethsee 1817

11028 Unterhalt eines Deichschlags am Stördeich bei Borsfleth 1818-1819

11030 Instandsetzung der Ihlenwettern in Grevenkop 1819

2470 Beitrag zu den Kosten des kleinen Boyendeichs 1821-1822

11038 Streitigkeiten zwischen den Interessenten der Vierstiegenhufenschleuse bei Schotten 1821

11040 Notate der Gevollmächtigten zur Generaldeichrechnung der Wilstermarsch 1821

Polizei

893 Geldzahlung der Stadt Wilster und der Wilstermarsch wegen des Bekdorfer Wegs 1630

897 Reparatur des Bütteler Damms 1711

901 Privilegien für Musikanten in den Kirchspielen Sankt Margarethen, Brokdorf, Wewelsfleth und Beidenfleth (1700-) 1715-1718

908 Wegereparatur beim Neuenbrooker Düker 1734

915 Streitigkeiten der Dorfschaften Grevenkop, Süderau, Kamerland, Elskop, Krempdorf und Borsfleth mit der Dorfschaft Neuenbrook wegen Ausbesserung und Reinigung des Latjen-Ufers am hohen Weg 1748-1750

10929 Verschonung der Interessenten des Kirchspiels Brokdorf von Übernahme einiger Schläge des Wegs bei Kasenort 1757-1758

10935 Abbruch und Abräumung von Brücken und Dämmen im Außendeich Sankt Margarethen (1745-) 1768-1771

10937 Anzeige einer Missgeburt in Neuenbrook 1770

10943 Scharlachfieber auf dem Königsmoor (1776) 1777

10944 Feuerspritze im Kirchspiel Neuenbrook 1781, 1784

10945 Kirchen-, Fahr-und Mühlenweg von Seedorf nach Wilster 1782

10946 Versperrung des Ein- und Ausganges der Wohnung des Kirchspielvogts Fries in Sankt Margarethen 1783

10971 Zulage der Hebamme Langhann in Königsmoor 1808-1809

10972 Anstellung einer dritten Hebamme im Kirchspiel Sankt Margarethen 1808-1810

10978 Gehalt der Hebamme in Neuenbrook 1810-1812

10992 Einrichtung eines Krankenhauses im Haus des Jürgen Dohrn auf dem Grevenkoper Ring 1814

11001 Verweigerte Wache der klösterlichen Eingesessenen in Krempdorf bei der Gesindelstreife 1815, 1823-1825

11009 Ernennung eines Bakenstechers in Sankt Margarethen 1815

11010 Unterhalt des Kanalufers bei der Wohnung und Kalkbrennerei des Marx Schütt in Büttel 1815

11017 Entfernung von Bäumen an den Wegen in der Wilstermarsch 1816

11022 Abhandlung der Krempermarsch und Wilstermarsch wegen Kriminalgebühren der Beamten für unvermögende Verbrecher 1817-1832

11025 Passagegeld an der Schanze bei Steinburg 1818

11026 Benutzung des Audeichs in Goldbogen als Reit- und Fahrweg 1818

11027 Rettungsprämie des Claus Dütsch in Dammfleth 1818-1819

11032 Hebammen 1819-1822

11034 Beteiligung an der Instandsetzung des Landschreiberwegs 1819-1820

11042 Berichtigung einer Rechnung des Physikus Koch in Glückstadt 1823

11050 Feuerungsgeld der Hebamme Jantzen in Beidenfleth 1827

11056 Wahl der Ehefrau Möller in Wilster zur Gehilfshebamme in Landrecht und Langenreihe 1834

Post und Fuhren

10932 Verbot der Fährbeförderung von Unteroffizieren und Soldaten ohne Regimentspass 1766

10962 Beförderungen von Briefen und Zeitungen durch den Kirchspielsboten in Sankt Margarethen 1803

10990 Boten zwischen Brokdorf und Wilster 1813

Militär

882 Nachlass für die Krempermarsch bei der Festungsarbeit und Proviantlieferung für die Festungen 1657

910 Anlage einer Schanze bei Brokdorf (1736) 1737

10936 Visitation eines Schiffs in Wewelsfleth wegen desertierter Soldaten 1770

10964 Beihilfe der Krempermarsch für die Landsoldaten 1804

10969 Batterie bei Ivenfleth (Ihlenfleth) an der Stör 1808

10970 Unterstützungskasse für die Familien der Landsoldaten 1808-1813

10994 Vergütung für Quartier und Verpflegung des Kapitän von Sengespeick und des Leutnants von Curdt 1814-1816

11013 Vergütung des Claus Pruns in Elskop für Nutzung seines Hauses als Militärkrankenhaus 1815-1816

11015 Auslieferungsgesuch der hannoverschen Amtsvogtei Bergen wegen des entwichenen Militärpflichtigen von Lohe 1816

11031 Listen der See-Enrollierten 1819

Ämter Tremsbüttel und Steinhorst

916 Verkauf der Ämter Tremsbüttel und Steinhorst durch Herzog Christian Albrecht von Gottorf an Friedrich von Ahlefeldt auf Seestermühe 1661

918 Zustellung und Veröffentlichung königlicher Mandate im Amt Tremsbüttel und Gut Warleberg 1708-1711

917 Reichsunmittelbarkeit für das Gut Steinhorst 1719-1720

919 Reichsunmittelbarkeit für das Vorwerk Tremsbüttel 1719

2239 Amt Steinhorst: Auseinandersetzung um die Landeshoheit (1697-) 1738-1739

11192 Amt Tremsbütttel: Bestätigung des Grenzvergleichs zwischen Gut Lasbek und Amt Trittau 1774

11193 Amt Tremsbüttel: Grenze mit Gut Ahrensburg 1779-1780

11194 Amt Tremsbüttel: Grenze mit Gut Tangstedt 1780-1782, 1803-1806

11195 Grenzstreitigkeiten zwischen Itzstedt und Nienwohld 1780-1781, 1805-1808

11196 Schlagbaum der Stadt Hamburg an der sogenannten Saaren 1781-1782, 1799-1800

11197 Amt Tremsbüttel: vorübergehende Verwaltung des Amtsschreiberdienstes 1788, 1793

11198 Besoldung der Bauervögte in Bargteheide, Fischbek, Hammoor, Vorburg, Klein Hansdorf und Delingsdorf 1791

11199 Amt Tremsbüttel: Beschwerden gegen den Gutsbesitzer von Jersbek wegen des Dorfbullen in Elmenhorst 1793-1795

11200 Amt Tremsbüttel: Jurisdiktion über die Reichsche Kate 1794-1800
Darin: gedruckte Prozessschriften

11201 Amt Tremsbüttel: Sicherung landesherrlicher Rechte beim Verkauf von Ländereien durch Graf von Stolberg 1801

11202 Beschwerden der Erbpächter in Lasbek wegen Benutzung eines Mühlenwegs 1804-1805

11203 Unterhalt der Landstraße in Mönkenbrook 1805

2435 Beilegung von vier Dörfern des Amtes Trittau zum Amt Tremsbüttel bei Vakanz des Amtsschreiberdienstes 1805

11204 Dienste der Erbpächter des Gutes Mönkenbrook in Elmenhorst 1806-1807

11205 Amt Tremsbüttel: Befreiung der Amtsvorstehern von gewissen Kosten 1807-1808

11206 Konzession des Nagelschmieds Kordts in Mönkenbrook 1810

11207 Ankauf eines Hauses für die Armen in Mönkenbrook 1813-1818

11208 Konzession des Färbers Christian Lange in Bargteheide 1813

11209 Untersuchung wegen einer angeblichen ansteckenden Krankheit in Tönningstedt 1815

11210 Amt Tremsbüttel: Lieferungen in der Kriegszeit 1816

11211 Amt Tremsbüttel: Niederlassung des Israel Heimann und Aufenthalt von Juden im Gut Ahrensburg 1817-1834

11212 Amt Tremsbüttel: Verwendung der Vergütungssummen in Bons für erlittene Kriegsschäden 1817-1822

11213 Brandkassengelder des Besitzers des Stammhofes Mönkenbrook 1817-1818

11214 Verteilung der Dienste der Dorfschaft Itzstedt zu Wegearbeiten 1819

11215 Trennung der Realschmiedegerechtigkeit von der Stelle des Hufners Gerdt Hermann Gebers in Neurahlstedt 1833-1834

Ämter Reinbek und Trittau

Allgemeines, Verfassung, Verwaltung, Privilegien, Jurisdiktion und Grenzen

921 Kaiserliches Mandat zur Inbesitznahme des Amtes Trittau durch den Herzog von Plön und Übertragung an den dänischen König 1684-1686

922 Indigenatsrecht für den Geheimen Rat Bernstorff in Hannover wegen seines Gutes Lanken 1725-1726

924 Amt Trittau: Verkauf von Pflügen an das Gut Wandsbek 1737

809 Ämter Trittau und Reinbek: Oberaufsicht des dänischen Königs über die bischhöflich-lübeckischen Stammgüter sowie Versetzung von Dörfern an die Stadt Hamburg durch den Herzog von Gottorf 1743

11063 Amt Trittau: Grenzberichtigung mit dem Amt Schwarzenbek, besonders Aufteilung der Dorfschaft Köthel und Änderung des Billelaufes 1778
Enthält nur Deckblatt mit Hinweis auf das Archiv des Ministeriums für die Herzogtümer Holstein und Lauenburg

11071 Konvention mit Hamburg wegen der Grenze zwischen Meiendorf und Volksdorf 1786

11074 Amt Trittau: Beibehaltung des Dienstes des Pförtners Ehlers 1788

11091 Ämter Trittau und Reinbek: Vereinbarung mit Hamburg zur Verhinderung der Holzdiebstähle 1798-1799

11093 Grenzregulierung zwischen Altrahlstedt und Tonndorf 1799-1800

11100 Ämter Trittau und Reinbek: Antrittsgeld bei Ernennung eines neuen Amtmanns 1805

11104 Grenzregulierung zwischen Siek und Schmalenbeck 1804-1806

11106 Ämter Trittau und Reinbek: Anstellung von Amtsvorstehern 1804-1805

11112 Grenzregulierung zwischen Sasel und Poppenbüttel 1805, 1809

11117 Bestimmung des Privilegs der Hufe des Bauervogts Hack in Mollhagen 1806-1807

11123 Grenzregulierung zwischen Hoisdorf und Großhansdorf 1807-1811

11124 Grenzregulierung zwischen Sievershütten und Gut Borstel 1807-1810

11134 Grenzregulierung zwischen Bergstedt und Hoisbüttel 1812

11135 Ehemals zum Amt Trittau gehörende Dorfschaften Sahms, Elmenhorst und Groß Pampau 1812

11136 Rechteverleih an das Haus der Witwe Walther in Sande 1812

11141 Ämter Trittau und Reinbek: Sporteltaxe der Hausvögte 1812-1814

11150 Ämter Trittau und Reinbek: Schutz- und Polizeikommando des Amtmanns 1814

11160 Niederlassung des Johann Nicolaus Hinrich Schwarck in Schönningstedt 1817

11168 Attest über die Aufnahme des von Plüskow in Oyendorf als hamburgischer Landbürger 1819

11187 Vereinbarung mit Hamburg über die Reinigung der Bille 1829
Enthält nur Blatt mit Aktentitel und Hinweisen auf Verbleib der Akte

11190 Besichtigung und Bestimmung der Grenze mit Hamburg bei der Bojewiese 1830-1832

11191 Niederlegung eines Grenzsteins bei Schiffbek 1833-1834

Justiz

11101 Ämter Trittau und Reinbek: Amtsgefängnis in Trittau, Vereinigung der Gerichte an einem Ort und Verlegung der Amtmannswohnung 1803-1805

11132 Amt Reinbek: Gefängnis 1810-1815, 1830

11151 Ämter Trittau und Reinbek: Vorführung von Amtsuntertanen vor Gerichten in Hamburg sowie Auslieferung der Holz- und Wilddiebe 1814-1829

11166 Gefangenenwärter in Trittau 1818

11174 Forderung des hamburgischen Waldherrn nach Festhaltung des Hans Peter Bartels und Claus Jochim Kagerah in Hoisdorf 1821

11186 Ämter Trittau und Reinbek: Druck eines Schemas zu monatlichen Gefangenenberichten 1828

Kirche und Schule

11072 Beitrag des Gutes Silk zum Schulkatenbau in Schönningstedt 1786-1787

11076 Naturallieferungen der Katenstelle des Hans Christen in Sasel an den Prediger in Bergstedt 1789

11079 Beitragsart zur Reparatur der Schulkate in Stellau 1792

11083 Schenkung des Johann Christian Kock in Altona zum Besten der Witwen und Waisen in Köthel 1794, 1846

11099 Ämter Trittau und Reinbek: archivarische Nachricht über die Pfarrei in Sahms an das Amt Schwarzenbek 1803

11105 Verbesserte Schuleinrichtung in den Ämtern Trittau, Reinbek und Tremsbüttel 1804

11120 Ämter Trittau und Reinbek: Feuerung und Brot für die Schulhalter 1807

Armenwesen

11109 Ämter Trittau und Reinbek: Transport der erkrankten Catharina Margaretha Ahrends von Hamburg nach Tremsbüttel 1805-1806

11126 Ämter Trittau und Reinbek: Abstellung des Bettelns und Almosengebens 1808

11127 Amt Trittau: Einrichtung von Kirchspielsarmenkassen 1808-1809

11138 Armenunterhalt in Rümpel 1812

11139 Armenunterhalt in der Erbpachtschaft Rohlfshagen 1812

11140 Armenunterhalt in Nahe 1812

11182 Amt Trittau: Anstellung eines Armenarztes 1823-1826

Ökonomie und Schifffahrt

920 Verträge wegen der Amtsbrauerei in Trittau und der Meierhöfe Todendorf und Rohlfshagen 1666

808 Krügerei in Reinbek 1676

11059 Forderungen des Mühlenpächters Kreecker in Oldesloe nach Staugeldern von Travefahrern aus Lübeck 1779

11066 Regulierung der Stauhöhe bei der Mühle in Steinbek (1682-) 1782-1794
Darin: Karte vom Stromverlauf zwischen Steinfurth und Steinbek

11067 Eingriffe des Hofes Silk in die königliche Fischerei in der Bille 1784-1788

11073 Ämter Trittau und Reinbek: Bestätigung der Zunftartikel der Kupferschmiede (1709) 1787

11080 Bau einer Windmühle in Schleeme durch Senator Westphalen aus Hamburg 1792

11098 Beschwerden des Zimmeramtes in Oldesloe wegen des Stallbaus bei der Mühle in Trittau 1802

11129 Krügerei- und Gastwirtschaftskonzession des Braupächters Lüsch in Reinbek 1810

11154 Ämter Trittau und Reinbek: Behinderungen lauenburgischer Untertanen bei Holzausfuhren 1815

11155 Holzkauf des Holzhändlers Luisch in Reinbek aus lauenburgischen Hölzungen 1815-1827

11158 Errichtung einer Färberei in Trittau 1816

11159 Schlosserarbeiten des Schmieds Jahn im Schloss Reinbek 1816

11173 Streitigkeit des Zimmeramtes in Oldesloc mit dem Zimmermann Hüttmann in Nahe 1821

11177 Konzession des Schneiders Hans Claus Friedrich Steer in Stapelfeld 1823

11178 Benennung der vom Mühlenzwang zur Mühle in Reinbek befreiten Personen 1823

11179 Konzession der Margaretha Rehders in Meiendorf zur Anfertigung von Kleidungsstücken 1823

Finanzen, Steuern und Abgaben, Landwesen

807 Rechnungen des Vorwerks Reinbek 1665-1666

925 Amt Trittau: Beschlagnahmung des Korns von Untertanen durch den Inspektor des Gutes Wandsbek Meggersee 1741

11058 Amt Reinbek: Reinigung und Änderung des Wasserlaufs des Scheidegrabens zum Amt Bergedorf 1779

11065 Zoll von Einwohnern aus Mölln bei Schiffbek 1781-1786

11070 Ämter Trittau und Reinbek: Holzbrüche und einseitige Ziehung eines Scheidegrabens durch das Amt Ratzeburg (1785) 1786

11078 Eigentumsanspruch der Dorfschaften Hoisdorf, Sprenge und Trittau am Weichholz auf der ehemaligen Gemeinweide 1791-1792

11081 Abgabe des Erbpächters Jahncke in Hinschendorf für den Verzicht auf das Näherkaufsrecht 1792

11085 Dienstfuhren- und Anlagenfreiheit des Krugwirts Knaack in Witzhave 1795

11090 Nutzung des Kahlen Redders der Dorfschaft Mollhagen 1797-1813

11092 Landtausch und Grenzänderung des Hufners Witthoeft in Eichede 1798

11094 Stauung des Lütjensees 1799-1806

11096 Ämter Trittau und Reinbek: Kriminal- und sonstige Kostenrechnungen 1800-1802

11097 Zollabgaben der Eingesessenen der hamburgischen Walddörfer in Bramfeld 1801

11102 Verteilung der Gemeinweide in Siek und die Abfindung des dortigen Predigers und Küsters 1804

11119 Verteilung des Nutz- und Radeholzes unter den Hufern in Großensee 1807

11130 Landplatz des Bürgers Greve aus Hamburg auf der Gemeinweide in Schiffbek 1810-1811

11133 Amt Trittau: Abfindung der Prediger, Schulbediensteten und des Scharfrichters wegen des Weiderechts und des Weichholzes in der Hölzung Hahnheide 1811-1828

11144 Ämter Trittau und Reinbek: Belastungen durch Truppendurchmärsche 1813-1814

11146 Ämter Trittau und Reinbek: Einführung von Kreditbriefen 1814

11147 Ämter Trittau und Reinbek: Beschwerden der Regierung in Ratzeburg wegen verweigerter Umspannung der Kriegsfuhren 1814

11153 Entschädigungsleistung der Dorfschaft Rümpel für einen Exerzierplatz 1815

11165 Aufteilung der Gemeinheit in Mollhagen 1817

11170 Beiträge der Erbpächter in Rohlfshagen, Todendorf und Hinschendorf an den neuen Strafanstalten 1819-1820

11171 Anlage von Sielen auf der Landstraße in Nahe 1819-1820

11175 Ämter Trittau und Reinbek: Ausstellung von Protokollauszügen über protokollierte Kapitalien 1821

11185 Einquartierungsvergütung in Trittau 1828

Polizei

923 Gewalttätigkeiten der gottorfischen Untertanen aus Rümpel auf dem Stadtfeld in Oldesloe 1725-1745

11057 Verweigerter Beitrag der Dorfschaft Meilsdorf zur Feuerspritze im Kirchspiel Siek 1768-1771

11060 Beitrag des Mühlenpächters Amsinck in Grönwohld zu Kriminal- und Hebammenkosten 1780

11061 Kriminal- und Wehemüttergeld des Mühlenpächters Maus in Altrahlstedt 1780

11062 Kriminal- und Hebammenkosten des Mühlenpächters Holst und der Vorwerkspächterin Sophia Megern in Trittau 1780

11064 Kriminal- und Hebammengelder der Erbpächter in Papendorf 1781

11068 Amt Trittau: Wegegeld der Krüger am Schlagbaum bei Schönberg im Amt Steinhorst 1784-1798

11069 Amt Trittau: Transport eines verabschiedeten schwedischen Soldaten 1785-1786

11075 Wehemütter- und Armengeld der Parzellisten des Gutes Rohlfshagen 1782

11084 Ämter Trittau und Reinbek: Unsicherheit der Landstraßen 1794-1795

11087 Militärisches Kommando im Dorf Neritz wegen der Ordnung beim Wegezoll 1795-1796

11095 Schlagbaum auf dem Weg von Lohbrügge nach Billwerder 1800

11107 Zerstörung der Grabkreuze in Trittau 1804

11108 Verlegung des Wegezolls in Neritz 1805

11110 Grabung des Brinkkätners Picker in Steinbek zum Schaden der Landstraße 1805-1806

11111 Wegezoll in Bramfeld 1805-1807

11114 Brückenbaum in Niederschleme 1805

11115 Ämter Trittau und Reinbek: Entfernung der inneren Schlagbäume 1805

11116 Amt Trittau: Verteilung der Wegeinstandsetzungskosten 1806

11122 Feuerspritze für das Kirchspiel Steinbek 1807-1809

11128 Amt Trittau: Aussetzung der Wegereparaturen 1808

11131 Amt Reinbek: Beitrag der Kätner zur Wegeinstandsetzung 1810

11142 Ansteckende Krankheit im Hamfelde 1813-1814

11145 Amt Trittau: Ruhrkrankheit 1813

11152 Ämter Trittau und Reinbek: Kinderblattern 1815

11156 Ämter Trittau und Reinbek: Transport der Vagabunden 1815-1816

11157 Verbesserung der Diensteinkünfte der Hebamme Anna Elisabeth Hoffmann in Trittau 1816, 1820-1821

11161 Kinderblattern in Stemwarde 1817

11163 Beschwerden der Eingesessenen des Amtes Steinhorst wegen Erhöhung des Wegegeldes in Siek und Holzbaum 1817

11164 Ämter Trittau und Reinbek: Bau einer Brücke über die Bille 1817-1818

11167 Ämter Trittau und Reinbek: Selbstmordabsicht des Adam Gabriel Dehlsen 1819

11169 Ämter Trittau und Reinbek: Spezialstreife wegen losen Gesindels 1819

11172 Wohnungsgeld der Hebamme Gehrmann in Eichede 1820-1826

11176 Amt Reinbek: Kostenforderung an das Amt Schwarzenbek wegen Verhaftung des Johann Joseph Schubert aus Hamburg 1822

11180 Gebühren der Hebamme Gehrmann in Eichede bei Hochzeiten und Kindstaufen 1824

11181 Brückenbaum und Baumgeld des Müllers Behrens in Altrahlstedt 1824

11183 Kosten der Feuerspritze in Steinbek 1825-1826

11184 Erweiterung von Wegen bei Reinbek und Entschädigung von Landbesitzern 1827-1828

11188 Beitrag des Besitzers der Bauervogtstelle in Bergstedt zur Wegeinstandsetzung 1830

11189 Veränderung bei der Verteilung der Kriminalkosten in Stapelfeld 1830

Post und Fuhren

11082 Übernachtung von Eingesessenen aus Eichede, Sprenge, Lasbek, Mollhagen und Hammoor in ihren Häusern beim Transport von Transitgütern 1793-1794

11089 Benutzung von Nebenwegen bei Frachtfuhren der Eingesessenen in Rümpel 1796-1798

11103 Ämter Trittau und Reinbek: Einführung einer Frachtwagenabgabe in Sandesneben durch französische Behörden 1804

11113 Briefbeförderung zwischen Hamburg und Reinbek durch Polizeireiter 1805

11118 Beteiligung der Dorfschaften Pölitz und Barghorst an den Roggenfuhren zur Feldbäckerei in Trittau 1807

Militär

11077 Militärdienst und Rekrutenstellung der Anbauer in Sasel 1790

11086 Ämter Trittau und Reinbek: Gebietsverletzung eines Kommandos des Löwensteinschen Jägerkorps 1795

11088 Landausschusspflicht der Baumkate des Hegereiters Hoffmeister in Reinbek 1795

11121 Ämter Trittau und Reinbek: Gebührenrechnung der Stadt Hamburg für Nachforschungen und Arretierungen ausgetretener Landmilitärreserven 1807

11125 Ämter Trittau und Reinbek: Durchmarsch holländischer Truppen 1807

11137 Amt Reinbek: Haussuchung, Arretierung und Wegnahme von Sachen durch das Militär bei den Untertanen Graumann und Harders 1812-1813

11143 Ämter Trittau und Reinbek: Sperrung öffentlicher Passagestellen durch Militär 1813

11148 Ämter Trittau und Reinbek: russische Einmischung bei der Landmilitärsession 1814

11149 Ämter Trittau und Reinbek: Auslieferung des Landwehrpflichtigen Graf an das Amt Lauenburg 1814

11162 Ämter Trittau und Reinbek: Auslieferung des desertierten Soldaten Schmüser aus Hamburg 1817, 1821-1822

Herzogliche Fideikommissgüter

11216 Aktenverzeichnis [1783-1842] nach 1867

11217 Befreiung von Hans und Lisbeth Bebensee in Brenkenhagen aus der Leibeigenschaft 1783-1784

11218 Auslieferung eines aus dem Gut Mönchneversdorf entwichenen Leibeigenen 1792

11219 Verbot für die Mühle in Sibbersdorf zum Mahlen für die Zwangsgäste der Neumühle in Eutin 1793

11220 Befreiung der Güter und des Gutes Manhagen von der Naturalstellung des Landausschusses gegen eine Geldabgabe 1797

11221 Verbittelsgelder der Insten an das Zuchthaus in Neumünster 1798-1799

11222 Beschwerden der Insten des Gutes Stendorf 1805

11223 Familienstellen, Dienstleistungen und Abgaben 1805
Enthält vor allem: Verzeichnisse der Stellen

11224 Fuhren während der Truppenversammlung 1807

11225 Ort für die Landmilitärsessionen 1808

11226 Musizieren des Musikanten Lunau in Kasseedorf 1809

11227 Befreiung von Kapitalsteuer 1810

11228 Steuer 1810-1813

11229 Beschwerden des Insten Hammer in Schönwalde wegen eines Hausbriefs 1811-1812

11230 Magazinlieferungen von Hafer und Roggen 1812

11231 Schlagbaum und Zollpfahl in Kasseedorf 1812-1813, 1827-1828

11232 Verweigertes Attest des Krügers Bahr in Kabelhorst zur Warenbeschaffung 1812

11233 Einfriedung des Hofplatzes bei der Organistenwohnung in Lensahn 1813

11234 Unglücksfall des Arbeitsmannes Hammer in Schönwalde 1813

11235 Zustand der Gefängnisse in Schönwalde 1813

11236 Verschweigen eines Kapitals durch die Ehefrau Soll in Malente, zuvor Stendorf, bei der Steuer und der Auseinandersetzung mit ihren Kindern 1813

11237 Papiermühle in Kasseedorf 1813-1814

11238 Befreiung der jüngeren Güter vom Beitrag an die Reichsbank 1813, 1822

11239 Zollfreiheit des Meierhofs Bergfeld 1815

11240 Beschwerden des Landinsten Lunau in Sagau 1815

11241 Unterhalt der Organistenhäuser 1815

11242 Hökereikonzession des Schmieds Knutzen in Damlos 1816

11243 Beitrag der jüngeren Güter zu den Kosten der Strafanstalten 1817-1818

11244 Betrieb städtischer Gewerbe 1819-1848

11245 Erbschaft in Eutin für die Ehefrau des Schullehrers Susemihl in Beschendorf 1821

11246 Konzession des Riemergesellen Marckmann in Stipsdorf 1823-1824

11247 Beamtenstelle des Gerichtshalters Mölling über mehrere Dörfer im Fürstentum Lübek 1825

11248 Beschwerden des Mühlenpächters Engel in Oldenburg wegen der Schrotmühle im Gut Kremsdorf 1827

11249 Förderung des Schulbesuchs in Lensahn 1829

Städte allgemein

1843 Einfuhr von Hamburger Bier nach Glückstadt, Itzehoe und Krempe 1639-1640

11250 Rechnungswesen 1756, 1826-1827

11251 Annahme qualifizierter Bürger oder Militärs für kleine Stellen bei Gericht, Kirche und Schule 1772

11252 Erlass einer Bauverfügung 1786-1787

11253 Unterschriften unter Schiffsdokumenten und anderen wichtigen Ausfertigungen 1799-1800

11254 Polizei 1808

11255 Bürgeraufnahme von Seedienstpflichtigen 1811-1813

11256 Bürgerrecht 1819-1820

11257 Nachweis der Steuerfreiheit von Besitzungen 1827

11258 Verbot der Anlage von Knochenniederlagen 1827-1828

11259 Nahrungssteuer der Tagelöhner in Lütjenburg, Plön, Segeberg und Oldenburg 1830-1831

Stadt Sonderburg

1411 Forderung des Apothekers Nicolai in Schleswig an Ludwig Schönbach in Sonderburg 1694-1695

Stadt Flensburg

1380 Kriegsgericht wegen Notzucht und Kriegsschäden von Bürgern 1637-1648

2589 Apotheke (1609-) 1643

1396 Erbschaftsprozesse, Konkurse und Vormundschaften 1646-1656
Enthält u. a.: Erbschaftsangelegenheit des Dr. Peter Voigt aus Wismar; Vormundschaft über die geisteskranken Söhne des Heinrich von Merfeld

2591 Leinweber 1648

1397 Appellationsprozess zwischen Bartelt Ivers in Flensburg und Philipp Fonteine aus Amsterdam wegen einer Schuldforderung 1649-1652

1398 Eheangelegenheiten 1651

1399 Beleidigungsfälle 1654-1655

1392 Hospital 1657-1664

1383 Vormundschafts- und Erbschaftsprozess des Magistrats und von Magistratsmitgliedern 1662-1664

1382 Schuldforderungen an die Stadt (1645-) 1662-1665

1381 Schatz-, Einquartierungs- und Verpflegungsgelder 1663-1666

1394 Gebräuche beim Bäckeramt 1672-1673

2593 Vormundschaft über die geisteskranken Kinder des Heinrich von Merfeld 1673

1400 Prozesse um Testamentsvollstreckung, Pferdekauf und Erbschaft des Stadtschreibers Johann Holsten 1676-1680

1384 Jurisdiktion über den Rektor 1677

2592 Bäckeramt und dessen Prozess gegen einen Gesellen 1677-1678

1401 Beleidigung der Anna Margaretha Pahlen durch die Bürgermeistersfrau Krochen 1681

2590 Auseinandersetzung des Kapitänleutnants von Andersen mit dem Hospital wegen eines Hospitalsuntertanen 1681-1683

1402 Schuldprozess des Karsten Thomsen gegen Baron Vitinghoff 1684

1390 Vormundschaft über die Kinder des Hausvogts Hans Prehn und Wasserentzug des Stadtvogts Lorenz Prehn 1689-1713
Enthält u. a.: Vormundschaftsrechnung

1403 Schuldangelegenheiten 1692-1695

1385 Appellationsprozess in einem Vormundschaftsfall zwischen dem Ratsverwandten Jürgen Nielsen und dem Notar Henning Wedderkop in Flensburg 1692-1698

1389 Untersuchung gegen den Hausvogt Hinrich Lüders wegen Erschlagung eines Bauern 1693-1696

2588 Besoldung des Organisten Meister an der Sankt-Marien-Kirche 1694

1386 Konkursangelegenheit des Hausvogts Asmus Prehn in Gravenstein 1694-1697

1405 Streitigkeiten zwischen Asmus Andersen Strandiger und Jens Petersen wegen Gewalttätigkeiten 1694-1699

1404 Schuldangelegenheit des Regimentsquartiermeisters Floren 1695-1698

1387 Prozesse der Ratsfamilie Thor Straten (1677-) 1700-1711

1393 Streitigkeiten zwischen dem Apotheker Nummensen und Leibarzt Scheffer wegen dessen Privatapotheke (1684-) 1701

1395 Streitigkeiten zwischen den Meistern des Fellbereiteramts 1705-1707

1391 Bürgerliche Nahrung des Stadtvogts Thomsen (1697-) 1701

1406 Streitigkeiten zwischen Magdalena Cramer und Anna Nummensen wegen des Vorrangs in der Kirche 1707-1708

1388 Erben des Ratsverwandten Hilmer von Lutten 1708-1709

Stadt Friedrichstadt

1450 Prozesse gegen den ehemaligen Zollverwalter Urban Jacobsen 1689-1691

Stadt Schleswig

1455 Klage des Kaufmanns Hinrich Johannsen in Rendsburg gegen den ehemaligen Zollinspektor Titus Thomae in Schleswig wegen der Mitnahme von Briefschaften und Rechnungen 1690-1693

Stadt Eckernförde

1456 Erbschaftsprozess gegen Bürgermeister Witte 1678-1679

1457 Festhaltung eines Malzschiffs während des Krieges 1679

Stadt Krempe

Allgemeines, Verwaltung, Bürgerrecht, Jurisdiktion

1683 Stadt Krempe: einzelne Angelegenheiten 1635-1649
Enthält u. a.: von Ahlefeldtsches Haus; Ausschuss; Scharfrichter; Schuster in Krempe und Wilster; Auseinandersetzung mit Dägeling; Suppliken

1695 Aufnahme des Carl Lange als Bürger und seine Zulage zu den Stadtschulden 1693-1700

1690 Bürgermeisterwahl und Besetzung des Magistrats (1692-) 1700-1701

1691 Hausvogtei (1710-) 1732

11274 Veränderungen in der Verwaltung 1776-1783

11275 Untersuchung städtischer Angelegenheiten 1783-1786
Enthält u. a.: Archiv; Sporteltaxe; Steuern; Rathausbau

11276 Untersuchung städtischer Angelegenheiten (1155-) 1783-1793
Enthält u. a.: Kriminalkosten; Steuerrestanten seit 1772; Schuld- und Pfandprotokoll; Kirchen- und Quartiergeld; Deichordnung; Brandkassengelder

11277 Aufenthalt des ehemaligen Scharfrichterknechts Michael Jürgen Fuchs 1776-1777

2393 Jurisdiktion über den Rundhof 1788-1792

11289 Übernahme der Wohnung des Landschreibers Lau durch seinen Nachfolger 1793-1794, 1801

2394 Übertragung der Jurisdiktion über einige zum Amt Steinburg gehörende Häuser und den demolierten Wall 1804-1806

11314 Herausgabe einer Schrift des Bürgermeisters Colditz zur Stadtverfassung 1817

11319 Wiederantritt des Ratsverwandtenamtes durch Christian Tho Aspern nach seinem Konkurs 1822

11321 Beitrag des Friedrich Tho Aspern zum Schul- und Armengeld sowie zum Kirchenschoss und zur Rekognition 1823

11325 Wahl des Ratsverwandten Simon Christopher Andreas Westphalen und Wahlen von Ratsverwandten allgemein 1826-1830

11327 Instandsetzung des Hauses des Zollverwalters Müller 1827

Justiz

11288 Scharfrichterwesen der Stadt Krempe und der Wilstermarsch (1546-) 1611-1648, 1788-1792
Enthält u. a.: Beschwerden des Scharfrichters Ismael Althausen in Glückstadt, 1648

11315 Abgang des Scharfrichters Dannemann 1817-1819

Kirche und Schule

1700 Nachfolge für Pastor Alardus (1604) 1638

2390 Eheklagen gegen Diakon Hinrich Rudolph Krull 1691-1694

2391 Exzesse des Archidiakons Hinrich Rudolph Krull 1693-1711

1702 Wahl der Landkirchenjuraten der Dorfschaften Grevenkop, Elskop und Krempdorf 1691-1695

1703 Beziehungen des Magistrats zum Konsistorium Münsterdorf sowie zu den Predigern und Kirchenjuraten in Krempe 1698-1724

1706 Einkommen der Kirchen- und Schulbediensteten sowie Witwengnadenjahr 1698-1716

1704 Streitigkeiten zwischen Pastor Clausen, Archidiakon Krull und Diakon Petersen wegen Amtsverrichtungen 1705-1707

1705 Streitigkeiten zwischen Pastor Lehmann und Diakon Göbel wegen Amtsverrichtungen und Gebühren 1714-1720

1701 Errichtung eines neuen Kirchenmissals 1680-1754

2611 Schule und Schullehrer 1689-1797

2612 Schule und Schullehrer 1799-1832
Darin: gedruckte Schulordnung, 1810

2615 Diakonatswahl 1739-1741

2613 Angelegenheiten der Kirchenjuraten 1739-1750

2614 Angelegenheiten des Stadtsekretärs Schmidt im Kirchenwesen 1740-1748
Enthält u. a.: Vorschlag zur Einrichtung eines neuen Kirchenprotokolls

2616 Verpachtung von Kirchenländereien 1740-1741

2617 Lastenfreiheit der Predigerwitwen 1745

2609 Begräbnis des Stadtdieners 1746

11261 Störungen des Gottesdienstes beim Exerzieren des Landausschusses 1753-1754

11264 Bezahlung der Steinmannschen Stipendiengelder an den Studenten Cruse 1764

11265 Reparatur des Schröderschen Begräbnisses 1764

11267 Witwenabgabe des Diakons Schorer 1768

11268 Gnadenjahr für die Kinder des Pastors Friccius 1769

11269 Anzeige des Landschreibers Winckler gegen den Archidiakon Schorer wegen Beleidigung und gegen den Magistrat wegen Bekanntmachung eines Bescheids zur Ernennung Schorers zum Archidiakon 1771-1772

11271 Pacht des Pastoratsgartens 1774-1775

11278 Versäumte Rechnungsablage des Bürgermeisters Wichmann über die Klingelbeutelgelder 1777

11287 Einstellung der Frühpredigten während der Vakanz des Diakonats 1789

11290 Veränderung der Kirchenschossgelder 1794-1795

11291 Kirchenschoss der Handelsleute Leusmann und Kompanie 1794-1796

11294 Unterlassene Hinzuziehung der Stadt- und Landgemeinden zur Präsentation der Kandidaten für die vakante Predigerstelle 1797-1799

11295 Bestätigung der präsentierten Kandidaten für die Hauptpastoratswahl und Einzug des Archidiakonats 1802-1825

11296 Bau des Organistenhauses 1804
Darin: zwei Grundrisse

11299 Geschäfte des Kirchenjuratenamtes der Außengemeinden 1807, 1831-1832

11302 Befreiung der Prediger und Schullehrer von der Gebäudeabgabe 1809-1810

11304 Führung des Konfirmationsregisters 1811, 1833

11305 Schaden in der Kirche durch Pulverentzündung 1814-1830

11306 Schaden in der Kirche durch Pulverentzündung 1831-1833
Darin: Zeichnung des inneren Profils der Kirche gegen Osten

11307 Schaden in der Kirche durch Pulverentzündung
Enthält u. a.: Rechnungsnotate zum Kirchenbau 1827 bis 1836 1833-1848

11316 Beteiligung der Kirchen-, Schul- und Armenhäuser zu den Polizei- und Kriminalkosten 1818

11318 Predigerwahl am Wochentag 1820

11324 Ernennung des Gastwirtes Vahlert zum Kirchenjuraten 1824

11326 Verlegung des Begräbnisplatzes 1826-1827

Armenwesen

1709 Wahl des Klosteruntertanen Jacob Tode in Krempdorf zum Armengeschworenen 1701

1708 Wahl der Armenvorsteher 1698-1706

1710 Aktenverzeichnis zum Armenwesen 1704-1755

1711 Armenwesen 1736-1749

1712 Armenwesen 1741-1755

1713 Armenwesen, Armenkapitalien und Armenrechnungen 1742-1751

11266 Unterhalt des unehelichen Kindes der Caecilia Bruhns 1767

11279 Unterlassene Antwort an die Armenvorsteher in Brokdorf wegen Unterhalts der Margaretha Lütjens und ihres unehelichen Kindes 1778

11297 Bestätigung von Verträgen über Gartenplätze des Gasthauses 1805, 1815

11298 Vorzeigen der Rechnungen des Gasthauses und Besetzung freier Plätze 1805-1806

11300 Anleihe für die Armenkasse 1809

11301 Armenlegat des Nicolaus Kroll 1806-1811

Ökonomie und Schifffahrt

1697 Bierbrauer, Branntweinausschank und Kruggerechtigkeit (1550-) 1638-1698

1698 Schusteramt und Schmiedeamt 1702-1735

11280 Branntweinbrennerei des Untergehörigen des Gutes Bahrenfleth Hinrich Bornholt 1779-1782

11285 Streitigkeiten der Barbierämter in Krempe und Glückstadt wegen Ein- und Ausschreibung eines Lehrlings 1783-1785

11286 Anbietung von Frachten an die dortigen Fährschiffer 1787-1788

11292 Beschäftigung eines Gesellen durch den Schuster Peter Vasert entgegen den Bestimmungen des Schuster- und Lohgerberamtes 1796

11303 Weinausschank des Gastwirtes Poll 1810

11310 Branntweinbrennerzunft 1815-1816

11323 Mitteilung einer Abschrift der Konzession des Barbiers Kretschmer an Claus Ehrig 1823-1824

Finanzen, Steuern und Abgaben

1684 Kontributionsschuld, Erbschafts- und Heiratsgutszehnt sowie Finanzhaushalt 1661-1674

1685 Konkurs der Gläubiger 1683-1705

1686 Aufzeichnungen von Bürgern über Vermögensverhältnisse anlässlich des Konkurses der Gläubiger 1683-1705

1687 Beitrag der stadtfreien Ländereien zum Schuldenabtrag (1619-) 1696-1701

1688 Schossgelder, Kontribution und andere städtische Abgaben 1700-1722

11260 Beitrag von Bürgern zu den Kriminalkosten 1751-1752

11262 Pachtgelder der Witwe Anna Goldmann für den Stadtweinkeller 1754

11272 Beteiligung an den Prozessausgaben über die Steindeichskosten 1774-1776

11273 Verweigerter Zehnt an das Kloster Uetersen 1776

11282 Mühlenzwang der Kirchen- und Schulbediensteten sowie einiger Häuser im Landrecht zur Wallmühle 1780-1781

11283 Entschädigung des Pächters der abgebrannten Wallmühle Christopher Schulz für ausstehende Pachtjahre 1781

11284 Hausschatz des Jacob Winter 1782

11309 Beschwerden des Müllers Lüdemann am Altendeich wegen eines Bosselgangs des Müllers Schulze auf der Schmerlander Mühle (1733-) 1814-1815

11311 Verteilung der Kosten der feindlichen Besetzung 1815-1818

11312 Stadtobligationen wegen der Zwangsanleihe 1816

11313 Kämmereirechnung des Kämmereibürgers Lange 1817

11317 Bankschuld des Hinrich Opitz 1819

11322 Schoss von einem Gebäudes des Hinrich Flohr 1823-1824

11328 Anstellung eines Stadtkassierers 1832-1834

Polizei

1707 Selbstmord und Begräbnis des Schusters Hans Habuy 1682-1683

1693 Instandsetzung von Brücken und Wegen (1687-) 1708-1720
Darin: schematische Skizze der Straßen und Brücken um Krempe

1696 Polizei 1714-1717
Enthält: Klage gegen die Erben des Hans Bismarck; Abbruch von Häusern; Befreiung des Peter Piening vom Amt des Kirchenjuraten; schlechter Zustand der Stadt

1699 Hausieren der fremden Krämer und Juden außerhalb der Jahrmärkte 1731

1692 Instandsetzung des Steindamms 1642-1711

11263 Aufrechterhaltung der Brandgilde 1761

11270 Versorgung des aus der Grafschaft Rantzau transportierten Jacob Thormöhlen 1772

2392 Kleiung eines Grabens am Krempermarsch Wall 1776-1778

11281 Streitigkeiten mit den Windmüllern wegen Errichtung von Geländern an der Landstraße zum Schutz der Reisenden 1779-1780

11293 Streitigkeiten mit der Krempermarsch wegen eines Fußsteiges 1797-1798

11320 Wohnungsgeld der Hebamme 1822

Fuhren

11308 Fuhrrolle 1814

Militär und Festung

1694 Unterhaltung der Festung sowie Schleifung und Verschenkung von Wall und Graben an die Einwohner 1647, 1697, 1701

1689 Wahl des Stadtfähnrichs und des Stadtleutnants 1691-1695

2610 Beschwerde des Kammerherrn Graf von Schmettau als Oberst des Kürassier-Leibregiments über den Magistrat wegen Armbruchs eines Reiters 1749-1750

Stadt Glückstadt

Allgemeines, Verwaltung, Privilegien, Bürgerrecht und Jurisdiktion

1779 Stadtgründung, Privilegien und Kommission wegen der Jahrmärkte 1617-1648

1835 Privilegien der niederländischen Nation 1624-1700, 1791-1792

1781 Stadt Glückstadt: einzelne Angelegenheiten 1632-1745
Enthält u. a.: Schleuse vor Grevenkop, 1632; Befestigungsarbeiten, 1632; Mühlen, 1633; Verzeichnis der 1636 und 1641 aufgenommenen Bürger; Unordnungen in Glückstadt, 1647; Rethövel, 1713 (mit Zeichnung des Grundrisses und der Lage eines Gebäudes); Suppliken; Berichte; Bescheinigungen; Rechnungen

1786 Bau des Rathauses 1642-1643

11336 Mitglieder der Landesregierung in den Stadtkommissionen zum Steindamm, zum Armenwesen, zur Einquartierung, zur Heuerkasse und zur Oberinspektion über das Zucht- und Werkhaus 1753-1760, 1824-1843

11359 Entlasssung des Andreas Peter Cravaack aus dem bürgerlichen Nexus in Hamburg 1782

11419 Wiederherstellung alter Freiheiten 1820-1831

Justiz

1790 Repressalienstreitigkeiten zwischen Peter Burmeister aus Hamburg und Paul Dirks in Glückstadt 1634

1783 Stockhaus, Einrichtung der Justiz und Scharfrichter (1632-) 1643-1646

11372 Aufnahme der zur Festungsarbeit verurteilten Verbrecher aus dem Herzogtum Oldenburg sowie der Staatsgefangenen 1796, 1810-1812

11405 Überlassung des Stockhauses an die Stadt für ein Gefängnis 1815

Kirche und Schule

1813 Kirchhof, kirchliche Gebäude und Pastoratswohnung 1641-1750
Darin: farbige Karte des Kirchhofs, 1726

1806 Patronatsrecht über die Stadtkirche und Diakonatswahlen 1653-1659, 1710-1727

1809 Ungebührliche Reden des Diakons Sibbern sowie Tod des Pastors Sibbern und Besetzung der Stelle 1681-1714

1811 Kirchenangelegenheiten 1707-1723
Enthält u. a.: Kirchenausschlagsgeld; Reparatur der Uhr; Zustand der Orgel; Reinigung des Kirchgrabens; Auseinandersetzung wegen eines Ganges

1814 Reformierte Gemeinde 1641-1816

1816 Katholiken 1643-1831

1815 Juden 1630-1833

1812 Kirchenrechnungen, Schmidtsches Legat und Aufstellung von Kirchenbänken 1651-1714
Enthält u. a.: Verzeichnis von Kircheneinnahmen 1690-1691

1810 Glaubensstreitigkeiten zwischen den Stadtpredigern Wildhagen und Sibbern 1705-1709

1808 Streitigkeiten zwischen Obersachwalter Petermann und Pastor Schrödter wegen einer Predigt 1719

11331 Gottesdienst 1754-1805, 1815

11332 Prediger und Patronatsrecht 1751-1846

11333 Kirchengebäude, Predigerhäuser, Kirchenanlagen, Kirchenrechnungen, Kirchhöfe (1690-) 1752-1829
Enthält u. a.: Stadtkirchenrechnungen, 1690-1697

1803 Kantor, Organist und Küster der Garnisons- und Schlossgemeinde sowie Gnadenjahr der Witwen 1639-1757

1802 Garnisonsschule sowie Katecheten der Schloss- und Garnisonsgemeinde 1640, 1736-1834
Darin: „Schleswig-Holsteinische Anzeigen“ vom 18. Juni, 25. Juni und 2. Juli 1810; „Altonaer Merkur“ vom 18. und 28. Juni 1810; „Hamburgische Neue Zeitung“ vom 9., 16. und 27. Juni 1810; Regulativ für die Garnisons- und Freischule, 1817

1800 Schloss- und Garnisonsgemeinde 1642-1828
Enthält u. a.: Übersendung von Verzeichnissen der Geburten, Heiraten und Todesfälle, 1777-1833 (mit Listen von 1783 bis 1803)

1817 Stadtschule, Schulreglement und Kollegium Scholasticum 1650-1832

1801 Pastorat und Pastoratswohnung der Schloss- und Garnisonsgemeinde 1639-1833

1804 Kantor, Pastor und Rektor der Schloss- und Garnisonsgemeinde 1646-1714
Enthält: Expektanz des Rektors Schilling, 1646-1648; Pastorat in Neuenbrook, 1684; Verweis des Pastors Zitscher durch den Generalsuperintendenten, 1690; Gehalt des Pestprediges Struve, 1703-1714

1805 Kirchenbuße des Siade Meinerts wegen Schwängerung sowie Verbot des Ausschanks von Wein, Bier und Branntwein während des Gottesdienstes 1698, 1719

1807 Kosten der Berufung, Ordination und Einführung der Prediger der Stadtgemeinde 1740-1741

11342 Fuchsisches Begräbnis 1756-1760

11347 Reste des Altarwachslichts für den Küster 1769-1770

11352 Sicherung der Kirchen- und Armengelder 1780

11353 Prozentsteuer des Schlosspredigers Lange, des Stadtpredigers Kirchhoff und des Magisters Wolfrath 1780

11361 Diakon für den Konsistorialrat Kirchhoff 1783-1791

11362 Anzeige der Sterbefälle durch den Schlossprediger 1785

11364 Nichtberufung des Schlosspredigers Lange zum Kirchenpropst in Altona 1787

11374 Geburts- und Sterbelisten fremder Religionsverwandter 1798-1799

11403 Instandsetzung der durch das Bombardement beschädigten Kirchen und Schulgebäude 1814

2623 Einrichtung der Gelehrtenschule 1819-1836

11426 Schulfußsteig über ehemalige Festungsländereien 1828-1829

Armenwesen

1821 Schlossarmenkasse 1650-1796
Enthält u. a.: Armenregister, 1660-1669

1820 Stadtarmenkasse 1682-1763

1823 Armenwesen 1716-1792

1822 Verbindung der Stadtarmenkasse und Schlossarmenkasse 1736-1763

2624 Verbesserung der Armenanstalten und des Armenwesens durch die Gesellschaft freiwilliger Armenfreunde 1798-1835

2625 Armenbeiträge 1825-1834

11340 Unterhalt der geisteskranken Françoise Gröningen 1756

11346 Streitigkeiten mit Itzehoe wegen Versorgung der Ehefrau des Hans Lucas 1769

11411 Armenbeiträge des Zuchthausschreibers Burmeister 1815-1819

Ökonomie und Schifffahrt

2626 Handelskompanie (1782) 1797-1806

1833 Zustand der Stadt und des Handels 1632-1721, 1790-1806

1834 Handel mit Island sowie Niederlage von Waren aus Island und Bergen 1641-1716

1838 Windmühle, Einfuhr von fremdem Mehl und Brot, Erhöhung der Matten- und Mahlgelder 1629-1745

1784 Stadtwaage 1632-1716

1839 Grob-, Klein- und Nagelschmiede 1639-1710

1840 Buchdruckerei 1632-1816

1841 Knochenhaueramt und Schlachteramt, Bauordnung und Bauwesen, Bäckeramt, Tischler, Schmiedeamt, Lombarden, Zimmeramt, Schifffahrt (1633-) 1642-1834

1826 Königliche Wassermühle 1634-1648

1846 Schiffbau, Kalkbrennerei, Reepschlägerei 1637-1717

1842 Branntweinbrennerei und Bierbrauerei sowie Ausschank von Wein, Bier und Branntwein 1638-1740

1837 Handwerker, Leinweber, Barbiere, Gerber, Holzhandel 1646-1666

1844 Seiden- und Tuchhändler oder Kramerkompanie (1671-) 1705-1721

1849 Prahmführer 1682-1730, 1772

2627 Stadtmusikanten, Stadtkoch, Buchdrucker und Buchbinder, Fischerei und Fischverkauf, Maurer, Schiffslast, Milchverkauf, Apotheke 1684-1831

1845 Anlage von Mühlen und einer Eisenfabrik 1718-1735

11349 Rossmühle für die Amidamfabrik des Kanzleirats Adami 1774

11369 Vorfälle beim Aufenthalt einer englischen Transportflotte 1795-1796

11378 Anlage einer Schiffswerft 1799-1800

11383 Pflanzschule für junge Seefahrer 1802, 1811-1812

11387 Streitigkeiten zwischen Brauerzunft und Bäckerzunft wegen Verkauf und Verschenken der Hefe 1806

11409 Fortsetzung des Gläserhandwerks der Witwe Albers durch den Sattler Hauschildt 1818

11410 Kommissbrote des Hökers Heitmann 1817-1818

11416 Wurzelkaffeehandel des Gewürzhändlers Höger 1819-1820

Hafen, Deiche und Wasserlösung

1824 Schleusen, Hafen und Vorsetzungen 1630-1819

11329 Hafen, Hafenmeister, Hafenkommission 1632-1832
Enthält u. a.: Rechnungen über den Hafenausbau, 1832

1825 Vorsetzungen und Plätze am Hafen sowie Unterhaltung der Hafenmauer 1638-1759

1827 Markt- und Dovenfleeth und deren Reinigung 1635-1724, 1781

1831 Sturm- und Wasserschäden 1643-1757
Enthält u. a.: Listen über verkaufte Lebensmittel, 1756

11344 Landdeiche der Festung 1764-1809

11354 Schauung der Vorsetzungen am Hafen 1780

11357 Unterhalt und Reparatur der Hafenmauer sowie Aufnahme der Hafenmauerrechnung 1780-1781, 1792

2396 Streitigkeiten zwischen der Frau des Majors von Eddelack und den Interessenten des Dovenfleets wegen eines Siels
Darin: Zeichnung, 1797 1796-1800

11379 Bewaffnung und Ausrüstung der zur Verteidigung erforderlichen Fahrzeuge 1801-1806

11380 Entfernung von Bauholz aus dem Hafen 1801

11381 Regulativ zur Benutzung eines Platzes vor der Hafenmauer 1801-1802

11396 Verbotene Ableitung des Festungsgrabens 1811

11406 Fund einer englischen Kanone in der Hafenmündung 1815

11422 Reparatur des Kastells am Hafeneingang 1823-1824
Darin: Zeichnungen

11423 Deichbruch auf dem Rethövel 1825-1827

11424 Deichbruch auf dem Rethövel 1825-1829

11425 Verteilung der Kosten für zwei Kanäle vor dem Krempertor 1827

Finanzen, Steuern und Abgaben, Domänen

1799 Schloss und Garten, Schlosskirche sowie Häuser und Möbel des Schlosses 1630-1727

1780 Stadtrechnungen und Schulden 1631-1700

1793 Einquartierung 1634-1734

1785 Dezimation (1592-) 1632-1726, 1783-1792

1782 Zoll, Lizenten und Akzise, besonders Wein- und Bierakzise 1632-1759

1794 Einquartierung, Verproviantierung und Wachtmaßnahmen 1632-1711

175 Forderung an den Nachlass der Wibeke Kruse 1650 (1867)

1788 Stadtlotterie und Stadtausschlagsgelder 1695, 1725-1726

1798 Haus des Oberstleutnants von Jessen und Abbruch des Rantzauschen Turms 1709-1725

2621 Verpachtung des Ratsweinkellers (1705-) 1723-1725

11334 Passage- oder Torgeld 1738, 1800-1805
Darin: gedruckte Verordnung, 1738

11351 Abschoss des Grobschmieds Jochim Hinrich Gottlieb Sietz in Krempe 1778-1779

11360 Beitrag der Heuerlinge zum Mauerausschlag 1783, 1798-1802

11366 Gerichtsgebühren wegen verkaufter Strandgüter 1791

11373 Bekanntmachung der Versteigerungen für die Bedürfnisse der Wachen von der Kanzel 1797-1798

11377 Nahrungssteuer des Regierungskopisten Detlevs 1799-1800

11382 Dienstentlassung des Stadtkämmerers Wohlenberg 1802

11388 Zoll der auf der Reede gelöschten englischen Kaufmannsgüter 1806

11390 Außerordentliche Einquartierungskosten und Einquartierungswesen 1807-1848
Enthält nur Deckblatt mit Kassationsvermerk von 1872 und Inhaltsverzeichnis

11392 Quartier und Fuhren für die Seeleutetransporte 1808

11393 Einquartierung französischer Truppen 1808
Enthält nur Deckblatt mit Kassationsvermerk von 1872

11407 Überlassung der Wache am Krempertor an den Totengräber von Ancken als Dienstwohnung 1816-1817

11408 Verwaltung der königlichen Gelder durch den Präsidenten während der Belagerung (1813) 1814

11412 Bankhaft der Obergerichtsräte Busch und Seestern-Pauly 1818

11414 Vergütung des Nicolaus Behrens für die Nutzung seines Hauses als Magazin 1819

11415 Vergütung des Thies Kahlke in Krempdorf für die Nutzung seines Hauses als Packhaus 1819

11417 Verweigerte Haussteuer des Oberst von Kaalund 1819

11418 Bestellung des Kaufmanns Göttsche zum Billetier 1819-1820

11427 Beitrag der von den Häusern getrennten Gartenplätzen zu öffentlichen Lasten 1833

Polizei

2620 Markt und Marktordnung 1631-1640

1829 Steindamm und Wasserfahrt zwischen Glückstadt und Krempe 1634-1747
Enthält u. a.: Budenzahlrollen der Kompanien des Bürgermeisters Johann Daviet Keullen, Dr. Clausen, Kapitän Johann Dittmer und Kapitän Hagen, 1734

1830 Steindamm zwischen Glückstadt und Krempe 1737-1750

11330 Steindamm nach Krempe 1751-1840
Enthält u. a.: Steindammrollen verschiedener Distrikte, 1759

1828 Brücken 1641, 1690-1801

1832 Instandsetzung des Steinpflasters 1643-1799, 1835
Darin: gedruckte Verordnung zur Reinigung der öffentlichen Plätze und Gassen in Glückstadt, 1759

1818 Apotheken 1643-1834

1787 Schützengilde und berittene bürgerliche Ehrengarde 1666-1711

1789 Polizeimeister und Nachtwächter 1708-1741

1819 Geldforderung des Pestarztes Dr. Praetorius 1733

11335 Bezahlung des Dr. Hansen für die Kur der Zuchthäuslerin Anna Christina Augustin 1752

1836 Verhinderung von Teuerungen 1633-1663, 1753-1806

11337 Unerlaubtes Spielen der Domestiken im Haus des Bürgers Meisner 1754

11338 Verbringung des Neffen des Tischlers Schubert, Johann Michel Pommert, in das Erziehungshaus in Kopenhagen 1755

11339 Verstoß des Schlossapothekers Wedderkop gegen die Medizinalverordnung 1756-1758

11341 Entfernung eines Ecksteins am Haus des Kaufmanns Jürgen Mein
Darin: Skizze 1757

11345 Mobiliengilde für Glückstadt, Itzehoe, Krempe und Wilster
1765-1770, 1781

11348 Mitführung von Licht bei nächtlichen Gängen in den Gassen 1770

11355 Polizeiverfügungen zum Gassenreinigungswagen, Herumlaufen mit brennenden Pfeifen auf den Straßen und Lärmen der Gassenknaben auf öffentlichen Plätzen 1780

11356 Instandsetzung und Schauung der Stadtgassen
1780-1800, 1817-1822

11358 Anordnung und Einrichtung der Laternen 1779-1780, 1799

11363 Ernennung des Dr. Koch zum Physikus in Glückstadt, Itzehoe, Krempe und Wilster sowie im Amt Steinburg
1786, 1796-1797, 1834

11365 Aufführungszeit der Friebachschen Schauspielergesellschaft 1791

11370 Verbot des Absetzens von Personen an der „Erbprinzen"-Wache nach Schließung des Ziegelbaums und Toresschluss sowie in der Nacht 1797

11371 Verweigerte Beerdigung eines angetriebenen Matrosen 1796

11376 Patrouille zur allgemeinen Sicherheit 1799-1802

11386 Messgefäße der Milchhöker 1806

11389 Anschaffung von Mist zur Bedeckung der Pulvertürme 1806-1807

11391 Beeinträchtigungen der Privilegien des Schützenkönigs Obstfelder
1807

11395 Zulassung von Musikanten in der Marktzeit 1811

11397 Anlage von Pulvermagazinen außerhalb der Stadt 1812

11398 Töpfewerfen am Neujahrsabend 1812

11413 Hebammen 1819, 1831-1833

Post, Fuhren und Fähren

1848 Fähre nach Stade und Freiburg (Elbe) (1637-) 1708-1757

1847 Fährschiffer (1632) 1677-1733, 1816

1021 Rückfuhren auf der Strecke Hamburg–Glückstadt–Itzehoe 1680-1686

1791 Vergütung für Fuhren in königlichen Diensten (1685-) 1738

11400 Briefposttaxe 1813

11420 Eingriffe der Jollenführer in Rechte der Fährschifferzunft 1823

Militär und Festung

1797 Beschwerde der Witwe des Leutnants Foges über die Behandlung durch die Erben des Rittmeister Otto von Buchwald (1695) 1698

2622 Errichtung eines bürgerlichen Artilleriekorps 1801-1808

1792 Festung, Zeughaus und Werk auf dem Rethövel 1631-1798

1795 Festung 1644-1650, 1700-1748
Enthält u. a.: Admiralität, 1644; Schreiben des Erzbischofs Friedrich an den Kommandanten Penz, 1645; Verbot einer Flucht nach Hamburg, 1700; Beerdigung eines Soldaten während der Pest, 1713; Garnisonsarzt, 1731; Wachschiff, 1748

1796 Konzessionen für Militärpersonen und Taufe eines Soldatenkindes 1652-1653, 1748

11343 Verheiratung von Personen des Seeländischen Regiments durch Schlosspastor Helmich 1760

11350 Kommission zur Untersuchung gewaltsamer Werbungen 1777

11367 Desertion von Soldaten 1792

11368 Soldatenkommando der Garnison nach Altona 1794

11375 Aufsicht über zur Festungsarbeit verurteilte Verbrecher 1799

11384 Wachgelder von Offizieren und Subalternen 1803

11385 Exerzierplatz für das Artilleriedetachement 1805

11394 Befreiung von Ewerführern und Prahmfahrern vom Seedienst 1809-1811

11399 Lazarett für die Kranken der beweglichen Armeedivision 1813-1818

11401 Einberufung beurlaubter Soldaten und Reserven des Kantons um die Stadt 1813

11402 Mitteilung von Nachrichten über kriegerische Ereignisse an den Kommandanten 1813

11404 Schleifung der Festungswerke 1814-1820

11421 Verkauf eines Kontorgebäudes des ehemaligen See-Etats 1823

Stadt Heiligenhafen

1879 Zoll- und Handelsprivilegien sowie verbotener Kornhandel (1491-) 1638-1755

1876 Reisekosten, Untersuchungskommission für Oldesloe, Segeberg, Lütjenburg und Heiligenhafen, Bestallung des Deputiertenkollegiums und Bürgerrecht 1650-1742

1882 Abgebrannter Kirchturm sowie Streitigkeiten des Propstes Burchardi mit Magistrat und Pastor Scholz 1651-1652, 1701-1744

1880 Windmühle in Bankendorf 1691-1694

1877 Zustand der Stadt und Verwaltung 1690-1699
Enthält u. a.: Zusammensetzung des Magistrats; Stadtsekretariat; Streitigkeiten und Beschwerden; Zehntgelder

1878 Zustand der Stadt und der Verwaltung (1652-) 1697-1728
Enthält u. a.: Stadtrechnungen, 1702-1708

1883 Armenwesen 1736-1755, 1832-1833

1881 Bekanntmachung eines Privilegs für die Seeleute 1741

11428 Visitationskosten bei Aufnahme der Kirchen- und Armenrechnungen sowie Fuhren des Pastors zum Konsistorium 1750-1751

11429 Kosten des Pastors Schotz für Reisen zum Konsistorium in Segeberg 1751

11430 Bestätigung von Stiftungen des Ehepaars Klüver (1719-) 1751-1752

11431 Löschen von schwedischem Bauholz in Weißenhaus durch Paul Baumann aus Oldenburg, Verstöße der Kaufleute Claus Lensch aus Eckernförde und Johann Abraham aus Rendsburg gegen die Stadtprivilegien sowie Eingriffe in adlige Rechte 1752-1761

11432 Kornhandel der Eingesessenen in Großenbrode 1752-1759

11433 Stempelpapier und Gebühren des Bürgermeisters Wittrock anlässlich einer Stadtkommission 1753

11434 Aufnahme der geistesschwachen Dorothea Stockfischen in das Zuchthaus 1753

11435 Öffnung der Schreiben an den Magistrat 1754

11436 Beschlagnahmung des Brautschmucks der Margaretha Dorothea Küstern 1754

11437 Zoll- und Geldzahlungen auf Viehkäufe für Gut Hasselburg 1756-1757

11438 Hebungs- und Rechnungswesen sowie ökonomische Verfassung 1756

11439 Verkauf von Hausland des Bürgermeisters Wittrock als freies Land 1759

11440 Verteilung der Stocksackschen und Baumannschen Legate 1769-1770

11441 Vorübergehende Befreiung des Bürgermeisters Knust von den Amtsgeschäften 1773

11442 Visitationskosten 1774-1775

11443 Ernennung des Justizrats Schubert zum Honorarkonsul 1775

11444 Bezahlung eines verlorenen Armenkapitals 1775

11445 Schulgeld 1776

11446 Austausch von Kirchenländereien zur Erleichterung der Verkoppelung 1776-1777

11447 Gebühren für Gesundheitsatteste der Reisenden nach Lolland 1782

11448 Beschwerde der Schusterzunft gegen den Schuster Höpner in Neuratjensdorf 1792

11449 Tausch der Schulhäuser 1801-1802

11450 Parzellensteuer 1805

11451 Rohr- und Hafengeld von den Fährfahrzeugen nach Nystedt sowie Brückentaxe 1806-1811

11452 Einquartierung 1807-1817
Enthält nur Deckblatt mit Kassationsvermerk 1872

11453 Entlassung des Gewürzhändlers Hillermann aus dem Amt eines Unterquartiermeisters 1809

11454 Schulordnung 1809-1837

11455 Aufstellung der Feuerspritzen im Nebengebäude der Kirche 1812

11456 Wohnung und Gehalt der Hebammen Schulz und Damlos 1813-1815

11457 Tanzgesellschaften im Haus des Michael Joachim Hinrich Pogge 1814

11458 Außerordentliche Einquartierungslasten, Unterstützung der Matrosenfamilien und bürgerliches Gewerbe auf dem Land 1814-1815

2646 Beschwerde des Hinrich Mählmann in Heiligenhafen wegen Freiweide und Parzellen am Posseer Berg 1815-1817

11459 Verteilung der Kriegsschadenskosten 1815-1818

11460 Abgaben auswärtiger Landbesitzer an die Stadtkasse und Nahrungsgeld der Müller 1815-1816

11461 Hausierhandel in den Landdistrikten 1816-1817

11462 Grenzgraben mit Paul Albert in Dazendorf 1818-1821

11463 Streitigkeiten des Fährpächters Ringleben am Fehmarnsund mit mehreren Bootsführern wegen unbefugten Übersetzens 1820-1824

11464 Hebammen 1820-1822

Stadt Itzehoe

Allgemeines, Verwaltung, Bürgerrecht, Jurisdiktion, Grenzen

1760 Verwaltung 1638-1654
Enthält u. a.: Aussschussgelder; Übertretung der Polizeiordnung; Einquartierung; Wagenfuhren; Handwerk; Gewerbe; Schiffe; Handel

1759 Bürgermeister Mauritius, Ratsverwandter Lucht und Stadtsekretär 1638, 1699-1718

1761 Fünfhundertjähriges Stadtrechtsjubiläum, Überlassung der Pascheburg an die Stadt und Streitigkeiten mit Bürgern 1639-1657, 1732-1748

1769 Streitigkeiten mit dem Kloster Itzehoe 1714-1749
Enthält: Brauerei und Gewerbe; Wegeschau; Sendung von Prahmen nach Brunsbüttel; Kalkeinkauf; Kirchenlotterie

1762 Streitigkeiten zwischen Deputierten Bürgern und Magistrat wegen Freiheit der Ratsverwandten von den städtischen Lasten und wegen Verwaltungsangelegenheiten 1686-1731

11466 Gerichtsstand der Witwe des Kanzleirats Mohr, des Kontrolleurs Klemm und des Postreiters Beckel 1755-1756

11477 Wachdienste der Kanzleipersonen (1757) 1765, 1771

11478 Erläuterung des Bürgerschlusses von 1637 1765-1767

11479 Grenze zur Herrschaft Breitenburg vor dem Delfttor 1766, 1778-1779

11505 Wahl des Regierungsadvokaten Löhmann zum Bürgermeister 1801

11522 Quartier des Ordonnanzreiters 1808

11541 Einrichtung der Bürgermeisterstelle und des Stadtsekretariats, Errichtung der Polizeimeisterstelle mit Aktuariat sowie Kompetenzstreitigkeiten 1814-1838

11548 Beschwerden des Amtes Steinburg gegen das Quartieramt 1815
Enthält nur Deckblatt mit Kassationsvermerk 1872

11562 Streitigkeiten zwischen den vier Jurisdiktionsbezirken (1564-) 1816-1848
Enthält u. a.: Verzeichnis der Häuser mit Eigentümer und Taxationssummen in den Bezirken, 1814; Verzeichnis der Verteilung des Stabs und der 2. Eskadron, 1802; Quittungsbuch des Jürgen Meyer und anderer Personen, 1699-1808; Auszüge aus Mannzahl- und Schatzprotokollen; Haussteuerregister, 1818; Bürgerbewaffnung

11572 Verweigertes Bürgerrecht des Lohgerbers Hettig 1818

11580 Grenzbesichtigung 1821-1824

Justiz

11565 Eintragung des Advokaten Hennings in fremdem Protokoll 1816

11586 Kriminalgefängnisse 1827-1828

Kirche und Schule

1766 Streitigkeiten mit dem Kloster Itzehoe wegen Kirchenangelegenheiten 1652-1657, 1696-1714

1767 Kirche 1653-1659, 1682
Enthält u. a.: Nachrichten über das Episkopalrecht über die Laurentiuskirche; Streitigkeiten des Magistrats mit Pastor Hoyer; Predigten in der Stadtkapelle Sankt Nicolai; Kirchenvisitation

1768 Räumung des Küsterhauses 1656

1771 Schule 1672-1835
Darin: gedruckte Schulordnung der Stadt, 1817

1765 Kirche 1647-1743
Enthält: Kirchenschoss, 1647-1743; Kollekte, 1716; Kirchenstand, 1718; Salariengelder des Organisten, 1718-1732; Bau zweier Gewölbe, 1720; Materiallieferung und ausstehender Arbeitslohn, 1720

11482 Wiederbesetzung des Hauptpastorats 1772

11483 Beginn des Nachmittagsgottesdienstes 1773-1774

11484 Aussetzung der Wochenpredigten während der Bauarbeiten am Gewölbe 1774

11486 Verlegung der Konfimationen der Kinder auf einen Sonntag 1779

11500 Gottesdienst der Reformierten in lutherischen Kirchen 1798

11502 Handel mit Kalendern und Erbauungsbüchern 1800

11506 Verwaltung des Amtes des Rektors Schröder während seiner Abwesenheit durch Stellvertreter 1802

11511 Nebenschulen (1738-) 1804-1805

11513 Rückständige Legatengelder für die Laurentiuskirche 1805

11514 Abbruch der alten Nikolaikapelle 1805-1807

11515 Anschaffung einer Turmuhr für die Laurentiuskirche 1805

11516 Verwendung eines für den Turmbau der Laurentiuskirche vorgesehenen Kapitals 1806

11518 Dienstverbesserung der beiden Prediger 1806-1807

11520 Dienste des Pastors Vitheer wegen Krankheit des Pastors Zachariae 1807-1809

11523 Berichtigung der Bestätigungsgebühren für die Bestallung des Rektors 1808

11525 Dienstentlassung des Archidiakons Zachariae 1808-1820

11528 Einzug eines Diakonats 1808-1809

11531 Sterberegister des neuen Kirchhofs 1810

11533 Pflugsteuer und Kriminalgelder des Pastors Vitheer und des Küsters Wichmann 1812-1813

11570 Beitrag des Kammerherrn von Scheel zum Kirchenschoss 1817-1820

11577 Beschwerden des Pastors Vitheer gegen den Musikanten Lüders (1820) 1821

11578 Schulbeitrag des Johann Anton John 1821

11581 Privatunterricht des Seminaristen Paul Hinrichs aus Strübbel und dessen Anstellung als Schullehrer 1823-1824

11583 Beschwerde des Gastwirts Berghöfer gegen den Schullehrer Seismann 1825

Armenwesen

1772 Hospital Sankt Jürgen 1580, 1721

1763 Legat des Etatsrats und Amtsverwalters Bruggemann für die Stadtarmen 1687-1728, 1801-1834

1773 Armenhaus der Barbara Rantzau und Unterhalt eines armen Kindes (1613) 1723-1750

11469 Schaumburgisches Armenhaus (1676-) 1756-1763, 1814-1836

11481 Armensammlung vor den Kirchentüren 1770

11488 Armenvorsteheramt des Bäckers Martin Christian Fraun 1780

11491 Gemeinschaftliche Armenanstalt und Verpachtung des Lombards 1790-1798

11501 Verwendung der Einnahmen einer Trauerspielaufführung zum Besten der Armen 1799-1800

11508 Verweigerter Beitrag des Oberstleutnants von Piper zur Armenkasse 1802-1803

11512 Ausschütten des Klingelbeutelgeldes im Armenblock 1804

11530 Unterstützung des ehemaligen Nachtwächters Hase 1809

11574 Armengeld des Dr. med. Timmermann 1819

Ökonomie und Schifffahrt

1776 Handel sowie Vieh- und Pferdemarkt 1646-1737

1775 Störbaumgerechtigkeit (1575-) 1654-1757

2619 Störbaumgerechtigkeit 1768-1829

1777 Schusteramt, Glaseramt, Kleinschmiedeamt, Weißbäckeramt, Tischler, Rademacher und Prahmbauer 1697-1745

11470 Beschwerden der Bäckerämter in Altona über die Prahmführer wegen des Holzpreises 1759

11475 Austritt des Amtschirurgen Techt aus dem Barbieramt 1763

11487 Vertreibung eines im Süderkrug als Sattler arbeitenden Pfuschers 1779

11492 Verweigerte Aufnahme des Gesellen Isenburg durch die Maurerzunft 1791-1793

11493 Durchfuhr einer Lieferung Deichpfähle und Steine des Jürgen Bracker aus Kellinghusen durch den Störbaum 1794

11494 Ausführung von Maurerarbeiten für Interessenten der Brandkasse durch Meister der Maurerzunft 1794

11495 Beeinträchtigung der Privilegien der Maurer-, Zimmer-, Tischler- und Schmiedezunft 1795-1796

11496 Beeinträchtigung der Privilegen der Grobschmiedezunft 1796

11497 Verletzung der Privilegien des Böttcheramtes durch den Schiffer Jacob Hehncke 1796

11504 Freie Schifffahrt und Holzhandel der Bewohner der Burgjurisdiktion 1800-1801

11509 Speditionsgeschäfte des Doktors und Weinhändlers Eitzen 1803

11529 Streitigkeiten der Schmiedezunft mit dem Rademacher Diebel 1809

11534 Amtsgerechtsame der Schmiedezunft 1812

11536 Störung des Betriebes der Tischlerzunft 1813

11542 Verleihung des Titels Agent an Kaufmann Richter 1813-1814

11543 Bergung des verunglückten Schiffs „Frau Hellegina“ 1814

11559 Konzession des klösterlichen Eingesessenen Boll zur Weißbäckerei 1816

11561 Bürgerliches Gewerbe in den benachbarten Landdistrikten 1816-1817

11571 Zulassung eines Grobschmiedes in Winseldorf 1817-1818

11576 Konzession des Bäckers Johann Diederich Busch zur Weißbäckerei 1820-1821

11579 Anlage einer Pfeifenfabrik 1821

11582 Übertragung einer Bestimmung der Amtsartikel der Tischlerzunft zum Handel mit Mobilien auf die klösterliche Jurisdiktion 1824

11585 Amtsartikel der Schusterzunft 1826-1827

Finanzen, Steuern und Abgaben

1764 Einquartierung 1710-1720

11465 Kostenrechnung des Magistrats an die Brüder Koos 1752

11471 Beitrag der Freihäuser zur Einquartierung 1761-1763

11472 Streitigkeiten mit dem Kloster Itzehoe wegen Einquartierung
Enthält nur Deckblatt 1762-1763

11473 Verkauf des mit adligen Freiheiten ausgestatteten Hauses des Oberst von Leuenfeldt 1763, 1778-1779, 1797
Darin: „Schleswig-Holsteinische Anzeigen“ vom 28. Dezember 1778

11474 Verkauf des Hauses des Advokaten Stemann 1763

11485 Zehnt der Erben des Kandidaten der Medizin Tönnies Evers 1777-1781

11498 Beitrag der Klosterjurisdiktion zur Einquartierung 1798
Enthält nur Deckblatt mit Kassationsvermerk 1872

11510 Beitrag der zu verschiedenen Jurisdiktionen gehörenden Stadtteile zu den Einquartierungslasten 1803-1804

11521 Erhöhte Kontribution von Einwohnern 1808

11524 Quartiergelder des Gastwirts Groth (1807) 1808

11526 Beschwerden von Bürgern wegen französischer Einquartierung
Enthält nur Deckblatt mit Kassationsvermerk 1872 1808-1809

11535 Beitrag des Advokaten Hennings zum Nachtwächterdienst 1813

11537 Gagen- und Akzidentiensteuer des Stadtsekretärs 1813

11539 Gemeinschaftliche Anleihe 1814-1816

11540 Außerordentliche Geldbeiträge des Kaufmanns Bauer und des Gastwirts Berghöfer 1814

11546 Einquartierung des Johann Peter Schander 1814
Enthält nur Deckblatt mit Kassationsvermerk 1872

11547 Einquartierung des Advokaten Hennings 1814
Enthält nur Deckblatt mit Kassationsvermerk 1872

11550 Verteilung der außerordentlichen Einquartierung 1815-1817
Enthält nur Deckblatt mit Kassationsvermerk 1872

11553 Hundesteuer 1815

11560 Verweigerter Beitrag des Bürgermeisters Rötger zur Zwangsanleihe 1816

11564 Beschwerden des Weiss wegen Einquartierung 1816
Enthält nur Deckblatt mit Kassationsvermerk 1872

11566 Befreiung der Stiftungen von der Reichsbankforderung sowie von anderen Steuern und Abgaben 1816-1817, 1831-1832

11588 Hebungswesen (1833) 1834
Darin: gedrucktes Regulativ zum Hebungswesen, 1833

Polizei

1774 Unterhalt der Brücken und Anlage eines Sandwegs 1635-1727
Enthält u. a.: Verzeichnis des von 1701 bis 1726 von der Stadt verkauften Holzes

1778 Beschwerden über die Apotheke des Dr. Wächtler 1720-1723

1770 Beerdigung des Selbstmörders Cornels Cornelsen 1739

11467 Veränderung einer Mauer bei der Reparatur des Hauses des Kaufmanns Klock 1756

11476 Gebühren des Amtschirurgen für Prüfung der Hebammen 1763-1764

11480 Weinausschank des Weinhändlers Kern auf breitenburgischem Territorium anlässlich der Musterung (1765) 1769-1770

11489 Nebenlombarde 1784-1788, 1818

11490 Einengung der Durchfahrt der breitenburgischen Fährbrücke 1786-1791, 1803

11499 Ringreiten der Brauerknechte 1798

11503 Aufstellung von Verkaufsständen auf dem Markt 1800

11507 Unfug auf dem Kirchhof der Laurentiuskirche 1802-1808

11517 Steinpflaster 1806-1841

11527 Belegung des gräflich-brockdorffschen Hauses mit französischen Kranken 1809

11544 Lagerung toter russischer Pferde auf dem Wunderberg 1814

11549 Kramjuden 1815

11551 Lebensmittelverkauf der Kiepenträger 1815-1817

11552 Anstellung von Polizeibediensteten und Nachtwächtern sowie Aufbringung der Polizeikosten 1815-1816

11554 Einführung bestimmter Wochenmarkttage 1815-1816

11555 Polizeiaufsicht über die Belustigungsörter bei der Stadt 1816

11556 Kompetenz des Obergerichts hinsichtlich der Polizeiverwaltung 1815-1816

11557 Verhältnis des Polizeiamtes zu fremden Behörden 1815

11558 Beschwerde der Landdrostei in Pinneberg gegen das Polizeiamt 1816

11563 Anweisung der Plätze für die Jahrmarktsbuden 1816

11567 Anstellung eines Schornsteinfegers 1816-1818, 1839-1840

11568 Kostenrechnung des Polizeimeisters wegen des Landsoldaten Heidorn 1817

11569 Beschwerde des Kanzleirats Kruse gegen Polizeimeister Lüders 1817

11573 Verweigerte Kostenerstattung durch das Polizeiamt für die Befragung des Johann Giese in Pinneberg 1818-1819

11575 Beschwerde des Advokaten Stinde gegen Polizeimeister Lüders 1820

11584 Regulierung von Hebammendistrikten 1825-1828

11587 Kostenrechnung des Leibregiments leichter Dragoner für die Sperrung eines Hauses wegen Blattern 1828

Post und Fuhren

11468 Lasten des Postillions Reckel 1757

11545 Postbeförderung 1814

Militär

11519 Bürgerwache 1807

11532 Verzeichnis der See-enrollierungspflichtigen konfirmierten Jungen 1812

11538 Einrichtung der Militärlazarette und des Militärkrankenhauses 1813-1820, 1835

Stadt Kiel und Universität

Allgemeines, Verwaltung, Privilegien, Bürgerrecht, Jurisdiktion, Grenzen

1890 Vereidigung neuer Bürger auf das Haus Gottorf durch den Magistrat 1718

1891 Buschgerechtigkeit auf dem Stadtfeld 1720

11601 Oberpräsidentur 1781-1821

11613 Beleidigungen des Deputierten Bürgers Krohn gegen das Einquartierungswesen 1797
Enthält nur Deckblatt mit Kassationsvermerk 1872

11615 Schlechte Dienstverwaltung des Stadtsyndikus Balemann 1797-1798

11621 Schmoeler oder Noerer Hof 1803, 1829-1833
Darin: mehrere Exemplare des „Altonaer Merkur“ und der „Schleswig-Holsteinischen Anzeigen“, 1829

11632 Ämter des Kammerherrn Graf Christian Detlev von Rantzau 1809

11635 Aufenthalt des Kaufmanns Anton Diedrich Schröder aus Hamburg 1813

11652 Verhältnis der steuernden und nicht unter städtische Obrigkeit gehörenden Hausbesitzer 1828

11653 Antrag des Justizrates Hegewisch auf Änderung der Norm für die Besetzung der Stadtkollegien sowie Abhilfe der Beschwerden wegen des Baum- und Brückengeldes am Holstentor 1825-1832

Justiz

1885 Streitigkeiten mit Friedrich von Buchwald auf Bülk wegen Fischerei, Schifffahrt und Truppendurchführung sowie Totschlagsfall des Hinrich Lohmann (1334-) 1649-1653

1886 Streitigkeiten zwischen den Erben des Ratsverwandten Nikolaus Evers und den Kindern des Bürgermeisters Arp 1706-1707

1895 Bekanntmachung eines Urteils in der Konkursangelegenheit des Hans von Thienen 1714

1887 Streitigkeiten mit dem Gutsbesitzer von Neuhof und Kaltenhof wegen eines Wegs nach Neumünster (1461) 1715-1717

2637 Verhaftung des Peter Friedrich Arpe auf dem Umschlag (1686-) 1728

1893 Forderung des Kommerzrates Svend Krag und des Hatto Anthon Petrejus an Kellermeister Fischer in Kiel 1731

11590 Flucht der Bediensteten des Stiftamtmanns von Scheel vom Gut Faareveille nach Kiel und deren Auslieferung 1754

11595 Beschwerde des Klosterpropstes von Preetz wegen Erteilung einer Ehrlichkeitserklärung (restitutionis famae) des Universitätsprorektors an zwei Lehrlinge 1780-1782

11597 Amtsersuchen des Akademischen Konsistoriums wegen eines Mandats an Kommerzassessor Rathlev 1782

Kirche und Schule

1896 Gebühren für die Beisetzung der Dorothea von Estorf in der Nikolaikirche 1651

1898 Verbrennung einer Druckschrift des Pastors Bentzen in Schenefeld (Amt Rendsburg) 1702

1899 Rantzausche Kapelle in der Nikolaikirche 1719

1900 Absetzung des Schulmeisters in Meimersdorf 1746

11589 Verheiratung des Kanzleirats Lucas mit der Tochter des Bürgermeisters Böhne durch den reformierten Prediger Bride aus Glückstadt 1753

11591 Verwaltung der Armenhäuser und Stiftungen sowie der Kirchen 1777-1782, 1818-1822

11602 Hofarmenschule für den Schulmeister Clausen in Brunswik 1791

11605 Gottesdienst der Katholiken in der Sankt-Jürgens-Kapelle oder in der Griechischen Kapelle 1794-1834

11611 Ruhe in der Synagoge 1797-1799

11616 Grundsätze im Andachtsbuch des Prof. Thiess 1798-1799

11617 Schulplan für die Stadtschule und Unterstützung der Schullehrer 1798-1808

11633 Kirchenvisitation und Unterordnung unter die Generalsuperintendantur 1810, 1837-1840

11640 Forderungen der Totengräber für Beerdigung feindlicher Soldaten (1814) 1816

Enthält u. a.: Liste über die 1813 und 1814 im schwedischen Hospital verstorbenen und beerdigten Soldaten

11643 Gelehrtenschule und Trennung von der Bürgerschule 1820-1833

Enthält u. a.: Entwurf eines Regulativs für das Bürgerschulwesen, 1828

11647 Gesetzwidrige Besetzung der Schullehrerstelle an der Stadtschule 1823-1839

11651 Unterlassene Präsentation des Subrektors Asmussen zur Wahl des Klosterpredigers und Adjunkten an der Nikolaikirche 1827

Armenwesen

1897 Streitigkeiten der Vorsteher der Klosterkirche und des neuen Gasthauses mit der Witwe des Paul Wittorf wegen eines Kapitals 1651

11593 Kapital zum Besten des Sankt Annen Klosters 1779

11650 Wahl eines Mitglieds des Amtes Kiel in das Armendirektorium 1829

11654 Armenwesen 1829-1839

Universität

140 Verordnung über einen zweijährigen Pflichtaufenthalt für Studenten aus königlichen Landen 1768-1774

141 Erlass von Verordnungen über das Aufenthaltsverbot von der Universität verwiesener Studenten in einem Umkreis von zwei Meilen um die Stadt herum 1771, 1828

142 Zahlungen aus der Landschaft Eiderstedt an den Konvikt sowie Einrichtung der Freitische 1771

143 Ausgabe von Zeugnissen über das Verhalten der Studenten 1775

144 Verpflichtung auswärtiger Theologiestudenten zu einem zweijährigen Aufenthalt und zur Vorlage eines Verhaltenszeugnis 1776

145 Kredit der Studierenden in Kiel 1776-1817

146 Ungültigkeit der Ehegelübde der Studierenden in Kiel und ihrer Anwerbung zum Militär ohne Einwilligung der Eltern oder Vormünder 1776

147 Predigt der Studierenden im Predigerinstitut über freie biblische Texte in der Schlosskirche 1776

148 Verordnung zum dreijährigen Pflichtaufenthalt (Triennium) 1777

149 Einschränkung der Universitätsferien 1778

150 Stempelpapierfreiheit 1778-1796

151 Prüfungstermine für die studentischen Bewerber für den Konvikt und das Schassanische Stipendium 1778

152 Verwandlung der Naturalfreitische des Konvikts in Speisestipendien 1787-1828

153 Gerichtsbarkeit und Reglements für die akademischen Krankenhäuser 1802, 1833
Darin: gedrucktes Reglement, 1833

154 Jurisdiktion über die Hebammen- und Krankenanstalt 1811-1812

155 Befreiung von einer vom Magistrat der Stadt Kiel ausgeschriebenen Kontribution Band 1 1815-1817

156 Befreiung von einer vom Magistrat der Stadt Kiel ausgeschriebenen Kontribution Band 2 1817-1822

157 Überlassung mehrerer Exemplare von Verordnungen an das akademische Konsistorium 1817

158 Streitigkeiten des akademischen Konsistoriums mit dem Amt Kiel wegen des Nachlasses des Studenten von Mecklenburg 1820

159 Gebühren für die Dispensation vom zweijährigen Pflichtaufenthalt 1821

160 Einsendung von Pflichtexemplaren durch die Buchdrucker und Buchhändler an die Universitätsbibliothek 1822

11598 Beschwerde des Stadtgerichts in Boizenburg gegen die Juristische Fakultät wegen versendeter Konkursakten 1782

11599 Ablieferung von Exemplaren der Verordnungen, Patente und Bekanntmachungen an das akademische Konsistorium 1782

11600 Beschwerde der Regierung in Stade über die Juristische Fakultät wegen Aktenversendung 1783

11606 Beschwerden der Regierung in Detmold wegen Urteilsverzögerungen durch die Juristische Fakultät 1794

11607 Beschwerden des Hofgerichts in Stade wegen Verzögerungen bei der Juristischen Fakultät 1795

11608 Beschwerden des Drosten und der Grefen des Alten Landes im Herzogtum Bremen wegen Verzögerungen bei der Juristischen Fakultät 1795

11610 Beschwerden der mecklenburgischen Justizkanzlei wegen Verzögerungen bei der Juristischen Fakultät 1797

11614 Beschwerden auswärtiger Regierungen wegen Verzögerungen bei der Juristischen Fakultät 1797-1820

11641 Ernennung des Geheimen Konferenzrates und Kanzlers von Brockdorff zum Kurator der Universität, zum Chef des Sanitätskollegiums und zum Oberaufseher des Schullehrerseminars 1819

Ökonomie und Schifffahrt

1888 Fremde Schmiede- und Tischlerarbeiten im Haus des Bendix von Ahlefeldt (1709-) 1716-1718

1894 Schiffsbeschuss durch die Festung Friedrichsort, Holzladung in Friedrichsort und Strandfahrt 1732-1745

11596 Ablieferungen von Bestellungen an Bürger durch fremde Krämer und Gewerbetreibende 1781

11604 Boote und Fahrzeuge der Untergehörige auf der gegenüberliegenden Seite des Hafens 1792

11609 Bestätigung der Privilegien des Jürgen Wichmann für eine Kaffeschenke (1756-) 1796

11612 Holzaufkauf der Brüder Holler aus Rendsburg 1797

11623 Lagerung von Fettwaren in Stadtnähe für die Ausfuhr nach Hamburg 1805

11624 Verbesserung des Hafens 1805

11634 Bestätigung der Privilegien der Müller Wilmsen und Mordhorst 1811, 1841-1842

11639 Verweigerte Aufnahme des Johann Andreas Christoph Lösche in die Schlachterzunft 1815

11644 Zunftartikel (1635-) 1820-1821

11645 Reetgewinnung des Erbpächters Kruckenberg in Hammer auf der Blockshagener Heide (1771-) 1821-1822

11646 Antrag des Kaufmanns Schweffel auf Verbot des Kalkhandels in einem Radius von drei Meilen 1823-1833

11649 Entschädigung wegen gleicher Hafenabgaben von preußischen Schiffe 1822-1825

Finanzen, Steuern und Abgaben

1884 Kontributionsrestanten adliger Hausbesitzer 1648-1653

1889 Wachtkosten wegen des Landgerichtsnotars Henning Wedderkop 1718

11619 Verpachtung der Jagd auf den Stadtländereien und Erhöhung der Abgaben von den Ländereien (1767) 1800-1802

11620 Besoldung und Unterhalt des Feldvogts und der Armenvögte 1802

11629 Prozente der Ratsdiener für das Ausrufen der Auktionen (1739-1774) 1806, 1817, 1843

11648 Personalleistungen des Besitzers des Warleberger Hofes Johann Martin Goeders 1825

11656 Erwerb des sogenannten Waschhofes 1831-1835

Polizei

1892 Nachricht von einem Tumult 1723

11594 Schließzeiten der Gasthöfe, Kaffee-, Wein- und Wirtshäuser 1780

11603 Polizeiaufsicht über das Schloss, den Schlossgarten und die neue Allee 1792, 1800

11618 Wegnahme eines vom Seiltänzers Cocco mitgeführten Kindes durch den Polizeimeister 1800

11625 Taubstummeninstitut 1802-1833

11626 Taubstummeninstitut 1812-1823

11627 Taubstummeninstitut 1823-1834

11628 Verbot eines Tanzgelages 1806-1807

11630 Verhältnis des Polizeigerichts zum Magistrat 1806

11631 Nachricht des Sanitätskollegiums zum Krankenhaus 1807

11636 Feldlazarett 1813

11637 Aussetzung des Umschlags 1813-1814

11642 Verbot des Aufenthalts in Brunswik für aus der Stadt verwiesene Personen 1819

11655 Polizeikosten von nicht der Stadtjurisdiktion unterliegenden Immobilien 1830-1834

11657 Ernennung des ehemaligen Syndikus Wittrock zum Polizeimeister und des ehemaligen Kanzleideputierten Jensen zum Oberaufseher der Polizei 1831-1834, 1848

11658 Ausruf der Ratsdiener bei Militärauktionen 1831-1832

Post und Fuhren

11622 Streitigkeit der Fuhrrolle mit Gastwirt Mordhorst 1804

11638 Fuhren in Notfällen 1814-1815

Militär

11592 Taufen und Heiraten von nicht zur Garnison gehörenden Militärpersonen 1778
Enthält u. a.: Auszug aus dem Taufregister von 1711 bis 1764

Stadt Lütjenburg

2636 Wiederbesetzung des Pastorats und Diakonats (1674) 1681-1682, 1699
Enthält vor allem: Briefe des Generalsuperintendenten von Stöcken

1851 Anspruch des Hans Rantzau auf Neuhaus auf Fuhren und Dienste 1608-1609

1850 Prozess des Heinrich Rantzau auf Neuhaus und seiner Erben wegen der Hoheit über die Stadt 1602-1624
Enthält u. a.: Urteil des Landgerichts, 1621, und Urteil des Reichskammergerichts, 1624

2634 Suppliken von Bürgern 1654
Enthält: Johann Bock; Paul Stecke; Georg Roha und Johann Selmer

1860 Grobbacken des Bäckers Johann Johannsen 1631

2631 Kommission in der Angelegenheit der Margaretha Roden gegen die Gläubiger ihres Mannes 1631

2632 Gewalttat des Bartram Reventlow auf Lammershagen 1638

1859 Haus und Buden des Hans Rantzau auf Neuhaus 1641

1873 Streitigkeiten mit dem Gutsbesitzer von Neuhaus wegen Bestallung eines Schulmeisters (1625-) 1642

1858 Streitigkeiten zwischen Bürgerschaft und Magistrat wegen verschiedener Beschwerden und Neuerungen 1648-1651

2633 Weiderecht des Marcus Braschen 1649

1863 Missstände in der Kirche 1662

1853 Delikt des Scharfrichters Müller in der Kirche 1662-1663

1854 Besoldung des Stadtschreibers 1663

1864 Streitigkeiten des Pastors Hagen mit Magistrat und Diakon Maltzahn 1667-1687

1865 Schuldprozess des Pastors Hagen 1674-1676

1866 Streitigkeiten des Pastors Claussen mit Magistrat und Deputierten Bürgern wegen verschiedener Kirchenangelegenheiten 1691-1701

1867 Untersuchung gegen Diakon Wolters wegen Schwängerung seiner Frau 1694-1695

1868 Michaelissammlung 1694

1852 Zustand der Stadt, Beschwerden über den Magistrat, Gläubiger der Stadt und Einkünfte eines Stadtsekretärs 1642-1715

1869 Diakonatswahl (1698) 1699

2628 Kontribution der adligen Hausbesitzer 1703

2635 Missstände in der Kirche 1705

1862 Sperrung des Wegs nach Hohwacht durch Caspar von Buchwald auf Futterkamp (1620-) 1708

1861 Streitigkeiten mit den Erben Ruhmlandts wegen einer Wiese 1708-1710

2629 Kornlieferung an die Mühle in Helmstorf 1708, 1781-1782

1855 Vergehen und Flucht des Stadtsekretärs Johann Adam Spannheimer 1709

1856 Hauslasten des Ratsverwandten Tobias Buck (1676) 1710

1872 Organist und Küster sowie Rektorat und Schreibmeister 1711-1769

1870 Beschwerden von adligen Kompatronen gegen den Magistrat wegen des Verkaufs eines Platzes, der Gebühren und der Aufhängung von Fahnen 1712-1714

2630 Steuerbefreiung des ehemaligen Gutsverwalters Jürgen Christian Ruhmlandt 1716

1874 Verstöße des Apothekers Meier gegen die Apothekenordnung (1707-) 1720-1721

1857 Konkurs des Stadtsekretärs Kienen und seine Güter im Fürstentum Lübeck 1737

1875 Beerdigung des Armenvogts 1739

1871 Verfahren bei Predigerwahlen 1743-1806

11659 Zustand des Kirchengebäudes, des Armenwesens und der Schule 1753-1783, 1837-1847

11660 Abgabe von den Pastoratseinkünften an das Diakonat 1755, 1769-1770

11661 Vereidigung des Stadkassierers 1757

11662 Marktbesuch von Schustern 1760-1762

11663 Einzug russischer Soldaten 1762

11664 Zuständigkeit für den Archivschlüssel 1763

11665 Erscheinen des Magistrats bei den Predigerwahlen (1755-) 1765-176

11666 Viehweide des Pastors Krull auf der Stadtweide 1766-1767

11667 Aufbewahrung der Kirchenlade 1767-1768

11668 Gottesdienst 1767-1768

11669 Krankheit des Bürgermeisters und Stadtsekretärs Faber 1770

11670 Anwesenheit des Diakons bei den Kirchenvisitationen 1772-1773

11671 Gebühren für Taufen von Kindern katholischer Eltern 1776

11672 Grenzregulierung mit Gut Neudorf 1782-1785

11673 Beteiligung des Magistrats und der deputierten Bürger bei Kirchenanlagen und an der Aufnahme der Armenkassenrechnungen 1786

11674 Unterbliebenes Trauergeläut beim Tod der Königin Juliana Maria von Dänemark 1799

11675 Streitigkeit des Schusters Wischke mit drei Schustergesellen 1800-1802

11676 Branntweinbrennereien auf den Gütern 1803-1804

11677 Versäumte Einsendung der Brandversicherungsregister und Brandgelder 1804

11678 Besetzung des Rektorats 1805-1810, 1835-1838

11679 Schulordnung 1811-1849

11680 Tabakfabrik des Oberst von Motz 1812, 1816

11681 Fuhrleistungen des Dr. Paulsen 1814

11682 Kost- und Quartiergelder des Kapitäns von Zaga 1814-1816, 1823

11683 Brandschaden des Graupenmüllers Schneider 1823

11684 Schulden- und Haushaltsregulierung 1823-1825

11685 Beantwortung der Notate zu den Amtsrechnungen Segeberg 1825

11686 Aufbau des abgebrannten Armenhauses 1829-1830

Stadt Neustadt

1906 Privileg des Apothekers Armbrecht 1714

1905 Brückengeld 1715

1903 Wahl eines Worthalters, Stadtrechnung, Verpachtung der Stadtweide und Prozesskosten 1718-1719

1907 Kosten der Sektion des auf Gut Övelgönne zu Tode geprügelten Hinrich Stamp 1728

11687 Hospital und Hospitalkirche 1770-1834

11688 Beihilfe aus der Hospitalkasse für den Diakon Lau 1782-1783

11689 Wegeinstandsetzungskosten des Dorfes Merkendorf 1783-1785

11690 Zulage des Kriegsrates Hinzpeter aus der Hospitalkasse 1784

11691 Befreiung des Kriegsrates Hinzpeter von den Bürgermeister- und Synikusgeschäften 1785

11692 Gehalt der Hebamme Möller 1784-1785

11693 Klosterhof (1664-) 1756-1791, 1840-1843

11694 Gnadengehalt und Adjunktur des Rektors Schinmeier 1787-1788

11695 Gnadenjahr der Pastorenwitwe Neudorf 1788

11696 Zulage des Diakons Johann Hinrich Schulze aus der Hospitalskasse 1789-1790

11697 Stadtländereien 1788-1803

11698 Bestätigung des Dienstes des Organisten Heimreich 1790-1791

11699 Unordnungen wegen der Konfirmanden 1791

11700 Hilfeleistung der Bürger Krumbügel und Knapp bei drei ins Wasser gefallenen Kindern 1791-1792

11701 Beitrag aus den Hospitalsmitteln zum Wiederaufbau des Pastorats 1793

11702 Beschwerden der katholischen Bürger in Oldenburg über die Rollfuhrinteressenten in Neustadt 1795

11703 Belohnung der guten Tat des Baltser Dardese 1796

11704 Belohnung einer guten Tat des August Hinrich Haack und anderer Einwohner 1797, 1800

11705 Bezahlung von Büchern für die Schule 1798

11706 Hospitalsmühle (1790-) 1802

11707 Einzug des Diakonats und Verbesserung der Schule 1805-1816, 1831-1842

11708 Vergabe des Bülowschen Stipendiums (1655) 1806-1810

11709 Streitigkeiten mit dem Amt Cismar wegen Fuhren 1807-1814

11710 Ausdehnung der Befugnisse des Stadtmusikanten 1810

11711 Krankenhaus für die Matrosen 1813

11712 Haferlieferung des Amtes Cismar 1814

11713 Abdeckereirecht des Scharfrichters Schreiner 1816

11714 Anlage eines neuen Begräbnisplatzes 1816-1818

11715 Brand 1817-1818
Enthält u. a.: Verzeichnisse über Sammlungen für die abgebrannten Einwohner

11716 Brand und Verlegung des Rantzauschen Begräbnisses in der Kirche 1818-1827
Enthält u. a.: Verzeichnis der Haussammlung im Amt Bordesholm für die abgebrannte Stadt

11717 Beschwerde der Bäckerzunft wegen der Bäckerei in Altenkrempe 1817-1823

11718 Wiederaufbau der abgebrannten Stadtteile 1818
Darin: Zeichnung des Kirchhofs

11719 Brückentaxe sowie Wegezoll vor dem Kremper Tor 1820, 1836-1840

11720 Buchbinderei und Buchhandel des Jürgen Timm Friedrich Sandgaardt 1821

11721 Lehrbrief und Wanderbeweis des Schuhmachergesellen Glarner 1822

11722 Personallasten des Schusters Linck und seiner als Stadthebamme angestellten Ehefrau 1824

11723 Zuständigkeiten bei Jagdvergehen auf dem Stadtfeld 1827-1828

11724 Gebäude für die Elementarschule und Wohnung für den Stadtmusikanten 1829-1830

11725 Verkauf der Hebammenwohnungen 1829

Stadt Oldenburg

1901 Gerechtsame und Gefälle des Pastorats und Diakonats 1714-1716

1902 Gläubiger der Stadt 1716-1720

11726 Verbesserung der Kircheneinnahmen aus dem erledigten Hauptpastorat 1779-1780

11727 Beeinträchtigung des Tischleramtes bei der privaten Anfertigung von Särgen 1780

11728 Haferlieferung des Pensionärs Ehrich in Großwessek an das Rektorat 1780-1781

11729 Kircheneinnahmen und Beitrag der Eingepfarrten nach Kirchenpflügen 1773-1782

11730 Begleitung bei Beerdigungen 1782-1783, 1793

11731 Diakonat 1785-1810

11732 Gebühren für die Grabstellen auf dem Kirchhof und Zuschreibung der Kirchenstände 1786-1788

11733 Aufteilung der Stadtländereien 1789-1794, 1820-1834

11734 Heiratsgebühren des Pastors Ohlfsen Bagge in Neukirchen 1789-1790

11735 Amtsgeschäfte bei Vakanz des Archidiakonats 1790-1792, 1812-1826

11736 Maßnahmen zur Sicherheit der öffentlichen Post 1794

11737 Aufhaltung losen Gesindels 1794-1795

11738 Maßnahmen wegen der kleinen Diebstähle 1795

11739 Bau eines zweiten Kriminalgefängnisses 1796

11740 Grenzregulierung mit Giddendorf 1796-1797

11741 Tod des Kantors Hessen und Besetzung seines Dienstes 1799-1800

11742 Armenwesen und Arbeitsanstalt 1800, 1811-1815, 1825-1833
Darin: gedruckte Armenordnung der Stadt, 1833

11743 Streitigkeiten zwischen Magistrat und Hauptprediger 1799-1802

11744 Konzession des Johann Christian Adolph Untermann zur Scharfrichterei und Abdeckerei 1803

11745 Befugnis der Prediger zum Unterricht der Kinder 1803-1804

11746 Matten des Pächters der Kornwindmühle 1804

11747 Abholen der Prediger zu Krankenbesuchen und Kindstaufen auf dem Land 1804

11748 Diensteinkünfte des Archidiakons Karck 1805-1806

11749 Anschaffung eines Rettungsapparats 1806

11750 Erlass einer Polizeiordnung 1806

11751 Beschwerden der Hebammen Staack und Lepel 1806-1813

2437 Akzidentien des Archidiakons Karck während der Verwaltung des vakanten Pastorats 1807

11752 Akzidentien des Hauptpastorats im Sterbequartal 1807-1809

11753 Befreiung mehrerer Personen von Einquartierung und Fuhrbeitra
Enthält nur Deckblatt mit Kassationsvermerk 1872 1808-1820

11754 Versäumnisse des Magistrats bei der Steuerregulierung 1811

11755 Niederlassung des Weißgerbers Bobordieck aus Münster 1811-1812

11756 Epidemie und Beerdigung der Leichen 1814

11757 Beschwerden der Prediger gegen den Magistrat 1814-1815

11758 Magazin für die russische Armee 1816

11759 Schulordnung 1815-1824
Darin: gedruckte Schulordnung für die Stadtschule, 1821

11760 Verpflegung des russischen Exekutionskommandos 1817

11761 Verlegung des Kirchhofs 1819-1834

11762 Gewerbe und Hausierhandel in den adligen Distrikten 1819-1820

11763 Instruktion der Deputierten Bürger 1820-1821

11764 Aufenthalt des mosaischen Glaubensgenossen Peter Issaac Behrens 1819-1821

11765 Legat des Johann Martin Goeders in Kiel an die Hospitalinsassen 1822

11766 Reinigung und Kontrolle der Messgefäße bei den Kaufleuten und Krügern 1821-1822

11767 Weide des Kirchenjuraten Biese für zwei Kühe 1821-1824

11768 Beschwerde des Zollverwalters Brauer über Kriegsrat Möller wegen vorenthaltener Briefe 1822

11769 Visitation der Apotheke 1822-1823

11770 Regulierung des Armenwesens 1823

11771 Steuerrückstand des Scharfrichters Untermann und Übertragung seiner Befugnisse als Abdecker 1823

11772 Medizinische und chirurgische Hilfe des Dr. Claussen für arme Kranke 1823-1824

11773 Wegeunterhalt des Fideikommissgutes Kuhof 1824-1828

11774 Verbot zur Benutzung der Stadtländereien als Weideland 1825-1826

11775 Einsammlung milder Gaben durch den Klingelbeutel an Kirchenkollektentagen 1826

11776 Tor- und Brückengeld des Landreiters in Lensahn 1826-1829

11777 Benutzung des Langendammes durch das Gut Kuhof 1826-1827

11778 Bau einer Brücke über den Wesseker Kanal 1827-1828

11779 Ökonomische Verwaltung 1828
Enthält nur Begleitschreiben der Schleswig-Holstein-Lauenburgischen Kanzlei zur Übersendung von Exemplaren eines Reglements zur ökonomischen Verwaltung

11780 Bau eines Rathauses 1829-1833

11781 Errichtung eines neuen Erd- und Lagerbuches sowie dessen Verbindung mit dem Schuld- und Pfandprotokoll 1829-1832

Stadt Oldesloe

Allgemeines, Verwaltung, Privilegien, Bürgerrecht, Jurisdiktion, Grenzen

1978 Kommission zur Untersuchung des Stadtzustands sowie Veränderungen im Magistrat Band 1 1639-1697
Enthält u. a.: Kassenrechnungen 1692 und 1695; Verzeichnis der Hölzungen, Weiden und Ländereien, 1696

2641 Kommission zur Untersuchung des Stadtzustands sowie Veränderungen im Magistrat Band 2 1697-1713

1984 Haus der Stadt Lübeck und Beschwerden Lübecks über die Lasten (1447) 1639-1710
Enthält u. a.: abschriftlicher Auszug aus dem Stadtbuch, 1447

1983 Verbesserungsvorschläge des Magistrats zum Stadtwesen 1749-1750

11787 Verordnung zur ökonomischen Verfassung 1756
Enthält nur Deckblatt

11799 Aufenthalt von Juden 1769

11841 Aufnahme von Bürgern 1818, 1825-1836

Justiz

1985 Kosten eines Prozesses mit der Stadt Wilster 1655

1986 Beschwerde des Herzogs Johann Adolf von Plön über die Wegnahme von Korn vom Sehmsdorfer Feld 1696-1700
Darin: zwei Kartenskizzen, 1699

1987 Beschwerde des Grafen Christian Detlef von Rantzau wegen eines entlaufenen Holländers 1704-1705

11793 Verweigerte Ablieferung des leibeigenen Knechtes Hinrich Buck aus dem Amt Reinfeld 1763

11830 Scharfrichter 1803

11845 Ankauf des Lübschen Hauses zur Einrichtung eines Kriminalgefängnisses, eines Magazins und einer Stadtdienerwohnung 1822-1823

Kirche, Schule und Ehe

2000 Verteilung der Kosten für den Kirchen- und Turmbau 1640-1696

1999 Pastor, Kirchenbedienstete und Kirchengebäude 1640-1642

2001 Instruktion wegen der Streitigkeiten zwischen Magistrat, Kirchenjuraten und Pastor 1656

2002 Abgaben von den Ländereien der Prediger und des Oberst Löwenklau 1680

2003 Einführung des Predigers 1684

2014 Schulbesuch 1698

2004 Beerdigung eines getöteten Kornets und Geldschenkung für den Kirchen- und Turmbau 1710

2005 Begräbnis der Frau des Leutnants Heins 1721

2006 Konfirmationsgebühren der eingepfarrten adligen Güter 1737

2007 Tumult wegen eines Kirchenstuhls (1736-) 1739

2008 Bau des Pastorats 1740

2009 Streitigkeiten bei der Kirchenvisitation zwischen dem Amtmann von Segeberg Hans Rantzau und dem Amtsverwalter Stemann 1740

2010 Forderungen von Bürgern an die Kirche sowie Beteiligung der eingepfarrten gottorfischen und adligen Untertanen 1744-1750

2011 Auseinandersetzung mit Propst Burchardi wegen des Priesterzehnts, Jurisdiktion und anderer Angelegenheiten 1741-1747

2012 Bestätigung der Berufung und Ordination des Katecheten Reimers zum Prediger 1747

11784 Zustände im Kirchenwesen 1751-1755

11788 Beschwerden der Kirchenbediensteten gegen den Gutsherrn von Brömbsen auf Nütschau wegen vorenthaltener Opfer 1757

11789 Verheiratung des Christian Casper Gerber mit der unmündigen Tochter des Müllers Schnoor aus Boden 1759-1761

11790 Direktion über die Kirchenlotterie 1759

11791 Besetzung des Rektorats mit dem Kandidaten der Theologie Hinrich Hinrichsen 1760

11794 Besetzung des Rektorats mit Rektor Johann Wilhelm Lensch aus Koldenbüttel 1764

11797 Brüche an die Kirche 1766

11800 Heirat des Michael Marx mit Sabina Maria Stubben außerhalb des Kirchspiels 1769-1770

11801 Trauung der Elisabeth Schacht aus dem Amt Trittau und Trennung des Gutes Rohlfshagen von der Kirche in Oldesloe 1768-1772

11803 Aussetzen der Erstellung des Kircheninventars 1770

11806 Bestallung von zwei Kirchenjuraten 1773

11807 Vergütung der Diätengelder aus Kirchenmitteln anlässlich der Kirchenvisitation 1773-1774

11808 Ablegung des großen Priesterkragens durch Pastor Helmich 1774

11809 Forderung der Pastorenwitwe Reimers wegen rückständiger Salariengelder 1775-1776

11810 Gewehrschrank in der Kirche für den Landausschuss 1775

11811 Zulassung eines Gutsbesitzers mit seiner von ihm geschwängeten Haushälterin zum Abendmahl 1775-1776

11812 Zahlungen an den Glockengießer Johann David Kriesche in Lübeck für den Glockenguss 1775-1776

11813 Inanspruchnahme eines städtischen Landstücks durch das Pastorat 1776

11815 Verlust der Stadtkasse bei Ausweisung von Weideland für das Hauptpastorat 1780

11818 Predigerwitwenhaus und Predigerwitwengarten (1655) 1781, 1784, 1849

11823 Zulassung nichtexaminierter Kandidaten der Theologie zur Rektorenwahl 1796

11827 Wiederaufbau der Schulhäuser 1799

11836 Schulordnung 1813-1850

Armenwesen

2015 Armenstiftung der Emerentia Rantzau (1634-) 1675, 1728-1770

2016 Sankt-Jürgen-Stiftung und Hospital (1706-) 1740-1741

11783 Sankt-Jürgen-Stiftung und Hospital 1740-1800

11785 Armenwesen 1754-1789

11826 Bau eines Armenhauses 1798

Ökonomie und Mühlen

1997 Kran (1575-) 1640, 1831

1998 Saline 1639-1815

1988 Korn- und Malzmühle 1706-1771

1990 Graupenmühle 1745-1760

1989 Streitigkeiten mit der Stadt Lübeck wegen der Kupfermühle 1712-1745, 1829

11795 Branntweinbrennerei des Thomas Joachim Krecker 1764

11796 Verbot des Jahrmarktsbesuchs durch auswärtige Riemer und Sattler 1764-1765

11798 Bau einer Schmiede im Gut Nütschau 1766, 1782-1783

11804 Bau einer Korn-, Malz- und Graupenwindmühle 1772

11816 Anfertigung eines Hauses durch einen Landzimmermann in Nütschau 1780

11824 Weigerung des Schlachteramtes zur Lieferung von Ochsenzungen an den Bürgermeister 1797-1798

11828 Brauer und Branntweinbrennereien auf dem Land 1799-1803

11833 Beförderung der Frachtgüter auf dem Wasser 1804

11835 Streitigkeiten der Lohmühlinteressenten mit dem Schusteramt 1808-1810

11839 Beschwerden der Krämer gegen das Landgewerbe 1816

11843 Bau eines Pferdestalls auf Gut Hohenholz durch Landhandwerker 1820

11844 Backen und Verkauf von Roggenbrot durch Christian Berodt in Pölitz 1820-1821

Trave und Fischerei

1991 Trave Band 1 (1447-) 1580-1623
Enthält: Streitigkeiten zwischen dem Herzogtum Holstein, der Stadt Lübeck und Oldesloe wegen Fischerei, Travefahrt und Bootsführer
Enthält u. a.: Verzeichnis und Regest der Urkunden und Schreiben von 1140 bis 1667

1992 Trave Band 2 1623-1668, 1777
Enthält: Streitigkeiten zwischen dem Herzogtum Holstein, der Stadt Lübeck und Oldesloe wegen Fischerei, Travefahrt und Bootsführer

1993 Trave Band 3 1668-1712
Enthält: Verhandlungen zur Territorialhoheit über die Trave zwischen Dänemark, dem Herzogtum Holstein und der Stadt Lübeck vor dem Reichskammergericht; Vergleich über die Travefahrt mit Lübeck; Bootsführer

1994 Streitigkeiten mit der Herzoginwitwe von Plön und Eingesessenen des Amtes Rethwisch wegen der Fischerei auf der Trave 1672-1673, 1706-1707

1995 Streitigkeiten mit dem Besitzer des Gutes Fresenburg wegen der Trave und Fischerei (1646-) 1683-1754

1996 Mitaufräumung der Trave für das Gut Moisling (1776) 1778

11782 Reinigung der Trave und Travefahrer 1791-1834 (1852)

Finanzen, Steuern und Abgaben

1979 Kassenwesen 1679-1685

1980 Acker- und Wiesenabgaben 1678-1705

1982 Verlust von Obligationen 1733

11792 Erhöhung der Kurantdukaten bei Obligationsschulden 1761

11802 Kontributionsfreiheit des Hauses des Ratsverwandten und Apothekers Lorentzen 1770

11819 Vorenthaltung des Kornbodens des Robert Hinrich Schalburg durch die Einquartierungskommission 1782

11820 Befreiung der Witwenhäuser der Konsistorialratswitwe Helmich von Einquartierung und Kontribution 1782-1783

11829 Einquartierung beim Pastor Hammer 1801

11832 Zollkontrolle über die heimlich an den Travestrand bei Groß und Klein Barnitz gebrachten Waren 1804

11838 Verteilung der Einquartierungslasten 1814-1816
Enthält nur Deckblatt mit Kassationsvermerk 1872

11846 Verteilung und Kanon der Hausparzellen 1833-1834

Polizei

1981 Anspruch auf einen freien Weg beim Gut Höltenklinken 1692

2013 Musik beim Scheibenschießen während des Trauerjahrs für König Christian VI. von Dänemark 1747

11786 Absterben des Viehs der Medebürger 1756

11805 Erhöhung des Brückengeldes 1772

11814 Benutzung eines Feld- und Nebenwegs durch die Eingesessenen in Rümpel 1779-1782

11817 Hinderung der Auf- und Abfahrt einiger Einwohner von ihren Landteilen in der sogenannten Schiphorst durch die Eingesessenen in Rümpel 1780-1782

11821 Anstieg der Völlerei 1794

11822 Transport eines kranken fremden Zimmergesellen durch das Zimmeramt in Segeberg 1794-1795

11825 Brand 1798

11831 Umherlaufen der Hunde 1804

11840 Brandverordnung 1817
Enthält: zwei gedruckte Exemplare der Verordnung

11842 Hebammen 1818

Militär

11834 Militärkrankenhaus 1805-1806

11837 Militärkrankenhaus 1813

Stadt Plön

2017 Pflugbelastung 1649

2642 Kirchenstände in der Altstädter Kirche für die Neustadt, Besetzung des Pastorats in der Neustadt, Reparatur der Kirchenmauer und Vermietung der herrschaftlichen Kirchenstände in der Altstädter Kirche zugunsten des Waisenhauses 1763-1765

2440 Schuleinrichtung 1806

11847 Stiftung des Waisenhauses (1685-) 1763-1837

11848 Abtrag der Kirchenanlagegelder vom Haus des Justizrats Schrödter (1646-) 1764-1765

11849 Abgabe vom Deputatholz und Vorladung des Hegereiters Staack vor den Magistrat 1765-1766

11850 Totengilde 1743-1778
Enthält u. a.: Artikel; Verzeichnisse über Gelder

11851 Dotierung des Armenhauses in der Neustadt 1758-1766, 1788-1789

11852 Privileg des Buchdruckers Johann Conrad Werth 1765-1768

11853 Abgabe der Hälfte von verlassenen oder herrenlosen Gütern an den Magistrat 1766

11854 Verzicht auf das Näherrecht am Haus der Töpferwitwe Catharina Classen durch die Rentekammer 1766

11855 Polizeigerät 1766

11856 Legat des Etatsrats Scheid für das Waisenhaus 1766-1767

11857 Verschenkung des Bossyschen Gartens zum Nachteil der Kirche in der Neustadt 1767-1768

11858 Zulassung des Lebensmittelverkaufs an Sonn- und Feiertagen vor der Predigt 1767-1768

11859 Salariengelder und Vergütung für die Hausmiete des Pädagogen Hinrich Carl Beckmann 1769-1778, 1802-1818

11860 Einrichtung der Stadtweide (1766-) 1170-1771

11861 Vorenthaltene Schulgelder des Schreib- und Rechenmeisters Hey 1771

11862 Verhalten des Schreib- und Rechenmeisters Hey an der Breitenauer Schule 1771-1783

11863 Deputatholz für die Breitenauer Schulstiftung 1773-1774

11864 Armenkapitalien auf den Häusern des Peter Michael Hieronymus Timm und des Ludolph Jochim Weiß sowie der Anna Margaretha von Bergen 1777-1778

11865 Waisenhaus 1779-1810

11866 Waisenhaus 1810-1849

11867 Landaufteilung und Einkoppelung 1783-1789

11868 Widerspruch des Magistrats bei Aufteilung der Stadtländereien 1783-1784

11869 Hinterlassenschaft des Schustergesellen Hans Friedrich Harburg an das Armenhaus in der Altstadt 1789-1790

11870 Steigerung der Lebensbedürfnisse und Errichtung eines Wochenmarktes 1794

11871 Wiederherstellung der Schützengilde 1800

11872 Hebammen für die Neustadt 1802, 1809-1810

11873 Anlage eines Totenhofs außerhalb der Stadt 1802-1811, 1837-1846

11874 Besetzung der Kirchen- und Armenvorsteherschaften in der Altstadt 1802-1803

11875 Nutzung eines Fußsteiges und verweigerte Polizeiladung 1807

11876 Streitigkeiten zwischen Schlossknecht Vogt und Küchenmeister Schütz 1810-1812

11877 Stadttotengräber und Stadtleichenfrau 1810-1811

11878 Privileg des Freihauses des Christian Gottlieb Dölle 1812-1814, 1824

11879 Kirchen- und Schuleinrichtungen 1812-1827

11880 Kirchen- und Schuleinrichtungen 1827-1850

11881 Einquartierung des Kammerherrn von Warnstedt und des Kammerjunkers von Rosen (1812) 1813

11882 Einquartierung des Kontrolleurs Hartmann 1813

11883 Benehmen des Bürgermeisters Langthim gegenüber der Frau des Kammerherrn von Kunsch 1814

11884 Brand des Rathauses 1814-1821

11885 Einquartierung im Schloss 1814

11886 Aufnahme des Maurers Cobobus in die Maurerzunft 1814

11887 Schuld- und Pfandprotokoll der Altstadt 1815, 1827

11888 Beitrag des Dr. Fabritius zu den Kommunallasten und Anlagegeldern 1815-1817

11889 Rückständige Einquartierungsgelder der Neustadt 1815-1816

11890 Rückständige Reichsbankzinsen der Neustadt und des Klosteranteils 1816

11891 Verteilung der Gelder zur Vergütung der Kriegsschäden und zum Bau des Stockhauses 1817

11892 Einengung der Brücke bei Fegetasche 1816-1818

11893 Bürgerliches Gewerbe auf den umliegenden Gütern sowie Hausierhandel 1817-1828

11894 Kapitalsteuer des Justitiars Martini 1818-1819

11895 Hebammen 1819

11896 Stall des Branddirektors Berg 1819-1822

11897 Verbindung der Neustadt und der amtsklösterlichen Häuser mit der Altstadt (1791) 1819-1850

11898 Beitrag für die Exerzierschule in Itzehoe 1820

11899 Verbesserung der Gefängnisse und der Pförtnerei im Schloss 1820-1827

11900 Stadt Kiel: Wagenmeistergelder der Witwe Soltau 1820

11901 Stadt Plön: Beschäftigung des Maurermeisters Goldammer aus Eutin durch Gutsbesitzer 1821-1833

11902 Bau eines Armenhauses 1825-1835

11903 Armenwesen 1826-1828, 1839-1840

11904 Instandsetzung und Unterhalt des Straßenpflasters in der Altstadt 1827

11905 Schulbeitrag des Kanzleirats und Postmeisters Triller 1828

11906 Schulbeitrag des Kammerjunkers und Oberförsters von Warnstedt 1828

11907 Einpfarrung der Bewohners des Hauses des Hofjägermeisters von Rosen im Schlossgarten zur Kirche in der Neustadt 1828

11908 Karolinen-Krankenstiftung 1831

Stadt Rendsburg

Allgemeines, Verwaltung, Privilegien, Bürgerrecht, Jurisdiktion, Grenzen

1583 Stadt Rendsburg: einzelne Angelegenheiten 1638-1643
Enthält u. a.: Einquartierung; [illegible]genfuhren; Zoll; Schulden des verstorbenen Kaufmanns und Bürgermeisters Nikolaus Duden; Amtsschuster; Glockengeläut; Pastorat in Kellinghusen

1582 Privilegien des Hauses des Marquard Rantzau 1608-1655

1585 Auseinandersetzung mit der gottorfischen Regierung wegen Eingriffen, Abnahme von Weizen und eines [illegible]chlasses 1692-1748

1586 Beschwerden und Klagen von Personen und Ämtern 1705-1747
Enthält u. a.: Fuhrleute; Brauamt; Weißbäcke[illegible]t

1587 Ansprüche und Schulden des Bürgermeisters, des Stadtsekretärs und der Ratsverwandten 1713-1750

1588 Grenzregulierung mit dem Amt Rendsburg 1734

11909 Streitigkeiten mit Westerrönfeld wegen Grenzen, Ländereien und Torfgrabens 1750-1756

11910 Besichtigung der großen Stadtscheide durch den Magistrat 1750-1751

11914 Sendung eines erbrochenen Kuverts 1754

11917 Beschwerden der Deputierten Bürger gegen den Magistrat 1756-1757

11923 Gerichtsstand der Bürger mit Rang und Titel 1761

11924 Weigerung des ehemaligen Bürgermeisters Sch[illegible]ber zur Ablieferung der offiziellen Briefe 1762-1764

11925 Stadtschütterdienst in Lunvieh (1[illegible]3-) 1762-1766

11932 Abschaffung des Dankfestes zur schwedischen Belagerung 1645 1767

11945 Bestallung des Justizrats und Bürgermeisters Hering als Stadtpräsident 1782

Justiz

1599 Merkwürdiger Schwur des Juden Joseph Musaphia vor dem Stadtgericht 1700

11911 Weigerung des Stadtsekretärs Pitiscus zur Führung der Gerichtsprotokolle beim Bürgergerichtstag (1750) 1751

11912 Diebstähle der Carolina Rosenfeldt und Maria Wensken 1753
Enthält u. a.: Verhörprotokoll

11913 Abstimmung des Magistrats in einem Rechtsstreit (1752) 1753

11915 Erscheinen des Abraham Samuel Heymann vor dem Magistrat in Kiel wegen eines Rechtsfalls 1754

11966 Auslieferung der von Middelfart entflohenen Anne Seville Callisen 1813

11967 Zustand des Gefängnisses 1814, 1823-1833

Kirche und Schule

1601 Streitigkeiten unter den Juden wegen des Schlachtens 1706

1592 Streitigkeiten des Levin Holländer und des Jacob Behrend Cohen mit den Vorstehern der jüdischen Gemeinde wegen eines Bannes sowie Eingriffe in die Zeremonien der jüdischen Gemeinde 1706-1707

1593 Besetzung des Hauptpastorats 1710-1711

1594 Unordnung bei der Pastoratswahl 1710

1595 Aufenthalt eines katholischen Laienpriesters und dessen Instruktion 1736-1757

1596 Reformierter Gottesdienst auf dem Rathaus 1749-1753

11918 Verweigerte Ausfertigung des Kaufbriefes über das Lohendahlsche Begräbnis 1757

11928 Verfügungen zu Geburts- und Totenverzeichnissen der Juden 1763

11929 Übersendung der Privilegien der Juden in Hamburg und Altona (1722) 1765

11934 Vergehen des Advokaten Berenberg bei Abfassung eines Ehedispensgesuchs für den Holländer Johann Wilhelm Heick auf Dänisch-Nienhof 1771

11935 Interpretation einer Bestimmung der Polizeiverordnung zur Zweiprozentabgabe an Kirche und Arme in Erbschaftsfällen 1772

11936 Streitigkeiten zwischen den Kirchenjuraten an der Christkirche und Peter Wilhelm Gosch wegen einer Bauangelegenheit 1774-1777

11938 Leichenstein auf dem Kirchhof der Christkirche 1775

11939 Aufzug zum Gespött der Religion bei einer jüdischen Hochzeit 1775

11941 Verwendung eines Kirchenkapitals für Ausgaben der Altstädter Kirche 1781

11942 Abschaffung des Frühpredigerdienstes an der Altstädter Kirche und Verwendung der Einnahmen zur Verbesserung der lateinischen Schule 1781-1782

11943 Pfarrrechtsgrenze zwischen der Altstädter und Neuwerker Kirche 1781-1786

Darin: Karte des Kronwerks samt umliegender Dörfer und Höfe, 1785

11944 Vergütung der Reise- und Zehrungskosten der bei der Diakonatswahl an der Marienkirche nicht gewählten Kandidaten 1782

11946 Kirchenvorsteherschaft des Deputierten Bürger Goldbeck (1782) 1783

11948 Erläuterung eines königlichen Reskripts anlässlich des angeblichen Ehebruchs der Frau des Schlachters Suhr mit dem Tischler Ratje Horn (1750) 1785

11949 Zulage des Archidiakons 1788-1789, 1802, 1819-1846

11955 Besuch des Gottesdienstes durch die zur Festungsarbeit verurteilten Juden 1795-1796

11959 Privatunterricht des Theologiestudenten Detleffsen 1797

11960 Verbindung des Rektorats mit der Frühpredigerstelle 1802

11963 Verbesserung der Neuwerker Schule 1807

11972 Gelehrtenschule und Bürgerschule 1815-1820

11973 Gelehrtenschule und Bürgerschule 1820-1835

11978 Zuspruch des Verdienstjahrs an Rektor Bertram 1821

11985 Beiträge des Majors von Mushardt zum Schul- und Armenwesen 1827

11986 Knabeninstitut des Kapitäns von Kauffmann und des Leutnants von Krabbe sowie Privatschule des Kandidaten der Theologie Hinrichsen 1827-1833

11988 Verhalten des Küsters Rathje gegen die Schüler der dritten Klasse der Gelehrtenschule 1828

11991 Privatinstitut für Töchter gebildeter Stände des Lehrers Anton Hintze 1831-1832

Armenwesen

11919 Weigerung des Magistrats zur Übernahme und Verpflegung der in der Bude des Uhrmachers Feldt wohnenden geisteskranke Musketierswitwe Billers 1757

11921 Versorgung des von Dorothea Malgo im Gut Schinkel ausgesetzten Kindes 1758

11952 Verbesserung des Armenwesens 1795-1822

11953 Verbesserung des Armenwesens 1822-1845

11989 Armengelder der Anna Rohwer 1828

Ökonomie und Schifffahrt

2606 Beeinträchtigung der Privilegien der Schifferzunft im Holzhandel in Tönning 1715

1598 Privileg des Malzens und des Bierverkaufs in den Kirchspielen Jevenstedt, Nortorf, Hohenwestedt und Schenefeld sowie Malzeinfuhr (1635-) 1648, 1706

1600 Verbesserung der Lage des Weiß- und Fastbäckeramtes, Aufnahme des Gerhard Jacobsen in das Krameramt sowie Grützmüller 1713-1722

1589 Kornschifffahrt, des Holzhandels, der Brauerei und der Branntweinbrennerei des benachbarten Adels 1738-1740

2607 Schutzjuden als Seidenlaken- und Gewürzhändler 1739-1741

11916 Beschwerde des Färbers Claussen wegen der Privilegienerteilung des Klosters Itzehoe an einen unzünftigen Färber (1702-) 175-1756

11922 Streitigkeiten der Schifferzunft mit den Holzdorfschaften in den Kirchspielen Schenefeld und Hohenwestedt wegen Holzhandels und Tranport auf der Eider 1760-1761

11937 Verstoß des Tischlermeisters Sperling gegen die Artikel der Tischlerzunft (1772-) 1774-1775

11947 Sogenanntes Jagen der Schneiderzunft beim Regimentsschneider Schmiedekin 1783-1784

11950 Verkauf von trockenen Zwetschgen außerhalb des Jahrmarktes durch einen fremden Händler 1789

11958 Spinnerei des Etatsrats Lawaetz aus Altona 1797-1798

11969 Holzlieferungen der Holzhändler 1815-1820

11971 Erneuerung des Einfuhrverbots für fremden Branntwein 1816

11974 Beschwerden des Mauereramtes über eigenmächtiges Verfahren des Magistrats 1818

11981 Verfügung des Kämmereigerichts im Rechtsfall der Unteroffiziere Thiessen und Vogtmann gegen die Schneiderzunft 1824

11983 Aufkauf und Ausfuhr von Weizenmehl durch den Kaufmann Paap 1825

Finanzen, Steuern und Abgaben, Landwesen

1584 Schulden, Steuern, Kontributionen und Rechnungen 1651-1652

1591 Befreiung des abgedankten Kapitäns Wittmack von bürgerlichen Lasten 1653

11930 Aufmessung der Ländereien in Hörsten sowie Beeinträchtigung der Weide auf Schachtholm 1763-1820

11931 Aufmessung der Ländereien in Hörsten sowie Beeinträchtigung der Weide auf Schachtholm 1827-1830

11933 Abtretung eines Stücks vom Schlossgrundstück für den Hausbau des Claus Hagge 1770

11940 Veränderungen der Dorfs- und Kirchenlasten des rendsburgischen Kirchenlansten Peter Bleeck in Alt Bennebek 1777-1780

11951 Abtrag rückständiger Gefälle der Dorfschaft Osterrönfeld und Rückgabe ihres an die Garnison als Exerzierplatz abgetretenen Landstücks 1794-1801

11954 Absprachen bei Verpachtung des Tor- und Passagegeldes 1795-1797

11961 Übertragung der Verordnung wegen der Zweiprozentabgabe von Erbschaften auf Juden 1802-1803

11962 Gebühren des Auktionators für den Verkauf von Schiffen 1804

11965 Grund- und Benutzungssteuer von Ländereien im Rendsburger Koog und Hohner Koog 1810-1811

11979 Weigerung des Direktoriums der Christ- und Garnisonskirche zur Aufnahme eines auf dem verkauften Haus des verstorbenen Abraham Juda haftenden Kapitals (1740-) 1823-1824

11982 Vergütung der Hallensenschen Erben für Verluste bei der Belagerung 1824-1832

Polizei

11927 Einschleichen „liederlicher" Frauen 1763

11957 Ausbesserung der Straße zum Aukrug 1796

11964 Prozente des Lombardverwalters 1810

11975 Beschwerden des Gouvernements über den Torwächter Haase 1820

11976 Reglement für das Brandkorps 1821, 1826-1827
Darin: gedrucktes Exemplar

11977 Untersuchung des Polizeiwesens und Verlegung des Kirchhofs der Marienkirche 1821-1844
Enthält u. a.: Leichentaxe für die Gemeinde der Marienkirche, 1837-1844

11980 Reparatur der Arbeitshäuser 1823-1824

11984 Aufenthaltsverbot für entlassene Karrengefangene 1827

11990 Ernennung des Dr. Esmarch zum Interimsphysikus in Stadt und Amt Rendsburg 1829

11992 Reinigung der Straße beim Kronwerktor 1831

Post und Fuhren

11920 Streitigkeiten mit der Fuhrrolle in Itzehoe 1757-1760

11926 Benutzung der Wagen und Pferde des Postmeisters durch reisende Einwohner 1763

Militär und Festung

1590 Transport von Munition und Geschützen nach Krempe 1650-1654

11956 Einschränkung der Rekrutenlieferung des städtischen Rekrutenbezirks 1796

11968 Versorgung des ehemaligen Aufsehers über die zur Festungsarbeit Verurteilten (Sklawengewaltiger) Lundahl 1815-1816

11970 Abgabe einer Wiese des Hans Plöhn zur Verstärkung der Festungswerke 1815

11987 Nächtliches Verschließen von Pforten im Kronwerk 1827

Stadt Segeberg

1971 Bezahlung von Holz und Kalk für Kirchenreparaturen 1640-1641

1965 Untersuchung des Zustands der Stadt sowie Beschwerden der Stadt (1418, 1539, 1622-) 1640-1641, 1691-1696
Enthält u. a.: Zollfreiheit; Verzeichnis der 1685 und 1691 abgebrannten Häuser

1972 Begräbnis des Grafen Penz in der Kirche 1656-1706

1966 Gewalttätigkeiten des Scharfrichterknechts gegen den Tischler Christoph Hinrich Stau 1714

1973 Entheiligung des Sabbats 1721-1722

1967 Jahrmärkte in Gieschenhagen 1722

1968 Konzession der Amtschirurgen Johann August Sultz und Johann Christoph Sultz in Gieschenhagen 1724

1974 Vermächtnis des Amtsverwalters Nottelmann an die Kirche 1738

1969 Tod des Rademachers Johann Preen auf dem Stipsdorfer Feld im Amt Traventhal 1741

1975 Kirchenstuhl des Amtsverwalters Nottelmann 1740-1746

1977 Armenwesen und Armenhaus 1743-1757

1976 Bau eines Pastorats 1745-1758

1970 Pfändung der Zimmererwerkzeuge der Zimmermeister in Großflintbek 1747

11993 Bestätigung des Vertrages mit dem Glockengießer Strahlborn wegen Umguss der Glocke 1751

11994 Umgang des Pastors Ottens mit der Witwe Nordmann 1752-1753

11995 Vererbpachtung einer Pastoratswiese durch Propst Ulitsch 1756

11996 Heiratsgebühren des Ratsverwandten Eckhorst 1757

11997 Unordnungen bei den Kirchenstühlen und Gräbern (1754) 1755-1757

11998 Verbesserung der Hauptschule und des Armenwesens 1758-1759, 1789-1791

11999 Streitigkeiten der Gemeinde mit dem Kuhlengräber Franz Honerlag 1761-1764

12000 Apotheker August Albrecht Rasch 1765-1780

12001 Abbruch der vom Statthalter Heinrich Rantzau gestifteten Kapelle und Errichtung eines Denkmals 1767

12002 Verweigerte Heulieferung der Dorfschaft Todesfelde an Propst Hasse 1771

12003 Weidegerechtigkeit des Pastorats bei Verteilung der Stadtländereien 1775-1776

12004 Inbesitznahme eines Landstücks auf dem Kuhkamp bei der Feldaufteilung durch Propst Hasse 1776

12005 Aneignung einer wüsten Budenstelle durch das Amt Traventhal 1777-1778, 1824-1827

12006 Verlegung der Jahrmärkte 1777-1779

12007 Vorübergehende Befreiung des Bürgermeisters und Stadtsekretärs Herrmann von seinen Amtsgeschäften 1780

12008 Bestellung eines dritten Predigers oder Mithelfers 1782-1783

12009 Instandsetzung des Siels am neuen Teich 1781-1782

12010 Mahlzwang und Regulativ für die Waage der Mönchs-, Korn- und Wassermühle (1788-) 1791, 1830-1831

12011 Vereinigung mit dem Flecken Gieschenhagen, Bau des Rathauses und Ökonomie 1805, 1815-1828, 1844
Darin: gedrucktes Regulativ zur Aufbringung der städtischen Lasten, 1825

12012 Einquartierung 1806-1809

12013 Verbreitung der Lustseuche durch den Gastwirt Bebensee 1806

12014 Notate und Einlieferung der Stadtrechnungen 1806-1808

12015 Zulage des Rektors de Charles aus dem lateinischen Schulfonds 1809

12016 Einquartierungsbefreiung des Postmeisters Koch 1809

12017 Militärbäckerei 1811

12018 Angaben über Kriegsschäden 1815-1818

12019 Unterbringung der geisteskranken Hebamme Rickert 1815

12020 Rückzahlung von Geldern für Bäckerlohn 1815-1816

12021 Abstechung von Gartenteilen in Gieschenhagen wegen des Kalkbergs 1815

12022 Forderungen des Krankenökonomen Lorenzen 1814-1818

12023 Medikamentenlieferungen des Kaufmanns Uffhausen aus Lübeck während der feindlichen Invasion 1817

12024 Forderung der Witwe Gardthausen an das Barbieramt 1816-1817

12025 Vergütung des Krankenwärterinnendienstes der Witwe Löser 1817-1818

12026 Forderung des Hinrich Stemm für Magazinaufsicht 1819

12027 Gehalt der Stadthebamme Lepeln 1819

12028 Streitigkeit der Schneiderzunft in Oldesloe mit Schustermeister Witt 1819-1820

12029 Kommunallasten von zwei vom Gastwirt Schröder verkauften Häusern 1818-1820

12030 Streitigkeiten mit der Dorfschaft Niendorf wegen Wegeinstandsetzung 1821, 1826

12031 Bau eines Gefängnisses 1821-1823
Darin: Grundrisse

12032 Verlegung einer Fahrpforte zu den Dienstländereien des Amtmanns 1821-1822

12033 Armenwesen 1820-1836

12034 Einsicht der Deputierten Bürger in eine Rechnung über eine Extraanlage zu den Brandkassenbeiträgen 1822

12035 Anstellung einer dritten Hebamme für den Hebammendistrikt Segeberg und Altengörs 1823-1835

12036 Schulordnung 1823-1826
Darin: gedruckte Schulordnung, 1825

12037 Schulordnung 1826-1845

12038 Schulordnung 1844-1848

12039 Einquartierungs- und Kommunallasten der Witwe Engel Margaretha Bahr und Untersuchung zu den Haferlieferung ihres Mannes in den Jahren 1813 und 1814 1825-1827

12040 Steuerrückstand der Witwe Reibisch 1826

12041 Schulbeitrag des Haus- und Kirchspielvogts Lange 1826-1827

12042 Rückstand an Erdbuchgefällen und Krugheuer 1827-1828

12043 Zahlung des Anteils des Amtes Segeberg für Kriegsschäden und Einquartierungslasten 1827-1828

12044 Ökonomische Verwaltung 1829
Enthält nur: Begleitschreiben der Schleswig-Holstein-Lauenburgischen Kanzlei zur Übersendung von Exemplaren eines Reglements zur ökonomischen Verwaltung

12045 Errichtung eines Krankenhauses 1829-1830

12046 Beitrag der Predigerländereien zum Gehalt der Feldvögte 1833

12047 Regulativ zur Vereinigung mit Gieschenhagen sowie Regulierung von Grenze und Umfang des Kalkberges 1819-1821, 1841-1843

12048 Einrichtung der Stadtökonomie 1824-1826

12049 Funktion, Rechte und Pflichten der Deputierten Bürger bei der ökonomischen Verwaltung 1827-1829
Darin: gedrucktes Reglement zur ökonomischen Verwaltung der Stadt Segeberg, 1829

Stadt Wilster

Allgemeines, Verwaltung, Privilegien, Bürgerrecht, Jurisdiktion, Grenzen

1715 Suppliken und Verfügungen 1638-1642
Enthält u. a.: Ausschuss; Einziehen von Brüchen; Lastenbefeiung für Dr. Bullichius

1714 Jurisdiktion über Kirche und Kirchhof sowie über das Stadtmoor, Gewerbetreibende außerhalb der Stadtjurisdiktion und Zoll im Gut Beke 1648

1716 Treueeid der Bürger 1649

1719 Streitigkeiten des Magistrats mit Bürgern 1652-1654, 1702

1728 Gebühren für die Witwe des Stadtdieners Maassen 1683

1729 Besetzung der Stadtsekretariats mit Johann Julius Wiben (1694) 1695

1730 Übertragung der Vizebürgermeisterstelle an Peter Stindt 1704

1731 Entlassung des Ratsherrn Michael Gravert 1704-1705

1723 Streitigkeiten zwischen Achtmännern und Magistrat wegen Unterredung mit den Sechzehnmännern 1707-1708

1725 Streitigkeiten der Achtmänner mit Bürgermeister Gorries und anderen Ratsverwandten wegen verweigerter Zusammenrufung der Bürgerschaft und Flucht nach Glückstadt beim schwedischen Einfall 1711-1713

1732 Gebühren des Stadtsekretärs Finck und Gnadenjahr der Witwe des Stadtsekretärs 1712-1721

1726 Befreiung des Magistrats von außerordentlichen Lasten 1719-1720

1727 Brüchezahlung der Gilde in Dammfleth und Jurisdiktionsstreitigkeiten mit dem Amt Steinburg 1727-1740

1736 Verhalten der Bürger Johann Hintz und Jürgen Söhrens 1744

12058 Verweigerter Aufenthalt des Reiters Claus Kohlmorgen 1775

12099 Qualifikation des Ratsverwandten und Stadtsekretärs Polemann zum Bürgermeister 1825-1826

12100 Entlassung und Pension des Bürgermeisters und Stadtsekretärs Polemann 1827-1829

Justiz

1733 Streitigkeiten des Bürgers Jürgen Schumacher mit einem betrügerischen Notar in Hamburg 1649

1734 Auslieferung eines Diebs nach Hamburg (1661) 1662

12067 Verbesserung des Gefängnisses 1793-1794, 1834

12070 Streitigkeiten des Magistrats mit dem Kirchspielvogt der Alten Seite Johann Friedrich Enewald wegen der Bremerswurth 1796

Kirche, Schule und Ehe

1738 Aufstellung des Feldpredigers Nikolaus Bulichius zur Pastoratswahl 1646

1749 Beerdigungen 1650, 1689, 1737, 1748

1739 Patronatsrecht über die Kirche und Diakonatswahlen 1655-1733

1750 Einführung des Schreib- und Rechenmeisters Piening 1698-1700

1737 Legat des Peter Rieck in der Wilstermarsch für Kirche, Schule und Arme 1699-1700

1740 Bau eines Kirchenstuhls durch Kanzleirat Schneidebach 1708-1709

1742 Glockenläuten (1693) 1730

1741 Jurisdiktion über den Küster 1729-1730

1743 Pastorats- und Diakonatswahlen 1731-1734

1744 Aufnahme der Kirchenrechnungen und Niederlegung der Kirchgeschworenenschaft 1734

1745 Becken vor der Kirchentür 1734

1746 Konfirmation und Kommunion 1737-1745

1748 Kirchenschoss 1747-1753

12050 Schule 1755-1842

12051 Einsetzung von Gevollmächtigten der Gemeinde beim Bau des Kirchturms (1758) 1759-1760

12052 Anwesenheit von Abgesandten des Amtes Steinburg bei der Diakonatswahl 1760

12053 Heimliche Heirat des Hans Möller 1763-1765

12054 Baufälligkeit der Kirche und Bau einer neuen Kirche 1766-1775

12055 Bau einer neuen Kirche 1775-1787

12056 Predigten in den Wintermonaten 1772-1773

12060 Vergütung des Organisten Kleiber für neue Verrichtungen 1786-1787

12061 Aufnahme der beiden Kirchspielvögte in das Kirchenkollegium 1786-1790

12064 Adjunkt des Archidiakons Eckhof 1788-1790

12068 Führung der Register über die Kirchenstände 1793-1796

12074 Kirchensiegel 1800-1806

12075 Beteiligung eines Teils des zum Amt Steinburg gehörenden Kirchengrundes zur Pflasterung 1800-1803, 1815-1817

12076 Unzuträglichkeiten auf dem Kirchhof 1801-1803

12077 Schulpflicht des Pächters des Stadtmoores zur Schule in Achterhörn 1802

12078 Bezahlung der Syndikalarbeiten des Stadtsekretärs in Kirchenangelegenheiten 1802, 1811-1818

12079 Verwendung des Überschusses und Erträge zweier Legate 1801-1804

12080 Besetzung des Hauptpastorats und Predigerwahl allgemein 1805-1813

12083 Ansetzung des Schullehrers Timm aus Lunden 1806

12084 Verpachtung von Pastoratsland 1807-1808

12085 Bau eines Pastorats und Tilgung der Kirchenschulden 1807-1813, 1823

12091 Einquartierung in den Predigerhäusern 1813-1814

12101 Gehalt des Rektors Petersen und des Rechenmeisters Behrens 1827-1846

12106 Haus- und Brandschoss der Kirchenhäuser 1831-1832

Armenwesen

1751 Armenschenkung 1659

1752 Legat des Jacob Havelmeier für die Gastarmen 1710-1719

1735 Unterhalt der Kinder des Gewürzhändlers Johann Daniel Lüders durch die Stadt Altona 1740-1741

1747 Verweigerte Auslieferung des Armenkastens durch Pastor Höfer 1743-1744

1753 Rehdersches Armenhaus 1740-1750, 1811-1833

12059 Armengeld und Armenwesen 1785, 1801-1820

12062 Befreiung des Detlef Ott vom Armenvorsteheramt 1787

12066 Verbesserung des Armenwesens und Steuerung des Bettelns 1790-1795

12072 Verweigerter Beitrag der Kirchspielvögte der alten und neuen Seite zur Stadtarmenkasse 1799-1802

12073 Befugnisse der Kirchenvisitatoren hinsichtlich des Armenwesens 1800-1801

12086 Bau eines Werkhauses in der Landgemeinde 1807-1834

12087 Kapitalsteuer des Rehderschen Armenhauses 1810

12097 Verteilung der Prämien im Gasthaus 1820

Ökonomie

1755 Rolle des Bäckeramtes und Festsetzung des Roggenpreises 1597-1640, 1698

1757 Handwerker sowie Handel- und Gewerbeteibende auf dem Land 1646-1694

Enthält u. a.: Liste der Handel- und Gewerbetreibenden vor der Stadt, 1694

1756 Schmiedeamt 1652, 1750

1758 Streitigkeiten des Magistrats mit dem Böttcheramt, dem Schmiedeamt und den Glaseramt 1708

2618 Privilegien und Verhandlungen des Grob- und Weißbäckeramtes (1619-) 1710-1711

12057 Wegnahme von Hökerwaren des Johann Cornils aus Sankt Margarethen 1774-1775

12063 Mehlverkauf der Höker 1787

12065 Kostenerstattung des Zimmermeisters Stöven für die Anzeige des Tischleramtes wegen seiner Verstöße gegen deren Privilegien 1788

12069 Eingriffe des Zimmermeisters Busch in die Rechte des Tischleramtes 1795

12092 Streitigkeiten zwischen den Handwerksgesellen und Kahnführer Kunchten 1815

12096 Mehlhandel des Johann Nicolaus Lucht 1819-1820

12104 Aufnahme des Schmieds Scharffenberg aus Heiligenstedten in das Schmiedeamt sowie Annullierung einer Vereinbarung von 1683 zwischen den Schmiedeämtern der Städte 1827-1829

Finanzen, Steuern und Abgaben

1718 Einquartierungskosten der Krempermarsch und Wilstermarsch 1649-1659

1721 Abtretung und Abgabenerhebung von wüsten Häusern 1688-1694

1720 Stadtrechnung (1663) 1683-1692

1722 Zehntforderung an den Amtsverwalter Schnell und dessen Brüder 1702-1703

1724 Einquartierung und Hausschossgelder des Apothekers Rohn 1710-1711

12081 Umlage der Pflugabgabe 1806

12082 Befreiung der Kirchspielvögte Huusmann und Nappenau von der Einquartierung 1806, 1834-1836

12089 Teilnahme der Landdistrikte an der Einquartierung 1812

12093 Hausabgabe des Drechslers Koopmann 1817-1818

12094 Vergütung für den Gebrauch der Ställe bei der Einquartierung
Enthält nur Deckblatt mit Kassationsvermerk 1872 1817-1818

12098 Ansetzung des Bürgermeisters Wichmann zur Akzidentiensteuer 1823-1824

12102 Pachtgelder für den Ratsweinkeller 1828

12103 Streitigkeiten unter den Magistratsmitgliedern wegen Bankzinsen 1828

Polizei

1754 Steindamm 1640-1688, 1704, 1805

12071 Bau der Göthenbrücke 1798-1799
Darin: Zeichnung

12095 Hebammen 1819-1821, 1830-1835

12105 Vereinigung der zum Amt Steinburg gehörenden Stadtteile mit der Stadt hinsichtlich der Polizeiverwaltung 1829-1842

Fuhren

12088 Fuhren der Wilstermarsch 1811

Militär

12090 Militärkrankenhäuser 1812, 1815

Grafschaft Rantzau

928 Streitigkeiten zwischen Hohenfelde (Amt Steinburg) und Barmstedt wegen Weidegerechtigkeit 1649

2540 Patronatsrecht in Schönkirchen 1679

926 Nutzung des Dowenholzes zwischen der Grafschaft Rantzau und dem Amt Steinburg 1620

927 Aufhebung des Huldigungseides der Eingesessenen in Barmstedt an den dänischen König 1640

1006 Verkauf des Amtes Barmstedt an Graf Christian Rantzau [1608-1690]

1007 Sendung des Regierungsrates von Wasmer auf den Kreistag nach Lüneburg 1675

1008 Auslieferung eines Dragoners durch Graf Christian Detlef Rantzau 1703

1009 Weigerung der freien Durchfahrt durch Elmshorn für die Fuhrleute aus Hamburg durch den Grafen Christian Detlef Rantzau 1704

1010 Grenze zu den königlichen Gebieten 1711

1011 Streitigkeiten zwischen den Brüdern Wilhelm Adolf und Christian Detlef Rantzau wegen des Gutes Lindewitt 1711-1712

1012 Beschwerde des Grafen Wilhelm Adolf Rantzau über seinen Bruder Christian Detlef wegen des Überfalls auf Schloss Rantzau 1720

1013 Gesuch der Eingesessenen in Barmstedt beim Kaiser um Sequestration der Grafschaft Rantzau nach Verhaftung des Grafen Wilhelm Adolf Rantzau 1722

1014 Aufnahme der Armen der Herrschaft Breitenburg in das Armenhaus in Elmshorn 1732

1015 Grafschaft Rantzau: Veröffentlichung des Patents zur Abstellung der Missbräuche bei den Posteinnahmen 1733

1016 Zusendung von Patenten der Regierung an den Administrator zur Veröffentlichung 1745

2427 Streitigkeiten der Dorfschaften Raa und Besenbek mit der Dorfschaft Bullenkuhlen wegen eines Wasserabzugs 1749-1781

12107 Abschrift des Vergleichs von 1613 zwischen den Dorfschaften Raa und Bullendorf aus dem Kanzleiarchiv für das Rantzauer Appellationsgericht (1613) 1752

12108 Pacht der Lumpensammlung 1778

12109 Verbesserung der Gefängnisse 1810, 1817, 1834-1835

12110 Unterstützung der Landsoldaten durch die Dorfschaften Raa und Besenbek 1810

12111 Verpflegung der Gefangenen 1811

12112 Zollfreiheit des Administrators 1811

12113 Tanzveranstaltungen in Elmshorn 1811-1812

12114 Kosten für die Verpflegung der spanischen Kriegsgefangenen in Elmshorn 1811-1812

12115 Streitigkeiten der Hufner in Barmstedt und Heede mit der Pächterin der Kornwassermühle in Rantzau wegen Stauung 1812

12116 Einquartierungs- und sonstige Lasten in der Marschkommüne Raa 1813-1816, 1830

12117 Militärlazarett in Elmshorn 1813

12118 Zahlung der Kurkosten für Anna Scheidel in Bullenkuhlen aus der Kriminalkasse 1814

12119 Versorgung des Franz Kahlcke in Barmstedt aus der Kriminalkasse 1814-1815

12120 Verpflichtung der Armenkasse in Elmshorn zur Unterstützung der Eheleute Sühlau 1814-1816

12121 Zinszahlungen des Hermann Junge und Jacob Schipmann an die Reichsbank 1815

12122 Reichsbankschuld einiger Bewohner von Landstellen bei Elmshorn 1816

12123 Besetzung der Distriktsschirurgenstelle 1816, 1837-1839

12124 Bezahlung der Kurkosten für Lütje Mohr, Hartwig Hartmann und Hans Harder aus der Kriminalkasse 1817

12125 Streitigkeiten zwischen den Gevollmächtigten in Rantzau und den Gildeinteressenten in Hörn wegen Vergütungsgeldern 1816-1817

12126 Forderung des Apothekers Rode in Barmstedt für Arzneilieferungen an das Militär 1817-1822

12127 Rückwerk am Ochsenmarkt in Elmshorn 1817

12128 Verkauf einer Wiese in der Herrschaft Pinneberg 1818

12129 Eröffnung eines Seiden-, Wollen- und Leinenwarenladen in Elmshorn durch Hermann Heinrich Blanckmeyer und Andreas Lucas Schürmann aus Westfalen 1818

12130 Beitrag des geisteskranken Hinrich Strüven in Süderau zu den Kriminalkosten der Krempermarsch 1819

12131 Anschaffung einiger Werke für das Administraturarchiv 1819

12132 Verwendung eines Kapitals der Armenkasse in Elmshorn zur Tilgung einer Schuld 1819-1820

12133 Instandsetzung eines Kirchenfußsteigs in Großendorf 1820-1821

12134 Anstellung eines zweiten Nachtwächters auf dem Hof in Rantzau 1820

12135 Feuerung für den Polizei- und Gerichtsdiener Wischmann in Elmshorn 1820

12136 Niederlassung des Levin Moses Bonefang aus Elmshorn in Jütland 1821

12137 Verpflichtung des Provinzialchirurgen Vendt in Barmstedt zur kostenlosen Heilung der unvermögenden Kranke der jüdischen Gemeinde in Elmshorn 1821

12138 Einrichtung von Verstorbenenlisten in der jüdischen Gemeinde in Elmshorn 1821-1825

12139 Vorläufige Verwaltung der Haus- und Kirchspielvogtei in Rantzau 1823

12140 Streitigkeiten zwischen Kriegsrat Thor Straten und Amtsverwalter Gülich wegen Ablieferung der Dienstländereien 1824-1825

12141 Fleckensrechnung in Barmstedt 1824

12142 Hufenbesitz des Abraham Isaac in Elmshorn auf seinen Namen 1825-1826

12143 Vergütung des Polizeireiters 1826-1827

12144 Dorfvögte (1809) 1831-1839

12145 Anfertigung einer Wegekarte 1833

12146 Spar- und Leihkasse in Barmstedt 1833

12147 Kirchspielvogtei in Elmshorn 1834

ALTONAER UND PINNEBERGER ARCHIV

Königliche Gerechtsame an der Herrschaft Pinneberg

179 Landstücke der Herrschaft Pinneberg im Kirchspiel Jork (Herzogtum Bremen) 1527-1611, 1746

401 Urkundenabschriften zum Primogeniturrecht sowie zum Übergang der Grafschaft Holstein-Schauenburg an den König von Dänemark und zum Verkauf des Amtes Barmstedt 1608-1649

209 Bestätigung der Privilegien von Mühlen in der Herrschaft Pinneberg 1641-1643

210 Bestätigung der Privilegien der Mühle in Wedel [Mitte 17. Jh.]

306 Schuldforderung des von Wietersheim an den Grafen von Schauenburg 1639

177 Beschwerde des Reichshoffiskalats gegen den König von Dänemark wegen unrechtmäßiger Einziehung der Grafschaft Holstein-Schauenburg 1640-1648

183 Entbindung des Grafen von Lippe-Schaumburg von der Leistung der Reichs- und Kreisanlagen für die Herrschaft Pinneberg 1664-1672

185 Ansprüche des Grafen von Limburg-Styrum, Bischof von Speyer, auf die Herrschaft Pinneberg 1774-1775

Lehen

380 Güter Peute und Müggenburg, Grasort, Brunnquell bei der Pfeffermühle in Altona, Torneke und Leyde im Ossenwerder (1474-) 1526-1768

381 Veddel und Grevenhof 1525-1707

379 Lehnsbriefe des Kaltenhofs (1484-) 1674

Insel und Werder

2478 Inseln und Werder auf der Elbe 1571-1676
Enthält u. a.: Auseinandersetzung der Schwestern Rodewald mit ihrem Bruder Hans wegen eines Lehngutes, 1662-1668

369 Zugehörigkeit der Müggenburger Butenweide zu Stillhorn oder zur Peute 1610-1643

184 Streitigkeiten mit dem Herzogtum Bremen wegen Strandangelegenheiten 1673

370 Setzen von Fischzäunen auf der Elbe sowie Streitigkeiten über die Territorialhoheit über die Elbe wegen Wegschleppens eines auf dem Hetlinger Sand gestrandeten holländischen Schiffs durch schwedisch-bremische Soldaten 1601-1611, 1674

372 Veddel und Grevenhof 1704-1707

373 Prozesse um die Veddel 1706-1707

374 Erhöhung der Deiche im Gorrieswerder 1718

375 Insel Gosesand bei der Hetlinger Schanze 1731

377 Beschwerden der Eingesessenen in Griesenwerder über die Brandgilde in der Herrschaft Pinneberg 1742

376 Eindämmung der Passage zwischen Veddel und der Peute sowie zwischen der Großen Veddel und Müggenburg 1736-1737
Enthält u. a.: Reparatur der Deichschäden im Gut Veddel

371 Jurisdiktion über die Inseln und Werder in der Elbe 1699, 1744-1751

2484 Gebühren des Küsters und Schulmeisters auf der Hetlinger Schanze 1747-1748

378 Pachtgelder von der Veddel 1748

12148 Tod des Pächters Lutterloh in Kaltenhof 1751-1752

12149 Forderungen des abgesetzten Predigers Ruge auf der Hetlinger Schanze an Offiziere wegen rückständiger Gebühren 1752

12150 Ernennung eines Deichgrafen zur Mitbesichtigung der Stockwehren und des Koyendeichs auf der Hetlinger Schanze 1755

12151 Ernennung von Lotsen zur Aufmessung der Tiefe und Untersuchung der Stromrichtung bei der Hetlinger Schanze 1756

12152 Aufwurf in der Elbe beim Twielenflether Sand 1757
Enthält nur Deckblatt

12153 Weigerung der Offiziere auf der Hetlinger Schanze zur Beachtung der Anordungen der Kirchenvisitatoren in Pinneberg 1755-1756

12154 Aufwurf in der Elbe zwischen Wedel und Blankenese 1766-1770
Darin: Kartenskizze

12155 Rückzahlung eines Kapitals vom Kaufschilling für die Bleichen der Güter Peute und Müggenburg an Gräfin von Reventlow und Staatsminister Graf von Bernsdorff 1784-1785

12156 Streitigkeiten zwischen den Eingesessenen in Klein Flottbek und dem Pächter Behrens in Rugenbergen wegen Benutzung der Kranzweiden (1768) 1821-1823

12157 Eigentum der Landesherrschaft an einer Elbinsel zwischen dem Hetlinger Schanzsand und Giesensand 1821
Enthält nur Deckblatt

Stadt Hamburg

303 Beschwerden der Grafschaft und Herrschaft Pinneberg gegen die Stadt Hamburg 1639-1659, 1737
Enthält u. a.: Grenzen; Fischerei; Zoll; Handwerker in Altona

305 Beschwerden der Stadt Hamburg über das Reichskammergericht 1641

306 Schreiben des Curt von Lützow an den Kaiser zur Überlassung Altonas und Neumühlens an Hamburg 1641

307 Verhältnis der Herrschaft Pinneberg und Altonas zu Hamburg 1641-1747

304 Anspruch der Stadt Hamburg auf die Fischerei auf der Elbe unterhalb Altonas, Neumühlens und anderer Orte der Herrschaft Pinneberg (1557) 1640-1668

2494 Forderungen des Dr. Henricus von Rahden in Glückstadt an Everd Graff in Hamburg wegen Alimentation der geschwängerten Regina Graff 1642-1646

308 Grenze zwischen Hamburg, Altona und der Herrschaft Pinneberg (1385-) 1646-1774

Darin: Karte zum Grenzverlauf zwischen dem Amt Pinneberg und Hamburg, 1735; zwei Karten über einen Grenzabschnitt zwischen Altona und Hamburg, 1744

309 Beschwerde des Magistrats in Hamburg gegen den Vogt in Ottensen, Schauenburger Hof in Hamburg sowie Verhaftung des Schlachters Jobst Möller aus Hamburg in Altona 1651, 1709-1722

298 Streitigkeiten mit Hamburg wegen des Schauenburg-Pinneberger Zolls Band 1 1549-1650

299 Streitigkeiten mit Hamburg wegen des Schauenburg-Pinneberger Zolls Band 2 1650-1677

300 Streitigkeiten mit Hamburg wegen des Schauenburg-Pinneberger Zolls Band 3 1681-1767

301 Königs- oder Mühlenhof, Schauenburger Hof in Hamburg und die dazugehörigen Wohnungen 1628-1769

2495 Nachrichten über die Zollfreiheit der holsteinischen Güter in Hamburg sowie Klage Harmen und Peter Govers in Altona wegen ihres in Hamburg beschlagnahmtes Fleisches 1661-1663

302 Ansprüche an der sogenannten neuen Mühle in der Vogtei Ottensen 1600-1671

2496 Hoheitsverletzung der Stadt Hamburg auf der Elbe 1672

2497 Klage der Stadt Hamburg vor dem Reichshofrat wegen der Hetlinger Schanze 1672

2498 Schutzbrief für den Kaufmann Peter Hellmich in Ottensen gegen seine Kreditoren 1704

310 Bezeichnung der Stadt Hamburg als Reichsstadt im „Altonaer Mercur“ 1704

2499 Auseinandersetzung der Herrschaft Pinneberg mit Hamburg wegen Appellation in der Meurer-Schillingschen Konkursangelegenheit an den Reichshofrat 1717-1719

311 Einpfarrung der Hamburger Untertanen in Finkenwerder nach Nienstedten 1726

312 Auslieferung von Akten über Grenzstreitigkeiten mit Hamburg aus dem Archiv in Pinneberg an den Oberpräsidenten von Reventlow in Altona 1715, 1728

313 Erbuntertäniges Verhältnis der Stadt Hamburg und dessen Aufhebung 1734-1735

314 Zerstörung der Bleiche an der Grenze zur Herrschaft Pinneberg (1728-) 1735-1736

315 Aufhebung der Postierung zu Borstel (Herrschaft Pinneberg) 1736

316 Erhebung von Zoll und Barkengeld von fremden Schiffern durch die Stadt Hamburg 1736-1740

317 Anspruch der Stadt Hamburg auf die Hälfte des Zweipfennig-Ochsenzolls in Pinneberg 1747

12158 Aufstand der Schneidergesellen in Hamburg 1753

12159 Regulativ zum Einlaufen von Schiffen königlicher Untertanen mit Bergegütern in Cuxhaven 1753-1754

12160 Kommission zur Untersuchung der zu Hamburg gehörenden Dorfschaften in der Herrschaft Pinneberg 1776

12161 Pestabwehrmaßnahmen und Quarantänegelder in Cuxhaven 1743, 1777-1778

12162 Zoll- und Lizenzfreiheit des Sankt Johannisklosters in Hamburg für den Warenaustausch mit der Dorfschaft Bilsen 1779-1780

12163 Abgabenforderung des Marktvogts in Hamburg für den Obst- und Gemüseverkauf der Eingesessenen in Lokstedt 1784

12164 Stadt Hamburg: Grenzberichtigung mit der Herrschaft Pinneberg 1792, 1795

12165 Lotsung eines Schiffs durch Fischer aus Blankenese 1796-1797

12166 Beschwerde des Senats in Hamburg gegen den Schiffer Buhn aus Blankenese wegen versäumter Passkontrolle 1805

Domkapitel Hamburg

320 Spitzerdorf und Poppenbüttel 1597-1693
Enthält u. a.: Inhaltsverzeichnis mit Auflistung der Schreiben und Urkunden seit 1302

318 Domkapitel Hamburg: Rantzausche Präbende (1309-) 1610-1806

321 Domkapitel Hamburg: Kommissorium für Christian Rantzau und Dr. Reimar Dorn zur Beilegung von Streitigkeiten 1641

322 Verhältnis zur Herrschaft Pinneberg 1645-1653
Enthält: Übergabe eines Hause; Vikarien der Dörfer Bahrenfeld und Osdorf; Kornlieferung; Begräbnisstelle in der Domkirche für Johann Adolf von Kielmannsegg und dessen Familie

323 Huldigung der Dörfer Spitzerdorf und Poppenbüttel an König Friedrich III. von Dänemark sowie Beschwerden 1652

319 Urkundenabschriften zum Rentenverkauf des Grafen von Schauenburg, schauenburgische Präbenden und Vikarien, Patronatsrecht des Königs von Dänemark und des fürstlichen Hauses Holstein, Hebungsregister über Kornabgaben der Untertanen der Herrschaft Pinneberg (1383-) 1522-1680

324 Schutz der Einkünfte aus den Dorfschaften Spitzerdorf und Poppenbüttel durch den Kaiser 1679

325 Jurisdiktion über Spitzerdorf und Poppenbüttel 1704-1736

326 Forderung nach Befreiung der Dorfschaften Spitzerdorf und Poppenbüttel vom Landausschuss und von Jagddiensten 1741-1776

327 Schutz- und Verbittelsgeld der Häuslinge in Spitzerdorf und Poppenbüttel sowie Huldigung der Dörfer an den dänischen König 1742-1743

328 Einbeziehung der Dorfschaften Spitzerdorf und Poppenbüttel in das Brandwesen der Herrschaft Pinneberg 1742-1743

329 Grenzen von Hummelsbüttel und Poppenbüttel (1336, 1538, 1564) 1743-1747

330 Huldigung der Dörfer Spitzerdorf und Poppenbüttel an König Friedrich V. von Dänemark 1746-1747

331 Befugnis des Landdrostes in Pinneberg zu Gerichtsvorladungen über die Eingesessenen in Spitzerdorf und Poppenbüttel 1746-1754

12167 Vorrechte des Dompropstes und königliches Episkopalrecht (1726) 1752-1753

Darin: Abdruck des Bremischen Vergleichs von 1561 und des Stadischen Rezesses von 1692, 1726

12168 Beschwerde der Regierung in Stade über Versiegelung des Nachlasses des Thomas Reinan durch den Dompropst von Friccius 1759-1760

12169 Umwandlung der Bewirtung durch abgabenpflichtige Eingesessene in der Herrschaft Pinneberg und Vogtei Ottensen in eine Geldsumme (1758) 1760-1761

12170 Brüche des Hinrich Benit in Spitzerdorf, Bestellung des Lorenz Biesterfeld zum Gerichtsmann im Goding in Pinneberg, Beitrag der Dörfer Spitzendorf und Poppenbüttel zu den Kriminalkosten, Gerichtsinstanzen für Poppenbüttel und Spitzerdorf (1758) 1759-1767

12171 Beitrag der Dorfschaft Poppenbüttel zu den Kosten des Godinggerichtsmanns 1767-1770

12172 Kornlieferungsmaße der Dorfschaften Wedel und Schulau (1715-) 1768-1779, 1802

12173 Kornlieferungen von Untergehörigen in der Herrschaft Pinneberg nach schauenburgischen Maßen (1768) 1769

12174 Pflichten der Eingesessenen in Spitzerdorf zur Mühle in Wedel (1766-) 1768-1770

12175 Eidforderung von Eingesessenen in Spitzerdorf und Poppenbüttel bei Heirat 1770

12176 Verweigerter Beitrag der Dorfschaft Spitzerdorf zu den Armenanstalten in Wedel 1771

12177 Neuerungen des Amtes Pinneberg hinsichtlich der Dörfer Spitzerdorf und Poppenbüttel insbesondere wegen des Beitrags zu den Landausschussreuterpferden (1776-) 1779-1781

12178 Hand- und Spanndienste der Dorfschaft Poppenbüttel 1783

12179 Beitrag der Dorfschaften Spitzerdorf und Poppenbüttel zu den Kriminalkosten sowie Unterhalt des wahnsinnigen Jürgen Detlef Ladiges in Spitzerdorf 1786, 1830-1832

12180 Fällung von Eichen auf den Feldern von Hummelsbüttel und Holzschlagrecht in Poppenbüttel 1786

12181 Vermessungen in den Domkapitelsdörfern durch die Herrschaft Pinneberg 1786

12182 Verlegung eines beim Münzmeister Olde in Poppenbüttel einquartierten Soldatenkommandos 1787

12183 Dispens zur Heirat des Insten Hans Jürgen Bramstedt in Poppenbüttel mit seiner Schwägerin Maria Elisabeth Rehders 1789-1791

12184 Antreiben von Heu aus Schulau nach einer Wasserflut in Spitzerdorf 1788-1789

12185 Verweigerte Einschreibung des vom Münzpächter Christian Olde in Poppenbüttel an das Finanzkollegium verkauften Silber-Rassinierungs- und Kupferwerkes in das Schuld- und Pfandprotokoll 1790

12186 Anonyme Anzeige wegen Holzschlags in Poppenbüttel 1790-1791

12187 Beschwerden der Hufner in Poppenbüttel wegen verschiedener Neuerungen und Beschwerungen (1336, 1564, 1771-) 1791-1801

12188 Einquartierungsfreiheit in Spitzerdorf 1796-1799

12189 Entscheidungsbefugnis in geistlichen Angelegenheiten der Eingesessenen in Spitzerdorf und Poppenbüttel 1800

12190 Holzschlag auf dem zu den Dörfern Hummelsbüttel und Poppenbüttel gehörenden Voigtskamp 1802-1803

12191 Beitrag der Untergehörigen zum Landmilitärdienst 1802

12192 Vergleich mit der Stadt Hamburg zur Übertragung königlicher Rechte an das Stift 1802-1803, 1808

12193 Vergleich mit der Stadt Hamburg zur Übertragung königlicher Rechte an das Stift (1738) 1802-1803

Enthält u. a.: Verzeichnis übersandter Akten (1365-1688) des Rantzauschen kleinen Kanonikats in Hamburg, 1738

12194 Vergleich mit der Stadt Hamburg zur Übertragung königlicher Rechte an das Stift 1803-1810

12195 Naturallieferungen der Dorfschaften Dockenhuden und Osdorf (1804) 1805

Enthält u. a.: Verzeichnis der Roggen- und Haferlieferungen aus der Herrschaft Pinneberg an das Domkapitel

Reichsgerichte

81 Appellation an das Reichskammergericht in der Schuldangelegenheit Heinrich Hausmann gegen Abraham Findangue 1690-1697

82 Fürschreiben an das Reichskammergericht in der Streitsache des Kaufmanns Jacob Havelmeyer in Hamburg mit den Erben des Johann Jacob Pommer in Venedig wegen einer Monturlieferung (1716-) 1725

83 Anfrage des Präsidenten in Altona zum Anschlag der Ediktionalzitiation des Reichskammergerichts in der Angelegenheit Boer und Konsorten gegen Steyers Erben am Rathaus 1742

Ziviljustiz und Regierung

296 Zivilprozesse und Hinterlassenschaften in der Herrschaft Pinneberg 1641-1753

188 Berichte des Landdrostes von Ehrenschild in Pinneberg 1699-1702

398 Amtmannstelle in Hatzburg für Caspar Friedrich Desebruch 1642

186 Erlass von Amtskonstitutionen für die Herrschaft Pinneberg 1604-1666

297 Wiederabdruck der schauenburgischen Hofgerichtsordnung durch den Buchdrucker Reinhard Jansen 1690

404 Mitteilung einer Abschrift des in Mönkloh geschlossenen Vergleichs zwischen der Herrschaft Pinneberg und dem Kloster Uetersen an den Landdrost von Ehrenschild 1701-1702

405 Rangstreitigkeiten zwischen dem Kanzleisekretär Schneller und Propst Richerts in Pinneberg sowie Deputationszeremoniell 1705, 1740

189 Verordnungen über die Befolgung königlicher Befehle, Zustellung von Bescheiden der Deutschen Kanzlei, Berichterstattung an vorgesetzte Behörden und Verhalten in Urlaubsfällen 1711-1744

399 Anzeige des Otto Crantz über seine Ernennung zum Rat des Kardinals von Schönborn (1714) 1716

176 Verhältnisse der königlichen Familie 1685-1748

400 Vorstellungen der Anna Maria Crane und der Adelheid Wunderlich wegen ihrer geisteskranken Ehemänner 1736-1737

178 Vikariatspatente beim Tod der Kaiser Karl VI. und Karl VII. 1741-1745

12196 Amtsniederlegung des Landdrostes von Perckentin in Pinneberg 1765

12197 Adlige Güter und Kanzleigüter in der Herrschaft Pinneberg 1770

12198 Quartalsweise Einsendung von Empfangsberichten durch die Regierung und das Oberkonsistorium in Glückstadt, das Altona-Pinneberger Oberappellationsgericht und das Oberkonsistorium 1773

12199 Rang der Ritter vom Sankt-Annen-Orden sowie der ehemaligen großfürstlichen Bediensteten 1774

12200 Verordnungen zur Witwenkasse 1738-1745, 1775, 1781

12201 Abgang des Landdrostes von Scheel in Pinneberg und vorübergehende Verwaltung der Landdrostei durch Amtsverwalter Dau 1784

12202 Wiederbesetzung der Landdrostei in Pinneberg mit dem Geheimrat von Levetzow 1784, 1788

12203 Siegel der Landdrostei in Pinneberg 1791

12204 Erledigte Amtsverwalterstelle in Pinneberg durch den Tod des Generalauditeurs Dau 1796-1797

12205 Veränderung im Archiv in Pinneberg 1798

12207 Einbürgerungspatent des Baron von Holmfeldt in Altona 1806

12208 Gehaltserhöhung für den Amtsboten in Pinneberg 1807

12209 Befugnis des Kammerherrn von Levetzow in Pinneberg zur Verwaltung der Geschäfte seines Vaters 1817

12210 Deponierung der Brandkassengelder in der Herrschaft Pinneberg 1828

12206 Mitteilung zur Übersendung eines Aktenkonvoluts zum Gesuch des Meier Isaac Schiff um Beförderung nach beendetem Jurastudium aus dem Jahr 1802 1836

Kirche

Allgemeines

2481 Jurisdiktion der Kirchen in Breitenburg, Neuenkirchen (Gut Bahrenfleth), Horst, Aspe (Hohenaspe), Neuendorf, Haselau und Haseldorf [17. Jh.]

243 Bestallungen von Pröpsten in den Propsteien Pinneberg und Altona 1678-1770

241 Unordnungen der Kirche in der Herrschaft Pinneberg und revidierte Kirchenkonstitution 1660-1661

244 Betstunden, Aufhebung der Märkte an Sonn- und Festtagen, Danksagungen für den Frieden, Buß- und Bettag wegen der Wasserflut 1679-1721

247 Anzeige des Landdrostes von Ehrenschild in Pinneberg über Missbräuche im Kirchenwesen 1701

233 Königliche Jurisdiktion über die Kirchen in Uetersen und Seester sowie den dortigen Fasten-, Bet- und Bußtag 1548-1711

253 Veröffentlichungsverbot für Schriften gegen das Missionskollegium in Kopenhagen 1718

270 Gnadenjahr für Predigerwitwen in der Herrschaft Pinneberg 1739

259 Fürbitte und Danksagung für die Reise des dänischen Königs nach Norwegen 1733

258 Neue Schulordnung für die Herrschaft Pinneberg (1722-) 1733-1736

260 Abschaffung des Exorzismus bei der Taufe 1735-1736

263 Verordnungen zu den Kandidaten der Theologie 1736-1777

262 Verordnungen zu Sonntagsfeiern, Hochzeiten, Taufen, Beerdigungen und der Mährischen Brüdergemeine 1736-1750

269 Ehedispense in der Herrschaft Pinneberg 1738-1750

266 Bücherzensur 1738

268 Einführung des allgemeinen Katechismus in der Herrschaft Pinneberg und Altona 1738-1743

274 Trauungen und Proklamationen in Altona und Pinneberg, Predigt des Pastors Schütze aus Altona vor dem dänischen König auf Gottorf, Auseinandersetzung zwischen Pastor Rist in Wedel und dem Küster, Visitationsbericht der Propstei Pinneberg, Beisetzung im Erbbegräbnis in Seester 1741-1746

12215 Verordnung wegen der Predigerwitwenpension 1755

12217 Bezahlung der Pastorats- und Propstbestallungen des Propstes Struensee in Altona 1757

12227 Königliche Ratifikation des Vergleichs über Finkenwerder 1766, 1816

12228 Aufhebung der Pastorats- und Küsterwahl in Eppendorf und Besetzung dieser Stellen durch das Sankt Johanniskloster in Hamburg sowie Kirchenneubau in Lokstedt und Hummelsbüttel 1768

12232 Ehedispens 1770, 1771 1775

12233 Einstellung und Verlegung von Feiertagen 1771

12235 Verbot für Kirchenpatrone zur Vornahme von Wahlen der Pastoratsadjunkten sowie von Änderungen bei Präsentationen und Wahlen ohne königliche Erlaubnis 1772

12236 Beerdigung einer am Ufer aufgefundenen Leiche am Rand des Kirchhofs in Seester 1772

12239 Auswahl der Texte für Bußtage 1774

12241 Kollekte für die abgebrannte Stadt Oldenburg 1773-1778

12242 Allgemeines Kirchengebet 1775

12245 Kommunikation des Oberkonsistoriums mit seinen geistlichen Mitgliedern 1736, 1774-1775

12246 Aufbewahrung einer Abschrift der Tauf-, Toten- und Heiratsregister 1776

12247 Präsentation von Predigern in Pfarreien mit hohen Erträgen durch die Kirchenvisitatoren 1776

12248 Singstunde der Kantoren 1777

12249 Verbot der Hauskopulation für Pächter und Bedienstete der adligen Güter ohne königliche Konzession 1776-1777

12251 Anzeige der Prediger über uneheliche Kinder 1777

12253 Hauskollekte für die Kirchengebäude auf der Hallig Gröde 1778

12254 Berücksichtigung von Fleiß und Geschicklichkeit bei Erteilung eines Stipendiums 1778

12266 Vorübergehende Verwaltung der Propststelle in Altona 1789-1791

12269 Verfügung über die Beerdigung der Leichen auf dem Land nach dem Gottesdienst 1789

12270 Übertragung der Verordnung über Kollektensammlungen auf das Herzogtum Holstein 1789

12275 Diensteinkünfte der Konsistorialboten Schmidt und Schneider 1791-1803, 1834-1848

12286 Besetzung der Schulstellen mit Seminaristen 1797-1798

12320 Verwaltung der Propsteigeschäfte in Altona und der Herrschaft Pinneberg während der Vakanz 1804-1805

12346 Verhältnis der Kirchen in Haselau und Haseldorf zum Konsistorium 1812-1814, 1824, 1833

12363 Schulregulative für die Landschulen, die Dingstätte und den Flecken Wedel 1813-1818

12364 Schulregulative für die Landschulen, die Dingstätte und den Flecken Wedel 1818-1835

12366 Schulbesuch von Kindern in anderen Distriktsschulen 1815

12425 Pensionsanstalt für Witwen der Organisten, Küster und Schullehrer 1821-1850

12453 Beitrag der Schullehrer an die Kirchspielsarmenkassen 1825

12460 Auszahlung von Schulgeld für fremde schulpflichtige Kinder 1826

12468 Abtrag der Kirchenschulden in Rellingen, Quickborn und Niendorf 1827-1847

12470 Instruktion für die Kirchenjuraten 1828-1833

12477 Regulierung der Schullasten 1828-1846

12478 Gründung eines Fonds zur Belohnung von Dienstboten für die Güter Haselau und Haseldorf 1828-1829

12481 Beitrag zum Schulgehalt von Besitzern mehrerer Landstellen 1829

12483 Geschäftsverwaltung der Pastorate in Uetersen und Seester sowie deren Verbindung mit den Kirchenvisitatoren in Pinneberg 1829, 1838-1843

12498 Erstattung von Reise- und Transportkosten für Prediger 1831

Kirchenvisitation

240 Verbot der von gottorfischer Seite beabsichtigten Kirchenvisitationen in Uetersen und Seester 1643

246 Zulassung des Amtsverwesers Knoch in Hatzburg zu den Kirchenvisitationen 1701

12212 Teilnahme des Amtsverwalters Hennings an den Kirchenvisitationen (1698) 1753

12219 Spezialkirchenvistationsbericht 1761 für Seester, Nienstedten, Eppendorf, Quickborn, Rellingen, Wedel, Hetlinger Schanze und Herzhorn 1762

12222 Spezialkirchenvisitationsbericht 1764, besonders über die Schulverhältnisse 1765

12255 Protokollführung am Visitationstag bei Aufnahme der Kirchenrechnungen für Uetersen und Seestermühe 1779-1781

12329 Aussetzen der Kirchenvisitation in Quickborn und Rellingen 1807, 1810

12355 Generalkirchenvisitationen und Kircheninventar in Herzhorn Herzhorn 1813-1815, 1825

Altona mit Ottensen

2480 Zustände an der Lateinschule in Altona [17. Jh.]

2479 Stadtschule in Altona 1682-1688, 1832-1833

242 Unzulässige Trauungen durch die Prediger in Altona und Ottensen 1660-1670

264 Überlassung des Pastorats durch Propst Fleischer in Altona an seinen Nachfolger und dessen Dienstabgabe an den Propst 1737-1739

12226 Heirat des Hinrich Glissmann in Bahrenfeld mit seiner katholischen Ehefrau ohne Konzession 1766

12274 Befreiung des Müllers Carl Jochim Lehmkuhl bei Oevelgönne von der Übernahme des Kirchenjuratenamtes in Ottensen 1791

12283 Anzeigen des Kirchenpropstes in Altona 1795-1803

12288 Überlassung von Pastoratsland in Ottensen an den Kaufmann Blacker aus Hamburg 1798-1799

12289 Ehedispens für die Witwe Rohde in Altona 1799

12297 Dispens des Johann Erich Rehder in Altona zur Heirat mit Dorothea Elisabeth Ludolphen 1800

12302 Dispens des Johann Hinrich Schmüser in Ottensen zur Heirat mit Anna Cathrina Spier 1800-1801

12305 Leichengebühr für die Kasse des Gräflich Reventlowschen Armenstifts in Altona 1801-1802

12312 Ehedispens für Georg Ferdinand Friedrich Rasch in Altona 1803

12316 Ehedispens für Johann Lütjens in Ottensen 1804

12321 Ehedispens für Johann Zacharias Dieckmann in Altona 1805

12323 Dienstabgabe des Kompastors Bolten in Altona an die Propstwitwe Adler 1805

12327 Übertritt der Pastorenfrau Gabain in Altona zur reformierten Religion 1806

12333 Witwenwohnung für die Pastorenwitwe Bolten in Altona und Hausmiete der Pastorenwitwe Schetelig in Altona 1807-1808, 1817

12337 Dienstabgaben des Kompastors Schetelig in Altona an die Pastorenwitwe Plüer 1809

12343 Kirchensammlung bei der evangelisch-lutherischen Hauptkirche in Altona 1810-1811, 1819-1821

12348 Dienstabgabe des Pastors Funck in Altona an die Witwe seines Vorgängers 1811-1816

12349 Reparatur der Kirche und des Pastorats sowie Verteilung der Kirchengelder in Ottensen 1812-1817

12359 Verheiratung der Helgoländer durch den Prediger in Ottensen 1814

12367 Gehaltszulage der Kirchenbediensteten in Altona 1815-1817, 1825-1826

12384 Anlage einer Distriktsschule in Othmarschen 1817-1822

12396 Kirchengeld des Kaufmanns Oppenheim aus Hamburg für eine Landstelle in Bahrenfeld 1818-1819

12401 Vergütung der Pastorenwitwe Krohn in Ottensen für das fehlende Predigerwitwenhaus 1819

12406 Schule in Oevelgönne 1818-1821

12422 Bau des Pastorats in Ottensen 1820-1822

12424 Heulieferung an den Hauptpastor in Ottensen 1820-1823

12430 Schulbeitrag des Johann Röpers in Oevelgönne 1822

12436 Beisetzung der Mutter der Margaretha Oldenburg in Altona in das Familienbegräbnis in der dortigen Hauptkirche 1823

12457 Heirat des Johann David Tecklenburg in Altona mit Anna Magdalena Brandt 1825-1826

12462 Gratifikation aus der Kirchenkasse und Befreiung von Dienstabgaben für den Adjunkten Boysen in Altona 1826, 1832

12465 Auszahlung von Miete für die Pastorenwitwe Werlin in Altona 1827

12467 Leichengebühr der reformierten Gemeinde in Altona für die in Oevelgönne verstorbene Witwe Schulz 1827

12475 Neuer Begräbnisplatz in Altona 1828-1834

12484 Wohnung des Nachmittagsprediger Müller in Ottensen 1829

12492 Abbruch kleiner Häuser am Kirchhof und der Sakristei in Ottensen 1830

12495 Küster- und Schulhaus sowie Schulregulativ in Ottensen 1830-1847
Darin: Grundrisse und Ansichten

12509 Erweiterung der Kirchenmusik in Altona (1829) 1833-1840
Darin: gedruckte Gründungsakte der Gesellschaft zur Beförderung der Tonkunst in Altona, 1829

Poppenbüttel (Kirchspiel Bergstedt)

12324 Unterhalt des Schulhauses in Poppenbüttel 1805-1806, 1813, 1835

12365 Schulfeuerung des Schullehrers Andresen in Poppenbüttel 1815-1816

12368 Unterstützung der Witwe des Schullehrers Ahrens in Poppenbüttel 1815

12369 Pensionszulage der Pastorenwitwe Burius in Poppenbüttel 1815

Kirchspiel Elmshorn

12284 Unterhaltung und Abgaben des Schulhauses in Langelohe (1780-) 1796

12330 Verteilung der Schulbaukosten in Vormstegen 1807, 1821

12351 Rückständige Gefälle des Propstes Valentiner in Elmshorn 1813

12447 Übertritt der lutherischen Magdalena Johannemann geborene Greve aus Elmshorn zur katholischen Religion 1824

Kirchspiel Eppendorf

235 Kirche, Geistliche und Küster in Eppendorf 1607-1769

12280 Trennung der Dörfer Alsterdorf und Steilshoop von der Kirche in Eppendorf 1793

Kirchspiel Haselau

12485 Änderung des Schulregulativs im Schuldistrikt des Gutes Haselau (1819) 1829

12504 Schulbesuch älterer Jungen in Haselau während des Sommers 1833

12505 Reparatur des Kirchengebäudes in Haselau 1833

Kirchspiel Haseldorf

12224 Aufhebung des Pastorats auf der Hetlinger Schanze und Übernahme des Gottesdienstes durch den Pastor in Haseldorf 1765

12377 Bau des Kirchendachs in Haseldorf 1817-1818

12378 Reparatur des Pastorats in Haseldorf 1817

12419 Beitrag der Besitzerin der Desmerscierschen Ländereien zum Schulhausbau in Hetlingen 1819-1820

12461 Abgang und Pension des Schullehrers Eggerling in Haseldorf 1826

12469 Abgang und Pension des Schullehrers Plato in Scholenfleth 1827

Kirchspiel Herzhorn

12229 Heirat des Johann Winters in Herzhorn mit Catharina Mohr 1769

12238 Aufhebung der Schule in Siel (Gehlensiel) und Schulbesuch in Neuendorf (Gut Neuendorf) 1773

12334 Verpachtung der Diakonatsländereien in Herzhorn (1790) 1808

12371 Beitrag von Ländereien in Herzhorn zu den Schullasten in Sushörn 1813-1819

12380 Vergrößerung des Schulhauses in Herzhorn 1817-1818

12395 Beitrag der Besitzer der Herrenfeldländereien zur Schule in der Bülowschen Wildnis 1818-1819

12397 Beitrag der Färberschen Ländereien zu den Schulkosten in der Bülowschen Wildnis 1818

12407 Schulbeiträge von Kirchen- und Predigerländereien in Herzhorn 1819

12412 Verlegung der Mittwochspredigt in Herzhorn auf den Sonntag 1819

12435 Besetzung der Distriktsschule in Herzhorn 1823

12442 Wiederaufbau des abgebrannten Organisten-, Küster- und Schulhauses in Herzhorn 1824-1825
Darin: Grundriss

12443 Wiederaufbau des abgebrannten Diakonats in Herzhorn 1824

12445 Beitrag zum Schulgehalt in Herzhorn 1824

12448 Erweiterung und Verbesserung des Pastorats in Herzhorn 1824

12449 Vergütung des Pastors Kroymann in Herzhorn für Kirchenopfer und Entschädigung für den Gebrauch eines Kirchenfußsteigs 1824-1825

12496 Armenschoss in Herzhorn 1830-1841

12501 Verhältnis des Schullehrers in Herzhorn zum Diakon 1832

Kirchspiel Niendorf

12223 Heirat des Tönnies von Appen in Schnelsen mit der Witwe seines Stiefvaters 1765

12250 Erdgeld der Heuerlinge in Niendorf für ihre Leichen 1777-1778

12252 Kirchenlasten in Nienstedten für die Besitzer eines wüsten Hofs in Eidelstedt (1739-) 1778-1780

12303 Beitrag der Zubauer im Kirchspiel Niendorf zu den Schullasten 1801-1809

12304 Zulage des Organisten Dreyer in Niendorf 1802

12307 Verbesserung der Einnahmen der Schulhalter im Kirchspiel Niendorf 1802

12332 Verwendung der Einkünfte der vakanten Predigerstelle in Niendorf und Aussetzung der dortigen Kirchenvisitation 1807

12336 Beschwerden des Senats in Hamburg über Verheiratung des Johann Franz Witzke mit Anna Johanna Elisabeth Bünning durch Pastor Voigt in Niendorf 1808-1810

12342 Aufbewahrung von Pulver in der Kirche in Niendorf 1810-1811

12356 Amtsvernachlässigung des Pastors Voigt in Niendorf 1814

12390 Gehaltsverbesserung des Schullehrers in Eidelstedt 1817-1818

12431 Reparatur der Pastoratsscheune in Niendorf 1822-1823

12432 Reparatur der Kirche in Niendorf 1822-1823

12440 Pension des Schullehrers Imbeck in Stellingen 1823-1824

12451 Überlassung von Pastoratsland zur Erweiterung des Kirchhofs in Niendorf 1825

12455 Dienstabgabe für die Pastorenwitwe Voigt in Niendorf 1825

Kirchspiel Nienstedten

2482 Vakanz an der Kirche in Nienstedten 1696

12216 Abtretung von Pastoratsland durch Pastor Brandorf in Nienstedten an seinen Sohn 1756

12244 Untersuchung gegen Pastor Brandorf in Nienstedten wegen seines Verhaltens bei Verheiratung der entführten Tochter des Kaufmanns Johann Hinrich Schnittler aus Hamburg 1775-1776

12256 Predigerland in Nienstedten 1779-1783

12262 Vergleich über rückständige Kirchengefälle in Nienstedten 1785

12267 Kirchenstuhl in Nienstedten (1788) 1789

12276 Aufhebung der kirchlichen Verbindung der Insel Griesenwerder mit Nienstedten 1791-1798

12278 Beschwerden der Kirchenvisitatoren in Pinneberg über Pastor Jehne in Nienstedten 1793

12282 Priesterpflicht der Dorfschaft Lurup 1793-1794

12285 Ehedispens für Jochim Timmermann in Rissen 1797

12292 Verheiratung des Johann Wilhelm Muth in Nienstedten mit Carolina Louise Bouteille aus Altona durch Pastor Hammer in Nienstedten (1799) 1800

12294 Hebung der Gefälle für Pastor Hammer in Nienstedten von den dortigen Fremden 1800

12309 Zulage des Organisten in Nienstedten zur Anschaffung von Wein und Brot für das Abendmahl 1803

12314 Abnahme eines Landstücks von der Pfarrei in Nienstedten 1803-1804

12315 Erweiterung des Kirchhofs in Nienstedten 1803-1804, 1814-1815, 1834-1839

12317 Ehedispens für Johann Christoph Ritscher in Groß Flottbek 1804

12319 Erschlichene Heirat des Johann Friedrich Früchtenicht aus Hamburg in Nienstedten 1804-1805

12325 Anlage eines Begräbnisplatzes im Garten des Carl Ludwig Vidal in Nienstedten 1805

12338 Beitrag der Zubauer in Nienstedten zu den Kirchenanlagen 1809

12340 Pension der Predigerwitwe Hammer in Blankenese 1809

12361 Tausch von Schulland in Blankenese 1814

12362 Verlust des Kirchenkapitals in Nienstedten durch den Konkurs des Nicolaus Haack 1815

12385 Doppelte Kirchenanlage des Kirchspiels Nienstedten 1818, 1837-1847

12386 Schule in Klein Flottbek und Teufelsbrück 1817-1820, 1837-1850

12388 Verringerung der Diensteinkünfte der Schullehrer Lorenzen und Paulsen in Blankenese 1817-1819

12389 Aufwandsentschädigung für Pastor Witt in Nienstedten 1817-1818

12399 Verteilung der Schulkosten in Blankenese 1818-1819, 1826

12400 Pacht für eine Schulkoppel in Rissen 1819

12409 Unterhalt des Organistenhauses in Nienstedten 1819-1822

12417 Verteilung der Schullasten in Dockenhuden 1820

12423 Dienstentlassung des Schullehrers Windt in Groß Flottbek 1821-1823

12428 Kirchenstand in Nienstedten für die Kirchspielvogteistelle 1821

12438 Beitrag des Baron von Vogt zu den Schulabgaben in Groß Flottbek 1823-1824

12441 Ordination des Sohnes des Pastors Witt in Nienstedten zu dessen Amtsgehilfen 1823-1824

12459 Bau eines Schulhauses in Groß Flottbek 1825-1833

12472 Bearbeitung des Schullandes in Sülldorf 1828

12480 Vakanz des Pastorats in Nienstedten 1829-1831

12493 Abtretung von Schulland in Nienstedten zur Wegeverbreiterung 1830

12499 Unterstützung des Schulhausbaus in Schenefeld 1831-1834

12500 Verwaltung des Armenwesens im Kirchspiel Nienstedten 1832

12506 Armenhaus in Blankenese 1832-1835

12507 Pension des Schullehrers Martin Marquard in Schenefeld aus dem Schulfonds 1832-1833

Kirchspiel Quickborn

277 Baumschlags auf umstrittenen Küstergrundstücken in Quickborn 1748-1749

12221 Gebühren des Predigers in Bergstedt für ein in Poppenbüttel verstorbenes und in Quickborn begrabenes Kind 1762-1763

12243 Heirat des Johann Michelsen mit Anna Catharina Semmelhaken in Quickborn 1775

12268 Adjunktur in Quickborn 1789

12279 Berichtigung des Kircheninventars in Quickborn 1793

12290 Bau einer Kirche in Quickborn 1790, 1800-1823

12328 Ehelosigkeitsfrist des Johann Hinrich Seimer in Ellerau 1806

12339 Reparatur des Pastorats in Quickborn 1809, 1834

12344 Heirat des Nicolaus Niels in Garstedt mit Catharina Maria Tiedjens in Quickborn außerhalb Landes 1811

12350 Beitrag der Interessenten der Langenhalser Distriktsschule in Siel und Moorhusen vom Unterhalt des Schulhauses in Herzhorn 1812-1813

12358 Beitrag der Eingesessenen in Quickborn zum Armengeld 1813-1814

12372 Überlassung von Eichen an Pastor Ludewig in Quickborn 1816

12379 Doppelte Kirchenanlage in Quickborn 1817-1820

12398 Anweisung einer Moorflage vom Gut Kaden an den Schullehrer in Ellerau 1818

12402 Änderung des Schulregulativs in Quickborn 1819-1821

12408 Feuerungsbedarf des Schullehrers in Ellerau 1819, 1841

12411 Umlage des Schulgehalts in Quickborn 1819

12414 Versorgung des wahnsinnigen Schullehrers Timm in Garstedt 1819-1820

12420 Vereinigung der Schaumburgischen Wildnis mit dem Kirchspiel Herzhorn 1820

12427 Düngen des Schullandes in Quickborn 1821

12444 Anstellung und Indigenatsrecht des Schullehrers Althoff bei der Armenkolonie Friedrichsgabe 1823-1824

12471 Tausch einer Schulkoppel in Hasloh 1828

12487 Bestallung des Kandidaten der Theologie Hinrich Gottfried August Schröder aus Ellerbek zum Amtsgehilfen des Pastors Ludewig in Quickborn 1829

12502 Verlust eines Kirchenkapitals in Quickborn 1832

Kirchspiel Rellingen

255 Streitigkeiten der Prediger in Rellingen mit ihrer Gemeinde 1728-1733

265 Eventueller Bau einer Kirche auf dem Grundstück des abgebrochenen Hauses Pinneberg 1738

12214 Beitrag zum Schulhaus in Heist 1755-1757

12218 Kirchenbau in Rellingen 1758-1763

12234 Verbindung der Dorfschaften Heist und Glinde mit der Kirche in Rellingen (1717-) 1763-1774

12237 Bestallung des Schullehrers in Heist 1773

12240 Weigerung von Eingesessenen der Dingstätte und des Dorfes Pinnebergerdorf zu Roggenlieferungen für den Schullehrer und zum Unterhalt des Schulgebäudes (1773) 1774

12259 Schule in Pinnebergerdorf (1783) 1874

12261 Haftung für Fehler in der Kirchenkasse in Rellingen 1784-1785

12264 Beiträge der Bauleute und Plinker in Heist zu den Kosten eines Stalls beim Schulhaus 1785

12265 Änderung der Schulverordnung in Rellingen sowie Verbesserung der Einkünfte und Zoll- und Kopfgeldbefreiung für die dortigen Schulbediensteten (1786) 1787, 1797

12272 Beitrag der Eingesessenen in Heist zum Schulroggen, zu den Baukosten der Schulgebäude zur Feuerung für den Schulmeister und zum Schulgeld 1791-1792

12281 Verteilung der Schulabgaben in der Pinneberger Dingstätte 1794

12291 Beteiligung der Erbpächter Ewald, von Pein und Hachtmann an den Kirchenanlagen in Rellingen 1799

12300 Wechsel des Beichtvaters durch Hinrich Anton du Roy in Rellingen 1800

12301 Ehedispens für Anna Maria Berg in Holm 1800

12310 Ehedispens für Hein Krohn in Halstenbek 1803, 1806

12318 Schulbesuch und Einkünfte der Schulhalter im Kirchspiel Rellingen 1804-1805

12322 Ehedispens für Jochim Heidorn in Prisdorf 1805

12331 Wiederaufbau des abgebrannten Pastorats in Rellingen 1807, 1815

12345 Besetzung und Verbesserung des Schuldienstes in Heist 1811, 1816, 1820

12357 Pension der Pastorenwitwe Lindemann in Rellingen 1813-1814

12373 Dienstentlassung des Pastors Borchert in Rellingen 1816-1817

12376 Schulgeldpflicht des Hegereiters Schlüter in Kummerfeld 1816

12382 Doppelte Kirchenanlage in Rellingen 1817-1819

12383 Lieferung der Schulabgaben an den Schullehrer in Kummerfeld 1817-1818

12387 Beibehaltung der Nebenschule in Etz 1817-1823, 1840

12391 Heu- und Strohlieferungen für die zweite Kuh des Schullehrers in Rellingen 1818

12392 Aufhebung der Schulverbindung von Hohenraden mit Renzel 1818-1819

12393 Beitrag des Johann Peter Klepper in Pinneberg zu den Schulabgaben 1818-1821

12404 Änderung des Schulregulativs in Kummerfeld 1819

12410 Beitrag des Hinrich Anton du Roy und des Hans Hinrich Krohn in Rellingen zum Schulgehalt 1819-1820, 1829

12413 Fußbekleidung der Schuljugend in Rellingen 1819

12415 Fastenpflicht des Organisten in Rellingen 1819-1820, 1829-1830

12416 Dienstunfähigkeit des Schullehrers Holscher in Winzeldorf 1820

12421 Handdienste für den Schullehrer Jensen in Rellingen 1820

12426 Bau des Schulhauses in Hohenraden 1821

12429 Feuerungsgeld des Rektors Burchardi auf der Pinneberger Dingstätte 1821-1822

12437 Dreschen, Bearbeitung der Kartoffeln und Streuheidelieferung für die Schullehrer Feddersen in Hohenraden und Bendixen in Ahrenlohe 1823

12439 Übergabe des Organisten- und Schulhauses in Rellingen an die Schulkommune 1823-1826

12446 Kirchenfußsteig in Appen (1790-) 1824-1826
Darin: Verkaufsbedingungen für Schlossländereien in der Herrschaft Pinneberg, 1790

12452 Schule in Kummerfeld 1825-1849

12454 Beitrag der Armenvorsteher in Rellingen zum Gehalt des Armenvogts der Pinneberger Dingstätte 1825

12456 Entlassung des Schulvorstehers Heydorn in Prisdorf von seinem Amt 1825

12463 Armenversorgung in Rellingen 1826-1835

12466 Verwendung der Löserschen und Riemschneiderschen Hinterlassenschaft für die Schule auf der Pinneberger Dingstätte (1781) 1782-1795, 1823-1843

12474 Unterstützung des Schulhausbaus in Ahrenlohe 1828-1829

12479 Verhalten des Schullehrers Siegmund in Tangstedt 1829-1831

12482 Landtausch zwischen Jost Groth in Appen und der dortigen Schulkommune 1829

12486 Eingriffe des Pastors Höpfner in Uetersen in Parochialrechte in Rellingen 1829-1830

12488 Unterstützung des Schulhausbaus in Halstenbek 1829-1830

12490 Verkauf einer Zubauerstelle in Appen an die „Tote Hand“ 1830

12508 Erweiterung des Begräbnisplatzes für das Kirchspiel Rellingen 1833-1844

Kirchspiel Seester

267 Anmeldung zur Beichte und Leistung der Pfarrlanddienste in Seester 1738-1739

12225 Heirat des Hinrich Marckmann in Seestermühe mit seiner Nichte Gesche Lienau 1766

12257 Kostenvergütung für Vergrößerung des Beichtstuhls in Seester 1779-1780

12374 Bau des Schulhauses in Seester 1816-1817

12394 Diensteinnahmen des Organisten Tiedemann in Seester 1818

12458 Abgang und Pension des Pastors Schultze in Seester 1825-1826

12503 Neues Armenhaus im Kirchspiel Seester 1832-1833
Darin: Grundriss

Kirchspiel Uetersen

245 Königliche Schulordnung und Schule im Backhaus des Jürgen Melchert in Herzhorn 1688, 1701

248 Passions- und Zirkularpredigten in Uetersen 1705-1716

12211 Scheidung des Johann Andreas Korff in Uetersen von seiner ehebrecherischen und abwesenden Ehefrau 1751

12213 Ehedispens des Johann Friedrich Wagener in Uetersen 1754-1755

12258 Beitrag des Gevollmächtigten Jochim Husmann in Groß Nordende zum Schulhaus 1783

12273 Beitrag der Eingesessenen in Klein Nordende zu den Reparaturkosten des Schulhauses 1791-1804

12277 Umschreibung der Kirchenstände in Uetersen (1790-) 1792

12287 Bestallung des Schulmeisters Johann Gottfried Lehning in Groß Nordende 1798

12293 Pension der Pastorenwitwe Hasse in Uetersen 1799-1800

12296 Pension der Pastorenwitwe Hasse in Uetersen 1800

12298 Orgelspielen des Organisten in Uetersen 1800

12313 Befreiung des Kandidaten der Theologie Horst in Uetersen vom Examen auf zwei Jahre 1803

12335 Armenvorsteherdienst des Matthias Früchtenicht in Neuendeich 1808

12341 Vergütung des Fuders Heu für den Prediger und Rektor in Uetersen 1809-1810

12352 Einstellen der dritten Predigt am Bußtag in Uetersen 1813

12353 Verwandlung der Nachmittagspredigt in Uetersen in eine Frühpredigt 1813, 1830-1831

12360 Unterlassener Schulbesuch der Kinder und nicht konfirmierte erwachsene Personen in Uetersen 1814

12403 Heranziehung der Höfe vom Bauland und der Katen am Deich zum Schuldistrikt Klevendeich 1819

12418 Bau einer Scheune am Diakonat in Uetersen 1820

12434 Besuch der Kantorschule in Uetersen durch den Sohn des Magnus Feuerschütz 1822-1823

12450 Dienstmoorflagge für das Diakonat in Uetersen 1824-1826

12476 Bau einer Rektoratsscheune in Uetersen 1828

12489 Begräbnisplatz in Uetersen 1830-1848

12491 Einrichtung eines Wohnhauses oder von Wohnungsgeld für Predigerwitwen in Uetersen 1830-1831

12494 Anstellung des Schullehrers Carl Albert Lehning in Groß Nordende 1830

12497 Freiheit einiger Personen in Uetersen vom Schulgeld und Armengeld 1830-1842

12510 Ausweisung einer neuen Moorflage für das Hauptpastorat in Uetersen 1833-1835

Kirchspiel Wedel

256 Besetzung der Organistenstelle in Wedel (1729) 1730

257 Auseinandersetzung der Kirchengeschworenen in Wedel mit Pastor Eifler 1731

12220 Maße der Pastoratsländereien in Wedel 1762

12230 Forderungen des Pastors Paulsen in Wedel nach Dienstleistungen und Abgaben der Gemeinde 1769-1775, 1792

12231 Kirche in Wedel 1770-1787

12260 Übersendung des Kircheninventars in Wedel an die Rentekammer 1784

12263 Ehedispens für Johann Hinrich Körner und der Witwe Maria Waasen in Wedel 1785

12271 Besetzung der Organisten- und Schulmeisterstelle in Wedel 1790

12295 Streitigkeiten zwischen dem Schulmeister und der Schulgemeinde in Spitzerdorf 1800-1801

12299 Konfirmation der Kinder des Johann Hinrich Cordes und des Peter Hinrich Inselmann aus Wedel in Hamburg 1800

12306 Zulage des Organisten Stein in Wedel 1802

12308 Aufhebung der Ehelosigkeitsfrist der Anna Catharina Ramcke in Wedel 1802

12311 Bau des Pastorats und Einfriedung der Pastoratsgärten in Wedel 1803-1810, 1823-1825

12326 Veteilung der Schulabgaben in den Schuldistrikten Klostersande und Wedel 1805-1812

12347 Unterhalt des Schulhauses in Spitzerdorf 1811-1812

12354 Vergütung der Roggenlieferung des Domkapitels in Hamburg für das Pastorat in Wedel 1814

12370 Schule und Schulhaus in Spitzerdorf 1815-1850

12375 Untersuchung gegen den Schullehrer Paulsen in Spitzerdorf 1816-1819

12381 Bezug der Kommende beim Pastorat in Wedel durch die Pastorenwitwe Bendixen und Pastor Brinckmann 1817-1826

12405 Doppelte Kirchenanlage in Wedel 1819, 1837-1845

12433 Reparatur des Kirchturms in Wedel 1823

12464 Schulbauten und Schule in Wedel 1826-1830

12473 Bau des Schulhauses in Holm 1828

Kammerwesen

202 Betrug am Zoll in Barmstedt 1748

397 Forderung des ehemaligen schauenburgischen Kommissars August Mönnich 1640-1641

204 Holz- und Jagdangelegenheiten in der Herrschaft Pinneberg 1641-1678

191 Fünfjährige Bede der Untertanen in der Herrschaft Pinneberg und der Herrschaft Herzhorn 1641

403 Kammerangelegenheiten in der Herrschaft Pinnneberg 1648-1651, 1739-1748
Enthält u. a.: Dezimationsfall, 1746; Kirchenraub in Herzhorn, 1748; Schulden der Herrschaft Pinneberg, 1739; Unterstützungs- und Armenangelegenheiten

192 Einquartierung und Kontribution in der Herrschaft Pinneberg 1641-1648

187 Denunziationen gegen den Drost und Amtmann in Pinneberg wegen Vernachlässigung königlicher Interessen 1653

190 Stempelpapier 1663, 1732-1740

199 Gewalttätigkeiten gegen Zollstätten durch Deichgrafen 1678-1710

200 Anlage eines kleinen Landzolls bei Altona 1708

216 Konzession für Johann Albrecht Praetorius für eine Kohlenmaklerei auf der Seester Au (1699) 1705

201 Zollfreiheit für die bei Wedel und Blankenese über die Elbe gebrachten Pferde 1709-1711

196 Verbot der in fremden Münzstätten geschlagenen Sechslinge 1725

195 Nachlass- und Abzugsabgaben in der Herrschaft Pinneberg 1727-1747

205 Strandangelegenheiten in der Herrschaft Pinneberg 1687-1734

406 Verordnungen wegen der Landesausweisungen und Brüche in der Herrschaft Pinneberg 1744

197 Verordnung gegen den Umlauf der in Bremen geprägten geringhaltigen Pfennige 1740

198 Veränderung und Wechsel der Bankzettel 1748

408 Grenzfischerei auf der Elbe 1750-1753

12511 Zehnt vom Nachlass des Kanzleirats Saurius (1752) 1753
Enthält u. a.: Abschrift des Testamentes, 1752

12512 Nachlass der Catharina Elisabeth von Thienen in Altona 1755

12513 Eigenmächtige Zollerhebung des Klosterschreibers Wiebel in Uetersen 1761-1762

12514 Konventionen mit auswärtigen Höfen wegen Aufhebung des Abzugrechts 1773-1776
Enthält: Kursachsen; Mecklenburg-Schwerin; Mecklenburg-Strelitz; Hochstift Osnabrück; Bischof von Lübeck; Herzog von Oldenburg

12515 Sammlungsverbot für Wettbüros 1773, 1776

12556 Magazinkornausschreibungen 1775-1790

12557 Münzverordnungen 1775-1776

12516 Stempelpapier 1775, 1787-1788

12560 Abzugsfreiheit in den ehemaligen großfürstlichen Anteilen des Herzogtums Holstein 1776

12559 Zoll und Lizente 1776-1789

12561 Verbot des Schlingenlegens bei der Jagd 1776

12517 Einrichtung des Zolls in der Herrschaft Pinneberg 1777

12518 Abschossfreiheit des Kanzleirats und Dr. med. Cartheuser in Rellingen 1777

12562 Zugehörigkeit des Kanons und der Erbpachtgelder niedergelegter Parzellen von Domänen zu den herrschaftlichen Gefällen 1777

12519 Zehnt von nach Schweden fließenden Kapitalien 1778

12520 Abzugspfenning der Leutnantswitwe Nottelmann in Kleve (Landschaft Norderdithmarschen) 1778-1779

12521 Zollverordnung 1779

12522 Zehnt von einem Kapital in Klein Flottbek des Nicolaus Langenbek aus Hamburg 1779

12523 Zollfreiheit des Peter Heinsohn in Wedel als Besitzer des Hansenschen Hofs (1747) 1781-1782

12524 Verordnung zur Viertelprozentsteuer von auf Pfandverschreibungen kreditierter Kapitalien 1781

12525 Beschwerden des Johann Körner, Clas Hell und Hinrich Langeloh in Spitzerdorf wegen eines Brücheurteils 1783-1786

12526 Abschossfreiheit des Georg Hinrich Sticht in Schädtbek 1785

12527 Einrichtung der Annuitäts-Transport-Kontore in Altona 1786

12528 Vorzug rückständiger Stempelpapiergelder bei Konkursen der zum Papierabsatz bestellten Kommissionäre 1786

12529 Zehnt der Witwe Cornilsen in Hamburg von einem Kapital in der Landschaft Süderdithmarschen (1787) 1788

12530 Wohnerbe und Kapital der Witwe Lilienfeind in Altona (1787) 1788

12558 Vermögenssteuer und Anleihen gegen Annuitäten 1789-1791

12531 Zehnt des Rittmeisters von Brömbsen in Hamburg 1793-1798

12532 Zollabgaben von Baumaterialien für eine Vorsetzung an der Elbe bei Neumühlen sowie den Elbstrand bei Altona 1794-1799
Darin: zwei Karten des zu Altona gehörenden Elbstrands vom Judentor bis zum ehemaligen Stackwerk, 1797

12533 Abgabe von Kollateralerbschaften der Roeperschen Geschwister 1794

12534 Halbjährliche Anzeige der Kollateralerbschaftsfälle in der Klostervogtei Uetersen 1793

12535 Brüche des Matthias Mohrdieck in Uetersen wegen vorehelichen Beischlafs 1795-1796

12536 Nachlass des Gastwirts Peter Biering in Altona 1796

12537 Sand- und Lehmgraben am Elbstrand in der Herrschaft Pinneberg 1797-1798

12538 Zehnt des Johann Jürgens in Hamburg 1798

12539 Jagdvergehen des Nicolaus Burmeister in Rellingen und Konsorten 1798-1799

12540 Einrichtung der Krügereien, Brennereien und Brauereien in der Herrschaft Pinneberg 1801-1805

12541 Zehnt des Leutnants Wilde und des Kapitäns von Zingelmann 1801

12542 Eintreibung schuldiger Gelder des Sekretärs Collin 1802

12543 Mühlenpflicht der neuen Zubauer in der Herrschaft Pinnebeg 1802-1805

12544 Gebühren des Carsten Thomsen in Holm für einen Ehedispens 1802

12545 Abschoss vom Nachlass der Lady Clifford in Altona 1803

12546 Viertelprozentsteuer des Gerrit Beets in Altona 1803

12547 Gebrauch des Stempelpapiers durch Kaufmann Linnich in Altona 1805

12548 Untersuchung gegen den Krugschützen Brandt in Quickborn 1805

12549 Zehnt der Erben des Ludwig Franz Christoph Schneider in Altona
Darin: gedruckte Generalfeuerordnung der Stadt Altona (1714-) 1806

12550 Verlust einer Obligation aus der Hinterlassenschaft des Hein Jacob Carstens in Heist 1806-1807

12551 Zehntforderungen des Magistrats in Altona an den Kanzleisekretär Wolff in Kopenhagen 1805-1806

12552 Zehnt des Kaufmanns Kruckenberg in Hamburg 1806

12553 Mortifikation des Annuitätenscheins der Frau des Buchhändlers Bechtold in Altona 1807

12554 Konzession des Kaufmanns von Axen in Hamburg zur Anlage einer Kornwassermühle bei Lokstedt 1808

12555 Holzüberlassung an Franz Jochim Poppe in Poppenbüttel 1816

Ökonomie und Schifffahrt

217 Aufhebung des wegen der Pest erlassenen Ausfuhrverbots nach dem Mittelmeer und der Nordsee 1723

220 Verordnungen gegen die Einrichtung von Willküren und Beliebungen der Gemeinden und Zünfte 1736

218 Zahlungen der Schiffsleute an die Sklavenkasse sowie Verbot von Zahlungen für gefangene Schiffer unter fremder Flagge 1723-1749

219 Einrichtung des General-Landes- und Ökonomie-Verbesserungsdirektoriums 1735

12563 Generallandesökonomie- und Kommerzkollegium 1735, 1768, 1770

221 Landhandwerker 1736-1749

12588 Verbot des Jahrmarktsbesuchs für unzünftige Landhandwerker aus den ehemaligen großfürstlichen Distrikten 1779

223 Errichtung eines Magazins in Kopenhagen für Woll- und Seidenwaren 1737

224 Veröffentlichung der Verordnung über die Einrichtung einer Wechsel- und Leihbank in Kopenhagen 1737

225 Kornausfuhr und Branntweinbrennen 1740-1741

511 Verbot des Führens königlicher Flaggen und Wimpel auf Kauffahrtschiffen 1741, 1748

12587 Schifffahrt und Handel 1756-1787
Enthält u. a.: Lotsenordonnanz der Elblotsengesellschaft, 1762; Brücken- und Hafenordung der Stadt Ärösköping, 1787

12585 Auswanderung 1753, 1770

12581 Abstellung der Missbräuche in den Handwerkszünften (1731) 1756, 1772

12579 Ein- und Ausfuhrverbote 1768-1789

12586 Einkoppelung 1771, 1775

12584 Tabakhandel 1778, 1786

12582 Verbesserung der Pferdezucht 1779-1782

12564 Assekuranzordnung der Stadt Altona 1779-1780

12565 Strafbefehl gegen den Pächter der Branntweinbrennerei des David Behn in Ottensen 1780

12566 Kalköfen und Kalkbrennerei in Neuendeich 1781

12580 Einschränkung der Üppigkeit 1783

12567 Auszüge aus Schuld- und Pfandprotokollen für Advokat Schrader zur Herausgabe einer topografisch-politischen Beschreibung der Herrschaft Pinneberg 1787

12583 Münzverordnungen 1788-1790

12568 Untersuchung gegen den Kaufmann John Schmidt in Altona wegen unerlaubten Handels mit Bork 1792

12569 Schmiede- und Hökereikonzession der Witwe Freudenberg in Pinnebergerdorf 1794

12570 Kornhandel von Altona nach Frankreich 1797

12571 Anstellung eines bestallten Dispacheurs (Havariekommissars) in Altona 1798

12572 Befreiung des Matrosen Bahr aus Klostersande aus türkischer Gefangenschaft 1803

12573 Forderungen von Lotsen in Stavanger an Kaufmann Bode in Altona 1805-1806

12574 Festhaltung von Ewerführern aus Blankenese auf der Insel Ameland 1805

12575 Beschwerden von Fischern in Blankenese gegen den englischen Kapitän Blender 1806

12576 Widerrechtliche Behandlung von Fischern aus Blankenese auf holländischem Territorium 1806-1808

12577 Polizeiverhör der Mannschaft des Schiffs „Der junge Johann" aus Altona 1806-1811

12578 Zuckersiederei des Dingvogts Gätjens in Pinneberg 1809

Polizei

230 Gotteslästerung des Hinrich Schipmann aus Uetersen sowie verdächtige Wirtshäuser mit Huren in Oevelgönne 1638, 1745-1746

231 Scharfrichter, Seuche in Ungarn und Siebenbürgen, Glücksspielverbot, Luxusverordnungen, Trauerverordnung 1641-1752

2510 Errichtung eines Waisen-, Armen- und Krankenhauses in Altona 1736, 1760, 1808

12589 Einstellung der Lotterien 1753

12590 Verbot der Glücksspiele 1753

12591 Hebammen 1765-1768

12592 Beweis von Chirurgen über ihre Fähigkeit hinsichtlich gefährlicher Kuren 1772

12593 Bescheinigung der Kommunen über die Unvermögenheit von Züchtlingen 1775

12594 Einführung eines allgemeinen Reichskalenders hinsichtlich des Osterfestes 1776

12595 Lotterien 1750, 1776

12596 Viehseuchen 1729, 1775-1779

12597 Untersagte Beweidung der Grasanger an Wegen und Landstraßen in den Marschdistrikten 1777

12598 Kostenübernahme für Bau und Unterhalt von Brücken und Sielen 1778

12599 Verweigerte Dienste der Eingesessenen in Othmarschen und Bahrenfeld bei Anlage der Frachtstraße von Altona nach Ulzburg 1778

12600 Vergütung der Regimenter für Zulagegelder an die Viehseucheposten 1778

12601 Kommission zur Viehseuche 1778

12602 Verkauf von Teichfischen nach Gewicht 1779

12603 Animpfung der Viehseuche 1780-1782

12604 Bestrafung des Andreas Hinrich Schäfer in Moorrege wegen medizinischer Pfuscherei 1781-1782, 1788

12605 Bestrafung des Diebstahls von Geländern an Brücken und Sielen 1782

12606 Impfung der Kinder des Dr. Timmermann in Rellingen kurz vor der Versammlung der Nationalmiliz 1783-1784

12607 Brand des Hauses des Jakob Kölln in Eidelstedt durch Raketen 1783-1784

12608 Beschwerden des Dr. Timmermann in Rellingen über den Chirurgen Bremer 1785

12609 Aufhebung der Verordnungen zur Viehseuche 1786

12610 Straßen und Wege 1787

12611 Verbot der medizinischen Praxis des Johann Joachim Bars in Uetersen 1788, 1793, 1802

12612 Nachahmung der Wunderessenz des Schusters Johann Peter Menadie in Altona durch den dortigen Bürger Herzbruch 1789

12613 Kosten für die Anlage des Wegs von Altona nach Nienstedten und Blankenese 1793

12614 Verhalten des Fuhrmanns Janzen aus Itzehoe gegen einen erkrankten fremden Arbeitsmann in Pinnebergerdorf 1796-1797

12615 Beschwerden des Dr. Timmermann in Pinneberg über die dortige Ausübung der Polizei 1797-1798

12616 Transport des kranken Schneidergesellen Jochim Steen nach Altona 1799-1800

12617 Unbefugtes Praktizieren des Chirurgen Willmann in Blankenese 1802

12618 Tätigkeit des Chirurgen Leiferinck in Blankenese 1802

12619 Beschwerden über die Hebamme Gesche Thoaspern in Vormstegen 1803

12620 Dienstentlassung der Hebamme Hell in Seester 1803

12621 Wegegeld in der Herrschaft Pinneberg von den Frachtwagen 1803-1816

12622 Ruhrkrankheit in Niendorf 1803

12623 Transport von Gefangenen auswärtiger Behörden durch die Herrschaft Pinneberg 1804-1805

12624 Unterhalt des Mühlenwegs in Eidelstedt 1805-1806

12625 Instandsetzung und Unterhalt der Brücke zwischen Poppenbüttel und Mellingstedt 1810

12626 Unterhalt eines Wegs in Tangstedt 1816-1817

12627 Hebammen in der Herrschaft Pinneberg 1819

12628 Instandsetzung des Bollwerks in Teufelsbrück und Entschädigung der Anwohner für Sturmflutschäden 1825-1827

12629 Wegeunterhalt und Wegepflasterung in Ottensen und Neumühlen 1825, 1832-1839

12630 Schießen des Hegereiters Glaseck aus Kummerfeld auf der Straße in Pinneberg 1827

12631 Änderung eines Teils des Gehalts des Landchirurgen Lütche in Pinneberg 1828-1832

12632 Pfannendeckung der in Kirchennähe stehenden Häuser in Rellingen 1833

Arme, Bettler, loses Gesindel und Zigeuner

232 Armenwesen und loses Gesindel 1708-1749

12633 Bezahlung des Chirurgen Bruhns für Behandlung der Catharina Königs in Wedel 1758

12634 Verteilung der Exulantengelder und Verfall des Armenwesens in Wedel 1758-1766

12635 Unterhalt der Lucia Sellmann in Elmshorn 1763

12636 Armenversorgung aus den Armenkassen 1776, 1782

12637 Vertreibung des losen Gesindels in der Amts- und Klostervogtei Uetersen 1784-1785

12638 Vergütung von Beerdigungskosten der Stadt Krempe für Johann Sander aus Quickborn 1785

12639 Zulassung von Scherenschleifern 1788

12640 Unfug des Claus Krohn, genannt Hinrich Meyer, in Heist 1789-1790

12641 Versorgung der Adelheid Sophia Friederica Wagemann in Uetersen 1791

12642 Unterhalt der Margaretha Bornholdt in Seester 1791

12643 Untersuchung bei Hinrich Glissmann in Lurup wegen losen Gesindels 1792

12644 Verpflegung der Stina Beckmann mit ihrem unehelichen Kind aus der Armenkasse in Herzhorn 1792-1795

12645 Verhaftung des Vagabunden Simon Meyer aus Prag wegen Diebstahlsverdachts 1796

12646 Zustrom armer Fremder aus hamburgischem Gebiet in die Herrschaft Pinneberg 1796-1837

12647 Unterhalt der blinden Anna Margaretha Elisabeth Diercks in Wedel (1790) 1799-1802

12648 Vertreibung des losen Gesindels in der Herrschaft Pinneberg 1799

12649 Unterhalt der verabschiedeten Soldaten Peder Nielson Saxström und Christian Schmidt 1799-1804
Enthält u. a.: Abschiedspass des Christian Schmidt

12650 Untersuchung gegen den Vagabunden Nicolaus Tönder und Anna Margareta Peters in Pinneberg 1800

12651 Abtransport der Vagabunden 1800-1801

12652 Bestrafung des Vagabunden Carl Friedrich Reck in Pinneberg 1800

12653 Militärpatrouillen zur Verhütung des Eindringens verdächtiger Personen in die Herrschaft Pinneberg 1803

12654 Verpflegung des wahnsinnigen Schullehrers Vogt in Egenbüttel 1804

12655 Gemeindezugehörigkeit des Johann und des Claus Colby in der Herzhorner Wildnis 1805

12656 Streife gegen das lose Gesindel 1805

Post

206 Fahrende Post und Pensionen aus der Generalpostkasse 1720-1727

2476 Postverordnungen 1733-1748

12657 Postverordnungen 1773-1781

12658 Verleihung der fahrenden Postmeisterstelle an Dr. Hirschfeld in Altona (1762-) 1785

Militär

278 Ablieferung von Geschützen und Munition an das Haus Pinneberg durch den Gouverneur der Festung Glückstadt 1630

279 Verpflegung der dänischen Truppen in der Herrschaft Pinneberg 1647

280 Einquartierungsfreiheit für die Herrschaft Pinneberg 1649

281 Fremde Werbungen in der Herrschaft Pinneberg 1654, 1665

282 Privilegien für Matrosen 1709

283 Verbot des Aufenthalts außer Landes für Matrosen 1710-1711

284 Aufstellung von Wachen in der Herrschaft Pinneberg zur Verhütung einer schwedischen Invasion 1711-1712

285 Deserteure 1711-1750

286 Unterstützung des Generalkriegskommissars von Platen durch die Obrigkeiten in der Herrschaft Pinneberg und in Altona 1712

288 Generalpardons für Deserteure und entwichene Untertanen 1719, 1732, 1739

287 Bekanntmachung des Waffenstillstands und Friedens mit Schweden in der Herrschaft Pinneberg 1719-1720

289 Enrollierung der Seeleute 1723-1734

290 Freiheiten der aus königlichen Kriegsdiensten verabschiedeten Unteroffiziere und Gemeinen 1733-1735

291 Gerichtstand der verabschiedeten Offiziere und Soldaten 1735

292 Transport dänischer Truppen über die Elbe 1736

293 Landausschuss und Stellung der Reiterpferde 1737-1739

294 Militärhandwerker, Abdankung von Unteroffizieren und Gemeinen, Prisen, Kartel mit Kurköln, beurlaubte und verabschiedete Soldaten sowie Schulen der Oberoffiziere 1739-1746

295 Beschwerde des Oberst Graf von Schmettau über den Amtsverwalter Hennings in Pinneberg wegen Quartiergeldern (1740-) 1750

12659 Untersuchung gegen Jochim Hinrich Beckwold wegen Beschimpfung des Militärs, Verlegung der Extrasessionen von den Alarmplätzen, Fuhren und Leistungen der Färberschen Ländereien, Nutzung des Hauses des Brasch in Übermstegen als Militärkrankenhaus, Wachtstube im Haus des Schiffsbaumeisters Heitmann in Teufelsbrück, Ausfertigung der Stellvertreterdienstkontrakte in Blankenese durch den Kirchspielvogt, Beschwerden eines französischen Gendarmenoffiziers über den Baumpächter Petersen 1807-1819
Enthält nur Aktenumschläge mit Inhaltsverzeichnissen

Altona und Ottensen

234 Katholiken und Jesuiten 1603-1628, 1735

236 Reformierte 1636-1831

2645 Anzeige des Johann Rotlöben über Wiedertäufer, reformierte Prediger und Juden 1643

237 Freie Religionsausübung der Mennoniten 1641

239 Gehaltsverbesserung des Hofpredigers Rotlöben und Inspektion über die Kirche in der Herrschaft Pinneberg 1643

238 Lutherische Gemeinde 1641-1692
Enthält u. a.: Kirchenbau

2245 Erhebung zur Stadt und Streitigkeiten mit Hamburg 1665-1669

2246 Erbfolge der Eheleute 1691-1766

250 Amtsniederlegung des Kompastors Schultz 1710

251 Sonntagsheiligung und Vergrößerung der lutherischen Kirche 1710

252 Unordnungen beim Kirchengebet in Altona und der Herrschaft Pinneberg 1726

254 Totenzoll bei der Kirche in Ottensen 1728

402 Jüdische Gemeinde 1641-1835

261 Einführung der öffentlichen Konfirmation der Katechumenen und Streitigkeit zwischen Propst Fleischer und Kompastor Schulz 1736-1737

2483 Kirchliche Zugehörigkeit von Ottensen 1738

273 Anmeldung der Beichtkinder, Kirchenstühle und Änderung der Sakristei 1740, 1748

272 Gymnasium und Anatomisches Theater 1740

275 Kirchlich-separatistische Unordungen 1747

2485 Übernahme des Kirchenjuratenamtes in Ottensen durch Lizentiat Wördenhoff 1764

2486 Amtsführung des Pastors Joachim Pieter 1765

2487 Verhalten des katholischen Paters Verflassen 1791

2488 Parochialgerechtsame der Kirche in Ottensen über einige Häuser 1792-1795

2489 Witwenstiftung und akademisches Stipendium des Kanzleirats Waitz 1824

2490 Konfirmation und Schule 1829-1832

2491 Reparatur der lutherischen Hauptkirche 1829

2492 Änderung eines Taufeintrags in der lutherischen Hauptkirche für Matthias von Döhren in Hamburg 1834

2493 Maßnahmen zur Verhütung der wilden Ehen 1834

Kloster Uetersen

2501 Einquartierung dänischer Truppen 1638-1646

2502 Kontribution, Reparatur der Klosterkirche, Huldigung klösterlicher Hintersassen, Einquartierung 1639-1652

332 Holzdeputate aus der Herrschaft Pinneberg und der Grafschaft Rantzau 1639-1789

2500 Legat für die Kirche in Bekdorf 1642

333 Kirchen- und Schulvisitation in Uetersen durch den Propst der Herrschaft Pinneberg 1689

334 Streitigkeiten der Eingesessenen in Kurzenmoor mit den Eingesessenen in Nordende wegen Zuschüttung eines Grabens und anderer Angelegenheiten 1693

335 Streitigkeiten mit den Untergehörigen sowie Tumult im Klosterhof 1694-1695

336 Glockengeläut nach dem Tod Herzog Friedrichs IV. von Schleswig-Holstein-Gottorf 1702

338 Kloster Uetersen: Verteilung der Kriegssteuer auf die Untertanen 1712

339 Streitigkeiten zwischen den Kirchgeschworenen und der Konventualin Wackerbarth wegen eines Erbbegräbnisses 1712

340 Legat der Priörin von Brockdorff zur Verbesserung der Schule in Uetersen 1715-1718

337 Armen- und Kirchenkapitalien der Untertanen der Amtsvogtei 1711-1714

341 Klage der Priörin Anna Emerentia von Reventlow über Justizhandlungen des Oberst Reuss 1716

342 Neuerungen beim Hausbau des Wirts Kelting in Seester 1716

343 Gottesdienst nach der königlichen Kirchenkonstitution 1718

344 Reparatur des Koppeldeichs bei Uetersen 1718

345 Delinquentengelder der Untertanen 1718

346 Streitigkeiten zwischen der königlichen und klösterlichen Gemeinde in Uetersen über verschiedene Angelegenheiten 1720

347 Streitigkeiten der Eingesessenen des Klosterhofener und Wulfshagener Quartiers in Uetersen mit den Eingesessenen des Loher Quartiers, in Heist und Kurzenmoor wegen Zulagen zu Einquartierungskosten 1721

348 Einbußen des Schulbediensteten Johann Halcke in Uetersen in seiner Besoldung 1728-1730

349 Anzeige des Kanzleisekretärs Brand zum Nichtgebrauch des Stempelpapiers und Nichtbeachtung des Dezimationsrechts durch die Untertanen der Klostervogtei Uetersen sowie Ausweitung seiner Bestallung als Landaktuar auf Barmstedt, Klostervogtei Uetersen und Ottensen 1729-1730

2503 Verweigerte Beerdigung eines Pferdediebs durch die Eingesessenen in Uetersen 1729

2505 Fuhren der Klosteruntertanen in Kurzenmoor, Wisch und Sonnendeich 1731

2506 Rekognitionsgelder des Weißbäckeramtes in Uetersen 1731-1732

2504 Beibehaltung des Diakons als Beichtvater der Konventualinnen 1731

2507 Übertragung eines Torfmoors von Heist an Haselau und Haseldorf 1732-1733

2508 Auseinandersetzung des Fleckens Uetersen mit dem Dorf Esingen wegen Plaggenhauens im Batzhorn 1733

2509 Reparatur des Neuendeicher Siels 1734-1738

350 Geläut in Uetersen und Seester bei Landestrauer 1735

351 Patronatsrecht über die Kirchen in Uetersen und Seester sowie die Wahl eines Adjunkten in Seester 1735-1736

353 Zugehörigkeit zur Herrschaft Pinneberg sowie Veröffentlichung der königlichen und gemeinschaftlichen Verordnungen 1736-1737, 1770

352 Buttergeld der Untertanen des Amtes Pinneberg in Moorrege 1736-1737

12660 Jagdfuhren der Grafschaft Rantzau sowie der Güter Haselau, Haseldorf und Seestermühe 1736

354 Magazinkorn- und Fouragelieferung sowie Verteilung der Einquartierung 1736-1737

356 Vertretung der Untertanen im Ökonomiekollegium 1737

355 Beitrag zum Zucht- und Werkhaus in Glückstadt 1736-1737

357 Buttergeld der Besitzer des Buchlandes 1738-1739

358 Bestallung der Kirchgeschworenen in Seester 1742-1744

359 Kirchenkapitalien in Uetersen 1748-1750

360 Abzugspfenning der unter königlicher Jurisdiktion stehenden Personen (1732-) 1750

12661 Hand- und Spanndienste der Dorfschaft Heist 1751-1754

12662 Auktionsverwalter 1753-1754, 1778-1779

12663 Fuhren von Eingesessenen in Kurzenmoor, Sonnendeich und auf der Wisch 1751-1756

12664 Arbeitslohn des Maurermeisters Rupperts 1753

12665 Verteilung der Kirchenbaukosten 1754-1785

12666 Beschwerden der Kirchenjuraten über die Kommission zum Kirchenbau 1754

12667 Ausweisung von Land in Heist 1754-1761

12668 Schutz- und Vorbittelsgeld des Amtsvogts Armster in Uetersen 1758-1759

12669 Absetzung des Vogts Johann Haase in Heist (1746) 1758

12670 Beschwerden des Mühlenmeisters Jacob Lange in Esingen (1731-) 1759

12671 Vergütung der Klosterschreiberwitwe Völcker für die Verwaltung der Gelder zum Kirchturmbau durch ihren Mann 1759-1760

12672 Beitrag zu den Kosten der Herrschaft Pinneberg 1760-1761

12673 Streitigkeiten mit der Grafschaft Rantzau wegen der Zuständigkeit für den Prozess des verhafteten Rheder Poßel 1760-1762

12674 Kirchenstand und Einquartierung der Pastorenwitwe Hassen in Uetersen 1761

12675 Beitrag der Dorfschaft Lohe zu den Kosten des Fleckens Uetersen für Artillerieknechte und -pferde 1762-1777, 1800, 1810

12676 Abgabe auf Klosterkorn in Groß Flottbek und Klein Flottbek 1762-1763

12677 Oberdeichgrafenschaft über die Deiche der Klostervogtei 1762-1767

12678 Bekanntmachung des Patents zum Trauergeläut für den Zaren in der Kirche in Uetersen 1763

12679 Brüche von Eingesessenen auf der Wisch wegen Holzschlagens auf ihren Grundstücken 1764-1766

12680 Auskleiung eines Grabens auf der Klosterkoppel durch die Dorfschaft Heist 1766

12681 Einführung fremden Mehls durch Marten Heydorn in Uetersen 1769-1770

12682 Bestellung der Gevollmächtigten in Klostersande und Einschränkung der Tätigkeiten des Klostervogts 1769-1770

12683 Ausweisung neuer Ländereien in Batzhorn und Setzen der Grenzpfähle 1770-1774

12684 Weigerung der Eingesessenen der Klostervogtei zur Befolgung des Vergleichs mit der Herrschaft Pinneberg zur Wegeunterhaltung 1770

12685 Predigt, lateinische Gesänge und Kollekten 1772

12686 Gebühren in Armenangelegenheiten 1772

12687 Leichengebühr des Pastors Wiese in Uetersen 1774-1775

12688 Verlassen des Kirchspiels Seester durch die Frau des Gerth Buschen in Seester 1777

12689 Setzung von Grenzpfählen zur Grafschaft Rantzau 1781-1782

12690 Bau eines Kalkofens in Uetersen (1781) 1782

12691 Erlass von Brüchen für die Schützengilde in Uetersen 1782-1783

12692 Aufgaben der Fußknechte in der Amtsvogtei 1783

12693 Krugheuer der Bäcker und Höker 1786

12694 Besitz und Nutzung der Koppeldeichserde (1684-) 1785-1788

12695 Unterordnung der Untergehörigen unter die Landdrostei in Pinneberg 1789

12696 Fund eines Ornaments in einem offenen Sarg 1790, 1804-1805

12697 Aufteilung des Batzhorns in Uetersen 1790-1791

12698 Durchbruch des Neuendeicher Deichs bei Uetersen 1791

12699 Übertragung des Amtes des Auktionsverwalters an den Klosterhofmeister Matthiessen 1792-1796

12700 Vermessung und Aufteilung des Moores in Heisterende 1794-1799

12701 Todesart des Tiess Kölln in Klostersande 1797

12702 Verweigerte Torffuhren für den Amtsvogt durch Eingesessene in Sandweg, Holstendorf und Bauland 1797, 1801

12703 Abdeckung des Viehs in Uetersen 1800

12704 Befugnisse in Zunftangelegenheiten 1802

12705 Beteiligung der Landdistrikte Kurzenmoor, Sonnendeich, Wisch und Lohe (Kloster Uetersen) zu den Abgaben der Landkasse 1803-1805

12706 Schmälerung der Gebühren des Amtsvogts (1739) 1804

12707 Schule im Flecken Uetersen 1805-1818
Darin: gedruckte Schulordnung für die Real- und Bürgerschule in Uetersen, 1806

12708 Verteilung der Einquartierung in der Dorfschaft Heist 1806

12709 Krugheuer des Staats Matthias Tantau in Wisch 1806

12710 Verteilung der Einquartierungskosten 1809

12711 Vergütung der Eingesessenen in Klostersande für die französische Einquartierung 1810-1813

12712 Vergütung des ersten Quartiermeisters in Uetersen durch die Eingesessenen in Kurzenmoor 1810-1811

12713 Schlägerei in der Schusterherberge 1811

12714 Beitrag der Dorfschaften Klostersande und Vormstegen zu den Einquartierungen in Elmshorn 1811-1812

12715 Ausstellung von Pässen zur Schifffahrt 1811

12716 Niederlassung des Johann Hinrich Saucke aus Lüneburg 1812

12717 Lohgerberkonzession des Georg Bierkamp in Uetersen 1812

12718 Entrichtung der Landeskassengelder in Reichsbankgeld 1813

12719 Handel mit Eisenwaren 1813, 1833-1834

12720 Niederlassung des Landsoldaten von Pein in Uetersen 1817

12721 Forderung des Carl Christoph Meyer in Uetersen wegen Haferlieferung 1818

12722 Forderung des Martin Heydorn in Uetersen wegen Hafer- und Branntweinlieferung 1818

12723 Hausieren und Übernachten der Juden aus Elmshorn 1818-1828

12724 Vergütung der Kriegsschäden 1819-1825

12725 Musikkonzession des Albert Kelting in Uetersen 1821

12726 Anstellung der Witwe Wilcke als Distriktshebamme in Uetersen 1826

Pinneberger Vogteien

383 Lastenfreiheit eines Hofes in Dockenhuden 1641

384 Dienstgeld der Untertanen in Osdorf, Sülldorf, Rissen und Dockenhuden 1641

207 Mühlen in Pinneberg und Wedel 1641

203 Fuhren in Blankenese und Wedel 1641-1708

12727 Verbesserung des Fuhrwesens in Blankenese 1750-1751

389 Lastenfreiheit eines Lusthofes in Nienstedten 1642

382 Dienstgeld der Untertanen in Blankenese 1642

214 Einrichtung eines Pferdemarkts in Wedel 1643

385 Gemeinweide der Dörfer Groß und Klein Flottbek 1731

388 Anlage eines Wegs durch die Gemeinweide in Holm 1736

386 Anlage eines Grabens in Klein Flottbek durch Dietrich von Groven 1738

390 Anlage einer Brauerei in Oevelgönne 1747

12728 Eigentumsrecht der Eingesessenen in der Herrschaft Pinneberg an den Hölzungen auf ihren Ländereien 1747-1793

12729 Eigentumsrecht der Eingesessenen in der Herrschaft Pinneberg an den Hölzungen auf ihren Ländereien 1748-1761
Enthält u. a.: Zeugenverhöre

12730 Eigentumsrecht der Eingesessenen in der Herrschaft Pinneberg an den Hölzungen auf ihren Ländereien 1761
Enthält: Zeugenverhöre

12731 Beschwerde des Schlachters Ziese in Blankenese wegen eines Urteils des Gerichts in Pinneberg 1750

12732 Grobschmiedkonzession des Andreas Frauenstein in Pinnebergerdorf 1753

12733 Dorfabgaben des Polizeikommissars Scheel in Niendorf (1753) 1754-1755

12734 Abwerfen des Schlagbaums an der Schiffsstätte in Holm durch Untergehörige des Gutes Haselau 1756

12735 Brüche des Apothekers Brauns in Pinneberg wegen verweigerter Grabfolge 1757

12736 Nutzung eines Wegs am Holmer Deich 1761-1762

12737 Wahl eines Gevollmächtigten in Klein und Groß Nordende 1762

12738 Beitrag der Eingesessenen in Heidgraben zu Fuhrgeldern in Groß Nordende 1763-1765

12739 Beitrag der Herrschaft Pinneberg zur Einquartierung in Elmshorn 1768-1773, 1794-1816

12740 Hofdienste der Metta Catharina Lüdemanns in Heidrege zur klösterlichen Mühle in Uetersen 1772-1773

12741 Zuständigkeit über den Rechtsstreit zwischen Dr. Kück und Apotheker Roxer in Uetersen wegen gegenseitiger Rechtseingriffe 1779-1781

12742 Reisen des Landdrostes und anderer Beamten sowie vorübergehende Verwaltung der Dienstgeschäfte 1779, 1793

12743 Aufnahme der Kirchspielsrechnung in Horst 1788

12744 Beitrag der Eingesessenen in Moorrege, Glinde, Heidrege, Klevendeich, Neuendeich und Nordende zu den Einquartierungskosten von 1758 bis 1763 1787-1797

12745 Umlage der Holzbrüche in Esingen 1788

12746 Kontribution und Gehalt des Dorfvogts in Winseldorf 1788

12747 Beschwerden von Fischern in Blankenese gegen Lotsen des Amtes Burhave wegen Auffischens eines Ankers (1791) 1792

12748 Brüche und Kirchenfußsteig in Schenefeld 1793

12749 Hand- und Spanndienste der Dorfschaft Holm 1793-1799

12750 Beitrag der Privatzubauern in Wedel zu den Landeskassengeldern und zur Wegeinstandsetzung 1793-1796, 1829

12751 Misshandlung des Fährschiffers und seiner Leute in Blankenese durch hannoversche Soldaten 1795

12752 Übergriffe von Soldaten und Matrosen im Twielenflether Sand 1795-1796

12753 Fahrlässigkeit des Lotsen Friedrich Hoh in Blankenese beim Auflotsen eines Schiffs 1796

12754 Kultivierung von Heideländereien 1797

12755 Weigerung der Dorfschaft Quickborn zum Unterhalt der Gehegeeinfriedung 1797

12756 Verpachtung von geschenkten Ländereien in Wedel 1797-1801, 1827

12757 Beitrag der Eingesessenen in Ellerbek zum Unterhalt der Landstraße von Elmshorn nach Altona 1798

12758 Beitrag der Neuendeicher Deichkommune zur Wahl eines Deichgrafen 1800

12759 Nutzung des Elbstrandes in Blankenese 1800-1801

12760 Befreiungen der Landesgevollmächtigten 1801

12761 Holzbrüche in Moorrege, Heidrege und Klevendeich sowie Abgang des dortigen Deichgrafen und der Gevollmächtigten 1803

12762 Beitrag der Eingesessenen in Hummelsbüttel zur Kontribution 1804

12763 Beitrag der Privatzubauern in Pinnebergerdorf zu den Dorflasten 1804

12764 Unterbringung der Geisteskranken 1805-1806

12765 Einverleibung des Dorfes Bilsen in die Herrschaft Pinneberg und des Dorfes Hoisbüttel in das Amt Tremsbüttel sowie Verfassung der an Dänemark übertragenen Dörfer des Domkapitels in Hamburg 1803-1805

12766 Beitrag der Eingesessenen in Vormstegen zu Einquartierungslasten (1797) 1807

12767 Wegefuhrleistungen in Vormstegen 1807

12768 Einquartierungsfreiheit des Dorfes Blankenese 1808

12769 Umlage der nach Pflugzahl veranschlagten Abgaben in Blankenese 1808

12770 Ansetzung der Kätner und Zubauern in Poppenbüttel zu den Auflagen 1809

12771 Landüberlassung in Pinneberg an französische Emigranten 1810

12772 Umlage der Baufuhren in Borstel 1811

12773 Umlage der Landeskassengelder in Wedel 1810-1812

12774 Niederlassung von Juden 1812-1824

12775 Einquartierungslasten der Zubauern in Langenfelde 1812-1816

12776 Einquartierungsgelder für die Eingesessenen in Wedel 1813

12777 Beitrag der Abschieder in Quickborn zum Armengeld 1813

12778 Militärfuhren (1802) 1813

12779 Transport der Depositengelder nach Rendsburg 1813-1814

12780 Einrichtung einer Post- und Zollstätte in Blankenese 1814

12781 Gehalt des Dorfvogts in Lurup 1814

12782 Einquartierungsfreiheit der Dorfschaft Spitzerdorf 1815

12783 Wiederbepflanzung der Landstraße von Pinneberg nach Altona mit Bäumen 1815

12784 Beitrag der Eingesessenen in Schulau zu den Kriegskosten 1815

12785 Umlage der Schulden in Wedel 1815, 1820-1823

12786 Regulierung der Einquartierung für die Kleinbesitzer auf der Pinneberger Dingstätte 1815

12787 Anschaffung von Krankenbetten in den Dörfern 1815-1816

12788 Haferlieferung des Johann Albert Breckwoldt und Johann Kleinworth in Wedel für die Dorfschaften Schenefeld, Groß und Klein Flottbek, Bahrenfeld, Stellingen und Eidelstedt 1815-1816

12789 Auszahlung von Brandversicherungsgeldern an Heinrich Krohn in Hohenraden 1816

12790 Vergütung und Verteilung der von der Amts- und Klostervogtei Uetersen geforderten doppelten Eineindrittelprozentsteuer 1816-1817

12791 Mehlhandel von Bäckern in Blankenese und Nienstedten 1816-1817

12792 Niederlassung des Riemermeisters Pinnau aus Hamburg in Poppenbüttel 1817

12793 Herabsetzung des Mehlgeldes für die zur Mühle in Dockenhuden zwangspflichtigen Dörfer 1817-1818

12794 Ausweisung eines Platzes am Elbstrand bei Blankenese für den Vogt Hein von Appen 1817

12795 Reinigung der Pinnau 1817-1818

12796 Beitrag der Eingesessenen in Kurzenmoor zu den Fuhrleistungen 1818-1819

12797 Beitrag des Scharrenkamper Hofs zu den Dorflasten in Schenefeld 1819-1820

12798 Dorfrechnung in Tangstedt 1819-1823

12799 Wegeinstandsetzung der Dorfschaften Egenbüttel und Ellerbek
Darin: Wegekarten der Dorfschaften 1820-1821

12800 Scharrenkamper Hof in Schenefeld (1755-1782) 1820-1843

12801 Eintreibung der vom Boten Timm vorgeschossenen Exekutionsgelder 1820
Enthält u. a.: Verzeichnis ausstehender Exekutionsgebühren für Harksheide und Garstedt

12802 Bekanntmachung der Landdrostei in Pinneberg für das Kirchspiel Nienstedten hinsichtlich der Aufnahme von Fremden ohne Erlaubnis (1819) 1822

12803 Unbefugte Ausübung der Tischlerei durch die Witwe Quast in Lokstedt 1820-1821

12804 Ernennung des Johann Christian Heintzelmann auf der Pinneberger Dingstätte zum Gehilfen des Amtsboten 1821

12805 Zuschreibung von zwei Grundstücken bei Nienstedten für Jacob Oppenheimer aus Hamburg 1821, 1831-1832

12806 Wegenunterhalt (1783-) 1821-1835
Darin: gedrucktes Regulativ zur Wegeinstandsetzung, 1823

12807 Hökereikonzession des Albert Piening in Seester 1822

12808 Annullierung eines Vergleichs in Rellingen 1822-1830

12809 Reisekosten und Amtseinnahmen der Amtsvögte 1823-1826, 1839

12810 Vergütung für die Übernahme von Dorfämtern in Blankenese 1824-1825

12811 Ankauf von Landstellen in Dockenhuden und Hinschenfelde durch Joseph Salomon in Hamburg und David Abraham Cohen in Altona 1825-1832

12812 Grenze zwischen Fuhlsbüttel und Hummelsbüttel 1825
Darin: Karte des Grenzverlaufs

12813 Kommunalabgaben des Grenzkontrolleurs Eimbeck in Westerort 1825-1828

12814 Ziegelbedachung neuer Gebäude in Blankenese und Mühlenberg 1826-1827

12815 Umlage der nach Pflugzahl veranschlagten Kommunallasten in Ellerbek 1826-1827

12816 Kauf einer Landstelle in Bahrenfeld durch Salomon Jüdel aus Hannover 1827

12817 Umschreibung einer Katenstelle in Hainholz auf Jonas Samuel in Itzehoe 1827

12818 Umbenennung des Scharrenkamper Hofes in Schenefeld in Friedrichshulde 1828

12819 Erhebung der Besitzungen des Senators Jenisch in Hamburg zum Kanzleigut Flottbek 1828-1843

12820 Zuschreibung der Landstelle des Elias Joseph Hollander in Othmarschen an den mosaischen Glaubensgenossen Gustav Gumpel in Hamburg 1828-1829

12821 Mitteilung einer Abschrift über die Landeskassenrechnung an das Kloster Uetersen 1829

12822 Bäckereigerechtigkeit der Witwe Anna Magdalena Sievers in Rellingen und Brauereigerechtigkeit des Matthias Tantau in Wisch 1831-1832

Herrschaft Herzhorn, Sommerland und Grönland

395 Auseinandersetzung zwischen der Witwe Wöbke Jarren in Glückstadt und dem gräflichen Verwalter Hinrich Canzler in Herzhorn wegen eines Kaufgeldes 1632-1634

208 Windmühle in Herzhorn 1641

227 Auseinandersetzung mit dem Gut Kollmar wegen der Kosten für die Schleuse am Außendeich 1641-1642

226 Reparatur der Elbdeiche am Garten bei Glückstadt 1620-1648

228 Unterhalt der Reinschleusen in und bei Glückstadt 1641-1651

211 Auseinandersetzung der Dörfer Lieth und Hainholz mit dem Müller Richtborn 1711

2477 Bestätigung des vom Grafen Ernst von Holstein-Schaumburg erteilten Heuer- und Meierstättenvertrags mit den Untertanen im Außendeich [17. Jh.]

392 Unterhalt einer Brücke über die Bekau 1694-1695

193 Abgabenerlass 1694

194 Lastenfreiheit des Kanzlerschen Hofes in der Herrschaft Herzhorn 1707

212 Mühle des Johann Hinrich Carstens in der Herrschaft Pinneberg 1731

249 Kirchenausschlagsgeld an der Kirche in Herzhorn 1707-1711

387 Reparatur der Wege aus dem Neuen Tor in Glückstadt nach Herzhorn 1708-1709

393 Überlassung der Herrschaft Herzhorn, Sommerland und Grönland durch den dänischen König an die Geheimen Räte Wulf Brockdorff und Otto Blome 1712

394 Besitzergreifung durch den dänischen König 1730-1731

222 Landhandwerker 1737

391 Reparatur der gemeinen Straße in Siethwende (1725) 1735-1736

271 Patronatsrechte des Besitzers der Laurvigschen Wildnis über die Kirche in Herzhorn 1739

213 Kornwassermühle in Eidelstedt 1747

407 Geld- und Bücherlotterie des Organisten Glashoff in Herzhorn 1745-1749

276 Predigerwahl in Herzhorn 1748

12823 Bestallung des Konferenzrates von Brandt zum Administrator der Grafschaft Rantzau und Intendant der Herrschaft Herzhorn, Sommerland und Grönland 1768

12824 Reise des Konferenzrates von Brandt als Intendant der Herrschaft Herzhorn nach Kopenhagen 1768

12825 Anwesenheit des Landdrosten bei der Kirchenvisitation in Herzhorn 1769

12826 Äquivalent für das Fastnachtssammeln des Organisten und Schulmeisters in Herzhorn (1769) 1770, 1827

12827 Erstattung von Kosten der Armenkasse in Süderau wegen Verpflegung des Jacob Falck aus Herzhorn 1778

12828 Amtsveränderung des Konferenzrates und Administrators von Brandt 1784

12829 Bestallung des Konferenzrates Niemann als Adminstrator der Grafschaft Rantzau und Intendant der Herrschaft Herzhorn, Sommerland und Grönland 1784

12830 Tod des Intendanten der Herrschaft Herzhorn, Sommerland und Grönland Niemann 1789

12831 Zustand der Kirchenfußsteige und Stege in Herzhorn 1799-1800

12832 Bequartierung von Eingesessenen in Herzhorn durch den Inspektor der Bülowschen Wildnis 1808

12833 Freiheit von Magazinkornlieferung und Einquartierung 1808-1809

12834 Beitrag zu den Kosten der Feldpoststafetten 1810

12835 Privileg des Tabakfabrikanten Mehlen in Herzhorn (1798) 1817

12836 Prövengilde (1763) 1817-1819

Laurvigsche Wildnis (Herzhorner Wildnis, Bülowsche Wildnis)

229 Aufbringen der Kosten für das Siel im Herren-Felddeich beim Herzhorner Herrenhof (1731) 1732-1739
Enthält auch: Hofdienste der Kätner in Herzhorn für den Herrenhof

2409 Jurisdiktionsstreitigkeit mit der Herrschaft Herzhorn wegen des Hauses des Johann Meinerts 1735-1737

12837 Beweidung der Innen- und Außendeichsländereien durch Pferde der Marschleute der Herrschaft Pinneberg 1752-1756

12838 Unterhalt der Armen aus dem Armenblock der Herrschaft Herzhorn 1756

12839 Ablieferung von Soden aus dem Außendeich für den Elbdeich der Herrschaft Herzhorn (1748) 1759

12840 Kopfsteuer der Schullehrer 1768-1769

12841 Bestätigung der Kautionsbürgschaft für Inspektor Claussen 1776

12842 Zollvergünstigung für die Lübbesche Holzsägemühle 1797

12843 Transport von Gefangenen 1800-1801

12844 Weigerung der Eingesessenen zum Beitrag zu den Deich- und Schleusenkosten sowie zur Besoldung des Deichinspektors 1802

12845 Erbzehnt des Peter Schröder und des Jacob Mahn 1805

12846 Befreiung von Einquartierungsabgaben 1806

12847 Familienstellen, Dienstleistungen und Abgaben 1806

12848 Außerordentliche Roggen- und Haferlieferung 1807-1808

12849 Verbesserung der Schuleinnahmen des Schullehrers Selck 1810-1811

2472 Folium im Schuld- und Pfandprotokoll (1806-) 1811
Darin: mehrere Exemplare der „Schleswig-Holsteinischen Anzeigen", des „Altonischer Merkur", der „Hamburgische Neue Zeitung" und der „Lübeckische Anzeigen", Juni-August 1811

12850 Prämie für Hinrich Blunck wegen Rettung eines scheintoten Kindes 1811

12851 Verweigerte Fuhren der Interessenten des Herrenfeldes 1814

12852 Befreiung der Cordtschen Ländereien von außerordentlichen Korn- und Magazinlieferungen 1815

12853 Zollfreie Einfuhr von Baumaterialien des Müllers Thameling 1817

12854 Kurkosten der Ehefrau des Timm Suhr und ihres Sohnes 1817

12855 Steuerfreiheit 1818

12856 Anlage von Branntweinbrennereien 1819-1820, 1830-1832

12857 Zahlung einer Geldsumme an die allgemeine Deichkasse 1823

12858 Aufhebung der Privilegien hinsichtlich der Dienst- und Heuergelder (1817) 1822-1824

12859 Landhandwerker 1824-1839

12860 Bankhaft 1830-1835

Grafschaft Rantzau

362 Grenzstreitigkeiten mit der Herrschaft Pinneberg 1656-1691

364 Abgaben des Albert Bornholt und Heinrich von Pein in Renzel an die Kirche in Barmstedt 1691

363 Mitteillung der Protokolle und Register des Amt Barmstedts bis 1640 an die Gevolmächtigten des Kirchspiels Barmstedt 1710

361 Pastorwahl in Elmshorn und schuldige Holzlieferung des Grafen Rantzau an das Kloster Uetersen 1714-1716

365 Streitigkeiten der Herrschaft Pinneberg mit dem Grafen von Rantzau wegen des Wege- und Stegegeldes in Elmshorn 1719-1727

366 Torffuhren aus der Aue durch Untertanen der Grafschaft Rantzau und des Klosters Uetersen 1720

367 Patronat über die Kirche in Elmshorn 1702, nach 1737

368 Vereinigung von Vormstegen und Klostersande mit Elmshorn 1747

12861 Torfgraben der Dorfschaften Esingen, Prisdorf und Kummerfeld 1755-1760

12862 Unterhalt eines Wegs mit der Herrschaft Pinneberg (1766-) 1793

12863 Abgang des Administrators von Bardenfleth 1795

12864 Bestallung königlicher Beamter 1798

RANTZAUER ARCHIV

Kirche

Allgemeines und Kirchenvisitation

12877 Examen des Kandidaten der Theologie Quenzel aus Barmstedt in Schleswig 1805

12882 Generalkirchenvisitation und Kircheninventare 1814-1828

12883 Schulregulativ 1814-1834

12884 Erledigte Kirchenpropstei und Verlegung des Kirchhofs in Elmshorn 1816-1824, 1839

12887 Verpachtung der Dienstländereien des Propstes 1817

12896 Generalkirchenvisitation 1819

12905 Gebühren der Kirchenbeamten bei Armenleichen 1819

12907 Schullehrerwitwenkasse 1819-1842

12912 Vergütung der Vokationsgebühren der Pröpste 1820-1821, 1837

12914 Priesteropfer und Kircheninventar in Elmshorn 1820-1822, 1839

12924 Generalkirchenvisitation 1821 1822

12929 Generalkirchenvisitation 1824 1825

12932 Schulgeld für arme Kinder aus einem fremden Schuldistrikt 1825

12936 Gage für Propst Weller in Elmshorn 1826

Kirchspiel Barmstedt

12866 Besetzung des Organisten- und Küsterdienstes in Barmstedt 1800-1801

12874 Landausweisung für den Schullehrer in Bokholt 1803-1804

12876 Ehedispens für Hans Bornholdt in Groß Offenseth 1804

12878 Schulhalter Biehl in Westerhorn 1806-1807

12881 Pension der Pastorenwitwe Quenzel in Barmstedt 1811

12888 Fütterung der Kühe des Schullehrers Mohr in Heede 1817-1818

12890 Unterstützung des Schulhausbaus für Ellerhoop und Thiensen 1818

12891 Beschwerden der Schulinteressenten in Bokholt über Schullehrer Mohr (1788, 1791) 1818

12893 Umlage der Schullasten in Klein Offenseth 1818

12898 Schulhaus in Bullenkuhlen 1818-1819

12901 Schulleistungen in Sparrieshoop 1819, 1830

12902 Beihilfe zum Schulhausbau in Heede aus dem Schulfonds 1819

12906 Schulländereien in Osterhorn 1819-1822

12910 Bau des Armenhauses in Barmstedt 1820

12913 Schulordnung für Barmstedt und Großendorf 1820-1847

12918 Einzug der Katechetenstelle in Barmstedt 1821

12921 Schulfeuerung in Bullenkuhlen 1821

12923 Unterstützung der Dorfschaft Bullenkuhlen aus dem Schulfonds 1821

12925 Bau des Schulhauses in Groß Offenseth 1822-1823
Darin: Grundriss und Ansicht

12927 Handdienste für die Schule in Westerhorn 1823, 1830-1831

12930 Pension der Schullehrerwitwe Rehder in Westerhorn (1819-) 1825
Darin: gedruckter Plan einer Schullehrerwitwenkasse, 1821

12931 Unterstützung des Schulhausbaus in Langeln 1825

12937 Schule in Hemdingen 1827-1830

12941 Schulbeitrag des Altenteilers Pasche Fick in Barmstedt 1827

12943 Anleihe aus dem Fonds der Carstensschen Stiftung für den Schuldistrikt Barmstedt und Großendorf (1826) 1828
Darin: gedruckte Schulordnung für Barmstedt und Großendorf, 1826

12944 Instandsetzung des Schulhauses in Bokel 1828-1832

12945 Vergrößerung der Schulstube in Ekholt 1829-1830
Darin: Grundriss

12947 Überlassung eines Stücks vom Vorplatz beim Kompastorat in Barmstedt zum Bauplatz 1830, 1835

12949 Regulativ für das Armenwesen im Kirchspiel Barmstedt 1833

Kirchspiel Elmshorn

12865 Konfession des Schusters Marcian in Elmshorn 1799

12867 Gnadenjahr der Kinder des Pastors Vasmer in Elmshorn 1800-1801

12868 Eingriffe des Kompastorats in Elmshorn in die Gebühren des Hauptpastorats 1800-1801

12869 Schule und Organistenstelle in Elmshorn 1801-1802

12870 Heirat der Witwe Stahl in Langelohe (Herrschaft Pinneberg) mit dem Bruder ihres Mannes 1801

12871 Verteilung der Schullasten in Wisch (1763) 1801

12872 Wiederverheiratung der Anna Bolten in Elmshorn 1801-1802

12873 Holzgeld des Kompastors in Elmshorn 1802-1803

12875 Beitrag zu den Schulanlagen in Hainholz 1803-1804

12879 Verpachtung der Pastoratsländereien in Elmshorn 1808-1809

12880 Klüverscher Schulfonds in Elmshorn 1811, 1836

12889 Holzgelder des Pastorats in Elmshorn 1818

12892 Schulhaus in Vormstegen 1818-1819, 1830-1834

12894 Bau der Schulhäuser in Wisch, Lieth, Köhnholz (Kloster Uetersen) und Klostersande 1818-1830, 1846

12895 Beitrag des Tönnies von Döhren und Otto Meyer in Hainholz zur Schule in Ekholt (1803) 1818

12899 Schulinteressenten in Kölln und Reisiek 1818-1819

12900 Vergütung des Kompastors Hartmann in Elmshorn als Hospitalprediger und Katechet sowie Hospitalpredigerstelle allgemein 1819, 1831-1832

12903 Umlage des Schulgehalts in Vormstegen 1819

12909 Kosten des Schullehrers Hachmann in Mühlenkamp (1818) 1820

12911 Unterhalt der Wohnung des Organisten und Schullehrers Paulsen in Elmshorn 1820-1821

12915 Armensetzung in Elmshorn (1819) 1820-1821

12916 Diensteinkünfte des Organisten und Schullehrers Paulsen in Elmshorn 1820-1821

12917 Bauplatz für ein Elementarschulhaus in Elmshorn und Erweiterung des Schulzimmers für den wechselseitigen Schulunterricht 1821, 1827-1828

12920 Beitrag der jüdischen Gemeinde in Elmshorn zum Unterhalt christlicher Schulen 1821-1822

12922 Goldene Hochzeit des Heuerlings Mohr in Reisiek 1821

12928 Miete des Schullehrers Hinrichs in Köhnholz (Kloster Uetersen) für eine Schulkoppel 1824-1825

12934 Beitritt des Schulgehilfen Schnede in Elmshorn zur Schullehrerwitwenkasse 1825

12939 Überlassung von Pastoratsland an den Untervogt Lange in Elmshorn 1827, 1835-1836

12940 Erneuerung und Verbesserung der Kirchenprotokolle in Elmshorn 1827-1828

12942 Überlassung von Pastoratsland in Elmshorn zur Vergrößerung des jüdischen Friedhofs 1827

12946 Überlassung von Kompastoratsland in Erbpacht an Claus Panje in Elmshorn 1829-1830

12948 Verteilung des Kirchenschosses oder der Kirchenanlagen im Kirchspiel Elmshorn 1830-1839

Kirchspiel Herzhorn

12904 Kirchen- und Schulfußsteige 1812, 1819-1820
Darin: Karte vom Sielkreis und vom Moorhusener Feld

Kirchspiel Hörnerkirchen

12885 Handdienste für die Schulfeuerung in Hörnerkirchen 1817

12886 Verwaltung des Pastorats in Hörnerkirchen während des Gnadenjahrs 1817-1818

12897 Gemütszustand des Pastors Hälsen in Hörnerkirchen 1819

12908 Kornlieferung des Hans Butenop und Jürgen Hauschild in Bokel an den Prediger in Hörnerkirchen 1820

12919 Weigerung des Pastors Möller in Hörnerkirchen zur Mitteilung des Kircheninventars 1821

12926 Konfirmationsgebühr für Pastor Möller in Hörnerkirchen 1822-1823

12933 Trauung des Johann Hinrich Lenschau und der Anna Auguste Elisabeth Marissal aus Hamburg durch Pastor Möller in Hörnerkirchen 1825-1826

12935 Außerordentliches Gehalt für den Prediger und Organisten in Hörnerkirchen 1826

12938 Bescheinigung des Pastors Möller in Hörnerkirchen über den Tod der Elsabe Harder in Westerhorn 1827

Polizei

12950 Wegezustand 1801, 1805

12951 Armenabgabe der Tanzgesellschaften in Barmstedt 1810

12952 Verpachtung des Brücken- und Wegegeldes im Kirchspiel Elmshorn an Kaufmann Claus Panje in Elmshorn 1827-1828

Arme und Bettler

12953 Bezahlung der Entbindungs- und Wochenbettkosten der Margaretha Ehlers in Sparrieshoop (1773-) 1802

12954 Unterhalt der Hebamme Mohr in Barmstedt und der Magdalena Bornholdt in Hörnerkirchen 1802-1804

12955 Bezahlung der Kurkosten des wahnsinnigen Marx Bolz in Heede 1804

12956 Unterhalt der Metta Meyer durch die Armenkasse in Barmstedt 1805-1806

12957 Unterhalt der beiden verarmten und wahnsinnigen Frauen Metta Piening und Gesche Soosten in Elmshorn 1806

12958 Unterhalt des unehelichen Kindes des Joachim Brackenhoff aus Kaltenkirchen 1806

12959 Aufnahme und Unterhalt der Metta Todt in Barmstedt 1806

12960 Vergütung für die auf Rechnung der Armenkasse gelieferten Medikamente 1807

12961 Unterhalt des Epileptikers Jürgen Köhncke in Hörnerkirchen aus der Kriminalkasse 1808

12962 Verpflegung unehelicher Kinder aus der Kriminalkasse 1806-1810

Elmshorn

12963 Postgeld des Besitzers des sogenannten Großen Hauses 1800

12964 Gerücht über eine ansteckende Krankheit 1805

12965 Einquartierung 1807-1809, 1848-1849

12966 Aufenthalt der Jungfer Margaretha Kruse aus Klostersande 1808

12967 Präbendenstift 1809-1849

12968 Einquartierungslasten des Gastwirts Petersen 1809-1810

12969 Kriegsfuhren des Kirchspiels Elmshorn 1809

Handwerk und Gewerbe

12970 Schmiedekonzession des Schmiedegesellen Godemann in Hörnerkirchen 1804

JOURNALE UND PROTOKOLLE

2667 Verzeichnisse der gedruckten Verordnungen und Patente 1616-1826

2669 Register der reponierten Schriften nach Inhalt des Diariums 1787

2670 Register der reponierten Schriften nach Inhalt des Diariums 1788

2671 Register der reponierten Schriften nach Inhalt des Diariums 1789

2672 Register der reponierten Schriften nach Inhalt des Diariums 1790

2673 Register der reponierten Schriften nach Inhalt des Diariums 1791

2674 Register der reponierten Schriften nach Inhalt des Diariums 1792

2675 Register der reponierten Schriften nach Inhalt des Diariums 1793

2676 Register der reponierten Schriften nach Inhalt des Diariums 1794

2677 Register der reponierten Schriften nach Inhalt des Diariums 1795

2678 Register der reponierten Schriften nach Inhalt des Diariums 1796

2679 Register der reponierten Schriften nach Inhalt des Diariums 1797

2680 Register der reponierten Schriften nach Inhalt des Diariums 1798

2681 Register der reponierten Schriften nach Inhalt des Diariums 1799

2682 Diarium für Holstein 1800
Mit Registern

2683 Votierprotokoll für Holstein 1800

2684 Diarium für Altona und Pinneberg 1800

2685 Votierprotokoll des Altonaer und Pinneberger Oberappellationsgerichts 1800

2686 Register der reponierten Schriften nach Inhalt des Diariums 1800

2687 Diarium für Holstein August-Dezember 1801
Mit Registern für das Gesamtdiarium

2688 Diarium für Altona und Pinneberg 1801
Mit Registern

2689 Votierprotokoll des Altonaer und Pinneberger Oberappellationsgerichts 1801

2690 Register der reponierten Schriften nach Inhalt des Diariums 1801

2691 Diarium für Holstein 1802
Mit Registern

2692 Votierprotokoll für Holstein 1802

2693 Votierprotokoll des Altonaer und Pinneberger Oberappellationsgerichts 1802

2694 Register der reponierten Schriften nach Inhalt des Diariums 1802

2695 Diarium für Holstein 1803
Mit Registern

2696 Votierprotokoll für Holstein 1803

2697 Votierprotkoll des Altonaer und Pinneberger Oberappellationsgerichts 1803

2698 Register der reponierten Schriften nach Inhalt des Diariums 1803

2699 Diarium für Holstein 1804
Mit Registern

2700 Votierprotokoll für Holstein 1804

2701 Diarium für Altona und Pinneberg 1804
Mit Registern

2702 Votierprotokoll des Altonaer und Pinneberger Oberappellationsgericht 1804

2703 Register der reponierten Schriften nach Inhalt des Diariums 1804

2704 Diarium für Holstein 1805
Mit Registern

2705 Votierprotokoll für Holstein 1805

2706 Diarium für Altona und Pinneberg 1805
Mit Registern

2707 Votierprotokoll des Altonaer und Pinneberger Oberappellationsgerichts 1805

2708 Register der reponierten Schriften nach Inhalt des Diariums 1805

2709 Diarium für Holstein 1806
Mit Registern

2710 Votierprotokoll für Holstein 1806

2711 Diarium für Holstein und Pinneberg 1806
Mit Registern

2712 Votierprotokoll des Altoner und Pinneberger Oberappellationsgerichts 1806

2713 Register der reponierten Schriften nach Inhalt des Diariums 1806

2714 Diarium des Holsteinischen Obergerichts 1807
Mit Registern
Enthält auch: Register über eingegangene Berichte über Konkurse, Erbteilungen und Kriminalfälle

2715 Votierprotokoll des Holsteinischen Obergerichts 1807

2716 Register der reponierten Schriften nach Inhalt des Diariums 1807

2717 Diarium für Holstein Januar-November 1808
Mit Registern für das Gesamtdiarium
Enthält auch: Register über eingegangene Berichte über Konkurse, Erbteilungen und Kriminalfälle

2718 Diarium für Holstein November-Dezember 1808

2719 Votierprotokoll des Holsteinischen Obergerichts 1808

2720 Register der reponierten Schriften nach Inhalt des Diariums 1808

2721 Diarium für Holstein 1809
Mit Registern
Enthält auch: Register über eingegangene Berichte über Konkurse, Erbteilungen und Kriminalfälle

2722 Votierprotokoll des Holsteinischen Obergerichts 1809

2723 Register der reponierten Schriften nach Inhalt des Diariums 1809

2724 Diarium Januar-September 1810

2725 Diarium September-Dezember 1810
Mit Registern für das Gesamtdiarium

2726 Votierprotokoll des Holsteinischen Obergerichts 1810

2727 Register der reponierten Schriften nach Inhalt des Diariums 1810

2728 Diarium 1811
Mit Registern

2729 Votierprotokoll des Holsteinischen Obergerichts 1811

2730 Register der reponierten Schriften nach Inhalt des Diariums 1811

2731 Diarium 1812
Mit Registern

2732 Votierprotokoll des Holsteinischen Obergerichts 1812

2733 Register der reponierten Schriften nach Inhalt des Diariums 1812

2734 Diarium 1813
Mit Registern

2735 Votierprotokoll des Holsteinischen Obergerichts 1813

2736 Register der reponierten Schriften nach Inhalt des Diariums 1813

2737 Diarium 1814
Mit Registern

2738 Votierprotokoll des Holsteinischen Obergerichts 1814

2739 Register der reponierten Schriften nach Inhalt des Diariums 1814

2740 Votierprotokoll des Holsteinischen Obergerichts
März-Dezember 1815

2741 Register der reponierten Schriften nach Inhalt des Diariums 1815

2742 Diarium 1816
Mit Registern

2743 Votierprotokoll des Holsteinischen Obergerichts Band 1
Januar-Juni 1815

2744 Votierprotokoll des Holsteinischen Obergerichts Band 2
Juli-Dezember 1816

2745 Register der reponierten Schriften nach Inhalt des Diariums 1816

2746 Diarium 1817
Mit Registern

2747 Votierprotokoll des Holsteinischen Obergerichts Band 1
Januar-Juni 1817

2748 Votierprotokoll des Holsteinischen Obergerichts Band 2
Juli-Dezember 1817

2749 Register der reponierten Schriften nach Inhalt des Diariums 1817

2750 Diarium 1818
Mit Registern

2751 Votierprotokoll des Holsteinischen Obergerichts Band 1
Januar-April 1818

2752 Votierprotokoll des Holsteinischen Obergerichts Band 2
Juli-Dezember 1818

2753 Register der reponierten Schriften nach Inhalt des Diariums 1818

2754 Diarium 1819
Mit Registern

2755 Votierprotokoll des Holsteinischen Obergerichts Band 1
Januar-Juni 1819

2756 Votierprotokoll des Holsteinischen Obergerichts Band 2
Juli-Dezember 1819

2757 Register der reponierten Schriften nach Inhalt des Diariums 1819

2758 Diarium 1820
Mit Registern

2759 Votierprotokoll des Holsteinischen Obergerichts Band 1
Januar-Mai 1820

2760 Votierprotokoll des Holsteinischen Obergerichts Band 2
Juli-Dezember 1820

2761 Register der reponierten Schriften nach Inhalt des Diariums 1820

2762 Diarium 1821
Mit Registern bis Buchstabe T

2763 Votierprotokoll des Holsteinischen Obergerichts Band 1
Januar-Juni 1821

2764 Votierprotokoll des Holsteinischen Obergerichts Band 2
Juli-Dezember 1821

2765 Register der reponierten Schriften nach Inhalt des Diariums 1821

2766 Diarium 1822
Mit Registern

2767 Votierprotokoll des Holsteinischen Obergerichts Band 1
Januar-Juni 1822

2768 Votierprotokoll des Holsteinischen Obergerichts Band 2
Juli-Dezember 1822

2769 Register der reponierten Schriften nach Inhalt des Diariums 1822

2770 Diarium 1823
Mit Registern

2771 Votierprotokoll des Holsteinischen Obergerichts Band 1
Januar-Juni 1823

2772 Votierprotokoll des Holsteinischen Obergerichts Band 2
Juli-Dezember 1823

2773 Register der reponierten Schriften nach Inhalt des Diariums 1823

2774 Diarium 1824
Mit Registern (unvollständig)

2775 Votierprotokoll des holsteinischen Obergerichts Band 1
Januar-Juni 1824

2776 Votierprotokoll des holsteinischen Obergerichts Band 2
Juli-Dezember 1824

2777 Register der reponierten Schriften nach Inhalt des Diariums 1824

2778 Diarium 1825
Mit Registern

2779 Votierprotokoll des Holsteinischen Obergerichts Band 1
Januar-Juni 1825

2780 Votierprotokoll des Holsteinischen Obergerichts Band 2
Juli-Dezember 1825

2781 Register der reponierten Schriften nach Inhalt des Diariums 1825

2782 Diarium 1826
Mit Registern

2783 Votierprotokoll des Holsteinischen Obergerichts Band 1
Januar-Juni 1826

2784 Votierprotokoll des Holsteinischen Obergerichts Band 2
Juli-Dezember 1826

2785 Register der reponierten Schriften nach Inhalt des Diariums 1826

2786 Diarium 1827
Mit Registern

2787 Votierprotokoll des Holsteinischen Obergerichts Band 1
Januar-Juni 1827

2788 Votierprotokoll des Holsteinischen Obergerichts Band 2
Juli-Dezember 1827

2789 Register der reponierten Schriften nach Inhalt des Diariums 1827

2790 Diarium 1828
Mit Registern

2791 Votierprotokoll des Holsteinischen Obergerichts Band 1
Januar-Juni 1828

2792 Votierprotokoll des Holsteinischen Obergerichts Band 2
Juli-Dezember 1828

2793 Register der reponierten Schriften nach Inhalt des Diariums 1828

2794 Diarium 1829
Mit Registern

2795 Votierprotokoll des Holsteinischen Obergerichts Band 1
Januar-Juni 1829

2796 Votierprotokoll des Holsteinischen Obergerichts Band 2
Juli-Dezember 1829

2797 Register der reponierten Schriften nach Inhalt des Diariums 1829

2798 Diarium 1830

2799 Diarium: Personen-, Orts- und Sachregister 1830

2800 Votierprotokoll des Holsteinischen Obergerichts Band 1
Januar-Juni 1830

2801 Votierprotokoll des Holsteinischen Obergerichts Band 2
Juli-Dezember 1830

2802 Register der reponierten Schriften nach Inhalt des Diariums 1830

2803 Diarium 1831
Mit Registern

2804 Votierprotokoll des Holsteinischen Obergerichts Band 1
Januar-Juni 1831

2805 Votierprotokoll des Holsteinischen Obergerichts Band 2
Juli-Dezember 1831

2806 Register der reponierten Schriften nach Inhalt des Diariums 1831

2807 Diarium 1832
Mit Registern

2808 Votierprotokoll des Holsteinischen Obergerichts Band 1
Februar-Juni 1832

2809 Votierprotokoll des Holsteinischen Obergerichts Band 2
Juli-Dezember 1832

2810 Register der reponierten Schriften nach Inhalt des Diariums 1832

2811 Diarium 1833
Mit Registern

2812 Votierprotokoll des Holsteinischen Obergerichts Band 1
Januar-Juni 1833

2813 Votierprotokoll des Holsteinischen Obergerichts Band 2
Juli-Dezember 1833

2814 Register der reponierten Schriften nach Inhalt des Diariums 1833

2815 Diarium 1834
Mit Registern

2816 Votierprotokoll des Holsteinischen Obergerichts Band 1
Januar-Mai 1834

2817 Votierprotokoll des Holsteinischen Obergerichts Band 2
Juni-September 1834

2818 Register der reponierten Schriften nach Inhalt des Diariums 1834

ALTE FINDMITTEL

2644 Repertorium des Kanzleiarchivs zu Akten des 17. Jahrhunderts [18. Jh.]

2668 Verzeichnis der „merkwürdigsten“ Konvolute im Archiv [18. Jh.]

12976 Verzeichnis der an Preußen abzuliefernden Archivalien der Regierungskanzlei Glückstadt 1933-1936

12979 Findbuch Abt. 11 (A III) 1878-1968

12980 Register zum Findbuch Abt. 11 (A III) um 1925-1968

12981 Repertorium des Kanzleiarchivs Band 1: Staaten und Regenten in Europa, Dänemark und Norwegen, Friedenshandlungen, Allianzen und andere Negotiationen, Reichs-, Kurfürsten-, Kollegial- und Deputationstage, Reichsgerichte, Niedersächsischer Kreis, Herzogtümer Bremen und Verden samt der Stadt Bremen mit Insel Krautsand, Französisches Kaiserrreich, Herzogtum Lauenburg, Grafschaften Oldenburg und Delmenhorst, Auswärtige Regierungen 1775-1923

12982 Repertorium des Kanzleiarchivs Band 2: Stadt und Stift Lübeck, Stadt Hamburg und Domkapitel, Elbstrom, Königliches Erbhaus, Gemeinschaftliche Rechte und Streitigkeiten des Gesamthauses Holstein, Abgeteilte schleswig-holsteinische Herrschaften, Landtage und Huldigungen 1775-1923

12983 Repertorium des Kanzleiarchivs Band 3: Statthalterschaft, Allgemeine Ziviljustiz- und Regierungssachen 1834-1923

12984 Repertorium des Kanzleiarchivs Band 4: Kirchensachen, Konsistorialsachen, Zuchthausakten, Schulsachen 1775-1923

12985 Repertorium des Kanzleiarchivs Band 5: Deich-, Schleusen- und Wasserleitungssachen, Arme, Bettler, loses Gesindel und Zigeuner, Postwesen, Maße, Ellen und Gewicht, Kontagionsakten, Medizinalwesen, Viehseucheakten, Andere Polizeisachen 1775-1923

12986 Namensregister zur Aktengruppe „Arme, Bettler, loses Gesindel, Zigeuner“ um 1829-1834

12987 Repertorium des Kanzleiarchivs Band 5: Wegesachen 1775-1923

12988 Systematischer Registrant zu Wegesachen um 1830

12989 Repertorium des Kanzleiarchivs Band 6: Schifffahrt, Kommerzium, Bürgerliche Nahrung, Handwerker, Landesökonomie, Kammerwesen überhaupt, Landesmatrikel, Kontribution, Steuern, Stempelpapier, Dezimationssachen, Zollsachen, Münzsachen, Holz- und Jagdsachen, Andere herrschaftliche Intraden, Militärsachen 1775-1923

12990 Namens- und Ortsregister zur Aktengruppe „Bürgerliche Nahrung, Handwerker“ um 1960

12991 Repertorium des Kanzleiarchivs Band 7: Klöster überhaupt, Kloster Itzehoe, Kloster Preetz, Kloster Uetersen, Adel, Adlige Güter überhaupt, Marschgüter, Lübsche Güter 1775-1933

12992 Repertorium des Kanzleiarchivs Band 8: Adlige Güter A-L 1775-1950

12993 Repertorium des Kanzleiarchivs Band 9: Adlige Güter M-W 1775-um 1970

12994 Repertorium des Kanzleiarchivs Band 10: Adlige Kirchen 1775-1923

12995 Repertorium des Kanzleiarchivs Band 11 Teil 1: Konsistorien Münsterdorf, Plön, Rendsburg 1775-1923

12996 Repertorium des Kanzleiarchivs Band 11 Teil 2: Konsistorien Segeberg, Süderdithmarschen, Norderdithmarschen, Kiel, Oldenburg, Trittau und Reinbek 1775-um 1960

12997 Repertorium des Kanzleiarchivs Band 12 Teil 1: Gouvernementsakten, Ämter überhaupt, Amt Cismar, Landschaft Süderdithmarschen, Landschaft Norderdithmarschen, Ämter Kiel, Bordesholm und Kronshagen, Amt Neumünster 1775-1923

12998 Repertorium des Kanzleiarchivs Band 12 Teil 2: Plönische Ämter, Amt Rendsburg, Amt Segeberg, Amt Steinburg, Ämter Tremsbüttel und Steinhorst, Ämter Trittau und Reinbek, Herzogliche Fideikommissgüter 1775-1923

12999 Repertorium des Kanzleiarchivs Band 13 Teil 1: Städte überhaupt, Krempe, Glückstadt, Heiligenhafen, Itzehoe 1775-1923

13000 Repertorium des Kanzleiarchivs Band 13 Teil 2: Kiel und Universität, Lütjenburg, Neustadt, Oldenburg, Oldesloe, Plön, Rendsburg, Segeberg, Wilster, Grafschaft Rantzau 1775-1923

13001 Repertorium des Altonaer und Pinneberger Archivs Band 1: Alte gräflich schauenburgische Akten, Königliche Gerechtsame an der Herrschaft Pinneberg, Lehnssachen, Insel und Werder, Stadt Hamburg, Domkapitel Hamburg, Reichsgerichte, Auswärtige Regierungen, Oberappellationsgericht, Ziviljustiz- und Regierungssachen, Vormundschaftliche Sachen, Ecclesiastica, Kriminalverfügungen, Kriminalfälle, Fiscalia 1777-1923

13002 Repertorium des Altonaer und Pinneberger Archivs Band 2: Kameralia, Ökonomie und Kommerzsachen, Polizeisachen, Arme, Bettler, loses Gesindel, Zigeuner, Postsachen, Militaria, Altona und Ottensen, Kloster Uetersen, Pinnebergische Vogteien, Herrschaft Herzhorn, Sommerland und Grönland, Laurvigsche Wildnis, Grafschaft Rantzau 1777-1952

13003 Repertorium des Rantzauer Archivs: Appellationsgericht, Auswärtige Regierungen, Ziviljustiz und Regierungssachen, Vormundschaftliche Sachen, Ecclesiastica, Kriminalia, Kameralia, Polizeisachen, Arme, Bettler, loses Gesindel, Zigeuner, Militaria, Elmshorn, Bürgerliche Nahrung und Handwerker, Gewerbepolizei 1799-1923

12977 Findbuch Abt. 11 Journale und Protokolle 1973-1974

12978 Verzeichnis A III Journale und Protokolle 1922

REGISTER

Personenregister

Abamelek, Fürst von; General 77
Abel, Friedrich Carl; Oboist; Rendsburg 112
Abraham, Johann; Kaufmann; Rendsburg 705
Abtfelder, Johann Gottfried; Gastwirt; Glückstadt 164
Adami; Kanzleirat; Glückstadt 697
Adler; Generalsuperintendent; Schleswig 69
Adler; Propstwitwe; Altona 785
Agge, Detlef; Steinberg (Amt Rendsburg) 119
Ahlborn, Heinrich; Strohhutnäher 183
Ahlefeldt, Adolphine Ernestine Friederike von; Konventualin; Preetz 251
Ahlefeldt, Anna Catharina von; Konventualin; Uetersen 255
Ahlefeldt, Anna Clarelia von; Konventualin, Priörin; Itzehoe 233, 234
Ahlefeldt, Anna Louise geb. von Wedderkop; Preetz 60
Ahlefeldt, Balthasar von; Heiligenstedten 301
Ahlefeldt, Bendix von 722
Ahlefeldt, Bendix Wilhelm von; Landrat; Kaden 242
Ahlefeldt, Benedikt von; Kapitän 48
Ahlefeldt, Benedikt von; Propst; Uetersen 256, 298
Ahlefeldt, Burchard, Graf von 5, 592
Ahlefeldt, Cai Wilhelm von; Propst; Preetz 441
Ahlefeldt, Cay Werner von; Kammerherr, Verbitter 241
Ahlefeldt, Charlotte Wulffhilda von; Konventualin; Preetz 248
Ahlefeldt, Christian von; Konferenzrat, Verbitter; Itzehoe 235
Ahlefeldt, Claus von 4
Ahlefeldt, Conrad, Graf von; Major, Oberstleutant; Itzehoe 238
Ahlefeldt, Conrad, Graf von; Major, Oberstleutnant 239
Ahlefeldt, Detlef von; Geheimer Rat 5
Ahlefeldt, Detlev von; Haseldorf 298
Ahlefeldt, Dorothea Catharina von; Priörin; Uetersen 257
Ahlefeldt, Friedrich von; Oberst; Oppendorf 376
Ahlefeldt, Friedrich von; Seestermühe 667
Ahlefeldt, Friedrich von; Statthalter 50, 325
Ahlefeldt, Hans von; Uetersen 298
Ahlefeldt, Heinrich von; Bothkamp 278
Ahlefeldt, Hinrich von; Landrat; Bothkamp 242
Ahlefeldt, Joachim von; Muggesfelde 8, 370
Ahlefeldt, Joachim von; Vizestatthalter; Buckhagen 51
Ahlefeldt, Joachim von; Wandsbek 6, 343, 489
Ahlefeldt, Jochim von; Gelting, Brunsholm 6
Ahlefeldt, Jürgen von; Lindau 6
Ahlefeldt, Margaretha Hedwig von; Witwe; Lammershagen 478
Ahlefeldt, Mette Christina von; Äbtissin; Itzehoe 625
Ahlefeldt, Ottilia Elisabeth von; Äbtissin; Itzehoe 134, 236
Ahlefeldt, Ottilie Elisabeth von; Äbtissin; Itzehoe 387
Ahlefeldt, Sophia Ohlgard von; Konventualin; Uetersen 254, 255
Ahlefeldt, von 4, 6
Ahlefeldt, von; Geheimrat; Mohrkirchen 242
Ahlefeldt, von; Generalkriegskommissar 206

Ahlefeldt, von; Kommandant; Rendsburg 444
Ahlefeldt, von; Konventualin; Uetersen 255
Ahlefeldt, von; Krempe 684
Ahlefeldt, von; Landrat; Friedrichsgabe 126
Ahlefeldt, von; Muggesfelde 241
Ahlefeldt, Wilhelmine Catharine von; Konventualin; Preetz 248
Ahlers, Berend; Kirchenjurat; Bargteheide 582
Ahlers, Jacob; Königsmoor 90
Ahlers; Gastwirt; Wandsbek 347
Ahlers; Schullehrer; Großensee 587
Ahrends, Catharina Margaretha; Hamburg 672
Ahrens, Catharina Margaretha Dorothea; Witwe; Altona 125
Ahrens, Claus Hinrich; Nütschau 321, 471
Ahrens, Friedrich; Schafstedt (Kirchspiel Albersdorf) 496
Ahrens, Georg Hermann; Kandidat der Theologie; Gettorf 74
Ahrens, Jacob; Weddingstedt 610
Ahrens, Johanna Catharina Mathilde; Wilster 121
Ahrens, Margaretha Dorothea; Witwe; Sülfeld 116
Ahrens, Pastor; Leezen 484
Ahrens, Sophia Maria geb. Herlin; Altona 118
Ahrens; Kirchspielvogt; Weddingstedt 524
Ahrens; Pastor; Leezen 484
Ahrens; Schullehrer; Poppenbüttel 787
Ahrens; Schullehrer; Wesselburen 526
Alardus, Lampert; Pastor; Windbergen 511
Alardus; Pastor; Krempe 686
Alardus; Pastor; Süderau 418
Albers, Carl Friedrich; Hedwigenkoog 123
Albers, Telsche; Sankt Michaelisdonn 509
Albers; Schullehrer; Meldorf 507, 508
Albers; Schullehrer; Tensbüttel 495
Albert, Paul; Dazendorf 707
Alberti, Ernst Just; Rektor; Plön 424
Alberts, Christiana Dorothea Elisabeth; Wandsbek 114
Alberz, Catharina; Itzehoe 104
Albinus; Klosterschreiber 236
Albrecht; Pastor; Großflintbek 539
Allioti, Franz, Prof.; München 177
Alpen, Anna 119
Alpen, Catharina 209
Alpen, Jacob; Grünenthal 98
Alt, Philipp Jacob; Vieharzt; Gieschenhagen 107
Althausen, Ismael; Scharfrichter; Glückstadt 686
Althöfer; Pastor; Nortorf (Amt Rendsburg) 441, 459
Althoff; Schullehrer; Friedrichsgabe (Herrschaft Pinneberg) 794
Amsberg; Kommissionsrat; Karlshof 454
Amsinck; Mühlenpächter; Grönwohld 675
Amthor; Etatsrat 13
Ancken, von; Konsistorialrat; Meldorf 493
Ancken, von; Totengräber; Glückstadt 700
Andersen (Andresen), Jacob; Norddeich (Landschaft Norderdithmarschen) 119
Andersen, Friedrich; Ulzburg 221
Andersen, J. C.; Düsternbrook 122
Andersen, Lars 374
Andersen, Maria Dorothea geb. Petersen; Rendsburg 114
Andersen, Peter; Ramikhuus 171
Andersen, von; Kapitänleutnant 683
Andersen; Schullehrer; Lutterbek 368
Andresen, Margarethe 120
Andresen, Peter; Landsoldat; Altenkrempe 112
Andresen; Bauervogt; Warder (Gut Rohlstorf) 491

Andresen; Pastor; Sülfeld 80, 89, 374, 375
Andresen; Schullehrer; Bordesholm 555
Andresen; Schullehrer; Poppenbüttel 787
Androwsky, Erhard Louis Rudolph; Kiel 125
Anold/Arnold 185
Apel; Musikdirektor 83
Apfelsaus, Axel Wilhelm Fabian; Nachtwächter; Husum 89
Appel; Branntweinbrenner; Heiligenhafen 300
Appen, Hein von; Vogt; Blankenese 827
Appen, Tönnies von; Schnelsen 789
Arbo; Landschreiber; Wilster 655
Arens; Kirchspielvogt; Heide 517
Arfmann, Engel Dorothea 22
Arlon, Jean de 106
Armbrecht; Apotheker; Neustadt 729
Armbrecht; Organist; Kaltenkirchen 483
Armster; Amtsvogt; Uetersen 819
Arnorius; Kontrolleur; Lunden 615
Arp, Anna Magdalena Catharina; Schrevenborn 117
Arp, August; Zimmergeselle; Trenthorst 270
Arp; Bürgermeister; Kiel 718
Arpe, Peter Friedrich 718
Arvedsen oder Kolloe, Niels; Musketier 102
Aschoff; Kapitän 234
Asmussen; Pastor; Schlamersdorf 371
Asmussen; Subrektor; Kiel 719
Aspern, Johann von; Itzehoe 240
Aubert, de; Kammerherr 177
Aubert, de; Kammerjunker; Oldenburg 213
Auff'm Ordt, Wilhelm Arnold; Hamburg 302
Augustin, Anna Christina; Zuchthäuslerin; Glückstadt 701
Augustini; Kandidat der Theologie 73
Ausborn; Erbpächter; Muggesfelde 315
Avenar (Avenarius) 133
Averhoff, Johann; Bekhof 274
Axen, von; Kaufmann; Hamburg 805
Aye; Diakon; Albersdorf (Landschaft Süderdithmarschen) 495
Baade 18
Babbe; Parzellist; Dahme 541
Bacconizky; Oberst 110
Backmeister; Postschreiber; Hamburg 92
Bader, Catharina Maria geb. Brockstedt; Rendsburg 107
Baesen, Jacob; Bredstedt 591
Bagge, Ohlfsen; Pastor; Neukirchen 732
Bagge; Schiffskapitän 22
Bagration, Clementine, Fürstin 123
Bahlmann, Margaretha 104
Bahlmann; Landhandwerker; Seester 259
Bahnsen, Erasmus Carsten; Kandidat der Theologie; Curau 73
Bahr, Engel Margaretha; Witwe; Segeberg 757
Bähr, Johann Friedrich; Amtskopist; Segeberg 59
Bahr, Nicolaus Friedrich; Müller; Segeberg 221
Bahr, Thies; Brickeln 124
Bahr; Krüger; Kabelhorst 680
Bahr; Matrose; Klostersande 807
Bahr; Mühlenpächter; Segeberg 649
Bahrenburg; Wartsfrau; Itzehoe 165
Bahrenholdt, Christian Caspar; Lockstedt 125
Bahrs, Margaretha; Glückstadt 101
Balemann; Pastor; Reinfeld (Amt Reinfeld) 426
Balemann; Stadtsyndikus; Kiel 717
Bandholz, Marx 212
Barbarossa, Vitus; Propst; Itzehoe 386
Barckmann, Hinrich; Ahrensburg 96
Bardenfleth, von; Administrator 834
Bargholz; Altenteilwitwe; Rügge 116

Bargholz; Hufenpächter; Gaarz 293
Bargmann, Hans Hinrich; Heuerling; Renzel 226
Bargmann; Bauervogt; Schlamersdorf (Gut Seedorf) 487
Bargum; Pastor; Borsfleth 398
Bargum; Pastor; Horst (Gut Horst) 406
Barkmann, Christian; Bauervogt; Pölitz 26
Bärmann, Dr.; Hamburg 568
Bars, Johann Joachim; Uetersen 809
Bartels, Hans Peter; Hoisdorf 671
Bartels, Johann; Marne 128
Barthelemy; Agent 11
Barthels; Schullehrer; Schönwohld 314
Bassewitz, Graf von 48
Bassewitz, von; Priörin; Schleswig 231
Baudissin, Carl Christian, Graf 260
Baudissin, Gräfin; Konventualin; Preetz 247
Baudouin; Gutsbesitzer; Eckhorst 204
Bauen, Maria Hedwig 100
Bauer, August Friedrich; Kaufmann; Itzehoe 113
Bauer, Hans; Lütjenburg 366
Bauer; Kaufmann; Itzehoe 714
Baumann, Hans; Heringsdorf 25
Baumann, Paul; Oldenburg 705
Baumann; Heiligenhafen 706
Baumann; Schullehrer; Neuenwohld 559
Baumann; Schullehrer; Trent 312
Bay; Advokat; Neumünster 628
Bebensee, Dorothea; Witwe; Gieschenhagen 200
Bebensee, Hans; Brenkenhagen 679
Bebensee, Jochim; Soldat; Lensahn 109
Bebensee, Lisbeth; Brenkenhagen 679
Bebensee; Gastwirt; Segeberg 755
Beberdieck; Weißgerber; Münster, Oldenburg 733
Bechtold; Buchhändler; Altona 805
Beck, Christian; Badendorf 122
Beck, Hans Lorentz; Schneider 22
Beck, Marx; Beringstedt 645
Beckel; Postreiter; Itzehoe 708
Becker, Barteld; Kirchenjurat; Süderau 418
Becker, Johann Christian; Poppenbüttel 101
Becker, Kaufmann; Wandsbek 96
Becker; Kandidat der Theologie; Neukirchen (Amt Eutin) 365
Becker; Pächter; Schönhorst 323
Beckmann, Hinrich Carl; Pädagoge; Plön 743
Beckmann, Johanna Magdalena 120
Beckmann, Stina; Herzhorn 812
Beckmann; Feldvogt; Preetz 251
Beckmann; Schulmeister; Rausdorf 545
Beckwold, Jochim Hinrich 814
Bedenknecht, Friedrich; Tangstedt 353
Beeck; Schneider; Wulfsfelde (Amt Reinfeld) 634
Beeck; Witwe; Linden 110
Beerkorte; Leinwandhändler 80
Beermann, Anne Margaretha; Witwe; Garstedt 104
Beets, Gerrit; Altona 805
Behn, David; Ottensen 807
Behncke, Catharina 122
Behnken, Elisabeth; Zarpen 437
Behr, Danger; Reitbrook 121
Behrends, Carsten; Bauschreiber; Eutin 92
Behrens, Albrecht Balthasar 5
Behrens, Claus; Musikant; Marne 226
Behrens, Hartmut; Huje 223
Behrens, Johann Conrad; Wewelsfleth 109
Behrens, Johann; Riesewohld 496
Behrens, Johann; Stellau (Herrschaft Breitenburg) 417
Behrens, Nicolai 34
Behrens, Nicolaus; Glückstadt 700
Behrens, Peter Issaac; Oldenburg 733

Behrens; Landsoldat, Kätner; Huje 288
Behrens; Landvogt; Husum 37, 84, 210
Behrens; Müller; Altrahlstedt 677
Behrens; Pächter; Rugenbergen 771
Behrens; Papiermüller; Sarlhusen 333
Behrens; Pastor; Borsfleth 397
Behrens; Pastor; Wandsbek 343, 489, 613
Behrens; Rechenmeister; Wilster 761
Behrens; Rektor; Neuenkirchen (Landschaft Norderdithmarschen) 521
Behrens; Witwe; Stolpe (Gut Depenau) 287
Behrens; Witwe; Wandsbek 489
Behrmann, Peter; Wandsbek 346
Behrs, Johann Jurgen; Sankt Michaelisdonn 608
Behrs, Tönnies; Sankt Michaelisdonn 608
Beierholm; Pastor; Heiligenstedten 279
Beierholm; Pastorenwitwe; Heiligenstedten 17
Bender, Jacob; Reichsfiskal 34
Bender, Johann Friedrich; Altona 110
Bendfeld; Erbpachtmüller; Cismar 596
Bendfeldt; Gastwirt; Cismar 596
Bendix, Michel 343
Bendixen; Pastorenwitwe; Wedel 801
Bendixen; Schullehrer; Ahrenlohe 797
Bendt; Schuster; Kühlkamp 315
Benicke, Hinrich; Schulmeister; Hasenkrug (Amt Segeberg) 480
Benit, Hinrich; Spitzerdorf 775
Benscher; Prediger; Kiel 125
Bensen; Pastor; Nordhastedt 510
Bentfeld, Hans Jochim; Preetz 96
Bentsen, Jasper; Elmenhorst (Gut Jersbek) 222
Bentzen; Pastor; Schenefeld (Amt Rendsburg) 719
Benzen, von; Major; Wesselburen 525
Benzern, Margrethe Christina Louise; Glückstadt 386
Berenberg, Margareta Catharina; Witwe; Wilster 391
Berenberg; Advokat; Rendsburg 748
Berenberg; Pastorenwitwe; Grömitz 537
Berendsen; Organist, Schullehrer; Schönberg (Kloster Preetz) 371, 562
Berg, Anna Maria; Holm (Herrschaft Pinneberg) 795
Berg; Branddirektor; Plön 745
Bergen, Anna Margaretha von; Plön 743
Bergen, Christina Margaretha; Heiligenhafen 464
Bergen, von; Kanzleirat 506
Bergen, von; Kaufmann; Hamburg 622
Bergenthaler; Ratekau 76
Berger; Pastor; Bargteheide 532
Berger; Propst; Bargteheide 582
Berger; Propstwitwe; Bargteheide 582
Berghöfer; Gastwirt; Itzehoe 58, 710, 714
Berlep 10
Bernsdorff, Graf von; Staatsminister 771
Bernstorff; Geheimer Rat; Hannover 669
Berodt, Christian; Pölitz 739
Bertelsen, Mats; Fünen 15
Bertram, Friederike; Neumünster 555
Bertram, Rektor; Rendsburg 749
Berwald; Pastor; Kaltenkirchen 482, 483
Beseler, Barthold Jonas; Glockengießer; Rendsburg 82
Beseler, Jacob Friedrich; Glockengießer; Rendsburg 200
Beseler; Glockengießer; Rendsburg 81, 83
Betcken; Leutnant 16
Beulwitz, von; Hofdame 243
Bewader, Hans; Strukdorf 629

Beyerholm; Kandidat der Theologie; Heiligenstedten 400
Biehl, Christiane Dorothea; Elmshorn 111
Biehl; Schulhalter; Westerhorn 836
Biel, Catharina Margaretha; Oering 374
Biel, Hans Joachim; Gefangener 20
Biel, Hinrich; Oering 109
Bielefeld; Pastor; Sarau 369
Bielenberg, Hans; Knecht 399
Bielfeldt; Organist, Schulhalter; Zarpen 437
Biellart; Kapitänswitwe 48
Biering, Peter; Gastwirt; Altona 804
Bierkamp, Georg; Uetersen 822
Bierleff, Sören Lassen; Unteroffizier; Itzehoe 106
Biese; Kirchenjurat; Oldenburg 734
Biesterfeld, Lorenz 775
Bietz; Pächter 293
Bietzen, Maria Louise 101
Billerbeck; Kaufmann; Itzehoe 240
Billers; Musketierwitwe; Rendsburg 749
Binder-Kriegelstein, Freiherr von 11
Binge, Christian Friedrich; Mannhagen 214
Binge, Marcus; Kommerzassessor; Itzehoe 146
Binge; Forstmeister, Forstrat 62, 203
Birckenstock; Pastorenfrau; Itzehoe 209
Birckenstock; Predigerwitwe; Neuenbrook 413
Bismarck, Hans; Krempe 691
Bistrate, Guillaume de la 5
Blacker; Kaufmann; Hamburg 784
Blanck; Pastor; Hornburg 36
Blanckmeyer, Hermann Heinrich; Elmshorn 767
Blech, Johann Gustav; Lübeck 19
Bleck, Carl; Kandidat der Theologie; Kiel 72
Bleeck, Peter; Lanste; Alt Bennebek 751
Bleidorn, Franz; Frachtfuhrmann; Vormstegen 227
Blender; Kapitän 808
Bliesemer, Christian; Süssau 39
Block; Pastorenwitwe; Preetz 368
Blöcker, Hans; Warnau 118, 248
Blohm, Johann Hinrich; Gut Bothkamp 212
Blome, Agnes von; Salzau 121
Blome, Christopher 233
Blome, Dietrich von; Tondern 377
Blome, Hinrich; Zuchthäusler 127
Blome, Otto, Graf von; Salzau 121, 123
Blome, Otto; Geheimer Rat 830
Blome, Otto; Konferenzrat 7
Blome, von; Kammerherr; Hagen 320
Blome, von; Kammerherr; Heiligenstedten 171, 237
Blome, Wolf 233
Bluhme; Pastor; Jevenstedt 451
Bluhme; Pastorenwitwe; Rendsburg 446
Blum, Heymann; Handelsmann; Glückstadt 226
Blume, Dietrich Heinrich; Diakon; Horst (Gut Horst) 405
Blunck, Hinrich; Laurvigsche Wildnis 833
Blunck, Matthias Christopher; Dienstknecht; Brunswik 226
Blunck; Schullehrer; Boostedt 554
Boberts; Schmiedegeselle; Großenbrode 295
Bobsien; Bäcker; Oldesloe 343
Bobsien; Tagelöhner; Bockhorn, Gut 324
Bock, Catharina; Großenbrode 120
Bock, Hans; Inste; Gowens 329
Bock, Johann; Lütjenburg 725
Bock; Bürgermeister; Itzehoe 281
Bock; Schullehrer; Deichhausen 515
Bock; Schullehrer; Mucheln 564
Bock; Schullehrer; Westerrönfeld 452
Böckmann, Hufnerwitwe; Nienhagen 595

Böckmann; Justizrat; Glückstadt 60
Böckmann; Obersachwalter 52
Bockwold, Heinrich; Krempe 389
Bode; Kaufmann; Altona 807
Bodien, Maria Catharina 108
Boer 778
Boesch; Landsasse; Krummbek 33
Boeter; Pastorenwitwe; Heide 517
Boëtius; Pastor; Neumünster 24
Bohlen, Hans; Kätner; Hinschendorf 224
Bohlen, Margaretha Magdalena; Oststeinbek 109
Böhlig, Christian Heinrich; Schullehrer; Wittmold 140
Bohn, Hans Thomas; Inste; Muggesfelde 315
Bohn, Jochim 363
Bohn; Kiel 224
Böhne; Bürgermeister; Kiel 719
Bohnsack 28
Böhter, Johann Friedrich; Roge 122
Boie, Jürgen; Wildschütze; Itzehoe 232
Boie; Gerichtshalter 264
Boie; Justitiar 71, 264
Boie; Pastorenfrau; Eddelak 37
Boiens; Kirchspielvorsteher; Zennhusen 610
Boldt, Johann Hinrich; Stockelsdorf 486
Boldt, Peter; Plessensche Wildnis 326
Boldt; Hausvogt; Bordesholm 623
Boldten; Schullehrer, Organist; Kirchbarkau 553
Boll, Claus; Reher 222
Boll, Margaretha; Ecklak 125
Boll; Itzehoe 712
Bollen, Catharina gesch. Schmalmack; Elskop 121
Bollen; Hufner; Neuenbrook 174
Boller, Franz Jochim; Tagelöhner; Güldenstein 295
Boller; Witwe; Preetz 106
Bolls; Hebamme; Hohenaspe 289
Bolten, Anna; Elmshorn 837
Bolten, Cornils; Brokdorf 656
Bolten; Kompastor; Altona 785
Bolten; Pastorenwitwe; Altona 785
Bolz, Marx; Heede 840
Bonefang, Levin Moses; Elmshorn 767
Boock, Heinrich; Lütjenburg 139
Boocken 634
Borchert, Johanna Magdalena geb. Beckmann; Altona 120
Borchert, Rebecca; Lägerdorf 283
Borchert, Timm; Kasenort 401
Borchert; Pastor; Rellingen 796
Borcherts, Catharina; Stellau 372
Börgerhoff, Helmrich Christian; Kammerdiener; Breitenburg 283
Borgers, Lütje; Hufner; Altengörs 222
Börm, Friederica; Pastorenwitwe; Zarpen 215
Börm; Erbpächter; Bordesholm 621
Bornemann; Schullehrer; Tangstedt (Gut Tangstedt) 583
Bornhoeft; Krumbeck 28
Bornhöft, Johann Hinrich; Blunk 315
Bornhöft, Palm; Segeberg 220
Bornhold, Hans; Bullenkuhlen 222
Bornhold, Hinrich; Neumünster 224
Bornholdt, Hans; Groß Offenseth 836
Bornholdt, Magdalena; Hörnerkirchen 840
Bornholdt, Margaretha; Seester 812
Bornholt, Albert; Renzel 833
Bornholt, Hinrich; Bahrenfleth 689
Bornholt, Jürgen; Sankt Margarethen 223
Bornholt; Diakon; Krempe 654
Borstel, Basilius von; Hamburg 34
Bösing; Gerichtsschreiberfrau 22
Bossels, Claus; Süderau 380
Bossy; Plön 743
Bostedt, Jochim Christian; Hufner; Klein Rönnau 222
Bostel, Basilius; Hamburg 35
Bötger; Diakon; Barlt 511
Böther, Johann Hinrich; Kandidat der Theologie, Schulrektor; Krempe 389
Böthcrn, Hinrich; Hohenaspe 223

Bothmer, Graf; Oberpräsident; Kiel 183
Bothmer, Komtesse von; Itzehoe 237
Böttger, Catharina Maria 114
Bouteille, Carolina Louise; Altona 791
Boven, Margarethe; Hebamme; Kollmar 164
Bover, Lucia; Süderau 308
Boy; Armenvorsteher; Buchholz (Landschaft Süderdithmarschen) 498
Boye, von; General 657
Boysen, Hans; Kompastor; Altona 71
Boysen; Adjunkt; Altona 786
Boysen; Pastor; Sankt Michaelisdonn 509
Braaker, Jürgen; Schullehrer; Marnerdeich, Kattrepel 139
Braasch; Diakon; Beidenfleth 396
Brackel; Kommandiersergeant; Rendsburg 111
Brackenhoff, Joachim; Kaltenkirchen 840
Bracker 542
Bracker, Friedrich; Kätner; Brügge 556
Bracker, Gerhard Christian; Kätner; Brügge 556
Bracker, Jürgen; Kellinghusen 453, 712
Bracker, Maria; Schönbek (Amt Bordesholm) 114
Bracker, Marx Johann Christian; Itzehoe 94
Bracker; Hufner; Neumünster 561
Bracker; Witwe; Eiderstede 94
Brahmst; Kirchenbaumeister; Barlt 599
Braker, Hans; Innien 237
Brammann, Antje; Hingstheide 372
Brammer, Friedrich Anton; Eckhöft 211
Brammer, Hinrich; Maurergeselle 252
Brammer; Pastor; Heiligenstedten 301
Bramstedt, Hans Jürgen; Inste; Poppenbüttel 776
Brand, Jacob; Itzehoe 387
Brand; Kanzleisekretär 817
Brand; Konsul; Othmarschen 202
Brandenburg-Kulmbach, Friedrich Ernst, Markgraf von 51
Brandenburg-Kulmbach; Friedrich Ernst, Markgraf von 51
Brandorf; Pastor; Nienstedten 790
Brandt, Anna Magdalena 123, 786
Brandt, Christian; Tischlergeselle; Preetz 247
Brandt, Jacob Carsten; Mühbrook 125
Brandt, Jacob; Rendsburg 214
Brandt, Johann; Wewelsfleth 13
Brandt, von; Konferenzrat, Administrator 831
Brandt; Diakon; Heiligenstedten 301
Brandt; Gastwirt; Itzehoe 387
Brandt; Kätner; Dahme 574
Brandt; Krugschütze; Quickborn (Herrschaft Pinneberg) 805
Brasch; Übermstegen 814
Braschen, Marcus; Lütjenburg 726
Brauer; Organist, Schulmeister; Altenkrempe 356
Brauer; Zollverwalter; Oldenburg 734
Braun, Joachim Adolph Moritz; Ulzburg 99
Brauns, Nicolaus; Landvogt; Meldorf 505
Brauns; Apotheker; Pinneberg 824
Braunschweig; Christina, Prinzessin von 254
Braunschweig-Lüneburg, Friedrich Ulrich, Herzog von 8
Breckling; Prediger; Sundewitt 50
Breckwoldt, Claus; Fischer; Blankenese 42
Breckwoldt, Hans; Fischer; Blankenese 46
Breckwoldt, Johann Albert; Wedel 15, 827
Breckwoldt, Paul; Fischer; Blankenese 45
Breckwoldt; Schiffer; Glückstadt 221
Bredal, Peter von; Oberjägermeister, Amtmann 25
Bredefeld; Pastor; Wandsbek 489

Breide, Peter; Brokdorf 656
Breigern, Christina Amalia; Witwe; Nehmten 316
Breitenau, Christoph Gensch von; Geheimrat 61
Breitenfeld; Bäckergeselle 180
Bremer, Peter; Krempe 214
Bremer; Chirurg; Rellingen 809
Bretting, Johann Dietrich; Kaufmann 343
Brey; Halbmeister; Plön 186
Breyde, Hartwig; Sankt Margarethen 40
Breyer, Jacob; Justiz-, Kanzlei- und Regierungsrat 54
Breyholtz, Jasper; Itzehoe 92
Bride; Prediger; Glückstadt 719
Brinck, Christian 101
Brinckmann; Kandidat der Theologie, Pastor; Stellau 373
Brinckmann; Pastor; Wedel 801
Brockdorf, von; Bothkamp 277
Brockdorff 448
Brockdorff, Apollonia 242
Brockdorff, Cai Lorenz, Graf; Kletkamp 7
Brockdorff, Charlotte Amalie von; Konventualin; Preetz 246
Brockdorff, Charlotte Dorothea von; Konventualin; Preetz 251
Brockdorff, Christian Albrecht von; Kammerjunker 590
Brockdorff, Detlef; Landrat 6
Brockdorff, Dorothea 242
Brockdorff, Graf von 8
Brockdorff, Joachim von; Geheimrat 266
Brockdorff, Margaretha 366
Brockdorff, von; Bothkamp 277, 278
Brockdorff, von; Geheimer Konferenzrat 25, 722
Brockdorff, von; Kammerherr 247
Brockdorff, von; Kapitän 248
Brockdorff, von; Konferenzrat; Rohlstorf 490
Brockdorff, von; Landrat 237
Brockdorff, von; Priörin; Uetersen 817
Brockdorff, Wolf von; Kapitän 211
Brockdorff, Wulf von; Geheimer Rat 830
Brockdorff; Oberstleutnant; Schulenburg 24
Brockmüller, Jochim; Schneider; Oldenburg 116
Brockstedt, Catharina Maria 107
Brodersen, Peter; Uphusum (Amt Bredstedt) 591
Brodersen; Kandidat der Theologie; Tremsbüttel 72
Brodersen; Pastor; Klein Wesenberg 436, 437
Brodien; Hamburg 38
Broier, Dietrich; Postverwalter; Hornburg 13
Brömbsen, Hinrich von; Stockelsdorf, Steinrade 265
Brömbsen, von; Gutsbesitzer; Nütschau 737
Brömbsen, von; Rittmeister; Hamburg 804
Brömbsen, von; Rittmeister; Wandsbek 210
Brömmer; Witwe; Alveslohe 306
Broock, Johann; Fährschiffer 16
Brooks; Schneider; Ascheberg 272
Bruer; Kirchspielvogt; Büsum 610
Brügge, Jochim; Huje 290
Bruggemann; Etatsrat, Amtsverwalter; Itzehoe 711
Brüggen, Clas; Bargfeld (Gut Jersbek) 375
Bruhn, Anna; Witwe; Barmissen 250
Bruhn, Matthias; Oldenburg 86
Bruhn, Peter; Rösthusen 495
Bruhn, Wilhelm Hinrich; Schönwohld 314
Bruhn; Kompastor; Neumünster 527
Bruhn; Meldorf 132
Bruhn; Schulmeister; Barmissen 246
Bruhns, Caecilia; Krempe 689
Bruhns, Catharina Elsabe; Zuchthäuslerin; Glückstadt 130

Bruhns, Johann Christian; Huje 99
Bruhns, Kirchspielvogt; Wesselburen 610
Bruhns; Chirurg; Wedel 811
Bruhns; Pastor; Bornhöved 478
Bruhns; Pastor; Neumünster 543
Bruhns; Schullehrer; Buchholz (Landschaft Süderdithmarschen) 499
Brümmer, Friedrich; Knecht; Wulksfelde 353
Brummer, Heinrich; Prediger; Schleswig 48
Brummers, Magnus Christoph 15
Brüning, Anna Catharina; Glückstadt 97
Brüning; Kandidat der Theologie; Stellau 373
Brüning; Koogbevollmächtigter; Wesselburen 616
Brüning; Pastor; Steinbek 547
Brüning; Pastorenwitwe; Steinbek 587
Bruns, Hinrich; Fuhrmann; Klinkrade 222
Brunswig, Anna Catharina Gesa; Hamburg 387
Brüssing; Schulhalter; Rade (Gut Wulksfelde) 352
Buchwald 133
Buchwald, Abel; Itzehoe 133
Buchwald, Anna Dorothea von; Borstel 6
Buchwald, Bendix Bartram von 5
Buchwald, Caspar von 242
Buchwald, Caspar von; Amtmann; Segeberg 647
Buchwald, Caspar von; Futterkamp 726
Buchwald, Claus von; Preetz 6
Buchwald, Detlev von; Kammerherr, Amtmann; Kiel 371
Buchwald, Elise von; Konventualin; Preetz 248
Buchwald, Friedrich von 242
Buchwald, Friedrich von; Borstel 647
Buchwald, Friedrich von; Bülk 718
Buchwald, Hans Adolph von; Jersbek 303
Buchwald, Hedwig von; Konventualin; Uetersen 259
Buchwald, Jasper von; Jersbek 373
Buchwald, Louise Agathe von; Konventualin; Preetz 246
Buchwald, Ludwig Achats; Niendorf (Herrschaft Pinneberg) 214
Buchwald, Magdalena Lucie von; Konventualin; Itzehoe 382
Buchwald, Otto Friedrich von; Borstel 373
Buchwald, Otto von; Rittmeister 703
Buchwald, von 6
Buchwald, von; Äbtissin; Itzehoe 232
Buchwald, von; Futterkamp 359
Buchwald, von; Kammerherr 28
Buchwald, von; Kammerherr; Fresenburg, Gut 172, 173, 651
Buchwald, von; Kapitän; Fresenburg, Gut 606
Buchwald, von; Propst; Preetz 242
Buchwald, von; Verbitter; Itzehoe 232
Buchwald, Wilhelmine Johanna Charlotte von; Konventualin; Preetz 251
Buck, Fritz; Altenkrempe 301
Buck, Hinrich; Knecht; Reinfeld 735
Buck, Nicolaus Hermann; Schullehrer; Stellau (Amt Reinbek) 115
Buck, Tobias; Ratsverwandter; Lütjenburg 727
Buck; Bauervogt; Ahrensfelde 270
Buck; Höker; Scharbeutz 228
Buck; Krugwirt; Harksheide 224
Budier 4
Buhmann, Claus; Beldorf 108
Buhn; Schiffer; Blankenese 774
Bülau; Schmied; Hamburg 36
Bülck, Hartwig; Bothkamp 278
Bülcke, Gretje; Witwe; Langwedel 456
Bulichius, Nikolaus; Feldprediger; Wilster 759
Bullichius, Dr.; Wilster 758
Bülow 132, 730

Bülow, Anna Sophia Elisabeth von; Konventualin; Preetz 247
Bülow, Cuno Josua, Freiherr von; General 6
Bumann, Hans Hinrich; Seedorf 337
Bumann, Tim; Berlin (Gut Seedorf) 119
Bünnig; Bauervogt; Grebin 334
Bünnig; Kuhhirte; Grebin 335
Bünning, Anna Johanna Elisabeth 790
Bünning, Claus Hinrich; Dannau (Gut Rantzau) 110
Büntz; Schullehrer; Krummwisch 320
Buntzen, Rolf; Hufner; Fitzbek 235
Bünz; Armenschullehrer; Meldorf 509
Burau; Witwe; Wandsbek 92
Burchard; Schulmeister; Mielkendorf 540
Burchardi, Friederica Catharina; Rendsburg 120
Burchardi, Georg Hinrich; Propst; Segeberg 463
Burchardi; Pastor; Grube 135, 540, 574
Burchardi; Propst 704
Burchardi; Propst; Segeberg 464, 736
Burchardi; Rektor; Pinneberger Dingstätte 796
Burchardi; Rektor; Segeberg 474
Burchardt, Joachim Christian; Altona 118
Burckhardt, von; Leuntant; Marne 504
Burd, John; Schiffer 47
Burdorff; Advokat 55
Burdorff; Propst; Itzehoe 238, 239, 381, 382, 387, 389
Burgdorf, Wilhelm; Wellingsbüttel 349
Burius; Pastor; Bergstedt 101, 533
Burius; Pastorenwitwe 533, 787
Burius; Schullehrer; Duvenstedt 583
Burmeister, Catharina Dorothea; Mollhagen 115
Burmeister, Johann Daniel; Uckermark 90
Burmeister, Johann Friedrich; Övelgönne 106
Burmeister, Johann Hinrich; Schustermeister; Oldesloe 90
Burmeister, Johann Peter; Steinbusch 220
Burmeister, Nicolaus; Rellingen 805
Burmeister, Peter; Hamburg 693
Burmeister; Bauervogt; Bredenbek (Amt Plön) 635
Burmeister; Schmied; Suxdorf 596
Burmeister; Zuchthausschreiber; Glückstadt 696
Busaeus; Archidiakon; Itzehoe 387
Busch, Hinrich; Nortorf (Wilstermarsch) 98
Busch, Johann Diederich; Bäcker; Itzehoe 713
Busch, Magdalena; Eilsdorf 486
Busch; Obergerichtsrat; Glückstadt 700
Busch; Orgelbauer; Itzehoe 82
Busch; Pastor; Woldenhorn 589
Busch; Zimmermeister; Wilster 763
Buschen, Gerth; Seester 820
Busekist; Leutnant 16
Büsmann, Friedrich; Neuenbrook 109
Busse; Pastor; Rensefeld 32
Butenop, Hans; Bokel 839
Butenschön, Johann Detlef; Schierensee (Amt Bordesholm) 104
Bütje 504
Bütje; Landesgevollmächtigter; Meldorf 599
Cadovici, Matthias; Prediger; Itzehoe 232
Cahusac, Asmund von; Priester; Kiel 86
Caland; Rektor; Krempe 389
Callisen, Anne Seville; Rendsburg 747
Callisen; Generalsuperintendent 68, 69
Callisen; Pastor; Neumünster 543
Callisen; Pastor; Oldesloe 470
Callisen; Prediger; Plön 428
Callisen; Propst; Schleswig 65
Callsen; Küster, Schullehrer; Hansühn 576

Cantons, Elsabe 492
Canzler, Hinrich; Verwalter; Herzhorn 829
Capsius, Michael; Propst; Plön 424, 425
Capsius; Propst; Plön 428
Carlsen, Johann Wilhelm; Müller; Ridders 172
Carrio, Diego genannt Gorballan 20
Carstens 837
Carstens, Hein Jacob; Heist 805
Carstens, J. C. H.; Schulhalter; Wandsbek 136
Carstens, Johann Hinrich; Müller; Pinneberg 830
Carstens, Johann Jochim; Schulhalter; Borsfleth 96
Carstens, Johann Nicolaus; Horst (Gut Horst) 258
Carstens, Johann; Grube 139
Carstens, Margaretha; Bargfeld (Gut Jersbek) 375
Carstens; Advokat; Oldesloe 32
Carstens; Konferenzrat, Oberprokurator 8
Carstens; Pastor; Bovenau 169
Carstens; Pastor; Nordhastedt 510
Carstens; Pastor; Wöhrden 512
Carstens; Pastorenwitwe; Burg 500
Carstens; Pastorenwitwe; Warder (Gut Rohlstorf) 491
Carstensen; Unteroffizier; Büsum 615
Cartheuser, Dr. med; Kanzleirat; Rellingen 803
Caspersen, Christian Alexander; Grube 540
Caspersen; Kirchspielvogt; Krempe 383
Cassuben; Witwe des Kirchspielarztes; Schenefeld (Amt Rendsburg) 461
Castel, Catherine Hedwig geb. Rantzau, Gräfin von 7
Castel, Gräfin von 282, 317, 410
Castro, Jacob de; Altona 123
Catenhusen, Carl Friedrich Wilhelm; Diakon; Lauenburg 75
Cellarius; Pastor; Trittau 548
Celle, Herzog von 153
Charles, de; Rektor; Segeberg 755
Charles, Lucia Friderica Christophine de; Segeberg 106
Charles; Kompastor; Neumünster 555
Chollet, Bertrand; Altona 108
Christen, Franz; Meldorf 115
Christen, Hans; Sasel 671
Christensen; Friseur; Preetz 247
Christensen; Justizrat; Kiel 183
Christensen; Pastor; Horst (Gut Horst) 255, 379
Christensen; Polizeimeister; Kiel 180
Christiani; Diakon; Meldorf 505
Christiani; Pastor; Sankt Margarethen 167, 409, 410
Christiani; Propst; Oldenburg 565
Christiansen, Christian; Kandidat der Theologie 75
Chrysander; Pastor; Probsteierhagen 368
Cirsovius; Kirchspielvogt; Bramstedt 652
Clain; Sekretär; Uetersen 253
Clamer; Erbpächter; Reinbek 223
Clasen, Hubertus; Jevenstedt 103
Clasen, Johann Christoph; Meggerkoog 124
Clasen; Pastor; Rendsburg 445, 446
Clasen; Pastor; Tellingstedt 523
Clasen; Propst; Meldorf 435, 493, 603
Clasen; Rektor; Rendsburg 445
Classen 16
Classen, Catharina; Töpferwitwe; Plön 742
Classen, Hans Friedrich; Kätner; Meinsdorf 634
Classen, Hans; Mahde 614
Classen, Sophia Charlotte; Witwe; Wulksfelde 212
Classen; Lotse 44
Claudius; Kandidat der Theologie; Wandsbek 589
Claudius; Pastor; Reinfeld 434
Claudius; Pastor; Sahms 585

Claus, Johann August; Eckhorst 104
Clausen, Dr.; Glückstadt 701
Clausen, Thomas; Generalsuperintendent 64
Clausen; Oldesloe 472
Clausen; Pastor; Krempe 686
Clausen; Schulmeister; Brunswik 719
Claussen, Anna Catharina; Siezbüttel 440
Claussen, Boie; Buchholz (Landschaft Süderdithmarschen) 499
Claussen, Dr.; Oldenburg 734
Claussen, Hinrich Jacob; Brunswik 552
Claussen, Jens; Theologiestudent; Ostenfeld 520
Claussen, Johann; Süderholm (Landschaft Norderdithmarschen) 174
Claussen, Peter; Schullehrer; Deichkamp 569
Claussen; Färber; Rendsburg 750
Claussen; Inspektor; Laurvigsche Wildnis 832
Claussen; Küster; Brunsbüttel 498
Claussen; Pastor; Lütjenburg 726
Claussen; Schullehrer; Brunsbüttel 498
Claussen; Zuchthausinspektor; Glückstadt 213
Clifford, Lady; Altona 805
Cocco; Seiltänzer; Kiel 724
Coch; Pastor; Rendsburg 446
Cohen, David Abraham; Altona 828
Cohen, Jacob Behrend; Rendsburg 747
Cohn, Samuel Philipp; Hamburg 87
Cohrts; Rektor; Neuenkirchen (Landschaft Norderdithmarschen) 521
Colbe; Grützmacher, Bäcker; Preetz 249
Colby, Claus; Herzhorner Wildnis 812
Colby, Johann; Herzhorner Wildnis 812
Colditz; Bürgermeister; Krempe 390, 685
Collin; Sekretär 805
Colmann; Klosterhofmeister; Itzehoe 233
Colscheen; Amtsvogt; Cismar 596
Conradi; Generalsuperintendent 400
Conradi; Pastor; Rendsburg 443
Contze, Friedrich Ulrich 4
Cordes, Friedrich Christoph 21
Cordes, Johann Hinrich; Wedel 800
Cordes, Tietje; Lotse 43
Cords, Peter; Fährpächter; Großenbrode 294
Cordt 146
Cordt; Laurvigsche Wildnis 833
Cordtmann, Christian Andreas; Schwochel 117
Cordts, Henriette 122
Cornelsen, Cornels; Itzehoe 715
Cornils, Claus Hinrich; Ohlenfelde 124
Cornils, Johann; Sankt Margarethen 762
Cornilsen; Witwe; Hamburg 804
Costa, Duarte Nunes da 204
Cramer 134
Cramer, Magdalena; Flensburg 684
Cramer; Professor; Kiel 62
Cramer; Prokanzler; Kiel 135
Crane, Anna Maria 778
Crantz, Otto; Rat 778
Cravaack, Andreas Peter; Glückstadt 693
Creuzfeldt; Plön 224
Criminil, Graf von 58, 100
Crolau, David; Hamburg 35
Cronhelm; Propst 383
Cruse; Organist, Schullehrer; Ratekau 433
Cruse; Student 687
Curdt, von; Leutnant 666
Curtius; Pastor; Breitenberg 398
Dabelstein, Christoph; Bödener; Klein Hansdorf 582
Dabelstein, Detlev; Knecht; Sülfeld 89
Dabelstein, Hinrich; Bünningstedt 107

Daedeler; Schmied; Todesfelde 650
Daentzer; Kiel 93
Dahl, Marx Hinrich; Kiel 620
Dahlmann, Jürgen; Christiansfelde 633
Dahren; Organist, Küster; Flemhude 361
Daldern, Gretje; Gribbohm 641
Dallmeyer; Kantor; Neuendorf (Gut Neuendorf) 415
Dame, Peter; Provisor 127
Damlos; Hebamme; Heiligenhafen 707
Damm, Johann Heinrich; Dienstknecht 180
Damm; Schullehrer; Bösdorf 431
Dancker, Maria Elisabeth 115
Dancker, Peter; Stein 90
Dancker; Pächter; Gut Borstel 373
Dancker; Tagelöhner; Tralau 341
Dänemark, Caroline Mathilde, Königin von 64
Dänemark, Charlotte Friederike, Prinzessin von 47
Dänemark, Christian Friedrich, Prinz von 47
Dänemark, Christian III., König von 280, 298
Dänemark, Christian IV., König von 294, 325
Dänemark, Christian V., König von 265
Dänemark, Christian VI., König von 56, 418, 443, 741
Dänemark, Christian VII., König von 56
Dänemark, Erbprinz von 344
Dänemark, Friedrich Ferdinand, Prinz von 47
Dänemark, Friedrich II., König von 647
Dänemark, Friedrich III., König von 4, 774
Dänemark, Friedrich IV., König von 16, 51, 63
Dänemark, Friedrich V., König von 56, 775
Dänemark, Friedrich, Erbprinz von 296
Dänemark, Juliana Maria, Königin von 728
Dänemark, Juliane Sophie, Prinzessin von 47
Dänemark, König von 5, 8, 22, 35, 36, 37, 47, 50, 52, 138, 207, 233, 266, 307, 378, 423, 669, 765, 769, 774, 775, 780, 781, 830
Dänemark, Kronprinz von 47
Dänemark, Louise Charlotte, Prinzessin von 47
Danneberg; Schullehrer; Kattendorf 483
Dannemann, Johann; Scharfrichter; Krempe 389, 686
Dardese, Baltser; Neustadt 730
Darfeldt, Juliane Dorothea 106
Dassel 650
Dau; Amtsverwalter; Pinneberg 779
Dau; Generalauditeur, Amtsverwalter; Pinneberg 779
David, Wulf; Handelsmann; Glückstadt 226
Davids, Carl Christian Martin; Malergeselle; Wandsbek 347
Decken, Graf von; Freiburg 127
Decker; Archidiakon, Prediger, Propst; Itzehoe 234, 301, 379, 380, 416
Deckmann, Franz Carl; Kandidat der Theologie; Rendsburg 74
Deelwater; Maurermeister; Itzehoe 301
Degenhard; Witwe; Woldenhorn 589
Degetau, Louise; Brunswik 623
Dehlsen, Adam Gabriel 677
Dehn, August; Görnitz 335
Dehn, Graf von; Amtmann 654
Dehn; Bankier; Altona 651
Delbanco, Assur Jacob 20
Delff, Johann; Lehrjunge; Glückstadt 180
Delfs, Dr. 241
Delfs, Johann Friedrich; Neumühlen (Herrschaft Breitenburg) 93
Dencker; Holzhändler; Rethwisch 26
Dencker; Papiermüller; Plön 636

Derlington, Gräfin von 7
Dernath, Gerhard von 300
Dernath, Graf von 8, 25, 356, 357, 370
Dernath, Graf von; Amtmann; Kiel 235
Dernath, Graf von; Hasselburg 25
Dernath, Graf von; Kämmerer; Wien 300
Dernath, Gräfin von 625
Dernath, Sophie Magdalene geb. von Holstein 60
Derullo; Olitätenkrämer 167
Desebruch, Caspar Friedrich 778
Desmercieres; Konferenzrat 298, 788
Deter, Anna; Breitenburg 213
Deter, Jürgen; Breitenburg 213
Detleffsen; Kandidat der Theologie; Rendsburg 72, 749
Detleffsen; Rektor; Neumünster 560
Detlefs; Kirchspielsinteressent; Hennstedt (Landschaft Norderdithmarschen) 609
Detlevs; Regierungskopist; Glückstadt 700
Deutsches Reich, Ferdinand III., Kaiser 4
Deutsches Reich, Kaiser 4, 50, 76, 765, 771, 774
Deutsches Reich, Karl VI., Kaiser 779
Deutsches Reich, Karl VII.; Kaiser 779
Dibbern, Peter; Bekmünde 274
Dibbern, Peter; Uhrendorf 95
Dibbern; Pastor; Großenbrode 572
Dibbern; Rektor; Heiligenhafen 469
Dibbern; Tagelöhner; Krummesse 425
Dickhut, Dorothea Johanna Wilhelmina; Stade 17
Dicksen, Dorothea; Neumühlen (Amt Kiel) 101
Diebel; Rademacher; Itzehoe 712
Dieck, Carsten; Homfeld 236
Dieck; Tierarzt 174
Dieckmann, Gretje geb. Rohlfs; Weddingstedt 107
Dieckmann, Johann Zacharias; Altona 785
Dieckmann, Peter; Sankt Margarethen 97
Dieckmann; Kandidat der Theologie 514
Diederichs; Schneider; Sülfeld 276
Diederichsen, Andreas Ludwig; Gaarden 197, 253
Diederichsen, Diederich Christoph; Gaarden 624
Diederichsen; Advokat; Brunswik 622
Diederichsen; Advokat; Kiel 210
Diederichsen; Kaufmann; Kiel 196
Diehn, Hinrich Christian August; Rademacher; Schönweide 335
Diekmann; Zimmergeselle; Preetz 246
Dierck; Justitiar 571
Diercks, Anna Margaretha Elisabeth; Wedel 812
Diercks, Joachim Meyer; Groß Kollmar 118
Diercks, Johann; Sülldorf 122
Diercks; Schulmeister; Wellingdorf 537
Diercksen; Pastor; Schenefeld (Amt Rendsburg) 461
Diercksen; Propst; Tating 438
Dietzel; Goldarbeiter; Itzehoe 169
Diewitz, Marx; Schullehrer; Brenkenhagen, Suxdorf 573
Dill, Johann; Erbpächter; Rehhorst (Amt Reinfeld) 113
Dirks, Paul; Glückstadt 693
Dithmer; Pastor; Rahlstedt 581
Ditmer, Jürgen; Kirchenlanste; Gleschendorf (Amt Ahrensbök) 634
Dittmann, Eggert; Bödner; Klein Hansdorf 582
Dittmann, Jacob Friedrich; Nessendorf 306
Dittmann; Unteroffizier 394
Dittmer, Catharina geb. Jansen; Klostersande 115
Dittmer, Franz Hinrich Nicolaus; Altona 104
Dittmer, Johann; Kapitän; Glückstadt 701
Dittmer; Pastor; Altrahlstedt 581

Dohm, Dorothea Johanna 126
Döhren, Matthias von; Hamburg 816
Döhren, Tönnies von; Hainholz 838
Dohrn, Abel 95
Dohrn, Dr.; Physikus; Heide 612
Dohrn, Hans; Hohenweg 416
Dohrn, Johann; Barlt 496
Dohrn, Jürgen; Grevenkoper Ring 665
Dohrn, Marx; Neuenbrook 664
Dohrn; Schullehrer; Schönhorst 323, 563
Dohse, Carl Matthias; Oppendorf 323
Dölle, Christian Gottlieb; Plön 744
Domeier; Pastor; Nortorf (Amt Rendsburg) 457
Don Carlos 180
Donat, Christian Friedrich 247
Donat, Friedrich Ludwig 247
Doose; Etatsratsfrau; Wilster 134
Dörffer; Predigerwitwe; Plön 428
Dorn, Reimar, Dr. 774
Dorn; Erbpächter; Krummendiek 311
Dortmund; Erbpächter; Kattenhöhlen 432
Döscher, Jürgen; Wilster 90
Dose, Antje 115
Dose, Elsabe Margaretha; Witwe 112
Dose, Engel Margarethe Elisabeth; Witwe; Kasseedorf 116
Dose, J. C.; Wiemersdorf 651
Dose, Johann Peter; Arbeitsmann; Muggesfelde 316
Dose; Diakon; Neuendorf 414
Dose; Erbpächter; Schönhorst 622
Dose; Justitiar; Stockelsdorf 19
Dose; Konrektor; Rendsburg 72
Dose; Landschreiber 492
Dose; Parzellist; Ahrensbök 636
Dose; Pastorenwitwe; Heiligenhafen 570
Dose; Postexpediteur; Ahrensburg 271
Dose; Viertelhufner; Herrenbranden 477
Dose; Witwe; Wilster 145
Dragun; Zollverwalter; Lübeck 217
Dreesen; Kätner; Bargenstedt 603
Dreesen; Student 63
Drengberg, Asmus; Westerrade 629
Dresler, Hans Nicolaus; Glückstadt 124
Dresler; Bauervogt; Ottendorf (Amt Ahrensbök) 635
Drews, Casper; Grobschmiedgeselle; Elmenhorst (Gut Jersbek) 304
Drews, Casper; Jersbek 106
Dreyer, Jacobine 99
Dreyer, Johann Friedrich 180
Dreyer, Johann Hinrich Christian; Schmied; Berliner Au 337
Dreyer, Peter; Kleve (Gut Krummendiek) 311
Dreyer; Konsistorialassessorwitwe; Bordesholm 534
Dreyer; Küster; Niendorf (Herrschaft Pinneberg) 136
Dreyer; Organist; Niendorf (Herrschaft Pinnebeg) 789
Dreyer; Pastor; Bordesholm 358
Drilling; Schneider; Wandsbek 345
Drost, Charlotte Christine von; Konventualin; Itzehoe 237
Drube; Kirchenjurat; Eichede 536
Drückenmüller; Pastor, Diakon; Schwesing, Borsfleth 397
Drümpelmann, F. L.; Kiel 224
Druwe; Tagelöhner; Muggesfelde 315
Dücker, J. G. Peter; Westerdeich 109
Duden, Nikolaus; Kaufmann, Bürgermeister; Rendsburg 746
Duggen, Hinrich; Hufner; Stolpe (Gut Depenau) 287
Duhm; Scharfrichterswitwe; Jersbek 91
Dühring, von; Landrat 18
Dührsen; Diakon; Barlt 511
Dührsen; Pastor; Windbergen 511
Dührsen; Prediger; Busenwurth 496
Dultz; Branddirektor; Meldorf 599
Dumoulin; Kapitän 19
Düncker; Diakon; Neustadt 529
Dupais; Agent 11

Durfeld, Dr. 36
Dürrhauer, Heinrich Gottlieb Friedrich; Altona 120
Durutte; Divisionsgeneral 19
Düsch, Claus; Averfleth 96
Düsterhop, Franz; Lüneburg 647
Dütsch, Claus; Averfleth 97
Dütsch, Claus; Dammfleth 665
Dütsch; Kirchspielsdiener, Armenvogt; Dammfleth 655
Dwenger; Erbpächter; Todendorf 585
Dwinger, Benedicta; Jersbek 90
Dwinger; Landwehrmann; Weddelbrook 280
Eberwein, Pastor; Hohenaspe 402
Eckard; Pastor; Schönwalde 372
Eckermann; Pastor; Ratekau 433
Eckhof; Archidiakon; Wilster 760
Eckhoff, Dr.; Itzehoe 226
Eckhorst; Ratsverwandter; Segeberg 754
Eckmann, Anna Margarethe; Rendsburg 445
Eckmann; Landschreiber; Wilster 660
Eddelack, von; Major 698
Edleffsen, Adelheid; Kirchspiel Lunden 91
Edlefsen; Pastor; Horst 406
Egge, Abel; Witwe; Averfleth 103
Eggebek, Georg; Pastor; Husby 378
Eggerling; Kiel 224
Eggerling; Organist; Großenaspe 558
Eggerling; Organistenwitwe; Sülfeld 375
Eggerling; Pastor; Haseldorf 788
Eggerling; Schullehrer; Großenaspe 558
Eggers, Claus; Hohenfelde (Amt Steinburg) 404
Eggers, E. 138
Eggers, Eggert; Gokels 642
Eggers, Hans Dietrich; Inste; Depenau 287
Eggers, Hans; Blomesche Wildnis 327
Eggers, Hans; Tischler; Wilster 185
Eggers, Martin; Uetersen 107
Eggers, von; Kooginspektor 600, 602, 606
Eggers; Kammerrat, Landschreiber 492
Eggers; Konferenzratwitwe; Meldorf 602
Eggers; Landvogt 598
Eggers; Schullehrer; Reinsbüttel 526
Ehlers, Casper; Musketier 509
Ehlers, Casper; Sankt Michaelisdonn 509
Ehlers, Catharina Christina; Friedichsgabe 122
Ehlers, Claus Friedrich; Inste; Tralau 341
Ehlers, Claus; Bekhof 113
Ehlers, Claus; Inste; Muggesfelde 315
Ehlers, Claus; Rendsburg 57
Ehlers, Claus; Schwartbuck 334
Ehlers, Claus; Wewelsfleth 97
Ehlers, Hans; Langenhagen 221
Ehlers, Johann; Bornholt 297
Ehlers, Johann; Brokdorf 661
Ehlers, Jürgen; Timmaspe 456
Ehlers, Margaretha; Sparrieshoop 840
Ehlers, Peter; Büdelsdorf 96
Ehlers, Sielke; Wewelsfleth 97
Ehlers, Sophia; Hebamme; Tangstedt 165
Ehlers; Pastor; Borsfleth 396
Ehlers; Pförtner; Trittau 669
Ehlers; Schreib- und Rechenmeister; Heiligenhafen 570
Ehlers; Schullehrer; Demühlen 552
Ehmck, Hans; Klein Nordsee 320
Ehmcke, Hinrich; Neukirchen 312
Ehmcke; Kätner; Felde 320
Ehms, Christoph Hinrich von 212
Ehmsen, Detlev Hinrich; Nehmten 478
Ehren, Harm von; Fischer, Blankenese 42
Ehrenschild, von; Landdrost 778, 780
Ehrich; Pensionär; Großwessek 731
Ehrig, Claus; Krempe 690
Eichhoff, Peter Martin; Landmilitärreserve; Wandsbek 588

Eicken, Claus; Krugwirt; Itzehoe 227
Eifler; Pastor; Wedel 800
Eimbcke, Dr. 209
Eimbeck; Grenzkontrolleur; Westerort 828
Eins, Wilhelm; Barbier; Itzehoe 108
Einsiedel, Anna Catharina Friederika; Rendsburg 119
Eismann, Christian; Hohenaspe 403
Eitzen, Paul von 34
Eitzen; Doktor, Weinhändler; Itzehoe 712
Elfeld; Pastor; Brunstorf 581
Eli, Christopher; Hohenaspe 289
Eli; Witwe; Drage 289
Ellermann; Neumünster 626
Elsner, Johann; Rendsburg 99
Elvers; Heide 517
Embcke, Jürgen; Borgstedt 226
Enewald, Johann Friedrich; Kirchspielvogt; Wilster 392, 759
Engel, Gesche geb. Wilms; Heiligenstedten 121
Engel; Mühlenpächter; Oldenburg 681
Engel; Scharfrichter; Glückstadt 128
Engelbrecht, Peter; Wilster 94
Engelbrecht; Diakon; Eddelak 501
Engelbrecht; Kandidat der Theologie; Sankt Margarethen 73
Engelbrecht; Pastor; Eddelak 501
Engelbrecht; Schulmeister; Büttel (Wilstermarsch) 408
Engellandt, Jacob; Breiholz 457
Engels, Anna; Witwe; Glückstadt 122
Engels, Lotte; Krempe 389
Engenhagen; Justizrat 439
Engholm; Schullehrer; Wankendorf 478
Ephraim, Jacob; Eutin, Preetz 242
Erdmann; Superintendent 66
Erhardi; Pastor; Brokdorf 399
Erich, Hans; Großwessek 529
Erich, Johanna Catharina; Wandsbek 344
Erich, Wilhelm; Krempe 181
Erich; Schulmeister; Seth (Gut Borstel) 373
Erich; Vagabund 623
Erlau, Christoph 634
Ernst, von; Kapitän; Hasselburg, Gut 3
Esmarch, Dr.; Physikus; Rendsburg 753
Esmarch; Pastorenwitwe; Leezen 485
Essen, Hinrich von 4
Essen; Schullehrer; Rehhorst (Amt Reinfeld) 438
Esser, Johann Friedrich; Musketier 89
Estorf, Dorothea von 718
Ettler; Pastorenwitwe; Bark 469
Ettler; Pastorenwitwe; Großenbrode 572
Evers, Anna Maria Dorothea; Witwe; Malkendorf 431
Evers, Gottfried; Dreggers 105
Evers, Hans; Brokdorf 146
Evers, Jürgen; Gadeland, Sarlhusen 244
Evers, Nikolaus; Ratsverwandter; Kiel 718
Evers, Peter Christian; Gronenberg 223
Evers, Tönnies 236
Evers, Tönnies; Kandidat der Medizin; Itzehoe 713
Evers; Parzellist; Kattenberg 573
Ewald, Eduard von; Leutnant; Wedel 109
Ewald; Erbpächter; Rellingen 795
Ewald; Schulmeister; Dahme 135
Ewers, Claus Christian; Warder 277
Ewert, Tewes; Landesschulze; Süderau 418
Eyben, Freiherr von; Kammerherr, Komitialgesandter 10
Eyben, Graf von 2
Eyben, von; Geheimrat 209
Eyler; Rektor; Lütjenburg 569
Eylmann 13
Eylmann, Claus 13
Faber; Bürgermeister; Lütjenburg 728

Fabricius, Johann Christian Eduard, Dr.; Kiel 361
Fabricius; Physikus; Plön 431
Fabritius, Dr.; Plön 744
Faerber 391
Falck, Jacob; Herzhorn 831
Falck, Jakob Philipp; Preetz 243
Falck, Reimer; Blomesche Wildnis 101
Falck; Frachtfuhrmann; Klostersande 223
Falckenhagen; Pastor; Lensahn 364
Färber 789, 814
Fasters, Anna; Krempe 104
Febvre Milot, Hortense le 102
Feddern, Hinrich; Schuster; Schmachthagen 336
Feddersen; Organist, Schullehrer; Bargteheide 582
Feddersen; Schullehrer; Hohenraden 797
Fehe; Pastor; Oldenburg 529
Fehe; Pastorenwitwe; Oldenburg 529
Fehrs, Marx; Winseldorf 120
Felck, Johann Hinrich Wenzel; Schornsteinfegergeselle; Preptow 178
Feldt; Uhrmacher; Rendsburg 749
Fesefeld, Friedrich; Hohenfelde (Amt Steinburg) 403
Fett, Heimann Samuel; Hamburg 305
Feuerschütz, Magnus; Uetersen 799
Fey, August; Falkendorf 330
Fey, Johann Hinrich; Witwer; Rathjensdorf 112
Fey; Feldvogt; Schönweide 335
Fey; Schullehrer; Rathjensdorf 559
Fick, David Hieronymus 95
Fick, Marie Magdalena; Hebamme; Stockelsdorf 166
Fick, Pasche; Altenteiler; Barmstedt 837
Fick; Müller; Wandsbek 348
Fickbohm, Dorothea; Trittau 549
Ficken, Maria Elisabeth Bernardina 102
Fiedler; Kanzleirat 213, 586
Filitzen, Catharina Elisabeth; Moisling 267
Finck, Claus; Fuhrmann; Klinkraue 222
Finck, Margaretha; Hadeln 17
Finck; Erbpächter; Lenste 595
Finck; Schullehrer; Krokau 562
Finck; Stadtsekretär; Wilster 758
Findangue, Abraham 777
Findeisen; Schullehrer; Gosdorf 575
Fischer, Carsten; Stellau (Herrschaft Breitenburg) 225
Fischer, Friedrich; Händler; Berlin 179
Fischer, Hinrich Christopher; Neumünster 223
Fischer, Jasper; Bramstedt 223
Fischer, Johanna Louise Dorothea; Witwe; Warder (Gut Rohlstorf) 491
Fischer; Kellermeister; Kiel 718
Fischer; Schuster; Neuenkirchen 274
Fischer; Tischlermeister; Itzehoe 656
Fitzmann; Pastor; Großflintbek 539
Fitzmann; Pastorenwitwe; Flintbek 539
Flege, Wilhelm; Kiel 224
Fleischer, Johann Georg Friedrich; Unteroffizier; Glückstadt 122
Fleischer; Propst 784, 815
Flemmich; Hausvogt; Neumünster 628
Flohr, Hinrich; Krempe 691
Flor; Pastor; Beidenfleth 395
Floren; Regimentsquartiermeister; Flensburg 683
Floris, Broder Jacob; Seminarist; Roggenhorst 433
Fock, Claus; Silzen 94
Fock, Henriette geb. Cordts; Pinneberg 122
Fock, Jürgen; Kaufmann; Pinneberg 185
Fock; Pastor, Konsistorialrat; Kiel 549, 550, 552
Fock; Schullehrer; Kellinghusen 454
Focke, Dr. 213
Focke, Dr. med. 166
Foges; Leutnant; Glückstadt 703
Fonteine, Philipp; Amsterdam 682

Först, Hans Hinrich; Schneider; Schellhorn 252
Forster, Maria Susanna; Bergen op Zoom 179
Frahm, Claus Christoph; Hufner; Großflintbek 619
Frahm, Marx Detlef; Lohe (Landschaft Süderdithmarschen) 93
Frahm; Höker; Krummendiek (Gut Krummendiek) 310
Franck, Engel; Wilster 133
Franck, Jürgen Hinrich; Malkendorf 431
Franck; Pastor; Neuendorf (Gut Neuendorf) 415
Francke, August Hermann; Schullehrer; Heide, Gaarden 557
Francke, Johann Friedrich; Ottensen 102
Francke; Schullehrerwitwe; Gaarden 557
Francken, Abel; Witwe; Wilster 132
Frank; Diakon; Eddelak 500
Franzen, Johann 91
Franzen; Hohenwestedt 645
Frauen, Claus; Neuenbrook 414
Frauen, Jacob; Groß Kampen 661
Frauen; Postmeister; Bramstedt 185
Frauenstein, Andreas; Pinnebergerdorf 823
Fraun, Martin Christian; Bäcker; Itzehoe 711
Freese; Organistenwitwe; Sankt Margarethen 410
Frels; Distriktarzt; Cismar 215
Freudenberg; Witwe; Pinnebergerdorf 807
Frey; Lizentiat; Neuenkirchen (Landschaft Norderdithmarschen) 615
Freyer, Erdmann; Preetz 242
Friccius, Pastor; Krempe 687
Friccius, von; Dompropst; Hamburg 775
Friccius; Konferenzrat, Gutsbesitzer 143
Friccius; Pastor; Tellingstedt 522
Frick; Chirurg; Hohenwestedt 167
Friebach; Schauspieler 702
Friederichs; Bauervogt; Börnsdorf 221
Friedrich, Jürgen; Viehtreiber 172
Friedrich; Erzbischof von Bremen 703
Friedrichs, Carl; Schullehrer; Wennemannswisch 139
Friedrichsen, Carl gen. Stutzer; Zuchthäusler; Neumünster 130
Friedt, Jens; Itzehoe 236
Fries, Bertram Friedrich; Ascheberg 273
Fries, Brigitte Margarethe; Preetz 57
Fries; Kammerrat; Süderstapel 210
Fries; Kirchspielvogt; Sankt Margarethen 654, 665
Friesenhausen; Reichskammerassessor 6
Frise; Rektor; Kiel 553
Früchtenicht, Johann Friedrich; Hamburg 791
Früchtenicht, Johann; Neuendorf (Gut Neuendorf) 318
Früchtenicht, Lambert Christian; Missionar 71
Früchtenicht, Matthias; Groß Kollmar 308
Früchtenicht, Matthias; Neuendeich 799
Früchtenicht, Matthias; Spiekerhörn 415
Fründt, Johann; Stelle 92
Fuchs, Michael Jürgen; Scharfrichterknecht; Krempe 685
Fuchs; Glückstadt 695
Führböter, Franz Jürgen 377
Führböter, Hans; Fuhrmann; Sandesneben 222
Fülleborn, Marie Sophie Caroline; Witwe; Oldesloe 126
Funck, Antje; Windbergen 105
Funck; Pastor; Altona 785
Funcke, Nicolaus; Kandidat der Theologie; Marne 72

Fürst, Johann Friedrich; Bargteheide 532
Fürstenau; Gutsbesitzer; Wulksfelde 38
Gabain; Pastorenfrau; Altona 785
Gabel, von; Reichsschatzmeister 207
Gabriel, Johanna Margaretha; Kiel 125
Gadau, von; Amtmann; Traventhal 629
Gadau; Hufner; Klein Gladebrügge 634
Gadegast, Hinrich; Erbpächter; Ascheberg 221
Gadow, Johann Jochim; Schmied; Quaal (Gut Rohlstorf) 331
Gaede, Claus Hinrich; Liensfeld 369
Gähler, von; Husarenoberst 368
Gamm, Jochim; Schmied; Pinneberg 227
Gangelhof; Hebamme 295
Gans; Pastor; Warder (Gut Rohlstorf) 490
Ganzer, Hans Otto; Goldschmied; Neumünster 555
Gardthausen; Witwe; Segeberg 756
Garss; Halbmondbläser 504
Garwen, Elisabeth 35
Gasau, Claus Hinrich; Parzellist; Eckhorst 268
Gätjens, Anna Elsabe 124
Gätjens; Dingvogt; Pinneberg 808
Gaude, Theodor Lambert; Altona 118
Gayen; Altona 196
Gebers, Gerdt Hermann; Hufner; Neurahlstedt 669
Gebien, Matthias; Malkendorf 26
Geerds, Gesche; Süderau 417
Geerdts, Detlef; Niendorf (Amt Segeberg) 96
Geertz; Sattler; Wandsbek 345
Gehlen, Joachim Blanck; Friedrichstadt 110
Gehrckens; Witwe; Neuenbrook 658
Gehrke; Drechsler; Ratzeburg 633
Gehrke; Schuster; Ahrensburg 271
Gehrmann; Hebamme; Eichede 677
Geill 37
Geisler, Detlef Matthias; Lunden 227
Geisler; Schulmeister; Pölitz 31
Gensche; Pastor; Großenwiehe 378
Gerber, Christian Casper; Oldesloe 737
Gerber; Predigerwitwe; Sankt Michaelisdonn 509
Gercken, Hinrich; Postbote; Elmenhorst 374
Gerckens, Marten 15
Gerdt, Peter; Kätner; Dükermühle 420
Gerdts, Margaretha; Kehdingen 17
Gerken, Claus Heinrich; Kirchenjurat; Hammoor 582
Gerkens, J.; Organist, Schullehrer; Heide 517
Gerkens, Wilhelm; Glückstadt 34
Gerkens; Schiffer 219
Gerlach; Schulmeister; Reecke 268
Gerlau, Catharina Dorothea geb. Möller; Glückstadt 114
Gernandt; Organist, Schullehrer; Hohenaspe 403
Gerstenacker; Schullehrer; Gadendorf 572
Gerwich; Schullehrer; Havekost (Amt Ahrensbök) 432
Geu; Papiermüller; Blockshagen 621
Gewert; Schullehrer; Luschendorf 433
Giese, Johann; Pinneberg 716
Giesemann, Jürgen Hinrich; Horst (Gut Neuendorf) 318
Giesen, Gretje 389
Giesmann; Kirchspielvogt; Brokdorf 660
Giffey, Peter; Kätner; Bramfeld 583
Gildehausen; Diakon; Süderau 418
Ginheimer, Georg Hinrich; Amtsschreiber; Reinbek 6
Gittel; Pastor; Heiligenstedten 386, 397
Gittel; Pastor; Hohenfelde 404
Glarner; Schuhmachergeselle; Neustadt 731

Glaseck; Hegereiter; Kummerfeld (Herrschaft Pinneberg) 811
Glasemeyer; Pastor; Breitenberg 380, 398, 411, 539
Glashof, Hans; Klevendeich 144
Glashoff; Organist; Herzhorn 830
Glau, Magdalena Christina; Witwe; Schönwohld 98
Glau; Schullehrer; Dorfgarten 556, 557
Gliesmann, Johann; Quickborn (Herrschaft Pinneberg) 638
Gliessmann, Marx; Alveslohe 113
Glietz, Ferdinand; Rendsburg 104
Glindemann; Schulmeister; Sören (Amt Bordesholm) 544
Glissmann, Hinrich; Bahrenfeld 784
Glissmann, Hinrich; Lurup (Herrscahft Pinneberg) 812
Glissmann, Jochim; Heuerling; Quickborn 226
Gloxin; Kanzleirat 61
Gloy, Claus; Silzen 241
Gloy, Johann Diedrich; Hufner; Röbel 28
Gloy, Jürgen; Bekmoor 100
Gloyer, Anna geb. Alpen; Sude 119
Glüsing, Abel Dorothea; Westerrönfeld 95
Glüsing; Hausvogt; Bordesholm 622
Göbel; Diakon; Krempe 686
Göben, Magdalena Elisabeth; Lasbek 536
Godemann; Schmiedegeselle; Hörnerkirchen 841
Godske; Schlossverwalterswitwe; Schleswig 213
Goeders, Johann Martin; Kiel 723, 733
Goethe, von; Geheimrat 177
Golchert, Abel Dorothea 104
Goldammer; Maurermeister; Eutin 745
Goldbeck; Deputierter Bürger; Rendsburg 748
Goldenstädt; Erbpächter; Haffkrug 635
Goldfuss; Gärtner; Wendemuth 588
Goldmann, Anna; Krempe 690
Goldsen, Elisabeth; Rendsburg 103
Goos, Johann; Kandidat der Theologie 72
Gorries; Bürgermeister; Wilster 758
Görtz, Baron von 7
Görtz, Freiherr von Schlitz gen. von 613
Gosau, Hans; Overndorf 238
Gosau, Hans; Wesselburen 120
Gosau; Schullehrer; Nahe 488
Gosch, Carsten; Bokelhop 448
Gosch, Peter Wilhelm; Rendsburg 748
Gosch; Erbpächter; Kalübbe 222
Gössel, von; Etatsrat; Itzehoe 210
Gossenberger, Johann Hinrich; Schlachtergeselle; Wandsbek 347
Göttjens (Gaetjens), Detlef; Schiffer; Büsum 45
Gottorf, Adolf, Herzog von 298
Gottorf, Carl Friedrich, Herzog von 455
Gottorf, Christian Albrecht, Herzog von 667
Gottorf, Großfürst von 48
Gottorf, Herzog von 5, 47, 48, 254, 597, 669
Göttsch, Peter; Fahren 215
Göttsch, Trine; Wentorfer Strand 114
Gottschalck, Carsten; Organist, Küster; Hohenaspe 134, 135
Gottschalck; Schulmeister; Beidenfleth 396
Gottschalk; Kaufmann; Hannover 40
Göttsche, Hans; Schönberg (Kloster Preetz) 125
Göttsche, Hans; Schullehrer; Kleinflintbek 559
Göttsche, Jürgen; Bothkamp 136
Göttsche; Kaufmann; Glückstadt 700
Göttsche; Organist, Schullehrer; Bordesholm 554
Göttsche; Pastor; Bordesholm 554, 555
Göttsche; Schulmeister; Tungendorf 543
Götzke; Pastor; Brokdorf 399
Gotzken, Caspar 405

Govers, Harmen; Altona 772
Govers, Peter; Altona 772
Graaf; Schullehrer; Böhnhusen 559
Graaf; Schullehrer; Fedderingen 494
Graba; Hamburg 39
Grade, Friedrich; Infanterist 102
Gradert, Christian; Inste; Farve 291
Graf, Johanna Maria 97
Graf; Landwehrpflichtiger 679
Graff, Everd; Hamburg 772
Graff, Regina 772
Grage, Hufenpächter; Gaarz 293
Grand; Schullehrer; Dreggers 476
Granz, Claus; Schmied; Wewelsfleth 658
Grape, Christian; Schlachter; Wankendorf 288
Grapengeter, Anna Catharina 124
Grapp, Reimer; Warringholz 106
Graumann, Margaretha 126
Graumann; Reinbek 678
Gravenhorst; Schloss- und Garnisonsprediger; Kiel 528
Gravenhorst; Schullehrer; Kühren 562
Gravert, Michael; Ratsherr; Wilster 758
Greiffenwald; Segeberg 474
Grell; Müller 33, 571
Grellen; Pastor; Schlamersdorf 370
Grelstorf, Johann Heinrich; Maurergeselle 184
Grenze, Dorothea Elisabeth; Witwe; Wedel 105
Greve; Bauervogt; Bredenbekshorst 465
Greve; Hamburg 674
Griebel; Landvogt; Heide 517
Griem, Anna Margaretha 113
Griesinger, Christina Elisabeth; Krummendiek 407
Grimm, Hans Christian; Holstendorf (Amt Ahrensbök) 220
Grimm, Magdalena Dorothea; Willendorf 98
Grimmerdahl, Clarelina Dorothea; Oldesloe 102
Grimmstein; Neustadt 529
Grochowsky, Stanislaus; Zuchthäusler; Neumünster 129
Gröningen, Françoise; Glückstadt 696
Grönland, Martin; Grönland 378
Grönwoldt, Schmied; Kassau 339
Groot, Peter; Schiffer; Grömitz 172
Grosheim; Kompastor; Sankt Margarethen 408
Grosmann, Asmus Wilhelm; Plön 103
Grosse, Hans Adolph; Eutin 211
Grosse, Johann Friedrich Carl; Kandidat der Theologie 58
Grossmann, Carl Hinrich; Bäckergeselle 179
Grote, August Otto, Freiherr von; Gesandter 11
Grote, Baronesse von 279
Grote, von; Oberstleutnant 6, 279
Groth, Claus; Siggen 39
Groth, Hans Friedrich; Engelau 104
Groth, Jost; Appen 797
Groth, Telsche; Wesseln 91
Groth; Advokat 49
Groth; Gastwirt; Itzehoe 714
Groth; Kandidat der Theologie 431
Groth; Pastor; Ahrensbök 431
Groth; Rektorwitwe; Sankt Annen 515
Groth; Schullehrer; Kaden 483
Grothusen, Johann Dietrich, Baron von; Krummendiek 396
Grove; Leutnant 45
Groven, Dietrich von 823
Grover 8
Grube; Kantor; Segeberg 475
Grube-Mörck, Detlev; Amtspförtner; Reinfeld 631
Gruben, von; Drost; Wischhafen 309
Grümmer, Johann Jochim; Sipsdorf 103
Grümmer, Witwe; Beschendorf 91
Grüning, Eduard Friedrich; Kandidat der Theologie 75
Gryph (Gryphius) 133
Gude 48
Gude; Kiel 133

Guldberg 137
Güldenpfenning, Friedrich Wilhelm; Hamburg 167
Güldenstein, Graf von; Kronsburg 360
Güldenzopf; Schullehrer; Wangels 576
Gülich; Amtsverwalter 630, 768
Gultlingen, Freiherr von 9
Gundelach 539
Gundelach, Dorothea 23
Gundlach; Hebungsgevollmächtigter; Itzehoe 59
Günther, Andreas; Justizrat 48
Günther; Organist; Plön 430
Guth; Organistenwitwe; Meldorf 504
Guttau, Margarethe Dorothea; Witwe; Manhagen (Gut Manhagen) 112
Haack, August Hinrich; Neustadt 730
Haack, Claus; Schiffer; Neufeld 192
Haack, Johann Casper; Lebrade 331
Haack, Nicolaus; Niensteden 792
Haase, Johann Friedrich; Zimmermeister; Rendsburg 59
Haase, Johann; Vogt; Heist 819
Haase, Peter; Winseldorf 119
Haase; Pastor; Barkau 359
Haase; Torwächter; Rendsburg 752
Haberkorn; Pastor; Großenaspe 539
Habuy, Hans; Schuster; Krempe 691
Hachmann; Schullehrer; Mühlenkamp (Kirchspiel Elmshorn) 838
Hachtmann; Erbpächter; Rellingen 795
Hack; Bauervogt; Mollhagen 670
Hacke, Everard; Altona 123
Hacker, Ludwig; Fetthändler; Neumünster 225
Hackspiel; Postmeister; Itzehoe 249
Hadenfeld; Schullehrer; Reher 462
Hadenfeldt, Hans; Bendorf 297
Hadenfeldt, Hans; Hohenwestedt 208
Hadenfeldt, Hans; Remmels 228
Hadenfeldt; Organist; Curau 19
Hadenfeldt; Unterküster; Neumünster 543
Haelsen; Pastor; Büsum 515
Haesloop, Heinrich; Schiffskapitän 22
Hagedorn, Hinrich; Probsteierhagen 122
Hagedorn, Sielke; Witwe; Schönberg 118
Hagelstein; Amtsvogt; Cismar 596
Hagemann; Schullehrer; Schönwohld 566
Hagemeister; Advokat; Kiel 621
Hagen, Hans von; Hauerinste; Huje 222
Hagen, Johann Hinrich; Schneider; Kellinghusen 91
Hagen, Johann Jochim; Brunstorf 109
Hagen; Kandidat der Theologie 73
Hagen; Kapitän; Glückstadt 701
Hagen; Pastor; Lütjenburg 726
Hagge, Claus; Rendsburg 751
Haggen; Bauervogt; Schipphorst 278
Hahn, Christian Friedrich; Altona 108
Hahn, Graf von 209
Hahn, Peter; Beidenfleth 396
Hahn, von; Geheimrat; Seedorf 370
Hahn, von; Landmarschall 201
Hahn; Erbpächter, Höker; Dannau (Gut Rantzau) 225
Hahn; Kandidat der Theologie; Wandsbek 489
Hahn; Organist; Schönwalde 138
Hahn; Pastor; Beidenfleth 378
Hahn; Propst; Meldorf 68, 378
Halberstadt, Bischof von 254
Halcke, Johann; Schulbediensteter; Uetersen 817
Halle, Bischof von 254
Halle, Henriette von; Altona 86
Hallensen; Rendsburg 752
Hallersleben; Hamburg 40
Hälsen; Pastor; Hörnerkirchen 839
Hamann, Hans; Tagelöhner; Neu Nordsee 320
Hamann, Hinrich; Barensdorf 95
Hamann, Johann August; Musketier; Glückstadt 102
Hamdorf, Anna Margaretha 120
Hamdorf, Anna; Rohlstorf 375
Hamdorff, Hinrich; Inste; Quaal 332

Hamdorff, Johann; Schulmeister; Quaal (Gut Rohlstorf) 331
Hammeleff, Jürgen Petersen; Schullehrer, Pinneberg 139
Hammer; Arbeitsmann; Schönwalde 680
Hammer; Inste; Schönwalde 680
Hammer; Pastor; Nienstedten 791
Hammer; Pastor; Oldesloe 740
Hammer; Predigerwitwe; Blankenese 791
Hammerich 298
Hammerich; Schullehrer; Schulendorf (Amt Schwartau) 432
Hamms, Christina; Jersbek 89
Hancken; Kammerjäger; Itzehoe 167
Hanefeld, Hans; Schulmeister; Barsfleth 506
Hannover, Kurfürst von 187
Hansen, Adolph Ulrich; Kandidat der Theologie; Meldorf 74
Hansen, Anna Margaretha; Süderhastedt 91
Hansen, Christina Elisabeth 117
Hansen, Christoph Claus; Witwer; Warderbrück 116
Hansen, Detlef; Krummstedt 506
Hansen, Dr.; Glückstadt 701
Hansen, H. 138
Hansen, Hans; Gevollmächtigter; Kronprinzenkoog 602
Hansen, Hans; Hedwigenkoog 212
Hansen, Hans; Inste; Reher 289
Hansen, Hinrich; Gosdorf 93
Hansen, Hinrich; Kronprinzenkoog 598
Hansen, Hinrich; Sankt Margarethen 661
Hansen, Lenne Christina; Dienstmagd 129
Hansen, Marx; Reitvogt; Brekling 594
Hansen, Peter; Bredstedt 593
Hansen; Diakon; Marne 504
Hansen; Gevollmächtigter 603
Hansen; Kapitän, Gutsbesitzer; Mehlbek 212
Hansen; Kompastor; Rendsburg 447
Hansen; Konrektor; Glückstadt 71
Hansen; Küster; Plön 430
Hansen; Leutnant 579
Hansen; Organist; Gleschendorf (Amt Ahrensbök) 84
Hansen; Pastor; Klein Wesenberg 436
Hansen; Pastor; Oldesloe 471, 472, 473
Hansen; Pastorenwitwe; Wesenberg 436
Hansen; Schullehrer; Neustadt 528
Hansohn; Krugwirt; Selent 312
Hanstein, Johann Christian Ludwig; Fallersleben 121
Harbeck; Schreib- und Rechenmeister; Neumünster 544, 560
Harbeck; Schulmeister; Wiemersdorf 480
Harbst, Claus; Schulmeister; Haale 451
Harburg, Hans Friedrich; Schustergeselle; Plön 743
Hard, Hans; Curau 102
Hardefeldt, Hans; Abschiedsmann; Rensing 285
Hardenberg 312
Hardenberg, Graf von 333
Harder, Catharina; Witwe; Gadeland 95
Harder, Eggert; Bellerkrug 238
Harder, Elsabe; Westerhorn 840
Harder, Hans; Bark 464
Harder, Hans; Horst (Gut Horst) 223
Harder, Johann; Horst (Gut Horst) 223
Harder, Peter 480
Harder; Hufner; Gadeland 560
Harder; Klosterschreiber; Itzehoe 235
Harder; Schullehrer; Bebensee 475
Harders; Reinbek 678
Harding, Carl; Bordesholm 58
Harding; Kompastor, Pastor; Neumünster 125, 466, 555, 561
Hardt; Müller 31
Harford, Frances Mary; London 1
Hargens; Schreibmeister; Rendsburg 444

Harms, Claus; Archidiakon; Kiel 84, 552
Harms, Friedrich; Heringsdorf 33
Harms, Hans; Neukirchen Amt Eutin) 25
Harms, Hinrich; Bauervogt; Neversdorf 484
Harms, Hinrich; Hetlingen 299
Harms, Johan Caspar; Müller; Övelgönne 106
Harms, Stine 129
Harms; Archidiakon 84
Harms; Diakon; Lunden 520, 610
Harms; Oldenhütten 241
Harmsen; Rektor; Marne 504, 505
Harries, Johanna Sophia Wilhelmine 117
Hartig, Anna Catharina; Hemmerwurth 92
Hartinghausen, Anna von; Konventualin; Itzehoe 233
Hartinghausen, Eva Maria von; Konventualin; Itzehoe 233
Hartje, Johanna Dorothea; Hamburg 179
Hartmann, Catharina; Altona 111
Hartmann, Margaretha; Witwe; Oldenhütten 102
Hartmann; Kompastor; Elmshorn 838
Hartmann; Kontrolleur; Plön 744
Hartmann; Pastor; Lensahn 364, 371
Hartmann; Pastorenwitwe; Lensahn 364
Hartnack; Inspektor; Haseldorf 363
Hartnack; Pastor; Eddelak 500
Hartnack; Pastor; Haseldorf 298, 363
Hartoch, Johanna Magdalena 97
Hartog, Samuel; Kaufmann; Hamburg 86
Hartog; Hebamme; Wandsbek 344
Hartung; Pastor; Pronstorf 486
Hartwig, Johann Friedrich Jacob; Brügge 555
Hartwig; Hausvogt; Pinneberg 299
Hartz, Claus Hinrich; Kätner; Nütschau 321
Hartz; Inste; Dersau 273
Hartz; Pastor; Neuenkirchen (Gut Bahrenfleth) 416
Hasch, Anna Catharina 120
Hase; Nachtwächter; Itzehoe 711
Hass, Asmus; Lägerdorf 285
Hass, Friedrich; Zimmergeselle; Preetz 252
Hass, Johann; Hohenaspe 402
Hass, Lehncke 371
Hass, Matthias; Inste; Farve 291
Hasse, Henning; Kaufmann; Itzehoe 240
Hasse, Johann Friedrich; Hamburg 58
Hasse; Apotheker; Krempe 166
Hasse; Pastor; Barkau 89, 358
Hasse; Pastorenwitwe; Uetersen 799
Hasse; Propst; Segeberg 465, 755
Hasselmann, Carl Friedrich Christian; Kandidat der Theologie; Plön 73
Hasselmann, Franz Friedrich; Generalsuperintendent 68
Hasselmann; Müller; Brunsbüttelkoog 498
Hasselmann; Müller; Krummendiek (Gut Krummendiek) 310
Hasselmann; Pastorenwitwe; Altrahlstedt 531
Hassen; Pastorenwitwe; Uetersen 819
Hatten, Hermann von 647
Hattenhausen, Anna Margaretha Christiana Maria; Stade 17
Haugen, Johann Hartwig; Diakon; Borsfleth 396
Hauschild, Jürgen; Bokel 839
Hauschildt, Gesche; Lutzhorn 214
Hauschildt, Hans Jochim; Halbhufner; Elmschenhagen 243
Hauschildt; Sattler; Glückstadt 697
Häusel; Schullehrer; Wewelsfleth 423
Häusler; Schulmeister; Wewelsfleth 422
Hausmann, Heinrich 777
Havelmeier, Jacob; Wilster 761
Havelmeyer, Jacob; Kaufmann; Hamburg 777

Hay, Jürgen; Heringsdorf 31
Haye, Catharina Elsabe; Dazendorf 29
Haye, Claus; Dazendorf 29
Haysen; Leutnant 46
Haysen; Pastor; Neuenbrook 412
Haysen; Pastorenwitwe; Neuenbrook 413
Hecht, Johanna Augusta; Halberstadt 86
Hecht, Veronika; Neumünster 85
Heckt, Beeke; Lutterbek 121
Hedde; Pastor; Wesselburen 510
Heesch, Hartwig; Eiderstede 108
Heesch; Küster; Meldorf 507
Heeschen, Hans Hinrich; Neumünster 220
Heeschen; Bauernknecht 76
Heger, Detlef; Wisch (Kloster Preetz) 124
Hegewisch; Justizrat; Kiel 718
Heher, Johann Hinrich; Schneider; Poggensee 292
Hehncke, Jacob; Schiffer; Itzehoe 712
Heick, Johann Wilhelm; Holländer; Dänisch-Nienhof 748
Heidenreich, Harm; Herzhorn 108
Heider, Carl; Buchhändler; Erlangen 84
Heidmann, Hebamme; Uetersen 168
Heidorn, Jochim; Prisdorf 795
Heidorn; Landsoldat; Itzehoe 716
Heil; Buchhändler; Hamburg 36
Heilbron, Abraham; Wilster 394
Heimann, Israel; Tremsbüttel 668
Heimann; Pastorenwitwe; Blekendorf 359
Heimreich; Organist; Neustadt 729
Hein, Claus; Lohbarbek 200
Heine, Ludwig; Schneidergeselle 249
Heine; Zollverwalter; Tönning 22
Heinecke; Schulmeister; Roge 435
Heinemann, Johann Bendix; Kirchbarkau 248
Heinrich, Johann; Wesselburen 613
Heinrich, Maria; Hellschen 126
Heinrich, Meyer; Wandsbek 346
Heins, Johann Christian; Altona 120
Heins; Diakon; Heiligenstedten 400
Heins; Leutnant; Oldesloe 736
Heinsohn, Peter; Wedel 804
Heintzelmann, Johann Christian; Pinneberger Dingstätte 828
Heinzelmann; Landvogt; Meldorf 599
Heiss; Gerichtshalter; Ahrensburg 272
Heitmann; Höker; Glückstadt 697
Heitmann; Schiffsbaumeister; Teufelsbrück 814
Heldberg, Joachim; Itzehoe 132
Hell, Clas; Spitzerdorf 804
Hell, Johann; Schmiedemeister; Seester 258
Hell; Hebamme; Seester 810
Hellmann, Marten; Wewelsfleth 422
Hellmann; Pastor; Marne 503
Hellmich, Peter; Kaufmann; Ottensen 773
Hellwag; Pastor; Neukirchen 426
Helm, von; Landvogt 492, 602
Helmich; Konsistorialratswitwe; Oldesloe 740
Helmich; Pastor; Glückstadt 703
Helmich; Pastor; Oldesloe 737
Helms, Sophie; Altona 108
Helsing, Anna 89
Heltberg, Joachim; Archidiakon; Itzehoe 386
Hempel, Johann; Preetz 249
Henckern, Caecilia; Witwe; Glückstadt 78
Henning; Physikus; Segeberg 58, 167, 227
Hennings, Egidius 5
Hennings, Hans; Ketelsbüttel 508
Hennings; Advokat; Itzehoe 709, 714
Hennings; Amtmann; Plön 630
Hennings; Amtsverwalter; Pinneberg 783, 814
Hennings; Pastor; Großenaspe 380
Hennings; Pastor; Münsterdorf 411
Hennings; Pastorenwitwe; Hohenaspe 403

Henningsen, Jacob Friedrich Georg; Kaufmann; Preetz 253
Henningsen; Pastor; Bergstedt 583
Henschen; Schullehrer; Wahlstorf 561
Hensen; Organist; Hohenwestedt 450
Hensler, Adolph Christian; Propst; Plön 424
Hensler, Pastor; Kaltenkirchen 481
Hensler, Professor; Kiel 165
Hensler; Kompastor; Grube 574
Hensler; Landsyndikus; Stade 16
Hensler; Leibarzt; Altona 16
Hentmann, Johann 394
Hering; Justizrat, Bürgermeister; Rendsburg 747
Herlin, Sophia Maria 118
Herrmann; Bürgermeister, Stadtsekretär; Segeberg 755
Herscher, Jens Christian; Matrose; Rendsburg 124
Hertz; Alveslohe 305
Herz, Dr.; Kiel 226, 227
Herz, Solm Jacob; Mettenhof 320
Herzberg, Alexander; Schuster; Schönberg 371
Herzbruch; Altona 810
Hesebeck, Hans; Itzehoe 387
Heseler, Dr.; Lütjenburg 226
Hesse, Jürgen; Küster; Itzehoe 232
Hesse; Kantor; Oldenburg 72
Hesse; Kollaborator; Glückstadt 135
Hessen, Cunradt 4
Hessen, Sophia, Landgräfin von 5
Hessen; Kantor; Oldenburg 732
Hessenstein, Graf von 1
Hettig; Lohgerber; Itzehoe 708
Heuck, Johann Christian; Kossau 331
Heucken, Anna; Poppendorf 29
Heuer, Balzer; Kätner; Lütjensee 92
Heuer, Dorothea Elisabeth; Altona 119
Heuseler; Schulmeister; Stocksee 439
Hey; Schreib- und Rechenmeister; Plön 743
Heyde; Verwalter 24
Heydorn, Marten; Uetersen 820
Heydorn, Martin; Uetersen 822
Heydorn; Schulvorsteher; Prisdorf 797
Heydrich, Johann Christian; Ahrensburg 212
Heydrich, Johann Gottlob; Ahrensburg 210
Heye, Hinrich; Landvogt, Landschreiber; Bredstedt 592, 593
Heyk, Dr.; Altona 228
Heymann, Abraham Samuel; Rendsburg 747
Heymann, Claus; Techelsdorf 241
Heymann, Salomon; Handelsjude; Borstel, Gut 275
Hildebrandt, Anna Magdalena Dorothea; Witwe; Stapelfeld 126
Hildebrandt; Amtsverwalter 654
Hildebrandt; Etatsrat, Konvisitator 384
Hildebrandt; Glückstadt 85
Hildebrandt; Pächter; Garbek 350
Hildemann; Pastor; Altenkrempe 356
Hille, Georg; Staatsarchivdirektor 63
Hillermann; Gewürzhändler; Heiligenhafen 706
Hilmers; Erbpächter; Hohlegruft 371
Hingst, David; Warnau 358
Hingst, Hans; Oldesloe 90
Hingst, Hinrich; Bauervogt; Großbarkau 358
Hinrichs, Hinrich; Wesselburen 90
Hinrichs, Johann Detlef; Schankwirt; Lunden 227
Hinrichs, Paul; Seminarist; Strübbel, Itzehoe 710
Hinrichs, Thies; Ammerswurth 603
Hinrichs; Diakon; Tellingstedt 523
Hinrichs; Schullehrer; Köhnholz 838
Hinrichsen, Andreas; Trögelsby 590
Hinrichsen, Hinrich; Kandidat der Theologie; Oldesloe 737
Hinrichsen, Michael; Hofjude; Schwerin 184
Hinrichsen, Rubens; Schwerin 184
Hinrichsen; Kandidat der Theologie; Rendsburg 749
Hinsch, Claus Hinrich; Braak (Amt Reinbek) 105

Hinsch, Hans Hinrich; Rahlstedt 171
Hinsch, Metta Maria; Witwe; Wandsbek 101
Hintz, Hans; Huje 223
Hintz, Johann; Wilster 758
Hintz; Tambour; Rendsburg 445
Hintze, Anton; Lehrer; Rendsburg 749
Hintze; Hebamme; Itzehoe 164
Hintzelmann, Diedrich; Neumünster 625
Hinüber, von; Lehmkuhlen 58
Hinz, Detlev; Nortorf (Amt Rendsburg) 643
Hinz, Hartwig; Fiskal 14
Hinz; Höker; Tensfeld 225
Hinze, Johann; Haselau 299
Hinzpeter; Kriegsrat; Neustadt 729
Hirschfeld, Dr.; Altona 813
Hirschfeld; Pastor; Nücheln 366
Hobe, von; Kammerherr, Amtmann; Trittau 548
Hoepfner; Pastor; Uetersen 257
Hoepner, Johann Friedrich; Kandidat der Pharmazie; Preetz 167
Höfer; Pastor; Wilster 761
Höferich, Georgine Marie 101
Hoffmann, Anna Elisabeth; Hebamme; Trittau 677
Hoffmann, Christian; Wewelsfleth 94
Hoffmann, Jacob Hinrich; Maurergeselle; Preetz 250
Hoffmann, Jacob; Wewelsfleth 94, 660
Hoffmann, Trineke; Witwe; Odderade 101
Hoffmann; Pastor; Ahrensburg 271
Hoffmeister; Hegereiter; Reinbek 678
Hofmeister, Hans Hinrich; Raisdorf 250
Höft, Peter; Thomsdorf 540
Höger; Gewürzhändler; Glückstadt 697
Hoh, Friedrich; Lotse; Blankenese 825
Hohenholz; Pastor; Flemhude 361
Hohensolms-Solms, Carl Christian, Reichsgraf von 1
Höhncke; Tierarzt; Hohenwestedt 646
Holck, Ermegard Adelheid von; Konventualin; Preetz 251
Holck, Gräfin von; Preetz 248
Hölck; Pastor; Münsterdorf 411
Holdorf; Eigenkätner; Tarbek 631
Holdorf; Schullehrerwitwe; Niendorf (Amt Reinfeld) 438
Holdt; Organist; Lütjenburg 470
Hölk; Pastor; Münsterdorf 380
Hollander, Elias Joseph; Othmarschen 829
Holländer, Levin; Rendsburg 747
Hollander, Marcus; Tabakfabrikant; Glückstadt 180
Hollen; Hebamme; Depenau 287
Holler; Rendsburg 722
Holm, Anna Elisabeth 93
Holm, Claus; Lockstedt 155, 639
Holm, Hans; Holstenniendorf 228
Holmfeldt, Baron von; Altona 779
Holscher; Schullehrer; Winseldorf 796
Holst, Johann; Viehtreiber 172
Holst; Archidiakon; Kiel 528, 529
Holst; Archidiakonwitwe; Kiel 552
Holst; Deichgraf 150
Holst; Kaufmann; Itzehoe 240
Holst; Mühlenpächter; Reinfeld (Amt Reinfeld) 434
Holst; Mühlenpächter; Trittau 675
Holstein, Adolph, Herzog von 8
Holstein, Fleming Christoph von; Rittmeister 381
Holstein, Johann Friedrich, Herzog von 8
Holstein, Peter, Prinz von 534
Holstein-Gottorf, Herzog von 37
Holstein-Plön, Dorothea Augusta Friederica, Prinzessin von 424
Holstein-Plön, Dorothea Christina, Herzogin von 133
Holstein-Schaumburg, Ernst, Graf von 830
Holsten, Johann; Stadtschreiber; Flensburg 682
Holt; Rektor; Meldorf 508
Holtorff; Erbpächter; Drage 288

Holtzmann, Wilhelm 178
Holz, Hans Andreas; Preetz 91
Holzmann; Pastor; Wandsbek 342
Homfeldt; Diakon; Hohenwestedt 450
Honerlag, Franz; Kuhlengräber; Segeberg 754
Höpfner; Pastor; Uetersen 797
Hopmann, Claus Peter; Heuerling; Horst (Gut Horst) 259
Höpner, Thomas; Dakendorf 80
Höpner; Schuster; Neuratjensdorf 706
Hoppner, Wolff Bartram; Inste; Bellin 99
Horkammer, Schullehrer; Kudensee 410
Horn, Christoph Adolph; Waterneverstorf 105
Horn, Johann von; Hamburg 35
Horn, Marx; Brokdorf 399
Horn, Ratje; Tischler; Rendsburg 749
Horop; Haushälterin; Farve 131
Horst, Claus; Stolpe (Gut Depenau) 287
Horst, Johann Christian; Musketier 16
Horst; Kandidat der Theologie; Uetersen 799
Horst; Pastor; Schlichting 522
Horst; Witwe; Beidenfleth 311
Horstmann; Schullehrer; Frestedt 511
Hosemann; Pastor; Woldenhorn 377
Höstmarck, Niels; Hospitalvorsteher; Vejle 98
Hövel, Georg Anton; Sergeant 48
Howe, Christina Sophia Maria 115
Hoyck, Hans 118
Hoyck, Hinrich; Schulmeister; Höhndorf 371
Hoyer; Pastor; Itzehoe 386, 709
Hoyer; Pastorenwitwe; Oldesloe 470
Hübers, Johann Casper; Preetz 111
Hübner, Dr.; Itzehoe 225
Hubrich; Pastor; Sankt Margarethen 382
Hubrich; Pastorenwitwe; Sankt Margarethen 409, 410
Hudemann; Mühlenpächter; Neumünster 625
Hudtwalcker; Propst 382, 383, 400
Huesmann; Schulhalter; Behmhusen 501
Hullmann; Leutnant; Itzehoe 209
Hülsemann, Johannes 83
Hurlebusch; Präsident; Straßburg 177
Hüseler; Schullehrer; Klausdorf 556
Husfeldt; Inste; Oldendorf 311
Husmann, Jochim; Gevollmächtigter; Groß Nordende 798
Huss, Claus; Inste; Ottenbüttel 237
Hutter, Joachim Albrecht; Amtmann; Hohenholz 30
Hüttmann, Jochim; Kaltenkirchen 652
Hüttmann; Dreiviertelhufner; Nahe 587
Hüttmann; Schullehrer; Dükermühle 420
Hüttmann; Schullehrer; Schlotfeld 388
Hüttmann; Zimmermann; Nahe 673
Hutzfeldt, Jochim Christian; Garbek 350
Huus; Inste; Lohbarbek 285
Huusmann; Kirchspielvogt; Wilster 763
Huusmann; Pastor; Eddelak 501
Huwaldt; Pastor; Hemme 518
Huwaldt; Pastorenwitwe; Hemme 518
Ibbeken; Pastor; Klein Wesenberg, Sarau 369
Iben; Schullehrer; Groß Vollstedt 459
Ibs, Garvert; Fahrstedt 504
Ide, David 306
Ilgern; Kommandiersergeant; Kiel 93
Ilten, von; Neumünster 626
Imbeck; Schullehrer; Stellingen 790
Ingwers oder Peters, Anna Christina; Zuchthäuslerin; Glückstadt 130
Ingwersen; Kompastor, Pastor; Grube 540, 574, 575
Inselmann, Peter Hinrich; Wedel 800
Ipsen, Johann Wilhelm; Kirchspielsdeputierter 213
Ipsen; Pastor; Grömitz 537
Isaac, Abraham; Elmshorn 768
Isenburg; Maurergeselle; Itzehoe 712

Israel, Julius Ruben; Elmshorn 225
Israel; Bankier; Altona 651
Iven, Margaretha Elisabeth; Rethwisch 632
Ivens; Kriegsrat 346
Ivers, Bartelt; Flensburg 682
Iversen, Matthias 372
Iwens, Detlef Gabriel; Raisdorf 112
Iwersen; Kandidat der Theologie; Pronstorf 487
Jaacks; Einlieger; Eilsdorf 487
Jaanke; Kirchspielvogt; Nortorf 455
Jackzinitz, Catharina Carolina Maria; Altona 118
Jacobsen, Ferdinand; Itzehoe 387
Jacobsen, Gerhard; Rendsburg 750
Jacobsen, Ida Margaretha Elisabeth 94
Jacobsen, Matthias; Pastor; Probsteierhagen 368
Jacobsen, Urban; Zollverwalter; Friedrichstadt 684
Jacobsen; Kammerrat 211, 244
Jacobsen; Parzellist; Vorwerk Ahrensbök 213
Jacobsen; Zollverwalter; Preetz 243
Jaenisch, Theodor Friedrich 59
Jagemann, Anna Maria; Witwe; Altendeich (Krempermarsch) 110
Jäger, Carl Friedrich; Plön 222
Jäger, Detlef; Inste; Krogaspe 459
Jäger; Kirchspielvogt; Barlt 604
Jagow, von; Witwe; Tralau 172
Jahn, Paul; Musikant; Drage 289
Jahn; Apotheker; Neumünster 561, 628
Jahn; Schmied; Reinbek 673
Jahncke; Erbpächter; Hinschendorf 674
Jahrstorff, Claus; Krempe 104
Jansen, Anna Christina 460
Jansen, Carsten; Breitenburg 285
Jansen, Catharina 115
Jansen, J. P. Friedrich; Kiel 180
Jansen, Reinhard; Buchdrucker 778
Jansen; Diakon; Büsum 515
Jansen; Kirchspielschreiber; Marne 598
Jansen; Pastor; Schlichting 522, 611
Jansen; Prediger; Schlichting 509
Jansen; Schmiedegeselle 285
Janssen, Adelheid 35
Janssen, Hein; Sankt Margarethen 409
Janssen, Hubert; Wandsbek 343
Janssen, Trine; Dienstmädchen; Krempe 181
Janssen; Hausvogt; Reinbek 586
Janssen; Kammerrat 630
Jantzen, Anna; Königsmoor 90
Jantzen; Hebamme; Beidenfleth 666
Janzen; Fuhrmann; Itzehoe 810
Jappe, Catharina Dorothea 114
Jappe; Branntweinbrenner; Heiligenhafen 300
Jarren, Gerhard; Weißbäcker; Glückstadt 386
Jarren, Peter; Plessensche Wildnis 171
Jarren, Wöbke; Witwe; Glückstadt 829
Jarsdorf, Claus; Danebrogsmann 333
Jarvis; Kaufmann; Altona 240
Jaspersen; Kiel 224
Jebe; Pastor; Wesenberg 436
Jebsen; Konrektor; Glückstadt 84, 386
Jehne; Pastor; Nienstedten 791
Jenisch; Senator; Hamburg 829
Jenkel; Chirurg; Kisdorferwohld 653
Jenner, Dr.; Plön 2
Jennicke, Johann Adolph; Regimentsfeldscher; Kiel 163
Jens; Schullehrer; Neuendorf (Gut Neuendorf) 415
Jensen 132
Jensen, Claus; Burg 607
Jensen, Peter; Sude 387
Jensen, Sönke; Schankwirt; Lunden 227
Jensen, Sünne; Langenhorn (Amt Bredstedt) 593
Jensen; Kanzleideputierter; Kiel 724

Jensen; Organistenwitwe; Großflintbek 559
Jensen; Pastor; Blekendorf 359
Jensen; Pastor; Lebrade 364
Jensen; Rektor; Krempe 391
Jensen; Schullehrer; Appen 227
Jensen; Schullehrer; Rellingen 796
Jensen; Schullehrer; Rüting 542
Jeppe; Schulhalter; Dersau 430
Jessen, Claus Heinrich; Preetz 125
Jessen, Claus; Marne 127
Jessen, Tycho von; Prediger; Preetz 367
Jessen, von; Oberstleutnant; Glückstadt 699
Jessen; Landschreiber; Bredstedt 593
Jessen; Pastor; Eichede 583, 584
Jessen; Pastor; Nordhastedt 510
Jessen; Pastorenwitwe; Eichede 585
Jessen; Witwe; Petersdorf 325
Jochim, Christian; Deserteur 112
Jochims, Peter Nicolaus; Kandidat der Theologie; Barlt 496
Jochimsen, Johann Hinrich; Schullehrer; Göhl 139
Jochimsen; Arbeitslehrerin; Dannau (Gut Kuhof) 568
Joens, von; Kapitän; Bistrupgaard 131
Johannemann, Magdalena geb. Greve; Elmshorn 787
Johannsen, Hinrich; Kaufmann; Rendsburg 684
Johannsen, Isaac 502
Johannsen, Jacob; Schullehrer; Grönland 421
Johannsen, Johann; Bäcker; Lütjenburg 725
Johannsen, Maria Catharina 611
Johannsen, Nicolaus; Kandidat der Theologie 49
Johannsen; Organist, Schullehrer; Borsfleth 397
Johannsen; Organist, Schulmeister; Nortorf (Amt Rendsburg) 456, 457
Johannsen; Propst; Flensburg 84
John, Johann Anton; Itzehoe 710
Johnn, von; Etatsrat; Plessensche Wildnis 326
Johns, Peter Hinrich; Erbpächter; Nütschau 321
Johnsen, Johann Peter; Trittau 107
Johnsen, Lucia Friederica; Eutin 108
Jonas, Maria 106
Jonas; Schmied; Ottendorf (Amt Kronshagen) 624
Jönsen; Pastor; Barlt 496
Joost; Erbpächter; Ascheberg 273
Jordt, Jens Christian; Horst 100
Jorges, Emanuel Rodriges; Glückstadt 34
Juda, Abraham; Rendsburg 752
Juda, Salomon; Segeberg 87
Jüdel, Salomon; Hannover 829
Juel; Nebenschullehrer; Rendsburg 446
Juhlsen; Postillion; Neustadt 220
Juls, Detlev; Itzstedt 105
Juncker, Prof. med.; Halle 164
Jung; Münsterdorf 284
Jungblut, Gottfried; Löhrsdorf 112
Jungclausen; Schullehrer; Altenkrempe 571
Jungclaussen, Balthasar; Schullehrer; Oldenburg 529
Jungclaussen, Diederich; Organist, Schullehrer; Oldenburg 137
Jungclaussen; Pastor; Altenkrempe 357, 571
Junge, Antje; Kleve 99
Junge, Claus Hinrich; Konstabler; Hemme 615
Junge, Hermann 766
Junge, Hinrich; Trenthorst 97
Junge, Jacob; Nortorf (Wilstermarsch) 104
Junge; Diakon; Hemmingstedt 502
Junge; Diakon; Schönberg 371
Junge; Schulmeister; Muggesfelde 315
Junge; Wiebcke; Eddelak 501
Jungjohann, Hans Matthias; Damlos 118

Jürgens, Anna; Heiligenstedten 400
Jürgens, Johann Peter; Lunden 228
Jürgens, Johann; Hamburg 805
Jürgens, Jürgen; Heiligenhafen 133
Jürgens; Amtsschreiber; Cismar 595
Jürgens; Erbpächter; Mönkhagen 633
Jürgens; Müller; Hasselburg 300
Jürgens; Rektorwitwe; Wesselburen 526
Jürgens; Schullehrer; Futterkamp 571
Jürgens; Schullehrer; Röbel 222, 436
Jürgensen, Christian 482
Jürgensen; Pastor; Leezen 486
Jürgensen; Schiffer 197
Jürgensohn; Plön 431
Jurgewitzky, von; Witwe 85
Jürs, Hans Friedrich; Wellingsbüttel 349
Kaack, Jürgen; Muggesfelde 315
Kaalund, von; Oberst; Glückstadt 700
Kaas, Friedrich Clausen von; Zollverwalter; Langenfelde 57
Kaas, Jens Adolf Friedrich von 57
Kaas; Justizminister 2
Kabel, Jochim Friedrich; Harksheide 100
Kackmeister; Achtelhufner; Kisdorf 651
Kaempf; Pastor; Bargteheide 470, 532
Kaevus; Konditor; Wandsbek 346
Kagels, Friederica Dorothea 102
Kagerah, Claus Jochim; Hoisdorf 671
Kahl, Ida Lucia; Müssen 100
Kahl, Margaretha Sophia Dorothea; Witwe; Bargfeld (Gut Jersbek) 120
Kahlcke, Franz; Barmstedt 766
Kahlcke, Thies; Krempdorf 259, 700
Kähler, Anton; Itzehoe 94
Kähler, Carl Nicolaus; Theologiestudent; Hagen 74
Kähler, Cicilia; Itzehoe 111
Kähler, Emilie 123
Kähler, Hinrich Christian; Wandsbek 346
Kähler; Diakon 253
Kahlke, Neel; Hofbesitzer; Borsfleth 662
Kalckberner, Friedrich Michael; Thaden 297
Kalden, von; Leutnant 266
Kall; Pastor; Münsterdorf 412
Kalven, von 265
Kampen, Hermann von 5
Kannengiesser, von; Kanzleirat 55
Karck; Archidiakon; Oldenburg 732, 733
Karck; Bramstedt 481
Karsten, Hans; Langstedt 594
Käselau; Halbhufner; Schürensöhlen 269
Katzeburg, Jürgen Hinrich; Tischlergeselle; Preetz 250
Kauffmann, von; Kapitän; Rendsburg 749
Kaup; Kapitän; Louisenlund 167
Kaupisch; Tribunalrat; Lübeck 21
Kaven; Stadtsekretär; Plön 428
Kay, Christian Matthias; Panker 324
Kay; Witwe; Schwartbuck 334
Keilenberg, Anna Margaretha 102
Kelck, Hinrich; Ramhusen 503
Kellermann; Amtsschreiber; Neumünster 183
Kelter; Archidiakon; Itzehoe 379, 386
Kelter; Propst 380
Kelting, Albert; Uetersen 822
Kelting, Catharina Margaretha; Hohenfelde (Amt Steinburg) 116
Kelting, Christian; Horstheide 255
Kelting, Johann; Horst (Gut Horst) 223
Kelting; Wirt; Seester 817
Kems, Detlev Egidius; Schönberg (Kloster Preetz) 118
Kern; Weinhändler; Itzehoe 715
Kesselhut; Maler; Wandsbek 348
Kessels, Heinrich; Altona 123
Keullen, Johann Daviet; Bürgermeister; Glückstadt 701
Keventer, Marcus; Kandidat der Theologie 68

Kiekebusch, Peter Hinrich; Gnissau 117
Kiel, Friedrich; Wandsbek 345
Kiel; Küster; Plön 428
Kielmannsegg, Baron von; Wandsbek 342
Kielmannsegg, Christine Sophia geb. Ahlefeldt, Freiin von 7
Kielmannsegg, Freiherr/Graf von 6, 9, 148, 343, 611, 613
Kielmannsegg, Johann Gottfried, Freiherr von 7
Kielmannsegg, Luise von; Konventualin; Preetz 250
Kielmannsegg, von; Geheimer Rat 6
Kielmannsegg, von; Reichshofrat, Kanoniker 7
Kielmannsegg, von; Vizeoberstallmeister 7
Kienen; Stadtsekretär; Lütjenburg 727
Kilian; Prediger; Münsterdorf 410
Kindern, Ida; Kirchbarkau 248
Kirchhof; Propst; Itzehoe 234
Kirchhoff, Hinrich; Neustadt 244
Kirchhoff; Prediger, Konsistorialrat; Glückstadt 380, 695
Kirchmann, Dr. 61
Kirchner, von; Oberstleutnant 661
Kirchner; Lizentiat; Kiel 226
Kirchring; Oberst; Dunkelsdorf 266
Kistner; Schulmeister; Scholenfleth 363
Kittel, Johann Christian; Organist 83
Klahn, Karsten; Oelixdorf 285
Klahn; Bäcker; Reinfeld (Amt Reinfeld) 636
Kleemann, Claus; Schneider; Groß Kampen 657
Kleenwordt, Claus Hinrich; Wöhrden 603
Kleiber; Organist; Wilster 760
Kleibert; Reichshofratagent 8
Klein, Knud Petersen; Schiffskapitän; Altona 124
Klein, Margarethe; Altona 124
Kleinworth, Johann; Wedel 827
Kleist, von; Amtmann; Rendsburg 440
Klem; Schullehrer; Preetz 368
Klemm; Kontrolleur; Itzehoe 708
Klenow, von; Leutnant; Glückstadt 127
Klinck; Pastor; Hansühn 576
Klink; Physikus; Neumünster 629
Klinkhammer, Michael; Rathjensdorf 124
Klippe; Etatsrat 28
Klock; Kaufmann; Itzehoe 715
Kloppmeier, Johann Hinrich; Orgelbauer; Glückstadt 199
Klostermann 134, 493
Kloth, Anna Maria; Sarau 105
Klotz, Hinrich Friedrich; Sattlergeselle; Lütjenburg 173
Klotz; Generalsuperintendent 66, 353
Klüver, Johann Christian; Ascheberg 123
Klüver, Marx; Uetersen 257
Klüver, Peter; Reitvogt 594
Klüver; Elmshorn 838
Klüver; Heiligenhafen 705
Klüver; Mühlenpächter; Plön 213
Klüver; Schullehrer; Rettin 573
Klüver; Wilstermarschhauptmann; Sankt Margarethen 409
Knaack; Krugwirt; Witzhave 674
Knapp; Neustadt 729
Kneesch; Halbhufner; Spechserholz 637
Kneese; Pächter; Garbek 350
Knese, Hans; Eckhorst 438
Knickbein; Pastor; Hohenfelde (Amt Steinburg) 404
Knoch; Amtsverweser; Hatzburg 783
Knochen; Pastor; Wilster 382
Knölck; Küster, Organist; Altenkrempe 356
Knüppel, Johann; Glückstadt 92
Knust; Bürgermeister; Heiligenhafen 706
Knut, Johann; Neuenbrook 93
Knuth; Kiel 224
Knutzen; Schmied; Damlos 680
Knutzen; Schulmeister; Grömitz 538

Koch, Anton Friedrich Wilhelm; Kiel 108
Koch, Carsten 105
Koch, Claus Gottfried; Wittenberg 98
Koch, Claus; Bornhöved 637
Koch, Dr.; Physikus; Glückstadt 128, 666, 702
Koch, Hedwig Catharina; Helmstorf 215
Koch, Johann David 445
Koch, Moritz; Wilddieb 20
Koch, Wilhelmina Carolina; Segeberg 100
Koch; Etatsrat; Altona 131
Koch; Organist, Schullehrer; Neuenkirchen (Landschaft Norderdithmarschen) 522
Koch; Parzellist; Gronenberg 223
Koch; Pastor; Altrahlstedt 531, 580
Koch; Physikus; Krempe 164
Koch; Postmeister; Segeberg 755
Koch; Schullehrerwitwe; Altheikendorf 557
Kochen, Heinrich Matthias; Kandidat der Theologie; Kiel 73
Kochen; Pastor; Wilster 382, 392, 393, 394, 656
Kock, Claus Hinrich; Blumendorf 274
Kock, Elisabeth 96
Kock, Hans Hinrich; Schulmeister; Kleinkummerfeld 544
Kock, Johann Christian; Altona 671
Kock, Jürgen Hinrich; Heuerling; Quickborn (Herrschaft Pinneberg) 226
Kock, Sophia Dorothea; Neustadt 114
Kock; Schullehrerwitwe; Jahnshof 338
Kock; Schulmeister; Geschendorf 486
Köckenhoff, Gesche; Hainholz 120
Koester; Diakon; Krempe 389
Kohl, Hinrich Friedrich; Heuerling; Neuenbrook 414
Kohlblatt, Paul; Schrevenborn 6
Köhler, Anna Magdalena; Warnau 118
Köhler, Johann Daniel; Altona 57
Köhler, Marx; Hufner; Mielkendorf 620
Köhler; Organist; Ratekau 433
Köhler; Sattler; Preetz 242
Kohlfahl, Claus; Glückstadt 7
Kohlhaas, Anna Elsabe; Dummersdorf 433
Kohlmorgen, Claus; Reiter; Wilster 759
Kohlsaat; Schullehrer; Lütjenbrode 572
Kohn, Catharina; Itzehoe 238
Köhncke, Jürgen; Hörnerkirchen 841
Köhncke, Margarethe; Witwe; Borstel 275
Köhncke; Schuster; Ahrensburg 271
Köhnke, Joachim; Polizeireiter 183
Köhnke; Organist, Schullehrer; Altenkrempe 571
Koll, Balthasar; Hohenwestedt 209
Koll; Schullehrer; Ellerbek 556
Kölln, Jakob; Eidelstedt 809
Kölln, Tiess; Klostersande 821
Köllner, Christian Wilhelm; Kiel 108
Kölpin; Justizrat 257
Koltmann, Jacob Carl Gottlob; Kandidat der Theologie 73
Könicke; Polizeireiterwitwe; Meldorf 597
König; Schullehrer; Stellau (Herrschaft Breitenburg) 417
Königs, Catharina; Wedel 811
Königsmann; Pastor; Schenefeld (Amt Rendsburg) 460
Königsmann; Pastor; Süderau 418
Königsmarck, Graf von 14
Königstein, von; Geheimrat 613
Koopmann, Carsten; Wilster 393
Koopmann; Drechsler; Wilster 763
Koos; Itzehoe 713
Köpcke, Jacob; Borstel (Herrschaft Pinneberg) 17
Koppelan, von; Major 15
Koppelmann, Catharina Margaretha; Kehdingen 17
Koppitsch, Johann Christian; Ratzbek 633

Körbin, Friedrich Gottlieb; Chirurg; Bornhöved 163
Kordts; Nagelschmied; Mönkenbrook 668
Korff, Johann Andreas; Uetersen 798
Körner, Catharina Margaretha; Hohenfelde (Amt Steinburg) 116
Körner, Johann Hinrich; Wedel 800
Körner, Johann; Spitzerdorf 804
Kossel, von; Konferenzrat; Jersbek 374, 375
Köster, Johann; Klein Kollmar 308
Köster; Kätner; Lohe 345
Köster; Pastor; Kiel 528
Koyen; Kompastor; Segeberg 477
Kraatz, Friedrich; Klein Kollmar 309
Krabbe, von; Leutnant; Rendsburg 749
Krabbenhoeft, Johann Hinrich; Sarau 97
Krabbenhöft, Johann; Wittmoldt 352
Krackauen, Margaretha Dorothea; Hebamme; Kellinghusen 645
Kraencker, Johann Wilhelm; Felde 320
Krag, Svend; Kommerzrat 718
Krah; Rektor, Diakon; Heiligenhafen 469, 570
Kraichen; Küsterwitwe; Klein Wesenberg 437
Kramer; Propst; Itzehoe 380, 381, 384
Kranhold, Wilhelm Hinrich Otto Immanuel; Kandidat der Theologie 58
Kratzau, Ida; Breiholz 451
Kratzmann; Wirt; Holzbaum 38
Kraut; Kantor; Rendsburg 444
Krebs; Amtmann; Hanerau 296
Krecker, Thomas Joachim; Oldesloe 739
Kreecker; Mühlenpächter; Oldesloe 672
Kretschmer; Barbier; Krempe 690
Kreutz, Jochim Friedrich; Grobschmied, Borstel, Gut 276
Kreutzfeld; Polizeireiter; Ahrensbök 638
Kreutzfeldt; Fischereipächter; Nehmten 634
Kreuzfeldt, Anna Christina Lucia; Löja 425
Kreyenberg, Marcus Hinrich; Kiel 614
Kriesche, Johann David; Glockengießer; Lübeck 737
Krochen; Bürgermeister; Flensburg 683
Kröcher; Schulmeister; Strukdorf 486
Kröger, Andreas; Itzehoe 240
Kröger, Anna Elisabeth; Wilster 391
Kröger, Jochim; Fischer; Blankenese 45
Kröger, Johann Christian; Ascheberg 102
Kröger, Johann; Breitenberg 282
Kröger, Jürgen; Kronprinzenkoog 109
Kröger, Margarethe; Witwe; Bark 99
Kröger, Martin; Springhoe 454
Kröger; Schulmeister; Krempermoor 416
Kröger; Tischlermeister; Itzehoe 656
Krogmann, Bendix; Fuhrmann; Elmenhorst (Amt Tremsbüttel) 222
Krohn, Anna Maria 107
Krohn, Christian; Schullehrer; Tönningstedt 485
Krohn, Claus (Hinrich Meyer); Heist 811
Krohn, Claus Hinrich; Delingsdorf 304
Krohn, Hans Casper; Holzvogt; Borstel, Gut 275
Krohn, Hein; Halstenbek 795
Krohn, Heinrich; Hohenraden 827
Krohn, Jasper; Danebrogsmann; Nortorf (Amt Rendsburg) 241
Krohn, Johann Hinrich; Inste; Petersdorf 325
Krohn, Johann Jacob 107
Krohn; Deputierter Bürger; Kiel 717
Krohn; Pastorenwitwe; Ottensen 786
Krohne, von; Geheimrat 3
Kroll, Johann; Königsberg 110

Kroll, Nicolaus; Krempe 689
Kroneweiter; Schullehrer; Neumünster 543, 554, 561
Kronhelm, Erasmus; Tagelöhner; Wulksfelde 353
Kronweiter; Schuladjunkt; Beidenfleth 395
Kropp, Margaretha Hedwig; Witwe; Kabelhorst 117
Kroymann; Pastor; Herzhorn 124, 789
Krück; Pastor; Preetz 358
Krück; Pastorenwitwe; Preetz 70
Kruckenberg; Erbpächter; Hammer, Hof 723
Kruckenberg; Kaufmann; Hamburg 805
Krüger, Christian Friedrich; Diakonadjunkt; Neuendorf (Gut Neuendorf) 414
Krüger, Franziskus Gotthilf; Schullehrer; Steinburg 419
Krüger; Diakon; Neuendorf (Gut Neuendorf) 415
Krull, Hinrich Rudolph; Diakon; Krempe 686
Krull; Archidiakon; Krempe 686
Krull; Pastor; Lütjenburg 727
Krull; Tagelöhner; Steinfeld (Amt Reinfeld) 632
Krumbhaar; Pastor; Schlamersdorf (Gut Seedorf) 337, 487, 488
Krumbügel; Neustadt 729
Krümmel, Catharina Elisabeth 113
Kruse, Anna Elisabeth; Elmshorn 416
Kruse, Hans; Schulmeister; Oldendorf 135
Kruse, Henriette; Borstel 80
Kruse, Hinrich Gottfried; Neversdorf 117
Kruse, Hinrich Wilhelm; Bauervogt; Rade (Gut Wulksfelde) 353
Kruse, Margaretha; Elmshorn, Klostersande 841
Kruse, Margretha; Kollmar 103
Kruse, Marx; Konsistorialbote; Segeberg 465
Kruse, Marx; Landsoldat; Großenbrode 294
Kruse, Sophia; Sülfeld 375
Kruse, Thies; Klostersande 126
Kruse, Wessel; Heide 90
Kruse, Wibeke; Glückstadt 699
Kruse, Wibke 279
Kruse, Wiebke; Jützbüttel 99
Kruse; Diakon; Borsfleth 396
Kruse; Gastwirt; Neumünster 228
Kruse; Kanzleirat; Itzehoe 716
Kruse; Organist, Schulhalter; Leezen 485
Kruse; Pastor; Hemmingstedt 512
Kruse; Pastor; Krempe 389
Kruse; Pastor; Neuenbrook 412
Kruse; Pastor; Neumünster 544
Kruse; Pastorenwitwe; Heide 503
Kruse; Propst; Segeberg 466
Kruse; Schulmeister; Beringstedt 461
Krusen; Schullehrer; Steindamm (Glückstadt) 386
Krützfeld, Hans Christian; Meinsdorf 636
Kübel, Joachim; Kiel 224
Kuchel, Sophie Dorothea; Witwe; Oldenburg 99
Kuchel; Dienstknecht; Farvemühl 340
Kück, Dr.; Altona 226
Kück, Dr.; Physikus; Uetersen 164, 824
Kühl, Carsten; Schacht 643
Kühl, Johann; Barmstedt 124
Kühl, Johann; Bovenau 99
Kühl; Gutsbesitzer; Oppendorf 545
Kühl; Inste; Georgenthal 324
Kühl; Kirchenjurat; Bordesholm 555
Kühl; Müller; Neumühlen (Amt Kiel) 621
Kühl; Witwe; Reher 225
Kuhlmann; Schullehrer; Fiel 508
Kühlsen, Hans; Großenbrode 294
Kühnel; Physikus; Rendsburg 641
Kuhrt, Claus; Wilster 394
Kuhrts, Johann; Herzhorn 93
Külper; Schiffer; Finkenwerder 45

Kummerfeldt, Catharina Elsabe; Witwe; Tangstedter Harksheide 111
Kunchten; Kahnführer; Wilster 763
Kunsch, von; Kammerherrfrau; Plön 744
Kürschner; Bataillonschirurg; Rendsburg 646
Kurtzrock, Baron von 334
Kusch; Hofrat; Plön 429
Kuss; Katechet; Reinbek 547
Küstern, Margaretha Dorothea; Heiligenhafen 705
Lachmann, Anna Maria Elisabeth 115
Lacken, Johann; Rademacher; Itzehoe 232
Ladehoff, Trine; Witwe; Fiefbergen 111
Ladiges, Jürgen Detlef; Spitzerdorf 776
Ladiussen; Hebamme 163
Laehndorf, Jürgen Friedrich; Stolpe (Gut Depenau) 287
Lafrentz, Detlef Friedrich; Theologiestudent 74
Lafrenz, Anna Elsabe 112
Lafrenz, Barthold; Wilster 109
Lamp, Trina 118
Lampe, Hans; Bornhöved 220
Landsmann; Küster, Schreib- und Rechenmeister; Rendsburg 447
Landtau; Amtsbote; Kronshagen 553
Lang, Johanna Catharina Juliane 123
Langbehn; Tischler, Sarlhusen 455
Lange, Carl; Krempe 684
Lange, Christian; Färber; Bargteheide 668
Lange, Friedrich; Höltenklinken 56
Lange, Hans; Schullehrer; Satjendorf 362
Lange, Heinrich Martin Christian; Musketier 272
Lange, Jacob; Mühlenmeister; Esingen 819
Lange, Jacob; Oldenfelde 116
Lange, Johann Hartwig 114
Lange, Simon; Elskop 101
Lange, Wulf Hinrich; Stolpe (Gut Sierhagen) 339
Lange; Archidiakon, Pastor; Oldenburg 80, 529
Lange; Hausvogt, Kirchspielvogt; Segeberg 757
Lange; Kämmereibürger; Krempe 691
Lange; Konsistorialrat 355
Lange; Pastorenwitwe; Segeberg 475
Lange; Schlossprediger; Glückstadt 695
Lange; Schullehrer; Havighorst (Amt Reinfeld) 471, 472
Lange; Untervogt; Elmshorn 839
Langeloh, Hinrich; Spitzerdorf 804
Langemack; Diakon; Kollmar 406
Langen, Magdalena Dorothea 113
Langenbeck; Protonotar; Hamburg 36
Langenbek, Nicolaus; Hamburg 803
Langfeld, Hinrich 93
Langhann; Hebamme; Königsmoor 665
Langhoff, Johann Georg; Kaufmann; Hamburg 348
Langloh, Hein; Schenefeld (Herrschaft Pinneberg) 223
Langmack, Hans; Schulmeister; Böken 456
Langreuter; Pastor; Rendsburg 443
Langthim; Bürgermeister; Plön 744
Larsen; Bankdirektor; Glückstadt 43
Larsen; Kandidat der Theologie 72
Lassen; Landsasse; Siggen 469
Latendorf, Claus; Böbs 28
Lau, Elsabe 104
Lau, Marcus; Itzehoe 96
Lau, Nicolaus; Kanzlist 80
Lau, Niel Volmer; Wilster 393
Lau, Peter; Diekshörn 604
Lau; Diakon; Neustadt 729
Lau; Landschreiber; Krempe 685
Laudi; Schullehrer; Roge 435
Laudi; Schullehrer; Schürsdorf 432
Laurent, Jeanne Adèle; Douay 120
Laurentius; Pastor; Flemhude 361
Lauritzen, Peter 130

Laussen; Polizeireiter; Schönweide 335
Lavaud; Tabakfabrikant; Hamburg 38
Lawaetz; Etatsrat; Altona 751
Lawaetz; Oberkriegskommissar, Postmeister; Oldenburg 120
Lebermann, Margareta Dorothea; Witwe; Stockelsdorf 104
Leck; Kaufmann; Glückstadt 17
Leda genannt von Hattenstein 57
Leesen, Jasper von; Plessensche Wildnis 326
Leesen, Margreta von; Neuenbrook 89
Leesen, Peter von; Pastor; Meldorf 506
Leesen; Klostersyndikus; Itzehoe 241
Lefebre, Wilhelm; Kollekteur; Heide 59
Lehemeyer, Johann; Glockengießer 477
Lehmann, Adde Johann; Konsistorialassessor; Plön 423
Lehmann, Claus; Witwer; Heiligenstedten 117
Lehmann, Dr. 202
Lehmann, Joachim Heinrich; Wandsbek 347
Lehmann, Johann Jacob 23
Lehmann; Apotheker; Itzehoe 163
Lehmann; Pastor; Krempe 686
Lehmann; Pastor; Rendsburg 440
Lehmann; Pensionär 25
Lehmbeck, Anna Maria Elisabeth; Jahnshof 95
Lehmkuhl, Carl Jochim; Müller; Oevelgönne 784
Lehncke, Christian; Itzehoe 116
Lehning, Carl Albert; Schullehrer; Groß Nordende 800
Lehning, Johann Gottfried; Groß Nordende 799
Leiferinck; Chirurg; Blankenese 810
Lemcke, Catharina Elsabe 37
Lemcke, Jürgen Friedrich Christian 215
Lemcke; Schullehrer; Futterkamp 571
Lempfert, Johann Hartwig; Itzehoe 170
Lensch, Claus; Kaufmann; Eckernförde 705
Lensch, Johann Rudolph; Dosenbek 102
Lensch, Johann Wilhelm; Rektor; Koldenbüttel, Oldesloe 737
Lenschau, Johann Hinrich; Hamburg 840
Lentföhrden, Elisabeth; Stellau 372
Lepel, Peter; Zuchthausvogt; Glückstadt 130
Lepel; Hebamme; Oldenburg 733
Lepeln; Hebamme; Segeberg 756
Leps, Nicoline Jacobine Sophie; Rendsburg 131
Lerch, Hinrich Ernst; Roge 322
Leuenburg, von; Oberstleutnant 24
Leuenfeldt, von; Oberst; Itzehoe 713
Leusmann; Kaufmann; Krempe 687
Leutholz, Marcus Jacob; Itzehoe 125
Levenau, Andreas; Webergesell; Neuendorf 317
Levenburg, von; Oberstleutnant; Hemmelmark 6
Levetzow, Hans Hinrich von; Landrat; Ehlerstorf 256
Levetzow, von; Amtmann; Itzehoe 290
Levetzow, von; Kammerherr 24, 779
Levetzow, von; Landdrost; Pinneberg 779
Levetzow, von; Landsasse; Putlos, Ehlerstorf 568
Levi, Aaron Samson; Kiel 10
Levin, Isaac; Kaltenkirchen 648
Levy, Samuel Lazarus; Elmshorn 104
Lewerentz; Inste; Grabau 276
Lexow; Agent; Tönning 616
Leyde, Marquis de 80
Liebhold, Johann Daniel; Pastor; Hohenstein 363
Lienau, Andreas; Webergeselle; Neuendorf 317
Lienau, Gesche 798

Lienau, Hinrich; Tischler; Schinkel (Kloster Itzehoe) 238
Lienau; Organist, Küster; Kollmar 407
Lienau; Organist, Schulhalter; Groß Kollmar 309
Lieth, von der 15
Liliencron, Antoinette von; Konventualin; Preetz 248
Liliencron, Baron von 26, 57
Lilienfeind; Witwe; Altona 804
Lilienthal; Goldschmied; Rendsburg 449
Lillen, Abel Margret; Wittenberg 351
Lima, Duarte de 4
Limburg-Styrum, Graf von; Bischof von Speyer 769
Linau, Christian; Stolpe 287
Linck; Schuster; Neustadt 731
Lindemann; Arzt; Wesselburen 227
Lindemann; Pastorenwitwe; Rellingen 796
Lindemann; Schornsteinfeger; Krempe 223
Lindholm, Friderike Luise Juliane; Kiel 107
Linekogel; Pastor; Giekau 362
Link, Wilhelmine; Hamburg 123
Linnich; Kaufmann; Altona 805
Lippe-Schaumburg, Graf von 769
Lloyd; Schiffsführer 197
Loding, Catharina; Witwe; Pölitz 103
Löding, Hans Hinrich; Westerau 27
Loe, Johann; Deichhausen 92
Loeding, Peter; Schmied; Zarpen 437
Lohe, von; Militärpflichtiger 667
Lohendahl; Rendsburg 748
Lohff; Parzellist; Süsel 435
Lohmann, Catharina Sophia; Döhnsdorf 95
Lohmann, Friedrich Wilhelm; Altona 124
Lohmann, Hinrich 718
Lohmann, Peter; Borsfleth 397
Löhmann; Regierungsadvokat; Itzehoe 708
Löhndorf, Hans Friedrich; Schustergeselle; Preetz 252
Löhndorf, Hinrich; Inste; Wankendorf 287
Löhndorf; Witwe; Depenau 118
Löhnsdorff; Schullehrer; Edemannswisch 513
Lohse, Casper; Hitzhusen 280
Lohse, Marx; Kleingrönland 105
Lohse; Hufner; Großenaspe 626
Lohse; Kätner; Tangstedt 340
Lohse; Organist, Schullehrer; Breitenberg 398
Lohse; Schullehrer; Kellinghusen 454
Lohse; Theologiestudent; Neumünster 74
Loop, Hinrich; Bauervogt; Latendorf 627
Loose, Hartwich; Stafstedt 644
Loppnau, Carl Friedrich; Pastor; Giekau 362
Löptin, Hans; Nettelsee 253
Löptin; Bauervogt; Busdorf 278
Lorentzen, Christian Hinrich; Advokat; Oldesloe 221
Lorentzen; Apotheker; Oldesloe 473, 740
Lorentzen; Krüger; Schönweide 335
Lorentzen; Malzmüller; Kiel 224
Lorentzen; Pastor; Flemhude 361
Lorentzen; Pastorenfrau; Neumünster 184
Lorentzen; Pastorenwitwe; Albersdorf (Landschaft Süderdithmarschen) 495
Lorentzen; Schullehrer; Wahlstorf 342
Lorenz; Schulhalter; Neumühlen (Amt Kiel) 545
Lorenzen; Krankenökonom; Segeberg 756
Lorenzen; Pastor; Grömitz 573
Lorenzen; Predigerwitwe; Grömitz 573
Lorenzen; Predigerwitwe; Neumünster 544
Lorenzen; Schullehrer; Blankenese 792

Lorenzen; Schullehrer; Schalkholz 523
Losecken 133
Löser 797
Löser; Witwe; Segeberg 756
Loskant; Sophienhof 330
Löwen, Wilhelm Kleisten van; Büsum 515
Löwenklau; Oberst; Oldesloe 736
Löwenstein 678
Lowgrün, Hans Peter; Sattlermeister; Westensee 351
Lowtzow, von; Amtmann; Trittau 578
Loy, Georg Claus; Deichhausen 616, 617
Lübbe 832
Lubbecke; Kirchspielvogt; Beidenfleth 394
Lübbers; Schullehrer; Dazendorf 570
Lübckert, Organist, Schullehrer; Reinfeld (Amt Reinfeld) 434, 435
Lübeck, Bischof von 423, 803
Lübing; Pastor; Kollmar 406
Lübker, Detlev Lorenz; Theologiestudent 72
Lübker, Margaretha Dorothea; Preetz 125
Lübkert, Johann Friedrich; Schullehrer; Delingsdorf 579
Lübkert; Pfarrlanstenhufner; Gleschendorf (Amt Ahrensbök) 432
Lucas, Hans 696
Lucas; Kanzleirat; Kiel 719
Lucas; Organist; Warder (Gut Rohlstorf) 491
Lucht, Friedrich 91
Lucht, Hinrich; Dägeling 285
Lucht, Johann Nicolaus; Wilster 763
Lucht; Konrektor; Rendsburg 445
Lucht; Ratsverwandter; Itzehoe 707
Lucht; Schullehrer; Kleve (Landschaft Norderdithmarschen) 519
Luckner, Fernandine Johanne Agnes von; Konventualin; Preetz 248
Lüdemann, Hans Hinrich; Ochsenzoll 222
Lüdemann, Wilhelm; Osterhorn 225
Lüdemann; Müller; Altendeich (Krempermarsch) 691
Lüdemann; Witwe; Garstedt 123
Lüdemanns, Metta Catharina; Heidrege 824
Lüders, Christoph; Altona 86
Lüders, Heinrich; Uetersen 215
Lüders, Hinrich; Hausvogt; Flensburg 683
Lüders, Johann Christian; Wandsbek 97
Lüders, Johann Daniel; Gewürzhändler; Wilster 761
Lüders, Maria Catharina; Uetersen 215
Lüders; Küster; Wandsbek 489
Lüders; Musikant; Itzehoe 710
Lüders; Polizeimeister; Itzehoe 716
Ludewig; Pastor; Quickborn (Herrschaft Pinneberg) 793, 794
Lüdje, Claus; Blomesche Wildnis 327
Ludolphen, Dorothea Elisabeth; Altona 784
Lühring; Postexpediteur; Ahrensburg 174
Lührs, Luer; Lotse; Oevelgönne 42
Lühs; Schullehrer; Rendsburg 446
Lühsmann, Johanna Maria Friederika 115
Luisch; Holzhändler; Reinbek 673
Lunau; Landinste; Sagau 680
Lunau; Musikant; Kasseedorf 679
Lund, Cathrine Metzie; Glückstadt 98
Lund, Jacob Friedrich Hans Leonhard; Kandidat der Theologie; Glückstadt 74
Lund, Johann Sigismund Martin; Unterlehrer; Lensahn 140
Lundahl; Sklavengewaltiger; Rendsburg 753
Lundius; Pastor; Preetz 367
Lüneburg, Anna Sophia Friederica 111
Lüneburg, Hans Heinrich; Scherenschleifer; Schwartau 178
Lüneburg, Hinrich; Eckhorst 265
Lüneburg, von 265

Lüsch; Braupächter; Reinbek 673
Lusty; Gerichtsdiener, Gefangenenwärter; Segeberg 649
Lütche; Chirurg; Pinneberg 811
Lütche; Zollverwalter; Burg 212
Luth, Johann; Hoopsheide 483
Luther, Martin 84
Luther; Schullehrer; Sprenge 581
Lüthge; Privatschullehrer; Segeberg 477
Lütje, Carsten; Schalkholz 105
Lütje, Franz Heinrich; Zuchthäusler; Neumünster 129
Lütje, Hinrich; Kätner; Klein Gladebrügge 135
Lütje; Amtspförtner; Traventhal 632
Lütje; Schullehrer; Steinbek 475
Lütjen, Friederika 114
Lütjens, Adolph Wilhelm; Unteroffizier; Glückstadt 116
Lütjens, Johann; Ottensen 785
Lütjens, Johann; Sankt Annen 609
Lütjens, Margaretha 689
Lütjens, Sielcke 463
Lütjohann, Jürgen Christopher; Preetz 118
Lütjohann, Magdalena 107
Lutker; Oberst 229
Lutten, Hilmer von; Ratsverwandter; Flensburg 684
Lutterloh; Pächter; Kaltenhof 770
Lutz, Johann Peter; Scherenschleifer; Kiel 130
Lutz, Johann Peter; Zuchthäusler; Glückstadt 130
Lützow, Curt von 771
Maack, Wilhelm; Hufner; Großenbrode 294
Maack; Schullehrer; Harmsdorf 576
Maack; Schullehrer; Wasbuck 576
Maak; Kantor; Rendsburg 445
Maas, Claus Hinrich; Kaköhl 477
Maas, Claus; Fährmann; Neuendorf 318
Maas, Claus; Klostersande 256
Maas, Georg; Altona 106
Maas, Hans David; Pohnsdorf (Kloster Preetz) 114
Maas, Margaretha; Beidenfleth 100
Maas; Müller; Rade (Kirchspiel Hohenwestedt) 645
Maass, Nicolaus; Wilster 394
Maassen; Kirchspielvogt; Marne 203
Maassen; Schullehrer; Eggstedt 511
Maassen; Stadtdiener; Wilster 758
Mackelhoff, Claus; Lotse; Wöhrdenerhafen 222
Maes, Dr.; Physikus; Neumünster 628
Magen 382, 385, 414
Magens, Hinrich; Amtsverwalter; Breitenburg 133
Magens, Tim; Groß Kollmar 308
Magens/Meyners; Deichgraf; Nindorf (Landschaft Süderdithmarschen) 152
Mahl, Catharina; Brunsbüttel 498
Mählmann, Hinrich; Heiligenhafen 707
Mählmann; Schuster; Heiligenhafen 214
Mahn, Jacob; Laurvigsche Wildnis 832
Mahn, Peter; Vogt; Blomesche Wildnis 327
Mahncke; Heuerinste; Annenhof 272
Mahrt, Carl; Rendsburg 119
Maje, Marx; Ewerführer; Elmshorn 15
Malgo, Dorothea 750
Malmoe, Johann; Kommissar; Kiel 48
Malmros; Konsul 196
Maltzahn; Diakon; Lütjenburg 726
Manglus, Jens Johann; Oldenburg 104
Manns, Johann; Schullehrer; Osterbelmhusen 499
Mansfeldt; Schullehrer; Hoisdorf 585
Mänzel; Schuster; Neumünster 628
Marcard; Sekretär 16
Marcian; Schuster; Elmshorn 837
Marckmann, Catharina Dorothea; Witwe; Rohe 103
Marckmann, Hinrich; Seestermühe 798
Marckmann, Peter Friedrich; Winterhagen 322

Marckmann, Sophia Augusta; Strande 322
Marckmann; Riemergeselle; Stipsdorf 681
Marcussen; Rektor; Marne 503
Mardefeld; Amtmann; Neumünster 625
Marin, Jean Louis; Altona 102
Marissal, Anna Auguste Elisabeth; Hamburg 840
Marklofsky; Bettler 595
Markmann, Johann; Wankendorf 116
Marler, Eggert; Deichgraf; Dammfleth 655
Marler, J. G.; Barcelona 162
Marquard, Jacob Friedrich; Glückstadt 114
Marquard, Martin; Schulehrer; Schenefeld (Herrschaft Pinneberg) 793
Marschalck, Baron; Hofgerichtassessor 15
Marsian, Georg; Witwer; Glückstadt 121
Marstein; Branntweinbrenner; Preetz 249
Martens, Adrian; Lunden 119
Martens, Anton Nicolaus; Kandidat der Theologie; Lunden, Glinde (Herrschaft Pinneberg) 74
Martens, Claus; Lohe (Landschaft Süderdithmarschen) 502
Martens, Detlef; Grauel 450
Martens, Detlev Hinrich; Ellerbek 114
Martens, Friedrich Lorenz Johann Heinrich; Kandidat der Theologie; Dürwade 74
Martens, Hans Hinrich; Westerau 27
Martens, Hinrich; Brunsbüttelhafen 499, 599
Martens, Johann; Schullehrer; Arentsee 391
Martens, Jürgen; Lieth (Landschaft Süderdithmarschen) 599
Martens, Michel; Marne 504
Martens; Bauervogt; Hinschenfelde 345, 346
Martens; Schlosskantor; Kiel 528
Martens; Schullehrer; Barlt 497
Martens; Schullehrer; Haarberg 139
Martens; Schulmeister; Oldendorf 401
Martensen, Hans 592
Martensen, Lorenz Ingbert 590
Martiensen; Maurermeister; Grube 542
Martin, Jean Pierre Ferdinand; Bildhauer; Altona 123
Martin, Johann; Elsass 117
Martin, Johannes; Bredstedt 592
Martini, Franz Christian; Propst; Plön 424
Martini; Justitiar; Plön 745
Martini; Pastor; Plön 82, 429
Martini; Pastor; Süsel 435
Martini; Proviantverwalter; Rendsburg 222
Marx, Michael; Oldesloe 737
Masius; Pastor; Pronstorf 486
Masius; Pastor; Sankt Margarethen 408
Massmann, Claus; Heiligenhafen 23
Mathiessen; Amtsschreiber 80
Matoley; Reichshofratagent; Wien 9, 10
Matthiae; Pastor; Rendsburg 85, 447
Matthies, Marx 405
Matthiesen; Kirchspielvogt; Burg 497
Matthiessen, Claus 130
Matthiessen, Siele; Wilster 133
Matthiessen; Klosterhofmeister; Uetersen 821
Mau; Pastor; Altenkrempe 357
Maul, von; Agent 8
Mauricius, Johann Jacob; Gesandter 10
Mauritius; Bürgermeister; Itzehoe 232, 707
Maus; Mühlenpächter; Altrahlstedt 675
Mauter, Johann 399
Mechlenburg, von; Bürgermeister; Plön 215

Mechler; Pastor; Blekendorf 359
Meckel; Prokurator; Wetzlar 8
Mecklenburg, Franz; Heiligenstedten 302
Mecklenburg, von; Student 721
Mecklenburg-Schwerin, Herzog von 10
Meelen, Johanna Lucia von 48
Megern, Sophia; Vorwerkspächterin; Trittau 675
Meggersee, Marie Cathrina 104
Meggersee; Inspektor; Wandsbek 673
Mehlen; Tabakfabrikant; Herzhorn 831
Mehrens, Claus; Overndorf 453
Meier, Anna Catharina; Neustadt 117
Meier, Hans Heinrich; Organist; Sülfeld 373
Meier, Hinrich; Wewelsfleth 660
Meier; Apotheker; Lütjenburg 727
Meier; Pastor; Grömitz 573
Meier; Pfarrer; Hof 84
Meiers, Cilia; Henstedt 463
Mein, Jürgen; Kaufmann; Glückstadt 702
Meincke, August Diederich; Schlosser, Kleinschmied; Wandsbek 346
Meinert, Gerd; Strohdeich 148
Meinert, Harm; Deichgraf; Seestermühe 152
Meinert, Thise; Bielenberg 309
Meinert; Kirchspielvogt; Süderau 661
Meinerts, Caecilia; Dienstmagd; Süderau 419
Meinerts, Johann; Herzhorn 832
Meinerts, Siade; Glückstadt 695
Meinerz; Witwe; Neustadt 117
Meins, Johann Jacob Christian; Tischler; Wandsbek 347
Meinsen, Detlev Hinrich; Altona 115
Meinsen, Thomas Asmus; Grebenhagen 103
Meinsen; Schuster; Muggesfelde 316
Meisner; Glückstadt 701
Meister; Organist; Flensburg 683
Melcher, Peter; Lunden 92
Melchert, Jürgen; Herzhorn 798
Melchert; Küsterwitwe; Sankt Margarethen 410
Meley; Amtsverwalter; Flensburg 590
Mellen, Caecilia Margaretha 91
Mellenthin; Witwe; Glückstadt 222
Menadie, Johann Peter; Schuster; Altona 810
Menck; Buchdrucker; Hamburg 62
Mentzeln, von; Resident; Hamburg 34
Mercatus; Schulmeister; Großenbrode 481
Mercker; Polizeirat; Erfurt 182
Mercklin, Johann Gottfried; Ohe (Amt Reinbek) 114
Merfeld, Heinrich von 682
Merpohl 78
Mescharosch; Pastor; Bramstedt 480
Mesmer; Rittmeister 58
Mesner; Postmeister; Meldorf 603
Mess, Hans; Fischbek 96
Mess, Hinrich; Dänisch Nienhof 99
Mester, Marx; Schulmeister; Techelsdorf 237
Mester; Schullehrer; Brügge 556
Mester; Schulmeister; Groß Buchwald 535
Methmann, Michael Friedrich; Schuster; Lütjenburg 173
Meurer 773
Meuxner; Musketier 128
Mevius, von; Schrevenborn 217
Meyer, Abraham; Krämer; Gentenbeck/Minden 179
Meyer, Carl Christoph; Uetersen 822
Meyer, Catharina; Witwe; Westerau 111
Meyer, Claus; Brokdorf 98
Meyer, Claus; Kehdingbruch 17
Meyer, Claus; Kronprinzenkoog 504
Meyer, Cornelius; Jersbek 89
Meyer, Dr.; Arzt; Itzehoe 629
Meyer, Ernst Matthias; Schiffsknecht; Wilster 391
Meyer, Feilsche; Elmshorn 86
Meyer, Gottlieb; Heuerling; Glückstadt 173

Meyer, Hans Hinrich; Oldesloe 112
Meyer, Hans; Krugwirt; Bökenberg 190
Meyer, Hinrich (Claus Krohn); Heist 811
Meyer, Hinrich; Muggesfelde 315
Meyer, J. H.; Maler 449
Meyer, Johann; Nortorf (Amt Rendsburg) 239
Meyer, Jürgen; Itzehoe 708
Meyer, Levin; Ahrensburg 271
Meyer, Metta; Barmstedt 840
Meyer, Otto; Hainholz 838
Meyer, Simon; Hamburg 35
Meyer, Simon; Vagabund; Prag 812
Meyer; Arzt, Chirurg; Wedel 168
Meyer; Diakon; Nortorf 457
Meyer; Diakon; Nortorf (Amt Rendsburg) 456
Meyer; Kandidat der Theologie; Grömitz 73
Meyer; Leutnant 240
Meyer; Pastor; Kiel 81
Meyer; Pastor; Nortorf (Amt Rendsburg) 457
Meyer; Perückenmacher; Ahrensburg 377
Meyer; Rechenmeister; Heide 517
Meyer; Schullehrer; Dahme 542, 574
Meyer; Schullehrer; Schlesen 564
Meyern, Metta 90
Meyers, Stine 408
Meyler, Georg Gottlieb; Regierungsadvokat; Glückstadt 163
Meyn, Dr.; Physikus; Pinneberg 168, 169
Meyn; Pastor; Wesselburen 525
Meyn; Schiffer 46
Meyners/Magens; Deichgraf; Nindorf 152
Michaelis, Caspar; Pastor; Wandsbek 489
Michaels, Johann Hinrich; Halbhufner; Bramstedt 480
Michaelsen; Pastor; Nortorf (Amt Rendsburg) 458
Michaelsen; Pastor; Wilster 392
Michaelsen; Schulhalter; Oldenburg 530
Michaelsen; Schullehrer; Glückstadt 327
Michel, Hinrich; Bargen 225
Michelbergen, von; Konventualin; Uetersen 255
Michelsen, Johann; Quickborn (Herrschaft Pinneberg) 793
Michelsen; Kanzleiassessor 36
Michelsen; Wilster 602
Michulitz; Olitätenkrämer 167
Mieden, Georg Woldemar; Kandidat der Theologie; Bergstedt 533
Mieden; Diakon; Horst (Gut Horst) 406
Miersch; Zollverwalter; Lütjenburg 58
Milenz; Branddirektor 637
Moeller; Propst; Meldorf 492
Mohr, Catharina 788
Mohr, Claus; Heuerling; Lägerdorf 285
Mohr, Hans; Heede 106
Mohr, Hans; Klint (Amt Rendsburg) 639
Mohr, Hinrich; Bäcker; Blomesche Wildnis 327
Mohr, Hinrich; Elskop 389
Mohr, Jacob; Krumwehl 391
Mohr, Johann Friedrich; Eichede 585
Mohr, Lütje 766
Mohr, Neel; Brunsholt 420
Mohr; Hebamme; Barmstedt 840
Mohr; Hebamme; Krummendiek 311
Mohr; Heuerling; Reisiek 838
Mohr; Kantor; Oldenburg 569
Mohr; Kanzleirat; Itzehoe 708
Mohr; Schullehrer; Bokholt (Grafschaft Rantzau) 836
Mohr; Schullehrer; Großenbrode 572
Mohr; Schullehrer; Heede 836
Mohr; Schullehrer; Oldenburg 567
Mohr; Witwe; Wisch (Kloster Uetersen) 259
Mohrdieck, Matthias; Uetersen 804
Moldtmann; Hebamme; Rantzau 329
Möller junior, Jochim; Stördorf 93

Möller, Anna Catharina; Kiel 119
Möller, Anna Margaretha 92
Möller, Anna Margaretha; Witwe; Dunkelsdorf 215
Möller, Carl Friedrich; Schuster; Wittmoldt 352
Möller, Catharina Dorothea 114
Möller, Cecilia geb. Sommer; Itzehoe 122
Möller, Christian; Itzehoe 109
Möller, Christian; Krummstedt 506
Möller, Claes; Sankt Margarethen 40
Möller, Claus; Musketier; Glückstadt 16
Möller, Georg Wilhelm Christian Eduard; Pastor; Altona 140
Möller, Hans Hinrich; Maurer; Pölitz 33
Möller, Hans Hinrich; Stockelsdorf 108
Möller, Hans; Hufner; Altengörs 222
Möller, Hans; Wilster 760
Möller, Henning; Krempermoor 416
Möller, Jacob Hinrich; Heringsdorf 31
Möller, Jacob; Nagelschmiedgeselle; Preetz 251
Möller, Jasper; Hohenwestedt 449
Möller, Jobst; Schlachter; Hamburg 772
Möller, Jochim Hinrich; Inste; Großenaspe 558
Möller, Jochim; Fayencefabrikant; Kellinghusen 453
Möller, Jochim; Stördorf 611
Möller, Johann August Friedrich; Billwerder 39
Möller, Johann Christoph; Neumünster 224
Möller, Johann Gottlieb; Pinneberg 215
Möller, Magdalena 121
Möller, Peter Hinrich Christian; Landmilitärreserve 39
Möller, Thies; Schulmeister; Fitzbek 238
Möller, Wilhelm; Schustergeselle; Wandsbek 348
Möller; Hebamme; Neustadt 729
Möller; Hebamme; Wilster 666
Möller; Kompastor; Segeberg 475
Möller; Kriegsrat; Oldenburg 734
Möller; Pastor; Flemhude 361
Möller; Pastor; Heiligenstedten 401
Möller; Pastor; Hörnerkirchen 839, 840
Möller; Pastor; Wewelsfleth 421
Möller; Pastorenwitwe; Nortorf (Amt Rendsburg) 456
Mölling; Gerichtshalter 681
Moltke, Graf von; Nütschau 321
Moltke, Magnus von; Kammerherr, Verbitter 241
Moltke, von; Oberstleutnant 332
Momsen; Deichkondukteur 152
Monjeu; Musketier; Warringholz 640
Mönnich, August; Kommissar 801
Montron, Casimir 20
Mordhorst; Erbpächter; Vieburg 556
Mordhorst; Gastwirt; Kiel 725
Mordhorst; Müller; Kiel 723
Moresco, Moses; Zahnarzt; Kiel 57
Moritz; Schullehrer; Wandsbek 215
Morries, Robert 1
Moselmann; Lütjenburg 628
Moses, Jette 86
Moses, Salomon; Brunswik 87
Mosz, Catherina Theodora Maria 86
Motz, von; Oberst; Lütjenburg 728
Muck, Heinrich; Gerichtsbediensteter; Wandsbek 347
Mueck, Catharina geb. Rohwedder; Stockelsdorf 108
Mues; Kupferschmied; Rendsburg 443
Muhlius; Vizekanzler 625
Muhs, Trine; Bauervogtswitwe; Schönberg (Kloster Preetz) 253
Müller 137
Müller, Bernhard; Kiel 133
Müller, Christian Friedrich; Kasseedorf 58
Müller, Christian; Flensburg 590
Müller, Conrad; Obsthändler; Falken 178
Müller, Johann Hinrich Friedrich; Zuchthäusler; Neumünster 129

Müller, Margareta 105
Müller, Marx Hinrich; Huje 223
Müller, Michael; Helserdeich 91
Müller, Peter Joseph Bartholomaeus; Altona 117
Müller; Diakonadjunkt; Kellinghusen 453
Müller; Kassierer; Rendsburg 205
Müller; Kirchspielvogt; Neuenbrook 656
Müller; Pastor; Eddelak 432
Müller; Pastor; Gleschendorf (Amt Ahrensbök) 431
Müller; Pastor; Schönkirchen 563, 564
Müller; Pastor; Wewelsfleth 421
Müller; Prediger; Ottensen 786
Müller; Scharfrichter; Lütjenburg 726
Müller; Schulhalter; Gadendorf 362
Müller; Zollverwalter; Krempe 685
Mumm, Marx; Schullehrer; Königsmoor 420
Munck, Christina Sophia Maria; Grömitz 115
Münnich, Graf; Oldenburg 231
Münster, Hans Hinrich; Hohenfelde (Amt Steinburg) 223
Münster, Samuel Johannes; Nortorf (Amt Rendsburg) 100
Musaphia, Joseph; Rendsburg 747
Muschkau, Johannes; Obsthändler; Falken 178
Musfeld, Claus; Hademarschen 297
Mushardt, von; Major; Rendsburg 749
Muss (Mess), Hinrich; Westensee 351
Muth, Johann Wilhelm; Nienstedten 791
Muus, Peter; Kätner; Barsbek 247
Muus, Peter; Kugpächter; Ravensbusch 225
Muuss, Hinrich; Lutterbek 121
Muxfeld, Abel Christina; Nettelsee 107
Myrau; Schulmeister; Offendorf 433
Nachtigall, Friedrich Christian; Tischlergeselle; Muggesfelde 316
Nachtigall, Matthias Hinrich 17
Naefken; Hufner; Eichede 536
Nagel, Charlotte Elisabeth 116
Nagel, Hinrich; Beidenfleth 396
Nagel, Johanna Christina Elisabeth; Ahrensburg 116
Nagel, Ludwig Heinrich; Kaufmann; Hamburg 178
Nagel, Matthias; Heist 258
Nagel, Peter Friedrich; Achterwehr 314
Nagel; Kandidat der Theologie; Eddelak 75
Nagel; Schreibmeister; Itzehoe 387
Nagels, Abel; Kirchspiel Wilster 208
Nappenau; Kirchspielvogt; Wilster 763
Naskow; Lütjenburg 628
Naumann, Johann Gottlieb; Schornsteinfegergeselle; Budissin 178
Nebelmann, Jochim Hinrich; Schuster; Wandsbek 348
Neiling; Gevollmächtigter, Inspektor; Drage 290
Netting, Johann; Hohenwestedt 103
Netzel, Anna Catharina 102
Neubauer, Hein Hinrich; Schmied; Hinschenfelde 345
Neuber, Dr.; Meldorf 226
Neudorf; Pastorenwitwe; Neustadt 729
Neuendahl, Peter Christian Gottlieb von, Dr. med.; Krempe 58, 164
Neuhaus, Catharina Elisabeth Wilhelmine 113
Neve, Claus; Eiderstede 113
Neve, Claus; Schulmeister; Schacht 445
Nickel, Sievert; Breiholz 151
Nickels, Augusta Elsabe; Rendsburg 102
Nickels; Müller; Merkendorf 33, 571
Nickels; Witwe; Pehmen 439
Nickelsen, Dorothea; Rohlfshagen 464
Nicolai; Apotheker; Schleswig 682
Niebuhr, Claus; Wisch (Kloster Preetz) 371
Niehuus, Johann Christian; Kiel 224
Niels, Nicolaus; Garstedt 793

Nielsen, Johann Peter; Sträfling 18
Nielsen, Jürgen; Ratsverwandter; Flensburg 683
Nielsen; Schullehrer; Meinsdorf 430
Nielsen; Zuchthausprediger; Neumünster 527
Niemann 18
Niemann, Johann Christian; Rapstedt 160
Niemann; Hausvogt; Breitenburg 411
Niemann; Konferenzrat, Administrator 831
Niemann; Witwe; Bockhorn, Gut 325
Niemeier; Landsasse; Brodau 573
Niese, Johann Christian; Kaufmann; Memel 178
Niese; Hufner; Hagen 651
Nissen, Catherina; Glückstadt 60
Nissen, Erich; Kandidat der Theologie; Langenfelde 73
Nissen, Georg Peter, Dr. med.; Wilster 58
Nissen, Hans Friedrich; Konrektor; Kiel 72
Nissen, Hans; Rupel 590
Nissen, Hans; Schulmeister; Ostermoor (Landschaft Süderdithmarschen) 497
Nissen; Diakon; Wöhrden 513
Nissen; Hausvogt; Cismar 595
Nissen; Hausvogtswitwe; Grube 574
Nissen; Kandidat der Theologie; Pronstorf 487
Nissen; Kaufmann; Heide 615
Nissen; Kirchspielvogt; Lunden 521
Nissen; Pastor; Bornhöved 478
Nissen; Pastor; Sarau 29
Nissen; Pastorenwitwe; Bornhöved 479
Nissen; Propst; Segeberg 168, 466, 476
Noah, Hanne; Friedrichstadt 110
Nölting; Oldenburg 529
Nönchen, Anna Margretha; Witwe; Glinde (Herrschaft Pinneberg) 40
Noodt, Martin Lambert Peter; Apotheker; Uetersen 167
Noodt; Advokat, Gerichtshalter 263
Noodt; Apotheker; Bramstedt 652
Noodt; Zollverwalter; Oldesloe 190
Noppenau; Pförtner; Jersbek 304
Nordmann; Witwe; Segeberg 754
Nottelmann; Amtsverwalter; Segeberg 154, 754
Nottelmann; Landsoldat; Seedorf (Wilstermarsch) 661
Nottelmann; Leutnantswitwe; Kleve (Landschaft Norderdithmarschen) 803
Novaloff, Alexander von; Kapitän 110
Numbsen, Fedder; Dörpum 593
Nummensen, Anna; Flensburg 684
Nummensen; Apotheker; Flensburg 683
Nuppenau, Jochim Diederich; Hoherdamm 374
Nussbaum; Quartiermeister 45
Obstfelder; Schützenkönig; Glückstadt 702
Ochsen, Peter; Hufner; Heringsdorf 33
Oehler; Kaufmann; Plön 225
Oehlers, Dr.; Krempe 167, 227
Oehlrich; Landesgevollmächtigter; Barlt 599
Oertling; Pastor; Bornhöved 466, 478, 479
Oertling; Pastor; Eichede 536
Oertz 563
Oertzen, von 368
Offen, Claus; Tangstedt 340
Offen, Trincke; Holstenniendorf 90
Offermann; Pastorenwitwe; Neumünster 561
Ohge; Landsoldat; Tangstedt 341
Ohlandt, Gretje; Brokdorf 95
Ohlen, Hans; Hohenwestedt 641
Ohlenburg; Witwe; Wöhrden 91
Ohlfsen, Jochim; Siethwende (Herrschaft Herzhorn) 91
Ohlsen, Charlotta Margaretha; Rendsburg 105

Ohms, Jochim 22
Ohrt; Polizeiinspektor; Glückstadt 180
Olde, Christian; Münzpächter; Poppenbüttel 776
Olde, Hinrich; Haseldorf 114
Olde; Pastor; Stellau 372
Oldehus, Claus; Itzehoe 386
Oldenburg, Anna Catharina 108
Oldenburg, Claus Hinrich; Grebin 109
Oldenburg, Herzog von 803
Oldenburg, Margaretha; Altona 786
Oldenburg, Peter; Wandsbek 489
Ölrich, Michel 13
Olsen; Rendsburg 57
Oltern, Wilhelm, Pastor; Nordhastedt 510
Ooster; Landsasse; Borstel 80
Opitz, Hinrich; Krempe 691
Oppenheim; Kaufmann; Hamburg 785
Oppenheimer, Jacob; Hamburg 828
Ordnung, Georg Richter; Kollmar 103
Orth, Hinrich; Münsterdorf 285
Orth; Kirchenvorsteher; Plön 428
Ösau, Thies; Schotten 657
Osbahr, Ruter; Bordesholm 621
Ostayke; Witwe; Altona 123
Osten, Wilhelm August von der; Direktor der Finanzen 205
Ostwald; Pastor; Eichede 585
Ostwald; Pastor; Hohenfelde (Amt Steinburg) 403
Ostwald; Pastorenwitwe; Glückstadt 386
Ostwaldt, Johann August; Kandidat der Theologie 73
Ott, Detlef; Wilster 762
Otten, Ida Magdalene Friderica 97
Ottens; Diakon, Pastor; Krempe 389, 390, 400
Ottens; Pastor; Altenkrempe 92, 357
Ottens; Pastor; Neuendorf (Gut Neuendorf) 380, 405, 414
Ottens; Pastor; Segeberg 754
Ottens; Pfenningmeister; Heide 610
Otterstedt; Hausvogt 15
Otterstedt; Kommissar 15
Otto, Catharina Maria geb. Schmidt 120
Otto, Friderika Margaretha; Schlamersdorf (Gut Seedorf) 107
Otto, Martin Heinrich; Neumünster 140
Overbeck 281
Paap, Anne; Witwe; Segeberg 123
Paap; Kaufmann; Rendsburg 751
Paasch, Timm; Schuster; Deicherde 302
Pabst; Holzvogt; Farve 291
Paetow, Christopher von; Höltenklinken 48, 49
Paetzel, Johann; Landsoldat; Ellerau 108
Pahl, Johann; Schmied; Neuenkirchener Wisch 302
Pahlandt, Johanna Henrica Friederica geb. Scholl; Altona 122
Pahlen, Anna Margaretha; Flensburg 683
Pahlen, Wiebke; Witwe; Fockbek 103
Paisen; Schullehrer; Jahnshof 568
Palm, Henriette Dorothea; Hamburg 118
Panje, Claus; Kaufmann; Elmshorn 839, 840
Pape; Deichgraf 144
Pape; Pastor; Horst (Gut Horst) 405
Pape; Schulrektor; Tellingstedt 412
Papp, Johann Jürgen; Wulksfelde 353
Pass, Sophia; Altona 115
Passow; Diakon; Oldesloe 466
Path, Claus Hinrich; Kassau 339
Path, Hans Hinrich; Plunkau 339
Patzner, Johann Joseph; Elmenhorst 91
Pauli 133
Pauli, Friedrich; Schleswig 177
Pauli, Georg Christian 267
Pauli, Peter; Diakon; Breklum 591
Pauli; Advokat 7
Paulsen, Carsten; Langenhorn (Amt Bredstedt) 377
Paulsen, Christian Hinrich; Kammerrat 220

Paulsen, Dr.; Lütjenburg 167, 728
Paulsen, Hedwig Margaretha Dorothea geb. von Schaumberg; Eckernförde 92
Paulsen, Jens; Langenhorn (Amt Bredstedt) 378
Paulsen; Hebamme; Lütjenwestedt 646
Paulsen; Kandidat der Theologie; Windbergen 511
Paulsen; Kantor; Lunden 520
Paulsen; Kantorswitwe; Lunden 521
Paulsen; Kirchspielvogt; Heide 611
Paulsen; Organist, Schullehrer; Bargteheide 582
Paulsen; Organist, Schullehrer; Elmshorn 838
Paulsen; Pastor; Wedel 61, 800
Paulsen; Schullehrer; Blankenese 792
Paulsen; Schullehrer; Spitzerdorf 801
Paulsen; Seminarist; Heide 517
Paustian, Hans Jochim; Fischer; Sierksdorf 435
Paustian, Jochim Hinrich; Selent 101
Paysen, Harmen; Landschaftsvorsprecher, Gevollmächtigter; Bredstedt 592
Paysen, Hermann; Bredstedt 593
Paysen, Paul; Schullehrer; Neumühlen (Amt Kiel) 564
Paysen, Peter; Wallsbüll (Amt Bredstedt) 593
Paysen, Sönke 595
Paysen; Kriegsassessor; Dannau 329
Pechler, Johann Peter Ernst Christian; Itzehoe 109
Peemöller, Andreas; Eichede 221
Pehl; Konferenzrat; Schulenburg 25
Pehle, Christian Hinrich von; Konferenzrat 37
Peickner, Johann Friedrich Cornelius; Riemergeselle; Wandsbek 347
Pein, Heinrich von; Renzel 833
Pein, Jacob Hinrich; Wellingsbüttel 350
Pein, von; Erbpächter; Rellingen 795
Pein, von; Landsoldat; Uetersen 822
Penicke; Zollverwalter; Ulzburg 110
Penz, Graf 207, 294, 753
Penz; Festungskommandant; Glückstadt 703
Penzlin; Schulhalter; Tralau 341
Perckentin, von; Landdrost; Pinneberg 779
Perleberg, Anna Charlotte 124
Perthion 62
Petermann, Hinrich; Preetz 112
Petermann; Obersachwalter 694
Peters oder Ingwers, Anna Christina; Zuchthäuslerin; Glückstadt 130
Peters, Anna Engel; Zuchthäuslerin; Glückstadt 127
Peters, Anna Margareta; Pinneberg 812
Peters, Carsten; Meldorf 606
Peters, Claus; Brunsbüttelhafen 600
Peters, Claus; Hademarschen 94
Peters, Engel 93
Peters, Eva 92
Peters, Jacob; Flethsee 662
Peters, Metta 372
Peters, Nootbaar; Arzt; Reinfeld (Amt Reinfeld) 638
Peters, Sara; Heide 90
Peters; Diakon; Koldenbüttel 356
Peters; Küster; Tellingstedt 523
Peters; Schullehrer; Averlakerdonn 502
Peters; Schullehrer; Trennewurth 504
Peters; Witwe; Hedwigenkoog 101
Petersen, Berend; Tolkschuby 594
Petersen, Christian Jacob; Hammel (Jütland), Preetz 244
Petersen, Christian; Bornhöved 163
Petersen, Claus; Barlt 601
Petersen, Dorothea Elisabeth 123
Petersen, Friedrich; Böttcher; Blunk 315
Petersen, Hans Claus; Dietrichsdorf 117
Petersen, Hans Jürgen; Siggeneben 332

Petersen, Hans; Matrose 193
Petersen, Hinrich; Oberkonstabler; Rendsburg 112
Petersen, Jens; Flensburg 683
Petersen, Jochim Friedrich; Itzstedt 374
Petersen, Johann Anton; Polizeireiter 183
Petersen, Johann Hinrich gen. Puvogel; Wandsbek 348
Petersen, Maria Dorothea 114
Petersen, Otto Christian 374
Petersen, Peter; Brunsbüttel 600
Petersen; Baumpächter 814
Petersen; Diakon; Krempe 686
Petersen; Diakon; Neuendorf (Gut Neuendorf) 414
Petersen; Gastwirt; Elmshorn 841
Petersen; Hausvogt; Flensburg 590
Petersen; Kontrolleur; Rendsburg 205
Petersen; Mietkutscher; Altona 39
Petersen; Müller; Krößß 328
Petersen; Organist; Neukirchen (Propstei Oldenburg) 577
Petersen; Pastor; Lensahn 325, 365, 577
Petersen; Pastor; Nortorf (Amt Rendsburg) 456
Petersen; Pastor; Nücheln 367
Petersen; Prediger; Krempe 389
Petersen; Prediger; Marne 503
Petersen; Predigerwitwe; Grube 82
Petersen; Rektor; Wilster 761
Petersen; Schulhalter; Glasholz (Gut Ascheberg) 430
Petersen; Schulmeister, Küster; Oppendorf, Schönkirchen 545
Petersen; Schulmeister; Wittmoldt 430
Pethahn, Johann Hinrich; Heede 226
Petkum, von; Propst; Itzehoe 234
Petraeus, Peter; Rektor; Schleswig 594
Petrejus, Hato Anthon 718
Peymann, Antje; Schenefeld (Amt Rendsburg) 460
Pfaffenhofen, Graf; Hamburg 20
Pfeil, Trina Margaretha; Fiel 508
Pflueg, Ernst Friedrich; Amtmann; Himmelpforten 15
Pflueg; Klosterschreiber; Itzehoe 233, 234
Pflueg; Klosterschreiber; Uetersen 36
Philipp, Baruch; Tabakfabrikant; Glückstadt 87, 180
Picker; Agent; Lübeck 25
Picker; Brinkkätner; Steinbek 676
Picker; Obersachwalterwite 219
Piening, Albert; Seester 828
Piening, Hinrich; Elmshorn 225
Piening, Jochim; Seester 211
Piening, Metta; Elmshorn 840
Piening, Peter; Gast- und Krugwirt; Horst (Gut Horst) 257
Piening, Peter; Gast- und Krugwirt; Horst (Gut Horst) 258
Piening, Peter; Horst (Gut Horst) 406
Piening, Peter; Krempe 691
Piening; Kornhändler 308
Piening; Schreib- und Rechenmeister; Wilster 759
Pieper, Abel; Witwe; Fiefbergen 123
Pieper; Konrektor; Meldorf 506
Pieper; Küsterwitwe; Siek (Amt Reinbek) 586
Pieter, Joachim; Pastor; Altona 815
Pincus, Marcus; Moisling 86
Pingel, Hans; Wöhrden 603
Pingel; Hufner; Gadeland 560
Pinnau; Riemermeister; Hamburg, Poppenbüttel 827
Piper, von; Oberstleutnant; Itzehoe 711
Piper; Branddirektor; Jevenstedt 646
Piper; Propst 379, 421
Pirad, Reinhard; Altona 113
Pitiscus; Stadtsekretär; Rendsburg 747
Plaas, Gesa; Witwe; Mühlenberg (Herrschaft Pinneberg) 119
Plähn, Johann Friedrich; Büsum 139
Plambeck, Detlef Friedrich; Postfeld 98

Plambeck, Marx Hinrich; Wellsee 95
Plambeck; Rademacher; Schlüsbek 224
Plambeck; Schullehrer; Bühnsdorf 476
Platen, Graf von 260, 292
Platen, Graf von; Weißenhaus 48
Platen, Gräfin von; Weißenhaus 79
Platen, von; Generalkriegskommissar 229, 813
Plato; Schullehrer; Scholenfleth 788
Platzmann, Catharina Elisabeth 386
Pletens, Elisabeth 448
Plett; Itzehoe 209
Ploeg, Hans; Neufeld (Amt Steinburg) 657
Ploen; Organist, Schullehrer; Schlamersdorf (Gut Seedorf) 488
Plöhn, Anna Catharina 99
Plöhn, Hans; Rendsburg 753
Plön, Carl Friedrich, Herzog von 648
Plön, Herzog von 49, 463, 669
Plön, Herzoginwitwe von 740
Plön, Johann Adolf, Herzog von 735
Plön, Peter; Duvenstedt 111
Plüer; Pastorenwitwe; Altona 785
Plump, Hans; Inste; Haseldorf 299
Plüskow, von; Hamfelde (Amt Trittau) 587
Plüskow, von; Oyendorf 670
Plütschau; Pastor; Beidenfleth 89, 395
Pogge, Michael Joachim Hinrich; Heiligenhafen 707
Poggensee, Hans Peter; Jersbek 374
Poggensee, Margaretha Elsabe; Jersbek 374
Poggensee, Margarethe Dorothea; Jersbek 374
Poggensee, Peter; Bargfeld (Gut Jersbek) 375
Pogwisch, Benedikt; Rittmeister; Goltoft 594
Pöhler, Hermann Heinrich; Leinwandhändler; Pivitsheide 178
Pohlhammer; Kiel 93
Pohlmann, Catharina Magdalena 121
Pohlmann, Catharina Margaretha; Oldenfelde 116
Pohlmann, Jochim; Henstedt 100
Pohlmann; Diakon; Albersdorf (Landschaft Süderdithmarschen) 495
Pöhls, Christina Elsabe 90
Pöhlsen, Christian; Schmachthagen 336
Poincelet, Claude; Zuchthäusler; Glückstadt 129
Polemann; Bürgermeister, Stadtsekretär; Wilster 759
Polemann; Stadtsekretär; Wilster 759
Politz; Zimmergeselle; Bullenstadt 178
Poll; Dükermühle 235
Poll; Gastwirt; Krempe 690
Pollizer 132
Pollmann, Diderich 647
Pölmann, Hinrich; Wittenberg 351
Poltzenhagen; Kirchenjurat; Plön 429
Pommeau, Andreas 24
Pommer, Johann Jacob; Venedig 777
Pommert, Johann Michel; Glückstadt 701
Popp, Jacob; Sude 98
Popp; Graupenmüller; Muggesfelde 478
Popp; Müller; Grube 209
Popp; Schiffer; Büsum 610
Poppe, Franz Jochim 806
Poppe, Hinrich; Hohenaspe 403
Poppe, Margaretha 103
Porath; Hufner; Wellingdorf 622
Porath; Mühlenpächter; Neumühlen (Amt Kiel) 623
Portmann, Catharina 501
Posselt; Propst; Oldenburg 565, 567
Posselt; Propstwitwe; Neustadt 214
Posselt; Propstwitwe; Oldenburg 565, 568
Postfeld 98
Potent, Kaufmann; Segeberg 204
Praetorius, Dr. ; Pestarzt; Glückstadt 701
Praetorius, Johann Albrecht 802

Praetorius; Inspektor 265, 307
Pragst, Elsabe; Löhrstorf 95
Prahm; Pastor; Kollmar 407
Preen, Johann; Rademacher; Segeberg 754
Prehn, Asmus; Hausvogt; Gravenstein 683
Prehn, Hans; Hausvogt; Flensburg 683
Prehn, Lorenz; Stadtvogt; Flensburg 683
Preuss 520
Preuss, Marx Diederich; Grobschmied; Alveslohe 306
Preuss; Schullehrer; Breiholz 451
Preusser 614
Pries, Asmus; Erbpächter; Spannhorn 273
Pries, Claus Friedrich; Perdöl 94
Pries; Schulmeister; Bösdorf 429
Priess, Hans; Gaarz 293
Priess, Jacob August; Großensee 101
Priess, Matthias Diedrich; Rixdorf 123
Priess, Sophia; Lebrade 112
Priess; Erbpächter; Ascheberg 273
Priessen, Catharina Margareta 105
Prinzhausen 40
Pröcker, von; Hofrätin 51
Pruns, Claus; Elskop 667
Prüsdorf, Johann Friedrich; Westerau 28
Prüss; Hufner; Riespsdorfer Söhlen 574
Puck, Claus; Inste; Gaarz 293
Puls; Kirchspielvogt; Neuenbrook 174
Punck; Plön 224
Püttjer, Claus; Hufner; Rethwisch (Amt Rethwisch) 631
Putzbacher, Johann; Musketier; Rendsburg 89
Puymann, Elsabe 397
Qualen, Caroline von; Konventualin; Preetz 251
Qualen, Graf von 4, 77, 209
Qualen, Hinrich von; Hofmeister 590
Qualen, von; Landrat 372
Qualen, von; Verbitter; Itzehoe 239
Quäler, Anna Catharina; Witwe; Glückstadt 106
Quedlinburg, Äbtissin von 7
Quenzel; Kandidat der Theologie; Barmstedt 835
Quenzel; Pastor, Konsistorialrat; Glückstadt 122, 124
Quenzel; Pastorenwitwe; Barmstedt 836
Quist; Totengräber; Rendsburg 444
Quistorp, Johann Christian Friedrich; Kaufmann; Neustadt 59
Raabe, Johann Peter; Wandsbek 347
Rabe, Aegidius; Schleswig 187
Rabe, Christian Timm; Grob- und Hufschmied; Huje 289
Raben; Witwe 213
Rager; Verwalter; Krummendiek 394
Rahden, Henricus, Dr. von; Glückstadt 772
Rahlf, Paul; Wakendorf (Amt Traventhal) 220
Ralff; Eigenkätner; Söhren (Amt Traventhal) 475
Ramcke, Anna Catharina; Wedel 800
Ramcke, Franz Ernst; Rellingen 122
Ramm, Gerhard; Pastor; Meldorf 505
Ramm, Hans; Negernbötel 650
Ramm, Hinrich; Sankt Margarethen 165
Ramm, Hinrich; Westerrade 629
Ramm, Lena; Witwe; Hedwigenkoog 118
Ramm, Margareta; Niendorf (Amt Traventhal) 105
Rampert, Catharina Maria gesch. Kayser; Altona 120
Ramshorn, Bernd Hinrich; Krempe 208
Ran, Claus Friedrich; Schuster; Schulenburg 336
Ranitz, Heinrich; Unteroffizier; Rendsburg 120
Rantzau 12, 132, 357, 719, 730, 774

Rantzau Christian Detlef; Reichsgraf 63
Rantzau, Adelheid Benedicta von; Heiligenstedten 301
Rantzau, Anna 12
Rantzau, Barbara 711
Rantzau, Bertram 647
Rantzau, Cai; Geheimrat, Verbitter 237
Rantzau, Cai; Kollmar 13
Rantzau, Carl, Graf von; Rastorf 249
Rantzau, Cay; Neuhaus 5
Rantzau, Christian 774
Rantzau, Christian Albrecht; Bossee 63
Rantzau, Christian Detlef 765
Rantzau, Christian Detlef, Graf von 6, 7, 735, 765
Rantzau, Christian Detlef, Graf von; Breitenburg 281
Rantzau, Christian Detlef, Graf von; Drage 449
Rantzau, Christian Detlev, Graf von; Breitenburg 281
Rantzau, Christian Detlev, Graf von; Kammerherr 717
Rantzau, Christian von 4
Rantzau, Christian, Graf 765
Rantzau, Christian, Graf; Breitenburg 280
Rantzau, Christian; Statthalter 50
Rantzau, Christoph von; Schmoel 24
Rantzau, Christoph; Schmoel, Hohenfelde 63
Rantzau, Daniel 132
Rantzau, Detlef 324
Rantzau, Detlef, Graf von 5, 216
Rantzau, Detlef, Graf von; Ahrensburg 270
Rantzau, Detlef, Graf von; Breitenburg 281, 377
Rantzau, Detlef; Statthalter 50
Rantzau, Elsabe Charlotta geb. von Moltke; Itzehoe 59
Rantzau, Emerentia 738
Rantzau, Ernestine von; Konventualin; Uetersen 258
Rantzau, Friedrich, Graf von; Breitenburg 283, 478
Rantzau, Friedrich; Wandsbek 489
Rantzau, Graf von 443, 567, 650, 834
Rantzau, Graf von; Amtmann; Schwartau 249
Rantzau, Hans; Amtmann; Rendsburg 639
Rantzau, Hans; Amtmann; Segeberg 463, 464, 736
Rantzau, Hans; Neuhaus 294, 725
Rantzau, Heinrich; Neuhaus 725
Rantzau, Heinrich; Statthalter 755
Rantzau, Hinrich; Tralau 647
Rantzau, Johann 280, 380
Rantzau, Johann Breide 376
Rantzau, Josias Brede; Obrist 63
Rantzau, Louise Fridericke Benedicte Sophie von; Konventualin; Itzehoe 239
Rantzau, Louise von; Konventualin; Uetersen 258
Rantzau, Margaretha 377
Rantzau, Marquard; Rendsburg 746
Rantzau, Otto 132
Rantzau, Otto; Generalmajor; Putlos 63
Rantzau, Sophia Elisabeth 410
Rantzau, Sophie von; Konventualin; Uetersen 258
Rantzau, Wilhelm Adolf, Graf von 6, 281, 329, 765
Rantzau; Ahrensburg 133
Rantzau; Geheimrat 260
Rantzau; Glückstadt 699
Rantzau; Rastorf 260
Rantzau-Schmoel 233
Rantzau-Sehestedt 132
Rappe, Christian Friedrich von; Major 283
Rasch, August Albrecht; Apotheker; Segeberg 754
Rasch, Georg Ferdinand Friedrich; Altona 785

Rascha, de; Konventualin; Uetersen 255
Rastrum, Maria Magdalena 374
Rathje, Friedrich Christian; Küster; Rendsburg 444
Rathje; Küster; Rendsburg 749
Rathjen, Claus; Reher, Poyenberg 289
Rathjen; Schullehrer; Kronprinzenkoog 505
Rathlev; Kommerzassessor; Kiel 718
Rathlew, Catharina Dorothea; Kiel 361
Rathlou, Asmus; Höltenklinken 359
Ratje, Claus; Erbpächter; Ascheberg 222
Ratjen, Harder; Fitzbek 237
Ratjen, Henning; Bokel (Amt Rendsburg) 458
Ratjen, Marie; Witwe; Holtdorf 104
Rau, Friedrich; Schwienköben 221
Rauert; Branddirektor; Jasen 527
Reck, Carl Friedrich; Leinwebergeselle; Stralsund, Steinrade 269
Reck, Carl Friedrich; Vagabund 812
Reckel; Postillion; Itzehoe 716
Redlifs, Margarethe; Loheide 378
Reer; Schullehrer; Schwissel 476
Reese, Georg Christoph; Küster, Schulhalter; Schönkirchen 544
Reese, Johann Friedrich; Grebin 95
Reese; Klostervogt; Nortorf (Amt Rendsburg) 241
Reesen, Catharina Margareta 103
Reetz, Jochim Christian; Lohe (Gut Wandsbek) 346
Reger, Anna Margaretha 106
Rehbehn, Casper 351
Rehder, Johann Erich; Altona 784
Rehder; Schullehrerwitwe; Westerhorn 836
Rehder; Wilster 762
Rehders, Abel; Huje 215
Rehders, Hans; Homfeld 236
Rehders, Margaretha; Meiendorf 673
Rehders, Maria Elisabeth; Poppenbüttel 776
Rehders, Marx; Huje 215
Reher, Hermann; Landsoldat; Fresenburg 292
Reher; Schullehrer; Berlin (Gut Seedorf) 337
Rehmcke, Johann Friedrich; Kiel 224
Rehmcke; Schullehrer; Sarlhusen 454
Rehms, Anna; Bramstedt 480
Rehn, Claus Thedens; Hedwigenkoog 124
Rehpenning, Jochim; Mielkendorf 91
Rehrbehn, Peter; Scholenfleth 109
Rehse, Detlef; Beidenfleth 658
Reibisch; Witwe; Segeberg 757
Reich; Tremsbüttel 668
Reiche, Carl Friedrich; Küster; Lebrade 364
Reichenbach, Baron von; Etatsrat; Mehlbek 329
Reichenbach, Freiin von 7
Reimann; Kaufmann; Bonn 180
Reimer; Wilster 133
Reimers, Claus; Tagelöhner; Neumünster 628
Reimers, Hinrich; Hagen 280
Reimers, Hinrich; Münsterdorf 285
Reimers, Jacob; Hufner; Bahrenfleth 283
Reimers, Jochim; Gevollmächtigter; Hohenwestedt 120
Reimers, Marx; Entendorf 319
Reimers; Ehefrau; Lübeck 18
Reimers; Katechet; Oldesloe 736
Reimers; Klosterschreiber; Preetz 242
Reimers; Organist; Rendsburg 444
Reimers; Pastorenwitwe; Oldesloe 737
Reimers; Schulmeister; Quaal (Gut Rohlstorf) 490
Reinan, Thomas 775
Reinhard, Johann Gabriel; Itzehoe 16
Reinhardt; Einlieger; Eilsdorf 487
Reinhold; Diakon; Barlt 496
Reinking, Dietrich; Kanzler 54
Reise, Carl Daniel Bendix; Großenbrode 295

Reisich; Pastor; Nortorf (Amt Rendsburg) 456
Reitzer; Bediensteter; Wandsbek 343
Remmers; Kirchspielschreiber; Meldorf 599
Renck; Tuchfabrikant; Neumünster 628
Renders; Schiffer 38
Rethwisch, Herzog von 49
Rettich; Pächter; Tresdorf 210
Rettig, Johanna Maria Christina; Altona 115
Reuen, Elsabe; Hebamme; Süderau 163
Reuss; Oberst 817
Reuter; Wilster 133
Reven, von; Schullehrer; Heide 517
Revenfeldt, von; Kammerjunker; Drage 289
Revenfeldt, von; Kammerjunker; Neumünster 627
Reventlow 133, 785
Reventlow, Anna Emerentia von; Priörin; Uetersen 255, 817
Reventlow, Bartram; Lammershagen 725
Reventlow, Charlotte von; Konventualin; Preetz 248
Reventlow, Christina Maria von; Konventualin; Uetersen 257
Reventlow, Claus von; Verbitter; Itzehoe 235
Reventlow, Detlef, Graf von 7
Reventlow, Detlef, Graf von; Bothkamp 278
Reventlow, Detlef; Futterkamp 4
Reventlow, Friedrich von; Geheimrat; Neudorf 316
Reventlow, Friedrich von; Verbitter; Itzehoe 233
Reventlow, Friedrich, Graf von; Landrat 131
Reventlow, Graf von; Altenhof 246
Reventlow, Graf von; Emkendorf 246
Reventlow, Graf von; Kollmar 307
Reventlow, Graf von; Lehmkuhlen 364
Reventlow, Graf von; Pederstrup 251
Reventlow, Gräfin von 214, 771
Reventlow, Henriette Augusta, Gräfin von; Konventualin; Preetz 245
Reventlow, Hinrich, Graf von; Kronshagen 367, 619
Reventlow, Hinrich, Graf von; Propst; Uetersen 255
Reventlow, Louise Sybille von; Konventualin; Preetz 246
Reventlow, Ottilia Sophia Louise Agathe von; Konventualin; Preetz 251
Reventlow, Sophie Charlotte von; Konventualin; Preetz 246
Reventlow, Sophie Magdalena von; Konventualin; Preetz 242
Reventlow, Sophie Magdalena; Konventualin; Preetz 60
Reventlow, von; Oberpräsident; Altona 773
Reyher, Prof. 136
Reyher; Kandidat; Wöhrden 512
Rhamna; Baakenstecher 612
Rheder; Wilster 761
Rheders, Anna; Huje 402
Ribbing, Magdalena Dorothea; Grömitz 92
Richerts; Propst; Pinneberg 778
Richler, Franz; Glückstadt 123
Richter, August Ludwig; Zuchthäusler; Neumünster 129
Richter, Christian Gottfried; Krempe 59
Richter; Kaufmann; Itzehoe 712
Richter; Landesbaumeister 542
Richter; Schullehrer; Rade (Gut Wulksfelde) 583
Ricker, Magdalena; Witwe; Appen 402
Rickers, Jacob; Krummendiek 311
Rickers; Pastor; Krempe 379
Rickert, Maria Hedwig; Witwe; Kirchbarkau 91
Rickert, Matthias; Schulmeister; Segeberg 474
Rickert; Hebamme; Segeberg 756

Rieck, Peter; Wilstermarsch 759
Rieck; Schullehrer; Eilsdorf 487
Riegen, Christoph Daniel; Altona 120
Riek, Catharina Margaretha; Nütschau 470
Riek, Hans Hinrich; Nütschau 470
Rieken, Hieronymus Christoph Timm; Weber; Sühlen 91
Rieken, Maria 91
Riemann, Hans Hinrich; Heuerling; Muggesfelde 315
Riemann; Einlieger; Curau 102
Riemschneider 797
Rieper; Schullehrer; Moorsee 553
Rimstedt, Jochim; Wilstedt 533
Rinck; Diakon; Albersdorf (Landschaft Süderdithmarschen) 495
Ringleben; Fährpächter; Fehmarnsund 707
Risler; Schlossverwalter; Plön 430
Rist; Pastor; Wedel 781
Ritscher, Johann Christoph; Groß Flottbek 791
Ritter, Franz; Tuchmacher; Wandsbek 343
Ritter, Johann Andreas; Itzehoe 241
Rittknecke; Wachtmeister; Segeberg 473
Rittmershusen, Claus; Musketier 110
Rix, Friederica; Wulksfelde 352
Rix, Hinrich; Kirchbarkau 248, 553
Rix, Jürgen Detlef; Preetz 172
Rix; Erbpächter; Bordesholm 554
Rixen, Anna Dorothea; Heide 134
Rixen, Peter; Neumünster 122
Rixen; Halbhufner; Brügge 623
Rixen; Schullehrer; Groß Buchwald 555
Rixen; Schullehrer; Techelsdorf 555
Roch; Muggesfelde 370
Rocha de Pinot, Juan 4
Roche Gallichon, Friedrich Christian de la; Land- und Regierungsrat; Glückstadt 52
Rochus, Margarethe; Witwe; Brokreihe 102
Rode; Apotheker; Barmstedt 306, 767
Rode; Pastor; Erfde 522
Rodeck, Johanna 122
Roden, Margaretha; Lütjenburg 725
Rodewald, Hans 770
Roen, François de; Stückhauptmann; Glückstadt 5
Roeper 804
Roeper, Johann Christoph; Gleschendorf (Amt Ahrensbök) 222
Roggenkamp; Schullehrer; Sushörn (Krempermarsch) 391
Roggenkamp; Schulmeister; Groß Kollmar 309
Roha, Georg; Lütjenburg 725
Rohde, Jasper; Musikant; Glückstadt 181
Rohde, Johann; Kätner; Barghorst 631
Rohde, Reimer; Hamburg 61
Rohde; Witwe; Altona 784
Rohlf, Claus Hinrich; Großbarkau 358
Rohlf, Claus Jochim; Schullehrer; Todesfelde 475
Rohlfs, Gretje 107
Rohlfs, Marx; Plön 220
Rohn; Apotheker; Wilster 763
Rohr, Johann Detlev, Siggen 104
Rohwedder, Catharina 108
Rohwedder, Johann Hinrich; Leibeigener, Musketier; Fresenburg 291
Rohwedder; Schustermeister; Meldorf 507
Rohwer, Anna; Rendsburg 750
Rohwer, Claus; Schevenbrügge 452
Rohwer, Jürgen; Stafstedt 641
Roland; Holzvogt, Sören 82
Rolffs, Hans; Schulmeister; Todesfelde 474
Rönnenkamp; Diakon; Lunden 521
Rönnenkamp; Kandidat der Theologie; Brokdorf 400
Ropsy, Antoine Fidèle Armand de; Altona 116
Röschmann, Schulmeister; Timmaspe 456

Röschmann, Tim; Rendsburg 105
Rosen, von; Amtmann; Segeberg 203
Rosen, von; Plön 186, 744, 745
Rosenfeld, Claus; Gaarden 110
Rosenfeldt, Carolina; Rendsburg 747
Rosenstein; Generalmajor 229
Ross, Claus; Sparrieshoop 223
Ross, Eduard; Louisenberg 455
Ross; Pastor; Neukirchen (Amt Eutin) 366, 577
Rötger, Justizrat 261
Rötger; Bürgermeister; Itzehoe 714
Roth; Rektor; Wöhrden 512
Rothgardt, Claus; Schullehrer; Stipsdorf 476
Rotlöben, Johann; Altona 814
Rotlöben; Hofprediger 815
Rotschild, Abraham 187
Rottgaard; Erbpächter; Muggesfelde 315
Rousseau, Matthias; Kaperführer 20
Rowehr, Catharina geb. Thöming; Westerrönfeld 125
Roxer; Apotheker; Uetersen 824
Roy, Hinrich Anton du; Rellingen 795, 796
Rüder, Friedrich August; Maire; Hamburg 32
Rüder, Johann Hinrich; Travenhorst 29
Ruge; Bauervogt; Beringstedt 215
Ruge; Prediger; Hetlinger Schanze 770
Ruge; Wilster 133
Rugen, Catharina; Pöschendorf 95
Ruhberg; Witwe; Petersdorf 325
Ruhfert, Magdalena; Drage 114
Rühmann; Schulmeister; Sude 239
Ruhmlandt, Jürgen Christian; Gutsverwalter; Lütjenburg 727
Ruhmlandt; Lütjenburg 726
Ruhse, Jürgen Hinrich; Reinfeld (Amt Reinfeld) 99
Rulfes, Krüger; Grömitz 595
Rumboldt; Chargé d'affaire; Grindel 38
Rumohr, Hedwig Albertina von; Priörin; Uetersen 256
Rumohr, Henning von; Trenthorst 28
Rumohr, Ida Amalia; Priörin; Preetz 249
Rumohr, Louise Marianne Charlotte von; Konventualin; Preetz 245
Rumohr, von 266, 372
Rumohr, von; Kammerherr; Cismar 209
Rumohr, von; Konventualin; Preetz 246
Rumohr, von; Landsasse; Bothkamp 359
Rumohr, von; Westensee 376
Rumohr, von; Witwe; Düttebüll 351
Rumohr; Geheimrat; Hanerau 296
Runckel, Johann; Hadersleben 56
Rundt, Hinrich; Kandidat der Theologie; Altona 73
Rundt; Frau des Ratsverwandten; Altona 212
Runge, Hinrich; Bauervogt; Bimöhlen 647
Runge, Thies; Wakendorf (Amt Segeberg) 650
Runge; Schullehrer; Odderade 509
Rupperts; Maurermeister 819
Russ; Landmesser 662
Russland, Zar von 55, 820
Rüter, Johann; Preetz 99
Rymann, Claus; Hohenfelde (Amt Steinburg) 658
Sachau, Catharina Elsabe 96
Sachau, Tim; Halbhufner; Gnutz 459
Sachau; Bauervogt; Rumohr 619
Sachs 9
Sachsen-Lauenburg, Franz, Herzog von 10
Sager, Joachim; Nienhagen 595
Sager, Peter Christian; Wandsbek 347
Sahlmann, Paul; Wulksfelde 352
Sailer, von; Bischof 177
Salchau, Dr.; Landphysikus; Süderdithmarschen 163
Saldern, Caspar von; Geheimrat 134

Saldern, Caspar von; Preetz 209
Saldern, von; Kanzlist 234
Salomon, Joseph; Hamburg 828
Salvius; Student 63
Salzburg, Erzbischof von 9
Sames, von; Generalmajor 577
Samuel, Jonas; Itzehoe 829
Sancken, Anna Catharina; Altona 103
Sancken, Michael; Altona 103
Sancken, Rebecca 113
Sander, Friedrich Christoph; Krugpächter; Rathjensdorf 559
Sander, Johann; Quickborn (Herrschaft Pinneberg) 811
Sander; Maurermeister; Plön 273
Sanders 632
Sandgaardt, Jürgen Timm Friedrich; Neustadt 731
Sandmann, Johann David; Berlin (Gut Seedorf) 113
Sanft, Johann Ephraim; Herzhorn 107
Sanftenberg; Witwe; Hohenaspe 290
Sara; Kiel 86
Sarrasin; General 20
Sass, Anna; Elmshorn 108
Sass, Hinrich; Horst (Gut Horst) 259
Sass, Magnus; Alveslohe 99
Sass; Schullehrer; Stelle 524
Sassen, Peter 405
Saucke, Johann Christian; Elmshorn 122
Sauer; Schmiedegeselle; Drage 288
Saurius; Kanzleirat 802
Saxström, Peder Nielson; Soldat 812
Sayn-Wittgenstein, Agnes, Prinzessin von 121
Schaale; Gastwirt; Altona 110
Schacht, Cornelius; Kandidat der Theologie; Lunden 72
Schacht, Dorothea; Jersbek 303
Schacht, Elisabeth 737
Schacht, Hans Friedrich; Hufner; Bargfeld (Gut Jersbek) 304
Schacht, Peter; Jersbek 303
Schacht, Peter; Roge 322
Schacht; Kirchspielvogt; Herzhorn 108
Schacht; Schusterlehrling; Kiel 624
Schack, Catharina; Hackeboe 96
Schack, Gräfin von 246
Schack, von 10
Schack, von; Konventualin; Preetz 246
Schade, Johann 89
Schade, Margaretha geb. Schlüter; Weddingstedt 94
Schade, Maria Catharina 111
Schade; Altflicker; Krempe 222
Schäfer, Andreas Hinrich; Moorrege (Herrschaft Pinneberg) 809
Schalburg, Johann Matthias; Nütschau 172
Schalburg, Robert Hinrich; Oldesloe 740
Schander, Johann Peter; Itzehoe 714
Scharfenberg, Christina Anna 86
Scharffenberg; Schmied; Heiligenstedten 763
Scharmer, Jacob; Horst (Gut Neuendorf) 415
Scharmer, Jochim; Müller; Horst (Gut Horst) 258
Scharmer, Johann; Herzhorn 172
Scharnberg, Anna Dorothea; Trittau 107
Scharnberg, Johann Ratje; Trittau 548
Scharrenkamp 827, 829
Schassan 721
Schauenburg, Graf von 769, 774
Schauenburg; Otto, Graf von 298
Schaumberg, Hedwig Margaretha Dorothea 92
Schaumburg, Sophia, Gräfin von 5
Schebeska, Johann Ferdinand; Maurer; Wandsbek 347
Scheel 133
Scheel, Carsten; Lehe (Landschaft Norderdithmarschen) 617
Scheel, Friedrich; Inste; Travenort 350
Scheel, H. D.; Preetz 252
Scheel, Hein; Landmilitärreserve 39
Scheel, Johanne Wilhelmine; Segeberg 119
Scheel, Otto; Borstel, Gut 276

Scheel, von; Kammerherr; Itzehoe 710
Scheel, von; Landdrost; Pinneberg 779
Scheel, von; Oberst 61
Scheel, von; Stiftamtmann 718
Scheel, von; Zollverwalter; Segeberg 474
Scheel; Advokat; Itzehoe 240
Scheel; Bauervogt; Damsdorf 636
Scheel; Erbpächter; Eckhorst 269
Scheel; Pastor; Großenaspe 538
Scheel; Pastorenwitwe; Großenaspe 538, 539
Scheel; Polizeikommissar; Niendorf (Herrschaft Pinneberg) 823
Scheel; Prediger; Itzehoe 234
Scheel; Rademacher; Preetz 250
Scheelck; Küster, Schullehrer; Süderau 420
Scheffer; Leibarzt; Flensburg 683
Scheid; Etatsrat; Plön 743
Scheidel, Anna; Bullenkuhlen 766
Schelen 301
Schemmann, Friedrich Wilhelm; Hamburg 179
Schenck, Christoph Friedrich; Wilster 393
Schenck, Hans Christopher; Weddelbrook 280
Schenck; Brenner; Weddelbrook 650
Schenck; Schullehrer; Rügge 568
Schenk, Hans Jürgen; Maurermeister; Fedderingen 611
Schertner; Buchbinder; Hadersleben 83
Schetelig; Diakon; Heide 517
Schetelig; Kompastor; Altona 785
Schetelig; Pastorenwitwe; Altona 785
Schetelig; Propstwitwe; Heide; Kirchenkasse 517
Schick, Reinhard; Oldesloe 85
Schiff, Meier Isaac 779
Schiff; Kiel 87
Schild, Johann Jochim 28
Schilden, Johann Erich von; Haselau 299
Schilden, von; Geheimrat 261
Schildhauer, Johann Christian Otto; Preetz 253
Schildknecht; Schullehrer; Willendorf 438
Schildt, Johann Hinrich; Brunswik 624
Schildt; Schullehrer; Pöhls 438
Schill 12
Schiller, Friedrich von; Dichter 177
Schilling 773
Schilling, Claus; Schulmeister; Königsmoor 419
Schilling, Johanna Christina Elisabeth Schilling geb. Nagel; Ahrensburg 116
Schilling, Töns; Blomesche Wildnis 115
Schilling; Rektor; Glückstadt 695
Schilling; Schreibmeister; Rendsburg 447
Schillings, Frederica 94
Schimmelmann, Graf von 100, 218
Schimmelmann, Graf von; Ahrensburg 271
Schimmelmannn, Heinrich Carl von; Ahrensburg 377
Schinkel, Jacob; Borsfleth 397
Schinmeier; Rektor; Neustadt 729
Schipmann, Hinrich; Uetersen 808
Schipmann, Jacob 766
Schirr, Michel; Schmachthagen 336
Schläger; Pastor; Hameln 131
Schlanbusch, Ludwig 59
Schlebusch; Organist, Schullehrer; Segeberg 475, 476
Schlecht, Hinrich; Barlt 496
Schleef, Peter; Alveslohe 305
Schleef; Pastor; Wilster 391
Schlegel; Agent; Wien 7
Schlegel; Riemer; Wandsbek 348
Schlehein; Frau des Schmiedegesellen; Reher 167
Schleiden; Gutsbesitzer; Ascheberg 273
Schleif, Paul Ewald; Bramfeld 113
Schleis, Matthias; Inste; Farve 291

Schlesinger, Liebermann; Bahrenfeld 306
Schleswig, Anna Sophia, Fürstin von 605
Schleswig-Holstein, Albertina Friederike, Herzogin von 25
Schleswig-Holstein, Hans, Herzog von, Bischof von Lübeck 31
Schleswig-Holstein, Johann, Herzog von 8
Schleswig-Holstein-Gottorf, Friedrich IV., Herzog von 816
Schleswig-Holstein-Gottorf, Herzog von 50, 216
Schleswig-Holstein-Oldenburg, Herzog von 425
Schleswig-Holstein-Sonderburg-Beck, Friedrich Carl Ludwig, Herzog von 350
Schleswig-Holstein-Sonderburg-Plön, Dorothea Christina, Herzogin von 631
Schleuning, Conrad; Haseldorf 299
Schlichting, Hinrich 294
Schlichting, Johann Jochim Christian; Woldenhorn 113
Schlichting; Küster, Organist; Nortorf 455
Schlichting; Organist, Schulmeister; Kellinghusen 453
Schlichting; Schulhalter; Hohenhorst 432
Schlitz, Freiherr von gen. von Görtz 613
Schlömer, Johann; Schulmeister; Busenwurth 506
Schlünz, Claus Detlef; Passau 351
Schlüter, Christian Gerhard; Bergrögen 342
Schlüter, Hans Daniel; Wankendorf 93, 287
Schlüter, Hinrich; Quickborn (Herrschaft Pinneberg) 118
Schlüter, Jochim; Itzehoe 237
Schlüter, Margarete; Preetz 112
Schlüter, Margaretha 94
Schlüter; Hegereiter; Kummerfeld 796
Schlüter; Heuerling; Oldesloe 470
Schlüter; Strandaufseher; Blomesche Wildnis, Ivenfleth 658
Schmalfeldt, Susanne Margaretha; Oldesloe 112
Schmalmack, Catharina 121
Schmeling, Bendix 370
Schmettau, Graf von 176, 425
Schmettau, Graf von; General 424, 428
Schmettau, Graf von; Oberst 692, 814
Schmidt 656
Schmidt, Andreas Christoph; Oelixdorf 387
Schmidt, Anton Wilhelm Conrad; Diakon; Schenefeld (Amt Rendsburg) 71
Schmidt, Benjamin; Preetz 125
Schmidt, Carl Georg Conrad; Advokat; Oldesloe 57
Schmidt, Catharina Maria 120
Schmidt, Christian; Soldat 812
Schmidt, Elisabeth 99
Schmidt, Georg Carl Wilhelm; Kandidat des Predigeramtes; Preetz 73
Schmidt, Georg Gottlieb; Brunswik 100
Schmidt, Hans Jürgen; Schuster; Heinkenborstel 640
Schmidt, Heinrich Friedrich Louis; Bombardier; Rendsburg 3
Schmidt, Jacob; Neurahlstedt 221
Schmidt, Jens Johann; Tambour; Schleswig 179
Schmidt, Johann Christian; Elmshorn 167
Schmidt, Johann Christoph; Lübeck 268
Schmidt, John; Kaufmann; Altona 807
Schmidt, Lütje; Moorhusen 151
Schmidt, Michel; Hamburg 4
Schmidt; Anbauer; Rotensande 447
Schmidt; Glückstadt 694
Schmidt; Justizrat; Hamburg 10

Schmidt; Kandidat der Theologie; Bornhöved 479
Schmidt; Kirchenbaumeister; Meldorf 508
Schmidt; Konsistorialbote; Pinneberg 782
Schmidt; Leutnant; Lunden 612
Schmidt; Pastor; Marne 504
Schmidt; Pastor; Neukirchen (Amt Eutin) 365, 366
Schmidt; Pastor; Zarpen 437, 438
Schmidt; Propst; Eddelak 494
Schmidt; Schlossprediger; Glückstadt 81
Schmidt; Stadtsekretär; Krempe 687
Schmiedekin; Regimentsschneider; Rendsburg 750
Schmitterlo, Paul Hinrich Michael; Buchbinder; Heide 136
Schmuck; Achtelhufner; Kisdorf 651
Schmüser, Anna Maria; Hornsdorf 117
Schmüser, Anna; Witwe; Muggesfelde 439
Schmüser, Johann Hinrich; Ottensen 785
Schmüser, Matthias; Strukdorf 629
Schmüser; Erbpächter; Muggesfelde 315
Schmüser; Soldat; Hamburg 679
Schnack 132
Schnack; Schullehrer; Bergstedt 583
Schnede; Schullehrer; Nortorf (Wilstermarsch) 394
Schneede, Claus; Schulmeister; Nortorf 392
Schneevoigt; Pastor; Großenaspe 527, 539, 558
Schneidebach; Kanzleirat; Wilster 759
Schneider, Ludwig Franz Christoph; Altona 805
Schneider, Sebastian; Unteroffizier; Rendsburg 446
Schneider, Vincent; Wandsbek 97
Schneider; Graupenmüller; Lütjenburg 728
Schneider; Konsistorialbote; Pinneberg 782
Schnell, Catharina; Witwe; Itzehoe 241
Schnell; Advokat 111
Schnell; Amtsverwalter 763
Schneller; Kanzleisekretär 778
Schnepel; Boksee 358
Schnittler, Johann Hinrich; Kaufmann; Hamburg 790
Schnobel; Pastor; Plön 428
Schnoor, Detlef; Quickborn (Landschaft Süderdithmarschen) 98
Schnoor, Hans; Stockelsdorf 113
Schnoor, Hinrich; Burg/Süderdithmarschen 182
Schnoor; Erbpachtsmüller; Oppendorf 244
Schnoor; Fischer; Plön 634
Schnoor; Frachtfuhrmann; Kiel 222
Schnoor; Müller; Boden 737
Schnor, Hermann; Dienstknecht; Bramstedt 185
Schödemann, Anna Maria; Altona 106
Scholl, Johanna Henrica Friederica 122
Scholz; Pastor; Bovenau 360
Scholz; Pastor; Heiligenhafen 704, 705
Schomberg, von; Inspektor; Wandsbek 342
Schomburg, von; Präsident; Altona 36
Schönbach, Ludwig; Sonderburg 682
Schönborn, von; Kardinal 778
Schönborn; Pastor; Neuenbrook 412
Schönemanns, Adelheit Magdalena 366
Schoof, Hans Hinrich; Mollhagen 115
Schoppe; Regimentsquartiermeister 92
Schorer; Diakon; Krempe 687
Schorer; Pastor; Trittau 588
Schorer; Pastor; Wewelsfleth 422
Schorer; Pastorenwitwe; Süderau 419
Schott, Anna Catharina; Schönberg (Kloster Preetz) 371

Schott, Johann Daniel; Schönberg (Kloster Preetz) 371
Schöttler, Johann Detlef; Nütschau 321
Schrader, Dr.; Kiel 211
Schrader, Ernst; Elmshorn 225
Schrader; Advokat; Pinneberg 807
Schramm; Pastor, Propst; Itzehoe 379
Schreck; Schullehrer; Alveslohe 483, 484
Schreiber; Bürgermeister; Rendsburg 746
Schreiner; Scharfrichter; Neustadt 730
Schreve; Parzellist; Neustawedder 435
Schreyer, Johann; Wasbek 97
Schröder, Alexander Andreas; Segeberg 119
Schröder, Anton Diedrich; Kaufmann; Hamburg 717
Schröder, Carl Ludwig; Itzehoe 106
Schröder, Christian Johann Peter; Schuhmachergeselle; Glückstadt 386
Schröder, Claus Friedrich; Landmilitärreserve 39
Schröder, Georg; Konferenzrat; Altona 134
Schröder, Hans 126
Schröder, Hermann Wilhelm; Kaufmann; Hamburg 211
Schröder, Hermann; Dienstknecht 80
Schröder, Hieronymus Wigand; Plön 125
Schröder, Hinrich Gottfried August; Kandidat der Theologie; Ellerbek, Quickborn 794
Schröder, Hinrich; Kellinghusen 453
Schröder, Hinrich; Poppendorf 29
Schröder, Johannes; Schullehrer; Rosdorf 455
Schröder, Peter August; Gieschenhagen 115
Schröder, Peter Hinrich; Kätner; Lütjendorf 293
Schröder, Peter; Laurvigsche Wildnis 832
Schröder, Tietje; Beidenfleth 286
Schröder, Valentin; Schulmeister; Willendorf 437
Schröder; Adjunkt; Bergstedt 533
Schröder; Gastwirt; Segeberg 756
Schröder; Justizrat 49
Schröder; Kompastor; Grube 541
Schröder; Krempe 390, 687
Schröder; Pastor; Kaltenkirchen 482, 484
Schröder; Pastor; Schenefeld (Amt Rendsburg) 461
Schröder; Pastor; Wandsbek 489, 588
Schröder; Pastorenwitwe; Bergstedt 534
Schröder; Pastorenwitwe; Rendsburg 447
Schröder; Predigerwitwe; Grube 549
Schröder; Rektor; Itzehoe 709
Schröder; Schullehrer; Epenwöhrden 509
Schröder; Schullehrer; Klein Schlamin 357
Schröder; Schullehrer; Steindamm 327
Schröder; Schullehrer; Wandelwitz 565, 568
Schröder; Witwe; Glückstadt 224
Schrödter, Simon Adolph; Itzehoe 177
Schrödter; Justizrat; Plön 742
Schrödter; Pastor; Glückstadt 694
Schrödter; Pastor; Ratekau 433
Schrödter; Propst; Schleswig 74
Schroeder, Hinrich; Willendorf 94
Schroeder; Erbpächter; Greverkate 552
Schroeder; Hufenpächter; Gaarz 293
Schroedter; Kirchenjurat; Bordesholm 555
Schroedter; Pastor, Propst; Oldenburg 530, 565, 566, 567, 569
Schroedter; Propst; Oldenburg 565
Schrum, Marx; Lohklindt 121
Schrum, Peter; Rendsburg 116

Schubart; Pastor; Brunsbüttel 498
Schubert, Johann Joseph; Hamburg 677
Schubert; Ahrensburg 271
Schubert; Justizrat; Heiligenhafen 706
Schubert; Tischler; Glückstadt 701
Schüder; Dükermühle 235
Schuhmacher, Paul Jansen; Altona 24
Schuldt, Hinrich; Haselau, Haseldorf 299
Schuldt; Schulmeister; Helserdeich 504
Schult; Kürger; Grube 541
Schult; Oldenburg 529
Schulte, Christoph 15
Schulten, Gesche; Neuenbrook 412
Schultz, Hans Hinrich; Musikant; Preetz 245
Schultz, Hans; Lotse; Blankenese 42
Schultz, Heinrich; Altona 105
Schultz, Johann Jacob; Schustergeselle; Preetz 248
Schultz; Kompastor; Altona 815
Schultz; Kontrolleur; Wewelsfleth 423
Schultz; Müller; Wellingsbüttel 349
Schultze; Konferenzratswitwe; Glückstadt 208
Schultze; Pastor; Seester 798
Schulz, Anna Magdalena Christina Wilhelmina; Preetz 91
Schulz, Christopher; Mühlenpächter; Krempe 690
Schulz, Johann Hinrich; Sankt Michaelisdonn 608
Schulz, Reimer Thiessen; Bargen 518
Schulz; Hebammen; Heiligenhafen 707
Schulz; Kompastor; Altona 815
Schulz; Schiffer; Wöhrden 605
Schulz; Witwe; Melsdorf 329
Schulz; Witwe; Oevelgönne 786
Schulze, Johann Hinrich; Diakon; Neustadt 729
Schulze; Müller; Schmerland 691
Schulze; Pastor; Jevenstedt 75, 452
Schumacher, Christian; Klein Wesenberg 436
Schumacher, Hans Friedrich; Lindauer Redder 114
Schumacher, Joachim Adam Ludwig; Kiel 106
Schumacher, Jürgen; Wilster 759
Schümann, Hans Hinrich; Erbpächter; Ascheberg 222
Schümann, Margaretha; Hohenwestedt 98
Schürmann, Andreas Lucas; Elmshorn 767
Schütt, Jacob; Amtsvogt; Zwischenahn 219
Schütt, Johann; Musikant; Huje 289
Schütt, Jürgen; Brokdorf 111
Schütt, Marx; Büttel 665
Schütt; Diakon; Beidenfleth 395
Schütt; Kandidat; Preetz 252
Schütt; Pastor; Neuhagen 537
Schütt; Schullehrer; Engelau 318
Schütz; Küchenmeister; Plön 744
Schütze; Pastor; Altona 781
Schütze; Pastor; Barkau 359, 553, 554
Schwaben; Priörin; Uetersen 254
Schwager, Claus; Schevenbrügge 452
Schwarck, Jochim; Nuttelnmoor 654
Schwarck, Johann Nicolaus Hinrich; Schönningstedt 670
Schwart, Anna Margaretha; Curau 29
Schwart, Hans; Curau 29
Schwarten, Catharina Magdalena; Grebenhagen 107
Schwarten, Christina 80
Schwartz; Pastor; Krempe 389
Schwartz; Pastor; Süderau 420
Schwartze, Marx; Balje 15
Schwarz, Anna Magdalena 119
Schwarz, Christian; Kätner; Klein Gladebrügge 135
Schwarz, Johann Friedrich Hermann; Segeberg 59
Schwarz, Matthias; Oldesloe 85
Schwarz; Generalsuperintendent 66, 68, 234

Schwarz; Predigerwitwe; Grube 82
Schwarz; Schullehrer; Nahe 587
Schwarz; Schullehrerwitwe; Bühnsdorf 476
Schweden, Kronprinz von 1
Schweden, Kronprinzessin von 1
Schweffel; Kaufmann; Kiel 528, 723
Schwenck, Nicolaus; Itzehoe 387
Schwencken; Kriminalgerichtsassessor; Kassel 182
Schwenkrus, Thomas Hermann; Schulmeister; Westerrade 486
Schwenn, Anna Catharina Henrica; Altona 212
Schwenn, Helena; Altona 108
Schwerdtfeger; Witwe; Oldenburg 530
Schwiem, Engel Christina; Bösdorf 165
Sebellin, Margaretha geb. Graumann; Bornhöved 126
Seederholm, Gustav; Deserteur 19
Seehase; Schullehrer; Fargemiel 577
Seehase; Schullehrerwitwe; Fargemiel 578
Seele; Kandidat der Theologie; Heide 517
Seelig, Therese; Glückstadt 87
Seeligmann, Philipp; Glückstadt 636
Seemann, Claus; Barlt 604
Seestern-Pauly; Obergerichtsrat; Glückstadt 700
Sehestedt 133, 248
Sehestedt, Dorothea von; Konventualin; Preetz 242
Sehestedt, Jacob; Oberst 242
Sehstedt, Eleonore Johanne Louise; Kiel 87
Seidelin; Diakon; Neuenbrook 412
Seidler, Johann Christoph; Polizeidiener; Kiel 183
Seiffart; Pastor; Hohenwestedt 449
Seimer, Johann Hinrich; Ellerau 793
Seismann; Schullehrer; Itzehoe 710
Seitzen, Margaretha Sophie Elisabeth; Meldorf 37
Selck; Agent 7
Selck; Schullehrer; Laurvigsche Wildnis 832
Selcke; Diakon; Süderau 417, 418
Seligmann, Wulf; Hausierer; Ammerswurth 607
Sell, Detlef; Leibeigener; Groß Nordsee 90
Sell, Ernst Hinrich Siegfried; Marutendorf 221
Sell; Schullehrer; Melsdorf 557
Selling; Pastor; Wonsild 138
Sellmann, Lucia; Elmshorn 811
Sellschoppen, Anna Elisabeth 349
Selmer, Johann; Lütjenburg 725
Selmer; Oberkriegskommissar 7
Semler; Organist; Grube 541
Semmelhaken, Anna Catharina; Quickborn (Herrschaft Pinneberg) 793
Semper; Student; Horst (Gut Horst) 405
Sengespeick; Kapitän 666
Severin, Johan Daniel; Zuchthäusler; Glückstadt 129
Seyfert; Schullehrer; Fargau 564
Sibbern; Diakon, Pastor; Glückstadt 694
Sick, Johann Detlev; Winterhagen 322
Siebke, Anna Maria; Krempe 100
Siebke, Johann; Krempe 100
Sieck, Anna; Winterhagen 322
Sieck, Hinrich; Hufner; Stolpe (Gut Depenau) 287
Sieck; Kirchenbaumeister; Burg 499
Siedenburg; Schullehrer; Ramhusen 504
Siegel; Schäfer 357
Siegfriedt, Johann Friedrich; Schönweide 335
Siegmund, Johann Martin David; Schlossergeselle; Kiel 185
Siegmund; Schullehrer; Tangstedt (Herrschaft Pinneberg) 797
Siegmund; Witwe 99
Sielck, Johann; Viertelhufner; Kattendorf 484

Sielcke, Hans Jochim; Nützen 222
Siemen; Weinhändler; Glückstadt 39
Siemer, Peter; Horst (Gut Horst) 405
Siemers, Anna Elisabeth; Nahe 89
Siems, Peter; Horst (Gut Horst) 223
Siems; Armenvorsteher; Borsfleth 398
Sienknecht, Hinrich; Kätner; Einfeld 534
Sierck; Schullehrer; Meeschendorf 577
Siess, Jochim; Dammfleth 658
Siess, Marten; Wilster 162
Sietz, Jochim Hinrich Gottlieb; Grobschmied; Krempe 699
Sievers, Abel geb. Dohrn; Rethwisch (Krempermarsch) 95
Sievers, Anna Magdalena; Witwe; Rellingen 829
Sievers, Curt; Brokdorf 603
Sievers, Hans; Schullehrer; Fockbek, Rendsburg 443
Sievers, Jochim; Lütjenwestedt 642
Sievers, Johann Justus; Krüger; Kronshagen 619
Sievers, von; Kammerherr; Grömitz 537
Sievers, von; Rittmeister 65
Sievers; Diakon, Kompastor; Rendsburg 446
Sievers; Diakon; Heiligenhafen 570
Sievers; Rektor 66
Sievers; Witwe; Kleve (Gut Krummendiek) 311
Sieversen; Pastor; Bosau 439
Sievert; Kandidat der Theologie; Helmstedt 59
Sieverts; Pastor; Giekau 362
Siewersen; Pastoradjunkt; Bosau 439
Simon 185
Simon, Ludwig; Kirchbarkau 249
Simon, Margarethe; Witwe; Elmshorn 115
Simon; Kaufmann; Hannover 40
Simonsen, Christian; Plön 634
Sindt, Detlef; Plön 220
Sinn, Catharina; Ellerdorf 97
Soeth, Maria geb. Heinrichs; Hellschen 126
Soeth, Marx; Ohrsee 92
Söhle; Kaufmann; Hamburg 622
Sohn, Hein Claus; Osterhorn 225
Sohn, Johann Hein Hans; Osterhorn 225
Sohnrey; Heuerling; Grabau 276
Söhrens, Jürgen; Wilster 758
Soll; Malente, Stendorf 680
Soltau, Asmus; Havighorst (Amt Reinfeld) 92
Soltau, Claus; Tonndorf 343
Soltau, Hinrich 146
Soltau, Hinrich; Glückstadt 15
Soltau; Grenadier 250
Soltau; Witwe; Plön 745
Sommer, Cecilia 122
Sommer, Martin; Küster, Schulmeister; Krummendiek 407
Sommer, Peter; Vogt; Langenhals 172
Sommer; Witwe; Ottensen 87
Sonderburg, Johann, Herzog von 298
Sönnichsen; Schreibmeister; Neumünster 543
Soos, Claus; Wilster 400
Soosten, Gesche; Elmshorn 840
Sörens, Karen; Hadersleben 128
Sörensen; Organist; Marne 73
Sorgenfrei, Johann Hinrich; Bosau 637
Sorgenfrey, Detlef Henning; Quaal (Gut Rohlstorf) 97
Sothmann, Ida Margaretha Elisabeth geb. Jacobsen; Hademarschen 94
Sothmann; Schullehrer; Sankt Michaelisdonn 509
Söthmann; Witwe; Lütjenwestedt 97
Sothmann; Zimmergeselle; Wandsbek 345
Souchay, Esay; Winterhagen 322
Spangberg, Catharina; Witwe; Oldenburg 100
Spannheimer, Johann Adam; Stadtsekretär; Lütjenburg 727
Sparre, Jacob 258

Sparren, von; Konventualin; Uetersen 255
Spaur, Graf von 9
Sperling; Tischlermeister; Rendsburg 750
Spethmann; Gutsbesitzer; Meischenstorf 211
Spicker; Ziegenhändler; Driburg 284
Spier, Anna Cathrina; Ottensen 785
Spiering, Georg Peter; Neuenbrook 413
Spiering; Diakon; Neuenbrook 412
Spiess; Kapellenprediger; Reinbek 546
Spiess; Pastor; Beidenfleth 493
Spindler, Jacob; Färber; Hohenwestedt 642
Spitzbart; Schullehrer; Looft 403
Sponagel; Kammerkonsulent; Ratzeburg 30
Staack; Böttcher; Sülfeld 276
Staack; Hebamme; Oldenburg 733
Staack; Hegereiter; Plön 742
Staack; Organist, Schulmeister; Hohenwestedt 450
Staacken; Schullehrer; Blumenthal 459
Stage, von; Kammerrat; Sankt Margarethen 657
Stahl, Peter; Hademarschen 297
Stahl; Heuerling; Rosenhof 332
Stahl; Witwe; Langelohe (Herrschaft Pinneberg) 837
Stahlen, Catharina Elsabe; Witwe; Damlos 119
Stahmer, Hinrich; Erbpächter; Heidschlag 225
Stahmer, Johann Hinrich; Wandsbek 345
Stahmer, Peter; Matrose; Heiligenhafen 196
Stahmer; Hebamme; Hohenwestedt 646
Stallknecht; Baumeister 199
Stamerjohann, Otto Detlef; Haseldorf 299
Stamjohann, Hans Hinrich; Hökerer; Neuendorf (Gut Neuendorf) 227
Stammer, Leonhard Friedrich; Wallmeister; Glückstadt 146
Stamp, Hinrich; Neustadt 729
Stange, Claus Detlev 103
Stange, Johann Detlev 621
Stange, Marx 113
Stangen 132
Stangen, Anna Margretha; Witwe; Molfsee 80
Stapel, Johann Friedrich; Glasergeselle; Wandsbek 345
Stapelfeldt, Hans Diederich; Inste; Ellerbek 249
Stapelfeldt, Jochim Friedrich; Borstel, Gut 276
Stapelfeldt; Bauervogt; Trenthorst 270
Starck, Adam; Schlachter; Wulksfelde 352
Starck, Marx; Uhrendorf 661
Starck, Matthias; Itzehoe 235
Starck; Pastor; Warder 490
Starck; Pastor; Warder (Gut Rohlstorf) 490
Statz, Andreas; Müller; Pölitz 28
Stau, Christoph Hinrich; Tischler; Segeberg 754
Staven, Hans; Nortorf (Amt Rendsburg) 643
Staven, Jürgen; Thienbüttel 456
Stecke, Paul; Lütjenburg 725
Steen, Clas; Stocksee 439
Steen, Jochim; Schneidergeselle 810
Steen; Diakon; Rendsburg 445
Steen; Postmeister; Preetz 245, 249
Steenbeck; Inste; Gowens 329
Steenbock; Rademacher; Sülfeld 276
Steer, Hans Claus Friedrich; Schneider; Stapelfeld 673
Steffen; Hufenpächter; Göhl 328
Steffens, Abel; Hochfeld (Kirchspiel Wilster) 93
Steffens, Carl Rudolph; Mönkenbrook 375
Steffens, Catharina 112

Steffens, Nicolaus; Schullehrer; Martensrade 212
Steffens; Schiffer 46
Steffens; Schullehrer; Oersdorf 483
Stegelmann, Christina Johanna; Rendsburg 105
Stegemann, Hans; Kisdorf 227
Stehn, Jochim; Schuster; Vinzier (Gut Nütschau) 321
Stehr, Dierck; Fischer; Blankenese 46
Stein; Organist, Schullehrer; Lensahn 365, 577
Stein; Organist; Wedel 800
Steinbock, Claus; Schulmeister; Itzstedt 548
Steinbock; Witwe; Kaltenkirchen 648
Steincourt, Johann Gottlieb; Horst (Gut Horst) 258
Steinmann 133, 656
Steinmann, Jacob; Amtsverwalter 132
Steinmann, Krempe 687
Steinmann; Kapitän 229
Steinmann; Wewelsfleth 134
Stelck; Schullehrer; Laboe 368
Stelley; Landsoldat; Tangstedt 341
Stellfeldt, Margarethe; Witwe; Altona 118
Stelting, Hinrich; Pölitz 26
Stelzner; Glaser; Nortorf (Amt Rendsburg) 642
Stemann, Johann Aegidius; Landvogt, Proviantschreiber; Helgoland 85
Stemann, Paul Christian; Kammerrat, Amtsverwalter; Segeberg 463, 464
Stemann; Advokat; Itzehoe 713
Stemann; Kammerrat, Kirchspielschreiber 492
Stemm, Hinrich; Segeberg 756
Stemmann; Müller; Sarlhusen 333
Stempel; Pastor; Lebrade 364
Stender, Jochim Johann; Rathjensdorf 110
Stender, Jochim; Inste; Perdöl 325
Stenhoff, Ferdinand van den 59
Sterckel, Leopold; Musketier 103
Stevens, Gerard 178
Steyer 778
Sticht, Georg Hinrich; Schädtbek 804
Stieglitz; Hebamme; Geschendorf 637
Stilcke; Pastor; Bosau 316
Stilcke; Pastor; Heiligenhafen 469, 570
Stilcke; Pastor; Sülfeld 375, 488
Stilcke; Pastorenwitwe; Sülfeld 375
Stinde; Advokat; Itzehoe 716
Stindt, Peter; Vizebürgermeister; Wilster 758
Stirwitz; Kirchspielvogt; Kaltenkirchen 482
Stobbe; Hohenfelde (Amt Steinburg) 404
Stock, Christian Friedrich 78
Stöcken, von; Generalsuperintendent 725
Stockfischen, Dorothea; Heiligenhafen 705
Stockfleth, Catharina 103
Stockmann, Catharina Dorothea Sophie 27
Stocks, Marx Christian; Weber; Preetz 252
Stocksack; Heiligenhafen 706
Stoffer, Johann Hinrich; Nienwohld 374
Stoffers, Hedwig; Witwe; Nienwohld 121
Stöhr; Pastor; Preetz 102
Stöhrfeldt; Schullehrer; Krummendiek (Gut Krummendiek) 407
Stolberg, Graf von; Amtmann; Segeberg 464
Stolberg, Graf von; Tremsbüttel 668
Stolcker; Altona 210
Stoldt; Heuerinste; Altenmoor (Krempermarsch) 655
Stolle; Kammerherr 544
Stolle; Organistenwitwe; Großenaspe 539
Stolle; Schullehrer; Boberg 547
Stolley; Kontrolleur; Büttel (Wilstermarsch) 658
Stolley; Schullehrer; Kellinghusen 454

Stolteley, Hinrich; Rendsburg 592
Stolten, Hans; Kätner; Klein Gladebrügge 135
Stoltenberg, Catharina; Frauenwisch 116
Stoltenberg, Claus; Brodersdorf 110
Stoltenberg, Hinrich; Passade 249
Stoltenberg, Hinrich; Preetz 253
Stoltenberg; Bauervogt; Schönkirchen 563
Stoltzenberg; Pastor; Warder (Gut Rohlstorf) 490
Stolzenberg, Claus; Schuster; Muggesfelde 370
Storjohann; Branddirektor; Traventhal 638
Storm, Eggert; Heiligenstedtnerkamp 401
Storm, Thomas; Heringsdorf 101
Storm; Schreib- und Rechenmeister; Oldenburg 530
Stössiger; Pastorenwitwe; Bramstedt 480
Stöven; Zimmermeister; Wilster 762
Stövens, Gesche, Eddelak 501
Strahlborn; Glockengießer; Segeberg 754
Strandiger, Asmus Andersen; Flensburg 683
Strenge; Erbpachtmüller; Heidmühlen 558
Stresau; Pastor; Haseldorf 363
Strick, Johann Friedrich; Schulmeister; Bark 474, 475
Stricker; Pastorenwitwe; Wesenberg 436
Striedtbeke, Jürgen; Leinwandhändler; Hamburg 594
Strodtmann, Charlotte Sophie Albertine; Preetz 213
Ströhe, Elsabe Margaretha; Witwe; Suchsdorf 100
Strüben, Johann Balster; Konskribierter; Drochtersen 20
Struck, Claus; Schullehrer; Ecklak 394
Struck, Hans Friedrich; Görnitz 334
Struck, Jürgen Nannen; Handlungskommiss; Altona 57
Struck; Diakon; Marne 602
Struensee, Graf 64
Struensee; Generalsuperintendent 68, 355
Struensee; Maîtres de requêtes, Geheimer Kabinettsminister 54
Struensee; Propst; Altona 781
Struve, Catharina Margaretha; Schönkirchen 113
Struve, Dr.; Neumünster 166
Struve, Johann; Liesbüttel 223
Struve, Margarethe geb. Andresen; Wilster 120
Struve, Timm; Huje 223
Struve; Küster, Organist; Westensee 376
Struve; Prediger; Glückstadt 695
Strüven, Claus; Neuenkirchen (Gut Bahrenfleth) 416
Strüven, Hinrich; Süderau 767
Strüver; Gärtner 212
Strycker, Margaretha Dorothea; Mönkenbrook 113
Stubbe, Thies; Großwisch 108
Stubbe; Bäcker; Reinfeld (Amt Reinfeld) 636
Stubben, Sabina Maria; Oldesloe 737
Stüber, Anna Catharina Dorothea; Preetz 243
Studt, Claus; Oering 275
Studt, Johann Friedrich Andreas; Seth (Gut Borstel) 118
Studt; Inste; Todesfelde 276
Studt; Klein Rönnau 321
Stuhlmann; Schullehrer; Wellsee 557
Stühm, Hinrich; Inste; Travenort 350
Stühmers, Antje; Niendorf (Amt Rendsburg) 98
Stuhr, Claus; Preetz 253
Stuhr, Hinrich; Fiefbergen 250
Stuhr, Johann Matthias; Itzehoe 16
Stuhr; Halbhufner; Dobersdorf 295
Stuhr; Pächter; Schädtbek 330
Stuht; Knecht; Jersbek 374

Stümer; Hufner; Mühbrook 555
Stut, Timm; Klein Gladebrügge 473
Stutzer siehe Friedrichsen, Carl 130
Styrck, Peter; Ottenbüttel 288
Suadicani; Physikus; Segeberg 164
Suadicani; Witwe; Preetz 243
Suck (Stuck); Maurergeselle; Altgalendorf 313
Suck, Jochim Jacob; Lohe 121
Suck, Martin; Billwerder 126
Suck; Witwe 92
Suckow, von; Rat 379
Suersen; Witwe; Kiel 528
Sühlau; Elmshorn 766
Suhr, Hinrich; Sankt Margarethen 223
Suhr, Johann Heinrich; Erbpächter; Todendorf (Amt Trittau) 98
Suhr, Timm; Laurvigsche Wildnis 833
Suhr; Pastor; Plön 29, 430, 478
Suhr; Pastorenwitwe; Plön 430
Suhr; Schlachter; Rendsburg 749
Sülau, Jochim; Krempe 226
Sultz, Johann August; Chirurg; Gieschenhagen 754
Sultz, Johann Christoph; Chirurg; Gieschenhagen 754
Sumfleth, Catharina 125
Sumpf, Hanna Elisabeth; Rendsburg 101
Susemihl; Schullehrer; Beschendorf 365, 565, 680
Susemihl; Schulmeister; Lütjensee 549
Susemihl; Witwe des Superintendenten 58
Syling, Johann Albert; Pastor; Bederkesa 14
Tadey; Kandidat der Theologie; Horst (Gut Horst) 406
Tamcke, Claus; Fischer; Blankenese 46
Tamsen; Pastor; Grube 575
Tanck, Wilhelm; Bruchs 277
Tantau, Matthias; Wisch (Kloster Uetersen) 829
Tantau, Staats Matthias; Wisch (Kloster Uetersen) 821
Tauck; Schullehrer; Fedderingen 519
Techt; Chirurg; Itzehoe 712
Teckenburg, Hans Friedrich; Meinsdorf 636
Tecklenburg, Gretje 97
Tecklenburg, Johann David; Altona 123, 786
Teegen; Vollhufner; Bebensee 212
Tegtmeier 127
Teixera; Resident 296
Tell, Maria Elisabeth Dorothea; Altona 114
Termöh; Advokat; Ahrensburg 121
Tessmann, Jochim Friedrich; Friedrichshof (Amt Plön) 109
Tetzner, Hinrich; Liesbüttel 297
Tetzner, Johann; Liesbüttel 297
Tews, Casper; Muggesfelde 97
Thameling; Müller; Laurvigsche Wildnis 833
Thamling, Albert; Groß Kollmar 152
Thamling, Paul; Bülowsche Wildnis 215
Thamling, Ties; Klein Kollmar 215
Thamm; Pastor; Hansühn 362, 367
Thede, Claus Hinrich; Neumünster 107
Thede, Johann Joachim 28
Theden, Marx Friedrich; Hufner; Stolpe (Gut Depenau) 287
Thedens; Schullehrer; Meldorf 507, 508
Thegen; Zimmermann 276
Thiel, Pastor; Schenefeld (Amt Rendsburg) 460
Thielbarth, Marx; Heiligenstedten 400
Thienappel, Hinrich; Haselau 110
Thienen 133
Thienen, Catharina Elisabeth von; Altona 803
Thienen, Hans von 718
Thies; Heuerling; Grabau 276
Thiess, Prof.; Kiel 719

Thiess; Kandidat der Theologie; Kiel 74
Thiess; Professorenwitwe; Bordesholm 554
Thiessen, Anna; Steinburg 98
Thiessen, Bartram Friedrich; Pastor; Elmschenhagen 360
Thiessen, Claus; Rahde 215
Thiessen, Peter; Süderdeich (Landschaft Norderdithmarschen) 614
Thiessen; Landesgevollmächtigter; Harmswöhrden 176
Thiessen; Pastor; Lunden 520
Thiessen; Unteroffizier; Rendsburg 751
Thiessen; Wesselburen 133
Tho Aspern, Christian; Ratsverwandter; Krempe 685
Tho Aspern, Friedrich; Krempe 685
Thoasapern, Gesche; Hebamme; Vormstegen 810
Thode, Carl Friedrich 446
Thode, Jacob; Uhrendorf 661
Thode, Jürgen; Deichgraf 144
Thode, Timm; Groß Kampen 221
Thode; Pastor; Nortorf 457
Thode; Pastor; Nortorf (Amt Rendsburg) 458
Thode; Pastorenwitwe; Nortorf (Amt Rendsburg) 644
Thomae, Titus; Zollinspektor; Schleswig 684
Thöming, Catharina 125
Thöming, Hans; Breiholz 451
Thoms, Anne; Holland 591
Thoms, Jochim Friedrich; Schneidergeselle; Preetz 251
Thöms, Reimer; Sankt Annen 93
Thomsen, Carsten; Holm (Herrschaft Pinneberg) 805
Thomsen, Catrina; Trennewurther Deich 109
Thomsen, Claus; Schullehrer; Fiel 509
Thomsen, Hans; Marne 505
Thomsen, Karsten; Flensburg 683
Thomsen; Amtsverwalter; Itzehoe 381
Thomsen; Bürgermeister; Glückstadt 35
Thomsen; Diakon; Brokdorf 399
Thomsen; Schullehrer; Langenhagen 578
Thomsen; Schulmeister; Steinfeld (Amt Reinfeld) 434
Thomsen; Stadtvogt; Flensburg 684
Thor Straten 683
Thor Straten; Kriegsrat 768
Thormählen, Abel; Witwe; Glückstadt 122
Thormählen, Metta 115
Thormöhlen, Jacob; Krempe 691
Thot, Hinrich; Bokel 115
Thralmann, David Hans; Lütjenwestedt 460
Thran; Plön 224
Thumann, Margaretha; Wewelsfleth 110
Thun, Behrend von; Fährpächter; Wewelsfleth 660
Thun, von; Beidenfleth 396
Tiedemann, Claus; Schiffer; Ivenfleth 226
Tiedemann, Desche 91
Tiedemann, Harm; Klein Kollmar 308
Tiedemann, Hermann; Klein Kollmar 2
Tiedemann, Jacob; Neuenbrook 413
Tiedemann, Jürgen; Neuenkoogsdeich 498
Tiedemann, Mars; Kollmar 307
Tiedemann, Peter; Kuhlen 102
Tiedemann, Ties; Neuendorf (Gut Neuendorf) 307
Tiedemann; Organist; Seester 798
Tielemann, Christopher Friedrich; Wellingsbüttel 350
Tiessen, Joachim; Henstedt 463
Tietjen, Hinrich; Osterhorn 225
Tietjens, Hinrich; Glindesmoor 404
Tilgner, Dorothea Johanna geb. Dohm; Oldenburg 126
Tilli; Pastor; Kaltenkirchen 464, 482
Timm, Hans; Barmstedt 103

Timm, Hinrich; Horst (Gut Horst) 117
Timm, Magdalena geb. Möller; Aspern 121
Timm, Peter Michael Hieronymus; Plön 743
Timm, Simon; Krupunder 124
Timm; Bote; Pinneberg 828
Timm; Schullehrer; Garstedt 794
Timm; Schullehrer; Lunden, Wilster 761
Timm; Schullehrer; Wilster 393
Timmen, Trine; Süderau 90
Timmermann, Dr. med.; Itzehoe 711
Timmermann, Dr.; Pinneberg 810
Timmermann, Dr.; Rellingen 809
Timmermann, Hartwig; Altenteiler; Mellenburg 40
Timmermann, Jochim; Jenfeld 224
Timmermann, Jochim; Rissen 791
Timmermann, Johann Hinrich; Lockstedt 108
Timmermann; Bauervogt; Grömitz 595
Timmermann; Schullehrer; Niendorf (Amt Segeberg) 485
Tobiesen, D.; Ascheberg 272
Tode, Jacob; Krempdorf 688
Tode; Mühlenpächter; Rade (Kirchspiel Hohenwestedt) 449
Todsen; Pastor; Wewelsfleth 422
Todsen; Pastorenwitwe; Wewelsfleth 422
Todt, Metta; Barmstedt 841
Tödt; Musketier 420
Tollius; Pastor; Beidenfleth 654
Tönder, Nicolaus; Vagabund; Pinneberg 812
Töpfer, Christian Hinrich; Inste; Petersdorf 325
Töpfer; Schullehrer; Schwienkuhl 565
Toschlag 133
Tramm, Christian Albrecht; Glückstadt 220
Travers, Jacques Louis; Altona 116
Trede, Jürgen Hinrich; Schierensee (Amt Bordesholm) 117
Treden, Metta 96
Treede, Anna; Eiderstede 113
Trier, Dr.; Altona 228
Triller; Kanzleirat, Postmeister; Plön 213, 745
Trimm, Hans; Schlesen 111
Truelsen; Küsterwitwe; Jevenstedt 451
Truelsen; Schullehrerwitwe; Rade 139
Trulsen, Elisabeth; Delingsdorf 80
Trümpel, Anna Catharina; Meldorf 607
Tuskney; Olitätenkrämer 167
Tüxen; Pastorenwitwe; Heiligenhafen 469
Twisselmann 382
Tychsen; Pastor; Selent 564
Typotius, Matthias; Deichgraf 662
Uffhausen, Johann Jacob Gottlieb; Lübeck 30
Uffhausen; Kaufmann; Lübeck 756
Ulich; Kompastor, Pastor; Grube 540, 541
Ulich; Landschreiber 654
Ulitsch; Propst; Segeberg 464, 465, 754
Unterhorst; Schulmeister; Schülp (Kirchspiel Nortorf) 456
Untermann, Johann Christian Adolph; Scharfrichter, Abdecker; Oldenburg 732
Untermann; Scharfrichter; Oldenburg 734
Untiedt; Schullehrer; Ahrensburg 580
Unzer, Johann Christoph, Prof.; Altona 102
Urbahn, Maria Christina; Fockbek 124
Vahlenkamp, Otto Hinrich; Provisor; Itzehoe 163
Vahlert, Claus; Neuenkirchen (Gut Bahrenfleth) 422
Vahlert, Jürgen; Neuenbrook 133
Vahlert; Gastwirt; Krempe 688
Valentin, Catharina; Itzehoe 112
Valentiner; Konsistorialrat, Pastor; Pronstorf 214, 465, 487
Valentiner; Propst; Elmshorn 109, 787
Vanseelen, von; Oberst 240
Vasert, Peter; Schuster; Krempe 689

Vasmer; Pastor; Elmshorn 837
Vedden 36
Vendt; Chirurg; Barmstedt 306, 767
Venneberg; Schullehrer; Rethwischdorf 473
Venninghausen; Amtsverwalter; Rethwisch (Amt Rethwisch) 49
Vent; Pastor; Hademarschen 84
Venturini 176
Verflassen; Pater; Altona 815
Verlov, Diederich; Hobstin 300
Vesrin, Sulpitius 285
Vest; Inspektor; Seedorf 125, 337
Vett; Organist, Schullehrer; Brokdorf 400
Vezin, Sulpice; Lütjenburg 59
Victor, Moses; Altona 266
Vidal, Carl Ludwig; Nienstedten 791
Vieregge, Heinrich; Brodau 250
Vierth, Eggert; Remmels 96
Vieth; Wischhafen 309
Vietheer; Archdiakon, Pastor; Itzehoe 382, 383, 388, 710
Vietheer; Archidiakon, Pastor; Itzehoe 710
Vitinghoff, Baron 683
Vliegen, Anna Dorothea de; Itzehoe 387
Vogelsang, Christiana; Beschendorf 365
Vögl, Peter; Hufner; Dazendorf 203
Vogt, Baron von; Groß Flottbek 792
Vogt, Jochim; Strukdorf 221
Vogt; Advokat; Eckernförde 449
Vogt; Schlossknecht; Plön 744
Vogt; Schullehrer; Egenbüttel 812
Vogtmann; Unteroffizier; Rendsburg 751
Vohrbeck; Witwe; Steinfeld (Amt Reinfeld) 470
Voigt, Christian Sigismund, Dr. med.; Heide 90
Voigt, Johann; Süderdeich 95
Voigt, Peter, Dr.; Wismar 682
Voigt; Pastor; Niendorf (Herrschaft Pinneberg) 790
Voigt; Pastorenwitwe; Niendorf (Herrschaft Pinneberg) 790
Voigt; Tagelöhner; Neubokhorst 278
Volbeer, Johann Peter Detlef; Brunswik 94
Völcker; Klosterschreiberwitwe; Uetersen 819
Volckmar, Alexander; Prediger; Rendsburg 442
Volckmar; Landsyndikus 6
Volckmar; Pastor; Curau 37
Volckmar; Pastor; Reinbek 586
Volckmar; Pastor; Siek (Amt Reinbek) 584, 586
Völker; Diakon; Lebrade 364
Völker; Diakon; Preetz 367
Volkmar; Predigerwitwe; Wesselburen 525
Vollrath; Lizenziat der Medizin; Krempe 654
Vollstedt, Hans Lorenz; Deutsch-Nienhof 96
Volmers, Oelgard 391
Volmert, Marx; Wetterndorf 409
Volquards, Sönke 611
Volquardsen; Schullehrer; Meldorf 508
Volquardts, Hans Andreas Friedrich Christian; Kandidat der Theologie; Haseldorf 73
Voss junior, Johann; Oldendorf 311
Voss, Catarina Margareta; Ahrensbök 99
Voss, Christoph; Kompastor; Meldorf 492
Voss, Claus Friedrich; Postfeld 96
Voss, Cornelius de; Sülldorf 166
Voss, Daniel; Organist, Küster, Schulmeister; Barkau 357
Voss, Dorothea; Nienwohld 374
Voss, Eggert; Looft 289
Voss, Friedrich Hinrich; Maler; Wandsbek 347
Voss, Hans Hinrich; Meimersdorf 101
Voss, Hans; Erbpächter; Nütschau 321
Voss, Lucia Catharina; Wangels 131

Voss; Achtelhufner; Gleschendorf 228
Voss; Advokat 212
Voss; Armenschulmeister; Meldorf 508
Voss; Gastwirt; Wandsbek 344
Voss; Rechenmeister; Wilster 392
Voss; Schankwirtin; Wandsbek 227
Waage, Claus Hinrich; Itzehoe 119
Waasen, Maria; Wedel 800
Wächtler, Dr.; Itzehoe 715
Wachtmann, Andreas Friedrich 101
Wackerbarth 5
Wackerbarth; Konventualin; Uetersen 817
Wackerow, Johann; Pastor; Brunsbüttel 497
Wagemann, Adelheid Sophia Friederica; Uetersen 812
Wagener, Andreas; Wilster 227
Wagener, Johann Friedrich; Uetersen 798
Wagner, Anna Maria 121
Wagner, Johann Rudolph; Rektor; Rendsburg 445
Wagner; Pastorenwitwe; Rendsburg 445
Wahrhusen; Präbendin; Plön 428
Waitz; Kanzleirat; Altona 816
Wallhöfer, Johann Emanuel; Wandsbek 348
Wallmann 78
Wallrath, Antje; Osterwohld 113
Walter, Dr.; Hamburg 5
Walther, Johann Joseph; Zimmergeselle; Preetz 249
Walther; Witwe; Sande (Amt Reinbek) 670
Wangel, Catharina Elisabeth; Dockenhuden 106
Wangel, Hans Peter Michael; Dockenhuden 106
Warncke, Auguste 104
Warncke; Kandidat der Theologie; Lunden 520
Warner; Pastor; Burg 497, 499, 500
Warnholt, Hans; Innien 237
Warnholtz; Schulmeister; Horst (Gut Horst) 405
Warns, Jasper; Kaufmann; Bramstedt 280
Warnstedt, Agnes Cecilia Wilhelmine von; Konventualin; Preetz 247
Warnstedt, Charlotte Marie Louise von; Konventualin; Preetz 247
Warnstedt, von; Kammerherr; Plön 429, 744
Warnstedt, von; Kammerjunker, Oberförster; Plön 745
Wartenberg, Friedrich, Graf von 7
Wasilowitsch; Offizier 111
Wasmer, Heinrich; Landvogt 597, 601
Wasmer, von; Regierungsrat 765
Weber, Hinrich; Großenaspe 558
Weber, Johann Ferdinand; Kirchbarkau 554
Weber; Pastor; Altenkrempe 356
Wecker, Christian Friedrich; Gieschenhagen 474
Wedderkop, Anna Sophia 428
Wedderkop, Henning; Landgerichtsnotar; Kiel 723
Wedderkop, Henning; Notar; Flensburg 683
Wedderkop, Magnus von; Geheimrat 316
Wedderkop, von; Geheimrat 313
Wedderkop, von; Kammerjunker 265
Wedderkop, von; Konventualin; Preetz 368
Wedderkop; Schlossapotheker; Glückstadt 379, 701
Wedel, Ernst von 647
Wedel; Kirchspielvogt 662
Wegemann; Jürgen Joachim; Töpfergeselle; Kiel 183
Wegener, Johann Hinrich; Sophienhof (Gut Rethwisch) 330
Wegener, Johann Jacob; Bettler 649
Wegert, Carl Christian; Hegereiter; Barkhorn 218
Wegner, Borchert; Kellinghusen 644

Wegner, Johann; Schuhmacher; Grönwohld (Gut Muggesfelde) 316
Wehling, Anna; Boke (Amt Rendsburg) 482
Weidemann, Gottlieb Friedrich; Bargfeld (Gut Jersbek) 304
Weisbrodt, Johann Christoph Ludwig; Reinbek 58
Weiß, Ludolph Jochim; Plön 743
Weiss; Itzehoe 714
Weiss; Medizinstudent 86
Weller; Pastor; Gleschendorf (Amt Ahrensbök) 107
Weller; Propst; Elmshorn 835
Weller; Schullehrer; Johannisdorf 568
Wendelborn; Erbpächter; Eckhorst 269
Wendisch; Pastor; Sülfeld 373
Wendt, Joachim; Brenkenhagen 102
Wendt; Pastor; Schlamersdorf 370
Wendt; Pastor; Schlamersdorf (Gut Seedorf) 370
Wenlandt, Johann Hinrich; Huje 223
Wensken, Maria; Rendsburg 747
Wentzel, Jochim Hinrich; Wilstedt 114
Wenzel; Heuerinste; Klein Vollstedt 291
Werlin; Pastorenwitwe; Altona 786
Werth, Johann Conrad; Buchdrucker; Plön 742
Wertheimer; Handelsmann; Segeberg 223
Wesmann, Anton; Oboist; Glückstadt 106
Wessel, Heinrich Christoph Daniel; Heiligenhafen 115
Wessel; Schullehrer; Blocksdorf 462
Wesselmann, Hermann; Kaufmann; Bramstedt 280
Westenhof, Franz Heinrich; Glückstadt 86
Westermann, Charlotte Elisabeth; Ahrensburg 116
Westermann, Hermann; Schneider; Klein Kollmar 309
Westpfahl; Amtssekretär; Plön 630
Westphal, Christian Wilhelm; Neustadt 112
Westphal, Johann Jakob; Kandidat der Theologie; Krummendiek 310
Westphal, Johann; Klein Nordsee 320
Westphal, Johannes; Pastor; Krummendiek (Gut Krummendiek) 310
Westphal, Marx Hinrich; Viertelhufner; Ekelsdorf 222
Westphal; Schullehrer; Duvenstedt 340
Westphal; Schullehrer; Glinde (Amt Reinbek) 586
Westphalen, Anna Sophia 100
Westphalen, Johann Vollrath; Bothkamp 278
Westphalen, Simon Christopher Andreas; Ratsverwandter; Krempe 685
Westphalen; Schullehrer; Westerbüttel 498
Westphalen; Senator; Hamburg 672
Wetken, Hartwig von 266
Wetzel; Stadtdiener; Oldesloe 471
Wiben, Johann Julius; Stadtsekretär; Wilster 758
Wichers; Kirchenjurat; Bergstedt 533
Wichmann 22
Wichmann, Albert; Buntenhof 208
Wichmann, Carl Christian; Noer 31
Wichmann, Friedrich; Havighorst (Amt Reinbek) 221
Wichmann, Jürgen; Kiel 722
Wichmann, Pasche; Elmshorn 389
Wichmann, Peter; Wewelsfleth 422
Wichmann, Zimmermann; Plön 273
Wichmann; Bürgermeister; Krempe 687
Wichmann; Bürgermeister; Wilster 763
Wichmann; Diakon; Heiligenstedten 302
Wichmann; Erbpachtsmüller; Bramstedt 651
Wichmann; Küster; Itzehoe 710
Wichmann; Pastor; Itzehoe 387

Wickhorst; Hufner; Hagen 651
Wiebeking; Pastorenwitwe; Sankt Margarethen 408
Wiebel; Rat 282
Wiebel; Zollschreiber; Uetersen 803
Wieben, Marx; Haale 644
Wieben, Peter; Deserteur 618
Wiedemann, Prof.; Kiel 166
Wiedemann; Volontär; Oldesloe 471
Wiegmann; Hospitalprediger; Elmshorn 568
Wielen, Johann von der 5
Wiese, Claus; Wisch (Kloster Preetz) 111
Wiese, Eggert; Wentorf (Kloster Preetz) 111
Wiese, Hans; Bokel (Amt Rendsburg) 643
Wiese, Peter; Prasdorf 115
Wiese; Klostervogt; Preetz 248
Wiese; Pastor; Uetersen 820
Wiese; Pastorenwitwe; Steinbek 547
Wietersheim, von 769
Wigand, Hinrich Jacob; Weißgerber; Preetz 243
Wigers, Hans Friedrich; Perdöl 325
Wilcke; Hebamme; Uetersen 822
Wilckens, Dorothea 503
Wilckens, Hans; Armstedt 238
Wilckens, Magdalena 13
Wilckens; Rat 315
Wildau; Schullehrer; Sierksdorf 435
Wilde, Hinrich; Tagelöhner; Horst (Gut Horst) 255
Wilde; Leutnant 805
Wildfang, Hans Hinrich 111
Wildhagen; Pastor; Glückstadt 694
Wildhagen; Prediger; Krempe 389
Wilhöft, Margaretha; Suchsdorf 95
Will; Hebamme; Schönkirchen 323
Wille, Johann Adolph; Gastwirt; Preetz 203
Wille; Kaufmann; Kiel 196
Willer, Marcus; Siggenerbusch 339
Willhoeft; Bauervogt; Rade (Gut Wulksfelde) 225
Willmann; Chirurg; Blankenese 810
Willrodt, Claus; Halbhufner; Elmschenhagen 243
Willrodt; Hufner; Rönne 250
Willrodts, Margaretha Dorothea; Großbarkau 358
Wilms, Engel 121
Wilmsen; Müller; Kiel 723
Winckelmann, Elisabeth geb. Kock; Oldesloe 96
Winckler; Landschreiber 687
Wind, Anna; Witwe; Groß Flottbek 169
Windt; Schullehrer; Groß Flottbek 792
Wink, von der; Generalmajor 61
Winter, Jacob; Krempe 690
Winter, Nicolaus Heinrich; Altona 123
Winter; Krämer; Preetz 190
Winters, Johann; Herzhorn 788
Wirth, Johann Valentin; Schönweide 335
Wirth; Reserve 335
Wisch, Adelheid von der 377
Wisch, Hedwig Dorothea von der; Konventualin; Preetz 209, 247
Wisch, von der 133
Wischke; Schuster; Lütjenburg 728
Wischmann, Claus; Hademarschen 297
Wischmann, Hans; Hagen (Amt Segeberg) 112
Wischmann, Hans; Hohenaspe 290
Wischmann; Polizei-, Gerichtsdiener; Elmshorn 767
Wischmann; Schullehrer; Behmhusen 502
Wischmann; Witwe; Wesenberg 28
Wit gen. von Dörring, Ferdinand Johannes 180
Witt, Claus; Schlichting 93
Witt, Diederich Nicolaus; Glückstadt 91
Witt, Friedrich; Rahlstedt 345
Witt, Gesche; Hainholz 120
Witt, Hans Christian; Ascheberg 105
Witt, Harm; Lunden 611
Witt, Hinrich 363

Witt, Hinrich; Beidenfleth 100
Witt, Hinrich; Epenwöhrden 604
Witt, Jürgen 306
Witt, Jürgen; Klein Offenseth 110
Witt, Marten; Bischof 400
Witt, Michael; Flethsee 410
Witt, Nicolaus Heinrich; Bahia 126
Witt, Sophia Elisabeth 116
Witt, Wulf Hinrich; Plunkau 339
Witt; Erbpächter; Ascheberg 272
Witt; Gerichtshalter, Inspektor; Wandsbek 344
Witt; Pastor; Nienstedten 166, 792
Witt; Schustermeister; Segeberg 756
Witte; Bürgermeister; Eckernförde 684
Wittern, Stina 632
Wittern; Schulmeister; Heidekamp 434
Witthoeft; Hufner; Eichede 674
Witthöfft, Holzvogt; Kleinharrie 623
Witthöft; Senator; Kiel 84, 264
Wittmack, Detlef; Landvogt; Bredstedt 592
Wittmack, Dietrich; Landvogt; Bredstedt 592, 593
Wittmack, Hans; Prahmführer; Itzehoe 387
Wittmack, Jochim Detlef; Preetz 244
Wittmack, Johann Detlef; Preetz 172
Wittmack, Kapitän; Rendsburg 751
Wittmack, Tede; Schulhalter; Hemmingstedt 502
Wittmack; Bauervogt; Timmaspe 457
Wittorf, Hinrich; Hufner; Gadeland 626
Wittorf, Paul; Kiel 720
Wittrock 132
Wittrock, Georg Friedrich; Heiligenhafen 120
Wittrock; Bürgermeister; Heiligenhafen 705, 706
Wittrock; Pastor; Brokdorf 400
Wittrock; Syndikus, Polizeimeister; Kiel 724
Witzke, Johann Franz 790
Witzleben, Ida Friederica; Konventualin; Preetz 209
Witzleben, Rochus von; Kammerherr; Plön 23
Wohlenberg; Stadtkämmerer; Glückstadt 700
Wohlers, Claus; Hademarschen 448
Wohlers, Dorothea 125
Wohlers, Johann Arends; Strohhutnähter 183
Wohlers, Johann; Stellau 372
Wohlert; Schullehrer; Ohe (Amt Reinbek) 586
Wolansky; Schullehrer; Brunswik 528
Wolberg, Christian; Westerau 436
Wölcke; Deserteur; Wandsbek 345
Woldenberg; Bürgermeister; Itzehoe 386
Wolf, Hans 456
Wolf; Pastor; Hohenaspe 403
Wolf; Pastor; Wilster 394
Wolf; Schulmeister; Schlamersdorf 370
Wolff, Christian 97
Wolff, Heinrich Sönke Theodor; Kandidat der Theologie; Wilster 74
Wolff; Kanzleisekretär; Kopenhagen 805
Wolff; Pastor; Lütjenburg 569
Wolff; Pastor; Oldesloe 92
Wolff; Pastorenwitwe; Oldesloe 471
Wolfrath, Dr.; Rinteln 209
Wolfrath; Diakon; Glückstadt 380
Wolfrath; Magister; Glückstadt 695
Wolgast, Hans Jasper; Jersbek 374
Wolter, Hans; Mühlenstraßen 499
Woltereck, Andreas; Münzmeister; Glückstadt 24
Wolters, Hinrich; Zuchthäusler; Neumünster 130
Wolters, Margaretha; Borsfleth 93
Wolters, Marx; Hohenaspe 288
Wolters; Diakon; Lütjenburg 726
Wolters; Kanzleirat 142
Wolters; Schmied; Ottendorf 619
Woltersen; Altflicker; Burg auf Fehmarn 172

Woodford, Rudolph; Ritter; Gesandter 11
Wördenhoff; Lizentiat 815
Wörmcke, Dorothea; Pinneberg 107
Wortmann, Ratje; Vormstegen 115
Wrangel, Tagelöhner; Brügge 80
Wriedt, Anna Christina Carolina; Brunswik 117
Wriedt, Claus; Melsdorf 329
Wriedt, Hans; Dienstknecht; Felde 91
Wriedt, Sophia; Felde 94
Wübbers; Schullehrer; Neritz 473
Wulf, Christina Dorothea; Wulfsdorf (Amt Schwartau) 29
Wulf, Luer; Dithmarschen 16
Wulf, Maria 106
Wulf; Hufner; Eiderstede 622
Wulf; Müller; Mucheln 226
Wulf; Schullehrermeisterwitwe; Benstaben 439
Wulff, Claus Diedrich; Bönebüttel 628
Wulff, Claus Hinrich; Grebenhagen 107
Wulff, Claus Hinrich; Seedorf 337
Wulff, Heinrich Julius; Wandsbek 345
Wulff, Heinrich; Schlamersdorf 337
Wulff, Hinrich; Hingstheide 225
Wulff, Johann Peter; Neustadt 93
Wulff, Johann; Altenteiler; Jersbek 181
Wulff, Korillo; Friedrichsgabe (Herrschaft Pinneberg) 122
Wulff, Otto Johann Daniel; Gutsbesitzer; Marutendorf 313
Wulff; Bödner; Riepsdorfer Söhlen 574
Wulff; Kiel 133
Wulff; Pastor; Wilster 394
Wulff; Schmied; Holstendorf (Amt Ahrensbök) 636
Wulff; Schullehrer; Klein Gladebrügge 476
Wulff; Schullehrer; Preetz 368
Wulff; Schulmeister; Schierensee 549
Wunder, Friedrich; Arbeitsmann; Brunswik 180
Wunderlich, Adelheid 778
Würger; Pastor; Borsfleth 397
Würger; Pastorenwitwe; Borsfleth 397
Würger; Pastorenwitwe; Glückstadt 398
Würtz, Paul, Baron de Orneholm; Feldmarschall 5
Wüstenfeldt, Nancy; Blankenese 124
Yelin; Diakon; Neuenbrook 412
Zachariae; Archidiakon, Pastor; Itzehoe 710
Zaga, von; Kapitän; Lütjenburg 728
Zander, Ernst Wilhelm; Ahrensburg 271
Zander, Johann Hinrich; Gieschenhagen 114
Zarnetzky, Catarina Dorothea; Rendsburg 100
Zelcke, Ludwig; Soldat; Glückstadt 78
Zernickow; Schankwirt; Horst (Gut Horst) 223
Zernitz, Catharina Hedewig Ida; Witwe 179
Zesche, Alexander; Pastor; Ulsnis 594
Zeuner, Johann Arnold; Wandsbek 348
Ziegler, Conrad; Drelsdorf 591
Ziegler; Amtschirurg; Ahrensbök 631
Ziegler; Hofbesitzer; Steenfeld 297
Ziese; Schlachter; Blankenese 823
Zietz; Schullehrer; Kasseedorf 578
Ziliacks, Eggert; Schuster; Krempe 143
Zimmermann; Prediger; Darmstadt 74
Zimpel, Sophie Margarethe; Wandsbek 87
Zingelmann, Hinrich; Eichede 221
Zingelmann, von; Kapitän 805
Zitelmann; Pastor; Süderau 419
Zitscher; Fiskal; Rethwisch (Amt Rethwisch) 49
Zitscher; Pastor; Glückstadt 695
Zoega, von; Major; Segeberg 213
Zofmann; Diakon; Süderau 418
Zuckaroni, Wilhelm 178
Zwanck, Dr. med.; Nortorf 646
Zwanck, Dr.; Eddelak 226

Zweydorf; Hebungsbeamter;
Wandsbek 345
Zwierlein, von; Prokurator; Wetzlar 9

Sachregister

Abdecker/Abdeckerei 174, 183, 246, 257, 307, 730, 732, 734, 821
Abendmahl 78, 374, 417, 493, 530, 545, 552, 561, 588, 737
Abnahmeleute 466
Abschoss 803, 804
Äbtissin 50, 232, 239
Abwässerung 149
Abzugsabgabe 802
Abzugsfreiheit 803
Abzugspfenning 818
Abzugsrecht 257, 308, 310, 803
Ackerheuergeld 317
Adel 78, 353
Adelsprivileg 54
Adjunkt 375
Administrator 765, 766
Admiralität 703
Adoption 57
Adressbuch 193
Advent 79
Afrikanische Kompanie 2
Agent 54
Akademie 138
Akademie, chirurgische 162
Aktuariat 708
Akzidentien 71, 733
Akzidentiensteuer 212, 213, 459, 660, 763
Akzise 36, 40, 601, 699
Almosen 317
Altar 244, 374, 395, 410, 471, 546
Altargerät 429
Altenteil 350, 466
Amidamfabrik 283, 697
Amt 51, 199
Amt; Bäcker 255, 658, 682, 683, 697, 711, 712, 750, 762
Amt; Barbier 199, 689, 712, 756
Amt; Böttcher 712, 762
Amt; Brauer 746
Amt; Fellbereiter 683
Amt; Glaser 711, 762
Amt; Knochenhauer 697
Amt; Kramer 750
Amt; Lohgerber 689
Amt; Maler 347
Amt; Maurer 259, 751
Amt; Schlachter 8, 697, 739
Amt; Schmiede 292, 650, 689, 697, 711, 762, 763
Amt; Schuster 143, 242, 337, 628, 658, 689, 711, 739
Amt; Tischler 259, 332, 731, 762, 763
Amt; Weißbäcker 641, 746, 818
Amt; Zimmer 244, 247, 259, 276, 633, 673, 697, 741
Ämterkommission 48
Amtmann 379, 384, 620, 653, 670, 802
Amtsanlagen 635
Amtsartikel 251, 713
Amtsbedienstete 596
Amtsbote 779
Amtsdiener 629, 654
Amtsgefängnis 596
Amtsökonomiekollegium 202
Amtspförtner 631
Amtsrechnung 381, 594, 653, 728
Amtsrolle 762
Amtsschreiber 620, 653, 667, 668
Amtssekretär 655
Amtsverwalter 384, 630
Amtsverwalterwohnung 589
Amtsvogt 821
Amtsvorsteher 668, 670
Anatomisches Theater 162, 815
Anbauer 239
Andachtsbuch 719
Angustura-Rinde 194
Anleihe 127, 205, 262, 615, 621, 689, 714
Annuität 205
Annuitätenschein 805
Annuitätstransportkontor 205, 804
Antrittsgeld 670

Apotheke 162, 164, 165, 167, 168, 169, 243, 612, 682, 683, 697, 701, 715, 734
Apothekenvisitation 162
Apotheker 166
Apothekerordnung 162
Apothekerrechnung 168
Apothekertaxe 162, 727
Apothekerwaren 162
Appellation 57
Arbeitsanstalt/Arbeitshaus 606, 612, 732, 752
Archidiakon 71, 732, 749
Archiv 9, 27, 50, 51, 52, 67, 68, 357, 358, 427, 463, 465, 589, 598, 629, 669, 685, 727, 767, 773, 779
Arme 133, 317, 319, 366, 379, 410, 416, 628, 641, 668, 711, 748, 759, 761
Armee 11, 12, 15, 211, 733
Armenanlage 241, 246, 258, 289, 505, 514
Armenanstalt 84, 213, 355, 465, 558, 612, 696, 711
Armenarbeitshaus 88, 403
Armenarzt 672
Armenbeitrag 249, 575, 696
Armenblock 12, 711, 832
Armendirektorium 720
Armendistrikt 338
Armengeld 31, 213, 299, 301, 383, 396, 399, 412, 442, 453, 469, 490, 492, 496, 498, 501, 502, 508, 537, 580, 600, 612, 624, 628, 656, 676, 685, 695, 711, 750, 761, 793, 800, 826
Armengeschworene 64, 307, 489, 688
Armenhaus 24, 50, 88, 154, 250, 343, 376, 422, 424, 428, 430, 434, 435, 475, 520, 521, 525, 553, 556, 628, 688, 711, 719, 728, 738, 742, 743, 745, 754, 761, 762, 765, 793, 798, 808, 836
Armenkapital 308, 318, 706, 817
Armenkasse 88, 140, 154, 163, 166, 177, 228, 241, 271, 286, 326, 327, 348, 380, 389, 390, 393, 395, 399, 400, 401, 409, 410, 412, 413, 415, 416, 419, 421, 440, 445, 447, 453, 481, 495, 499, 501, 507, 535, 559, 596, 612, 626, 627, 640, 641, 672, 689, 696, 711, 728, 762, 766, 767, 783, 811, 812, 831, 840, 841
Armenkasten 761
Armenkinder 505
Armenkollegium 235, 401, 497, 502
Armenkommission 630
Armenkosten 265, 334
Armenkranke 168, 612, 641
Armenlanste 643
Armenlasten 292, 497, 632
Armenlegat 241, 689
Armenleistung 632
Armenordnung 327, 732
Armenpflege 489
Armenrechnung 308, 385, 387, 389, 404, 489, 689, 705
Armenrecht 380
Armenregister 696
Armensammlung 711
Armenschenkung 761
Armenschoss 423, 789
Armenschule 376, 506, 507
Armensetzung 309, 392, 411, 420, 525, 838
Armensteuer 484, 505
Armenstift 785
Armenstiftung 255, 360, 622, 738
Armentransport 641
Armenunterhalt 263, 672
Armenverpflegung 154, 306
Armenversorgung 31, 34, 271, 440, 460, 632, 633, 797
Armenversorgungskommission 517
Armenvogt 390, 602, 723, 727, 797
Armenvorsteher 382, 394, 408, 418, 419, 422, 588, 688, 689, 711, 744, 762, 797, 799
Armenwesen 68, 84, 244, 252, 310, 317, 337, 348, 391, 392, 398, 411, 423, 440, 444, 448, 481, 504, 600, 612, 627, 632, 641, 689, 693, 696,

705, 720, 727, 732, 734, 738, 745, 749, 750, 754, 756, 761, 762, 793, 837
Arrestant 640
Arresthaus 626
Arrestverfahren 21
Arrestverwalter 629
Arsenal 643
Arsenik 165
Artillerie 704
Artillerieknechte 819
Artilleriekorps 703
Artilleriepferd 303, 597
Arznei 130, 166, 167, 168
Arzt 162, 166, 167, 168, 617, 623, 703
Assekuranz 615
Assekuranzordnung 190, 807
Assessor 4
Aufgebot 79, 80
Aufruhr 9
Aufstand 773
Auktion 55, 215, 258, 381, 627, 723, 724
Auktionariat 259
Auktionator 607, 752
Auktionsverwalter 819, 821
Ausfuhrverbot 143, 187
Auslieferung 21, 24
Ausschoss 326
Ausschuss 608, 684, 707, 758
Außendeich 605, 663, 832
Außendeichsgrasung 518
Außendeichsländerei 386, 614
Auswanderung/Auswanderer 11, 179, 200, 806
Auxiliarkorps 32
Baakengeld 193
Bäcker 255, 623, 756, 820, 827
Bäckeramt 255, 658, 682, 683, 697, 711, 712, 750, 762
Bäckerei 347, 730, 829
Bäckerzunft 348, 697, 730
Backgeld 636
Backhaus 532, 533, 536, 538, 540, 548, 572
Backofen 467, 623
Bakenstecher 665
Bank 2, 40, 190, 205, 206, 806
Bankfonds 206
Bankhaft 213, 328, 391, 404, 560, 563, 700, 833
Bankhaftzinsen 651
Bankzettel 195, 206, 217, 615, 802
Bankzinsen 33, 615, 764
Barbier 697
Barbieramt 199, 689, 712, 756
Barkengeld 773
Bataillonschirurg 230
Batterie 666
Bauernschuld 602, 604, 615
Bauerschaftsgevollmächtigte 599
Bauervogt 250, 596, 639, 668
Baumeister 505
Baumgeld 344, 624, 652, 677
Bauordnung 697
Beamte 54, 55, 610
Beamtenbesoldung 203
Bede 254, 471, 801
Beerdigung 32, 75, 78, 85, 182, 184, 374, 379, 381, 422, 424, 427, 428, 440, 443, 456, 504, 507, 513, 514, 542, 544, 549, 565, 719, 727, 731, 733, 736, 759, 780, 782
Begräbnis 77, 78, 79, 87, 184, 233, 234, 238, 253, 274, 301, 356, 358, 364, 368, 375, 390, 394, 411, 416, 430, 444, 445, 448, 455, 472, 474, 479, 500, 502, 505, 506, 511, 514, 515, 523, 534, 539, 563, 567, 569, 581, 687, 691, 695, 730, 736, 748, 786
Begräbnisplatz 295, 688, 730, 786, 791, 797, 799
Beichte 78, 370, 394, 415, 419, 460, 588, 815
Beichtgeld 449
Beichtregister 372, 530
Beichtstuhl 374, 505, 798
Beichtvater 77, 412, 488
Belagerung 442, 752
Beleidigung 590, 592, 594, 682, 683
Beliebung 51, 283, 415, 806

Benutzungssteuer 326
Bergegeld 338
Bergelohn 616
Bergung 17, 44
Berme 152
Beschlagnahmung 177
Besitznahmekommission 54
Betstunde 231, 444, 492, 780
Betteljude 154
Betteln 392, 625, 672, 762
Bettelvogt 649, 656
Bettler 623, 626, 649
Bettlertransport 621
Bibel 83, 342, 519
Bibelgesellschaft 88
Bibliothek 2, 234
Bienen 238
Bier 237, 250, 253, 600, 657, 695, 750
Bierakzise 36, 699
Bierbrauamt 746
Bierbrauer 623, 689, 739
Bierbrauerei 237, 263, 268, 281, 282, 297, 317, 352, 600, 641, 653, 672, 697, 708, 805, 823, 829
Bierbrauerzunft 697
Bierbraugerechtigkeit 232
Bierbrauordnung 50
Bieressig 13
Bierhandel 47
Bierschank 624
Bierzwang 268
Bigamie 89
Binnenlandfahrer 46
Blattern 161, 164, 168, 331, 567, 676, 677, 716
Blechenschläger 35
Bleiche 773
Blitzableiter 82, 449, 535, 538, 547
Blockade 197, 198
Bodmerei 40
Bohlgeld 660
Bombardement 695
Bonden 595
Bootsführer 739, 740
Boten 666
Böttcheramt 712, 762
Bracke 142, 143, 144, 145, 147, 149
Brand 2, 646, 730, 741, 744
Brandassekuranzkasse 640
Brandbeitrag 82
Branddirektor 204
Brandfall 204
Brandgeld 336, 728
Brandgilde 201, 203, 246, 263, 278, 299, 302, 308, 346, 607, 691, 770
Brandkasse 202, 203, 291, 315, 712, 756
Brandkassengeld 272, 652, 669, 685, 779
Brandkorps 752
Brandreglement 617
Brandschaden 203, 306, 617, 628, 637, 728
Brandschatzung 274, 604
Brandschoss 761
Brandstiftung 204, 617
Brandverordnung 741
Brandversicherung 203, 280
Brandversicherungsanstalt 200
Brandversicherungsgeld 827
Brandversicherungsgesellschaft 201
Brandversicherungsordnung 202
Brandversicherungsregister 361, 646, 728
Brandversicherungstaxator 618
Brandwesen 200, 253, 263, 652, 775
Branntwein 2, 192, 237, 247, 271, 300, 650, 652, 653, 689, 695, 751
Branntweinabgabe 211
Branntweinausschank 250, 253
Branntweinbrenner 623
Branntweinbrennerei 188, 262, 263, 268, 281, 282, 297, 300, 313, 318, 348, 352, 689, 697, 728, 739, 750, 805, 806, 807, 833
Branntweinbrennerzunft 690
Branntweinverkauf 248
Brautschmücken 429
Brauzwang 620
Brennholz 155
Briefbeförderung 678
Briefposttaxe 703

Briefträgergeld 374
Brüche 220, 221, 222, 223, 224, 225, 226, 227, 228, 758, 802
Brücke 31, 175, 249, 298, 314, 348, 418, 531, 601, 606, 617, 620, 627, 645, 646, 652, 664, 676, 677, 691, 701, 715, 734, 809, 810, 830
Brückengeld 284, 290, 317, 718, 729, 734, 741, 840
Brückentaxe 706, 731
Brückenzoll 247, 348
Brunnen 569
Buch 18, 52, 136, 177, 709
Buchbinder/Buchbinderei 697, 731
Buchdruck/Buchdrucker 62, 696, 697, 721
Bücherrezensent 65
Bücherzensur 83
Buchhandel 36, 731
Buchhändler 721
Buchhandlung 177
Budenzahlrolle 701
Bundestag 1
Bundesversammlung 185
Bürgerbewaffnung 708
Bürgergarde 701
Bürgerkrieg 199
Bürgermeister 685, 708, 739, 746, 758
Bürgerrecht 57, 681, 704, 708
Bürgerschule 719, 749
Bürgerwache 717
Buschgerechtigkeit 717
Buß- und Bettag 14, 27, 75, 169, 424, 501, 780, 781, 799
Bußgeld 424
Bußpredigt 76
Butter 170
Buttergeld 818
Butterpreis 202
Buttertonne 155
Chalong 190
Chirurg 162, 163, 165, 167, 230, 623, 638, 715, 754, 766, 808
Cholera 131, 162
Christlicher Verein für Norddeutschland 88
Collegium Seniorum 17
Danebrog 241
Danebrogsmann 2
Danebrogsorden 209
Dänische Asiatische Kompanie 189
Dankfest 76, 746
Danksagung 76
Defensionsgeld 207
Defensionssteuer 207
Deich 50, 52, 281, 282, 286, 299, 310, 329, 591, 592, 594, 605, 616, 662, 663, 664, 698, 770
Deichabmessung 144
Deicharbeitsgeld 150
Deichband 148, 150, 152, 251, 661, 663
Deichbau 146
Deichbaukosten 22
Deichbeamte 152
Deichbedeckung 616
Deichbruch 213, 698, 699
Deichgeschworene 605
Deichgraf 146, 148, 149, 151, 152, 281, 604, 661, 662, 663, 771, 802, 819, 825
Deichinspektor 150, 832
Deichkarte 144, 149
Deichkasse 150, 152, 209, 833
Deichkommission 149
Deichkosten 141, 142, 143, 144, 148, 395, 407
Deichlasten 144, 149
Deichordnung 144, 147, 604, 605, 685
Deichpersonal 149
Deichprofil 149
Deichrechnung 664
Deichrecht 52
Deichregulativ 142, 616
Deichreparatur 142, 151, 416, 421, 663, 829
Deichrezess 616
Deichschaden 141, 142, 615, 770
Deichschoss 147
Deichvogt 593
Delinquent 626
Delinquentengeld 817

Depositengeld 127, 826
Deputatholz 217, 218, 640, 742
Deputierte 51, 639
Deputierte Bürger 708, 733, 746
Deputiertenkollegium 704
Deserteur/Desertion 14, 19, 39, 228, 229, 230, 244, 267, 270, 345, 471, 608, 704, 813
Detentionsgeld 129
Deutsche Kanzlei 8, 172, 205, 268, 424, 778
Deutscher Bund 1
Dezimation 699, 802, 817
Dezimationsrecht 259
Diakon/Diakonat 64, 71, 73, 232, 301, 368, 378, 386, 398, 399, 412, 413, 414, 416, 419, 446, 462, 495, 501, 512, 515, 516, 518, 520, 521, 530, 611, 686, 687, 693, 710, 725, 726, 727, 728, 730, 731, 732, 759, 760, 789, 799, 818
Diakonatpflichtgeld 395
Diakonatsgarten 504
Diakonatsländerei 395, 412
Diakonatswahl 414, 416, 748, 760
Diakonatswohnung 522
Dieb 153, 759
Diebstahl 15, 16, 39, 377, 732
Dienst 238, 269, 725
Dienstbote 133, 183, 783
Dienstgeld 823
Dienstkontrakt 262, 290, 329
Dienstmagd 374
Dienstordnung 262
Dienstpflicht 303
Dienstreglement 620, 622
Dienstvertrag 181
Dispacheur 807
Dispens 30, 463
Distriktsdeputierte 263, 264, 265
Dithmarscher Revers 4
Domäne 219
Domkapitel 49
Donativ 207, 659
Donativgeld 601
Donumgratuit 13
Dorfbeliebung 607
Dorfvogt 768, 826
Dragoner 237, 765
Drost 802
Duell 63
Dwinger 148
Ehe 23, 47, 64, 389, 440, 455, 492, 682, 816
Eheaufgebot 78, 79, 90, 93, 492
Ehebrecher/Ehebrecherin 89
Ehebruch 379, 463
Ehedispens 28, 66, 79, 80, 221, 464, 470, 489, 499, 527
Ehegelübde 720
Ehescheidung 89, 463
Eheverbot 26
Eheversprechen 56, 377
Ehevogtschaft 591
Ehrenbezeugung 47
Ehrlichkeit 183
Eichenbork 188
Eid 24, 69, 81, 167, 219, 230, 260, 717, 758, 765, 776
Eiderzoll 601
Eidgeschworene 599
Einberufung 230
Eineindrittelprozentsteuer 210, 211, 401
Einfuhrverbot 184
Einkoppelung 493, 619, 743, 807
Einkunftsteuer 210, 335
Einquartierung 12, 33, 196, 231, 232, 235, 238, 240, 241, 242, 246, 249, 257, 258, 260, 279, 281, 284, 288, 290, 292, 301, 302, 309, 324, 326, 327, 334, 338, 345, 409, 488, 558, 603, 614, 617, 622, 627, 644, 645, 651, 660, 661, 675, 693, 699, 700, 706, 707, 713, 714, 717, 733, 740, 744, 746, 755, 757, 761, 763, 766, 802, 816, 817, 818, 819, 821, 822, 824, 827, 831, 841
Einquartierungsabgabe 326, 832
Einquartierungsfreiheit 340, 508, 563, 777, 813, 826

Einquartierungsgeld 419, 682, 744, 826
Einquartierungskommission 740
Einquartierungskosten 209, 210, 238, 285, 636, 700, 763, 821, 824
Einquartierungslast 240, 280, 622, 707, 713, 741, 757, 826, 841
Einquartierungsrechnung 233
Einviertelprozentsteuer 208
Eisenbahn 581
Eisenfabrik 697
Elbschifffahrtsakte 46
Elbtonne 45, 46, 223
Elbzollgericht 47
Elementarschule 384, 731
Embargo 45, 192
Emigranten 826
Enrollierung 229, 814
Enrollierungsbeamte 46
Enrollierungssession 70
Epidemie 160, 733
Episkopalhoheit 29, 64, 353, 378
Episkopalrecht 24, 25, 27, 29, 66, 342, 379, 455, 463, 489, 512, 619, 709, 775
Epistel 75, 392, 444
Erbfolge 56, 599, 815
Erbpacht 53, 267, 268
Erbpachtdistrikt 622
Erbpachtskontrakt 274, 336, 619
Erbrecht 56
Erbschaft 22, 25, 39, 89, 210, 591, 594, 595, 682
Erbschaftssteuer 213, 215
Erdbuch 50, 648, 734
Erdbuchgefälle 757
Erziehungshaus 2, 701
Evangelium 75
Ewer/Ewerführer 20, 704, 808
Examen 72, 73, 74, 75, 77, 163, 202, 422, 799, 835
Examinationsbehörde 198
Examinationsprotokoll 66
Exekution 207
Exerzierplatz 636, 675, 704, 751
Exerzierschule 745
Exorzismus 77, 780
Exulant 492
Exulantengeld 811
Fabrik 38, 187, 202, 203, 253, 262, 347
Fabrikationsbuch 204
Fabrikerzeugnis 194
Fabrikgebäude 352
Fabrikwaren 297
Fahnen 727
Fährbrücke 294
Fähre 294, 327, 596, 605, 666, 703
Fährleute 177
Fährprahm 197
Fährschiffer 689, 703
Fährschifferzunft 703
Fährstelle 618
Fakultät, Juristische 721, 722
Fakultät, Medizinische 163
Fallhaus 256
Familienstelle 238, 269, 271, 272, 274, 275, 276, 278, 280, 284, 286, 288, 290, 291, 292, 293, 294, 295, 296, 299, 300, 302, 303, 304, 305, 306, 309, 310, 311, 312, 313, 314, 316, 318, 319, 320, 321, 322, 323, 324, 325, 326, 327, 328, 329, 330, 331, 332, 333, 334, 336,337, 338, 339, 341, 342, 344, 349, 350, 351, 352, 603, 616, 679, 832
Färberholz 194
Fastenzeit 79
Fastnachtsgehen 421
Fastnachtssammlung 401, 654
Fayencefabrik 453
Fayencen 189
Feier 65
Feierlichkeit 53
Feiertage 781
Feldbäckerei 678
Feldkasse 335
Feldkommissariat 621
Feldlazarett 724
Feldmäuse 201
Feldmedizinalwesen 165
Feldpoststafette 831

Feldprediger 69
Feldscher 163
Feldsteine 201
Feldvogt 723, 757
Fell 194
Fellbereiteramt 683
Fellbereiterei 202
Festehufner 622
Festequalität 589
Festeverhältnis 589
Festtag 76, 134
Festung 281, 608, 666, 692, 698, 703, 753
Festungsarbeit 128, 693, 704
Festungswerk 704
Fettwaren 192
Feuer 297
Feuerassekuranzverein 253
Feuerbake 189
Feuereinrichtung 192
Feuergefahr 203
Feuerherdschatzung 602
Feuerlöschmaschine 203
Feuerordnung 805
Feuerschiff 198
Feuerspritze 298, 470, 622, 665, 675, 676, 677, 706
Feuerversicherung 204
Fideikommiss 9, 59, 264, 365, 613
Finanzbudget 206
Finanzkassenkommission 205
Finanzkollegium 205, 776
Fische 155
Fischer 39, 41, 42, 43, 45, 46, 47, 197, 774, 808, 824
Fischerei 41, 197, 198, 219, 294, 601, 634, 672, 697, 718, 739, 740, 771, 772, 802
Fischereigerechtigkeit 621
Fischfang 45, 191, 286
Fischfuhre 601
Fischzaun 770
Fiskal 590
Flagge 187, 198, 806
Fleckenartikel 639
Fleckenrecht 630
Fleckenschatz 516
Fleckensgerechtigkeit 241, 344
Fleischpreis 202
Flüchtlinge 185
Flugsand 645
Flugschrift 62
Flutpfahl 148
Forstbeamte 137, 219
Forstbedienstete 218, 640
Forstfrevel 18
Forstordnung 218
Forstrat 3
Forstverordnung 218
Fortifikationssteuer 229
Fouragegeld 398
Fouragelieferung 219, 257, 269, 288, 305, 311, 312, 334, 337, 344, 419, 491, 603, 622, 627, 636, 644, 818
Fouragemagazin 660
Frachtgut 739
Frachtwagen 347
Freitisch 720, 721
Freundschaftsvertrag 188
Frieden 50, 814
Friedensallianz 50
Friedensvertrag 1, 3, 188
Frondienst 352
Fuhrdienst 642
Fuhre 32, 166, 175, 231, 243, 263, 265, 283, 284, 288, 294, 296, 335, 407, 457, 463, 501, 620, 621, 633, 638, 651, 658, 660, 678, 679, 700, 703, 707, 725, 730, 746, 764, 823, 834
Fuhrinteressent 646
Fuhrleistung 71, 231, 246, 253, 284, 304, 314, 319, 326, 573, 576, 622, 636, 644, 826, 827
Fuhrleute 746
Fuhrlohn 608, 650
Fuhrrolle 243, 692, 725, 753
Fuhrvergütung 275
Fuhrwesen 823
Fürbitte 76, 780
Fürstbischof 29, 30
Fußangel 186

Fußknecht 820
Gagen- und Akzidentiensteuer 212, 214, 215, 457, 459, 520, 525, 531, 538, 552, 565, 586, 614, 714
Galanteriekrämer 243
Garnison 725
Garnisonsarzt 703
Garnisonsschule 694
Garten 547, 552, 699
Gärtner 202
Gassenreinigungswagen 702
Gasthaus 350, 689, 720, 762
Gastwirt 346
Gebet 76
Gebühren 54
Geburtsliste/Geburtsverzeichnis 29, 65, 164, 695, 748
Geburtsschein 388
Gefälle 589
Gefangene 649, 693, 766, 810, 832
Gefangenenbericht 671
Gefangenenhaus 256, 607
Gefangenenwärter 671
Gefangenschaft 257, 807
Gefängnis 262, 269, 286, 288, 346, 631, 640, 649, 656, 671, 680, 693, 709, 732, 736, 745, 747, 756, 759, 766
Gehege 218, 273, 642, 825
Geheimer Staatsrat 47
Geheimratskollegium 217
Geisterbeschwörung 373
Geisteskranke 825
Geistlichkeit 70
Geläut 455, 746
Gelbfieber 159, 160, 162
Gelehrtenschule 137, 213, 507, 599, 695, 719, 749
Geleitbrief 194
Gemütskranke 131
Generalkriegsdirektorium 70
Generalkriegskommissariat 48
General-Landes- und Ökonomie-Verbesserungsdirektorium 806
Generallandeskommission 629
Generallandesökonomie- und Kommerzkollegium 200, 201, 806
Generallandwesenskollegium 200
Generalpardon 230
Generalpostkasse 813
Generalsuperintendantur/Generalsuper intendent 67, 68, 69, 70, 87, 135, 136, 353, 360, 365, 444, 529, 695, 719
Gerber/Gerberei 202, 252, 697
Gerichtsbarkeit 30
Gerichtsgebühr 317
Gerichtshalter 31
Gerichtsprotokoll 747
Gerichtsstand 37
Gesandte 11
Gesangbuch 83, 519
Geschütze 753, 813
Geschützlieferung 5
Gesellschaft freiwilliger Armenfreunde 696
Gesellschaft für Wissenschaften 2
Gesellschaft zur Ausbreitung des Christentums unter den Juden 89
Gesellschaft zur Beförderung der Tonkunst in Altona 786
Gesinde 71
Gesindel 677
Gesindelstreife 665
Gesindeordnung 41, 181
Gesundbrunnen 652
Gesundheitsattest 171, 172, 193, 706
Gesundheitspass 158
Getreideausfuhr 30, 188
Gevatter 77, 85, 182, 390, 423
Gevollmächtigte 609
Gewerbe 280, 680, 707, 708
Gewerbefreiheit 612
Gewerbepolizei 260
Gewerbetreibende 264, 762
Gewicht 155, 224, 225, 626
Gewürzhändler/Gewürzkrämer 163, 750
Gewürzwaren 600
Giebelschwein 235
Giftpflanzen 136

Gilde 199, 200, 201, 202, 531, 607, 616, 625, 645, 701, 702, 743, 758, 831
Gildeartikel 201, 202
Gildegeld 203
Glaser 245
Glaseramt 711, 762
Glasfabrikant 201
Glashütte 362
Glaswaren 184, 244
Glocke 82, 231, 434, 510, 516, 737
Glockengeld 78, 491
Glockengießerei 200
Glockenhaus 82
Glockenläuten 759
Glockenstuhl 398, 504, 510, 543, 548
Glücksspiel 808
Gnadenjahr 136, 387, 392, 405, 410, 413, 415, 416, 430, 435, 445, 447, 451, 457, 463, 465, 481, 491, 570, 575, 576, 686, 758, 780, 837, 839
Goding 775
Gottesdienst 65, 75, 78, 363, 370, 379, 381, 388, 396, 427, 428, 429, 444, 472, 493, 528, 545, 687, 694, 695, 709, 719, 728, 748, 782, 788, 817
Gottesdienstordnung 77
Gotteslästerung 808
Gouvernement 752
Grabstättengebühr 360
Grabstättengeld 491, 538
Grabstelle 585
Grafendiplom 2
Grenzberichtigung 630
Grenzbesichtigung 62, 626, 708
Grenzbestimmung 348
Grenze 40, 44, 50, 254, 280, 765, 771
Grenzpfahl 30
Grenzregulierung 340, 349, 598, 627, 631, 640, 648, 669, 670, 728, 732, 746
Grenzstein 670
Grenzstreitigkeit 38, 50, 201, 231, 266, 267, 314, 639, 643, 648, 773, 833
Grenzvergleich 283, 294, 629, 667
Grenzverletzung 25
Grobschmiedezunft 712
Grönlandfahrer 46, 196
Grund- und Benutzungssteuer 208, 214, 269, 286, 457, 572, 752
Grundsteuer 210, 531
Grützquere 237
Guineische Handelskompanie 216
Gut, adliges 779
Gut, adliges; Forstordnung 218
Gut, adliges; Hauskopulation 782
Gut, adliges; Hebungsbeamte 209
Gut, adliges; Konfirmationsgebühr 736
Gut, adliges; Kontributionskasse 209
Gut, adliges; Kruggerechtigkeit 219
Gut, adliges; Naturalleistung 211
Gut, adliges; Salzhandel 190
Gut, adliges; Schulbedienstete 132
Gut, adliges; Steuer 211
Gut, adliges; Steuerkasse 209
Gut, adliges; Steuerlisten 209
Gut, adliges; Strandgerechtigkeit 219
Gut, adliges; Tabakhandel 190
Gut, adliges; Vieh 170, 171, 172
Gut, adliges; Viehseuche 173
Gut, adliges; Zigeuner 155
Gut, adliges; Zollfreiheit 772
Gut, adliges; Zucht- und Werkhaus 126
Gut, lübsches 23, 27
Gutsbesitzer 214, 261, 262, 263, 264
Gymnasium 815
Hafen 20, 21, 42, 44, 197, 198, 202, 218, 602, 603, 605, 623, 658, 698, 722
Hafenabgabe 723
Hafenmauerrechnung 698
Hafenmeister 698
Hafenverordnung 39
Hafer 192
Hagelschaden 289
Hagelversicherung 204
Halbmeister 183
Halbprozentsteuer 210, 211, 212, 213, 214, 215

Hand- und Spanndienst 406, 516, 519, 521, 522, 524, 526, 532, 572, 620, 622, 644, 652, 776, 819, 824
Handdienst 37, 137, 284, 305, 509, 563, 564, 565, 575
Handel 1, 62, 696, 707, 711
Handelsfreiheit 36
Handelsgericht 40
Handelskompanie 696
Handelsprivileg 704
Handelsvertrag 1, 187, 188, 198
Händler 179
Handquere 641
Handwerk 707
Handwerker 259, 264, 281, 300, 624, 654, 697, 762, 771
Handwerksamt 199
Handwerksbursche 186
Handwerksgeselle 16, 180, 183, 199, 600, 763
Handwerksgilde 199
Hardespropst 64
Hausbrief 431, 680
Hausierhandel 258, 270, 285, 300, 345, 707, 733, 745, 822
Häuslinge 775
Haussammlung 81
Hausschatz 690
Haussteuer 210, 238, 239, 507, 700, 708
Haustrauung 64, 80, 90, 363, 525, 526
Hausvogt/Hausvogtei 596, 648, 653, 670, 685
Hautkrankheit 161
Havariekommissar 807
Hazardspiel 181
Hebamme 164, 165, 166, 167, 168, 272, 305, 346, 410, 508, 595, 596, 607, 624, 628, 637, 646, 652, 665, 666, 675, 692, 703, 707, 715, 731, 741, 743, 745, 757, 764, 808, 810, 822
Hebammenanstalt 165, 721
Hebammendistrikt 166, 168, 169, 258, 274, 311, 627, 716
Hebammengebühr 165
Hebammengeld 675
Hebammenkosten 450, 675
Hebammenordnung 163
Hebungsbeamte 204, 205, 206, 209, 616
Hebungsgevollmächtigte 206
Heer 176
Hegereiter 452, 575
Heidekätner 483
Heidenbekehrung 84
Heirat 79, 316, 590
Heiratsregister 77, 782
Heiratsverordnung 465
Herrendienst 653
Heu 191
Heuerling 289, 481, 631, 699, 789
Hexer 399
Hochzeit 79, 181, 182, 637, 646, 677, 780
Hofarmenschule 719
Hofdienst 245, 257, 281, 305, 307, 329, 341, 490, 642, 832
Hofgerichtsordnung 778
Hoflager 639
Hoheitsrecht 29, 38
Höker/Hökerei 31, 33, 190, 226, 239, 248, 249, 258, 262, 285, 289, 290, 294, 295, 297, 300, 304, 309, 312, 331, 334, 345, 346, 347, 350, 554, 634, 641, 642, 654, 658, 680, 762, 807, 820, 828
Hökereireglement 227, 244, 264, 310
Holländer/Holländerei 344, 735
Holz 155, 189, 191, 193, 801
Holzausfuhr 323
Holzbrüche 674
Holzdeputat 251, 365, 435, 462, 572, 585, 587, 816
Holzdieb/Holzdiebstahl 21, 218, 669, 671
Holzhandel/Holzhändler 649, 697, 712, 750, 751
Holzkohle 189
Holzlager 316
Holzrechnung 240
Holzschlag 1

Holzverkauf 193
Holzverordnung 218
Horndrechselhandwerk 339
Hospital 26, 27, 29, 33, 38, 88, 475, 627, 682, 683, 711, 719, 729, 738
Hospitalgericht 28
Hospitalkasse 475
Huckwehre 150
Huldigungseid 260
Hunde 186, 621, 741
Hundesteuer 714
Huren 808
Husaren 38
Husarenkommando 305, 344
Hutmacher 633
Impfgebühr 252, 607
Impfung 164, 167, 809
Indigenat 58, 75, 136, 669, 794
Industrie 62, 203
Infanterieregiment 48
Ingenieuroffizier 195
Ingrossationsbuch 22
Insten 154, 275, 278, 287, 290, 295, 312, 315, 323, 325, 328, 329, 331, 332, 335, 339, 340, 351, 352, 402, 403, 429, 474, 482, 487, 538, 564, 574, 627, 679
Intelligenzblatt 62
Intendantur, schwedisch-mecklenburgische 297
Introduktionsgebühr 541, 547
Inventar 49, 464
Irrenanstalt/Irrenhaus 128, 129, 130, 131
Jagd 23, 238, 248, 723, 801, 803
Jagdbeamte 219
Jagdbefugnis 262
Jagddienst 775
Jagdfuhren 601, 818
Jagdgefälle 642
Jagdgeld 238
Jagdgerechtigkeit 217
Jagdrecht 25, 34, 201, 625
Jagdtageleistung 288
Jagdvergehen 731, 805
Jagdverordnung 218
Jäger 183, 218
Jägerkorps, lauenburgisches 185
Jägermeister 218
Jesuiten 814
Jubelfest 76
Juden 2, 16, 24, 57, 85, 86, 89, 154, 177, 179, 184, 206, 263, 266, 267, 268, 271, 279, 303, 343, 344, 345, 352, 489, 600, 621, 634, 668, 691, 694, 715, 735, 747, 748, 749, 750, 752, 767, 814, 815, 822, 826, 838, 839
Justizbeamte 55
Justizbehörde 21
Kabinett 53
Kaffee 42
Kaffeehaus 724
Kaffeesurrogat 195
Kaffeschenke 722
Kajütenjunge 197
Kaland 29, 32, 281
Kalandsbote 383
Kalender 185, 709, 808
Kalk 155
Kalkberg 756
Kalkbrennerei 665, 697, 807
Kalkhandel 723
Kalkofen 820
Kammeradvokatur 5
Kammergerichtsordnung 204
Kammerzieler 4
Kanal 17, 21, 37, 38, 147, 149, 150, 189, 190, 191, 195, 196, 202, 617, 663, 665, 699, 734
Kanalaufsichtskommission 198
Kanallotsengesellschaft 191
Kandidat der Theologie 72, 780
Kanone 698
Kanonengießerei 204
Kantonierung 644
Kantor 132, 135, 415, 694, 695, 782
Kanzel 72, 76, 374
Kanzleigut 265, 779
Kanzler 50
Kapelle 324, 344, 411, 537, 596, 709, 710, 719, 755

Kaperer 19, 20, 43, 194
Kapitalsteuer 210, 211, 489, 679, 745, 762
Kapitelsvogt 595
Karren 16, 154
Karrengefangene 752
Karrenstrafe 16
Karten 44
Kartoffel 189
Kartoffelausfuhr 188
Kasse 205, 270
Kassenbedienstete 206
Kassenwesen 740
Kate 33
Katechet 546, 694
Katechisation 474, 503, 504, 508, 529
Katechismus 76, 83, 343, 354, 355, 378, 781
Katechumene 77, 525
Katholiken 85, 86, 344, 694, 719, 747, 814
Kätner 134, 243, 247, 268, 280, 308, 339, 344, 454, 481, 485, 563, 628, 651, 653, 676, 832
Kattunfabrik/Kattunfabrikant 38, 346, 352
Kavent 187
Kiepenträger 646, 715
Kinder 782
Kinderblattern 676, 677
Kindsmord 417
Kindstaufe 78, 677
Kirchenagende 515
Kirchenarchiv 67
Kirchenausschlag 307, 308, 317, 421, 437, 694, 830
Kirchenbank 694
Kirchenbann 492
Kirchenbau 83, 269, 390, 405, 406, 413, 449, 491, 506, 688, 736
Kirchenbaumeister 497, 504
Kirchenbaurechnung 527
Kirchenbedienstete 33, 66, 82, 117, 131, 218, 255, 284, 366, 374, 381, 424, 445, 446, 464, 466, 476, 486, 489, 514, 519, 528, 534, 569, 584, 627, 686, 690, 736, 737, 785
Kirchenblatt 84
Kirchenblock 373
Kirchenbote 440, 478, 550
Kirchenbuch 356, 357, 359, 370, 404, 499, 542, 566, 574, 580
Kirchenbuße 77, 80, 344, 379, 695
Kirchenchor 453
Kirchendisziplin 85
Kirchenfenster 549
Kirchenfuhre 333, 365, 457, 491, 532, 557, 603
Kirchengebäude 693, 727
Kirchengebet 407, 500, 781, 815
Kirchengeld 371, 453, 531, 695, 785
Kirchengeschworene 64, 307, 489
Kirchengestühl 532, 546
Kirchenglocke 83, 283, 366, 406, 414, 497, 516, 523, 524, 533, 536, 588
Kirchengrenze 19
Kirchengut 453
Kirchengüter 354, 355, 390
Kirchenhauptmann 392, 402
Kirchenhölzung 462, 511, 522
Kircheninventar 81, 136, 354, 372, 377, 381, 404, 407, 414, 427, 441, 444, 452, 487, 490, 514, 532, 542, 555, 566, 567, 569, 577, 737, 784, 793, 800, 835, 839
Kirchenjurat 64, 342, 387, 395, 402, 403, 406, 408, 411, 415, 417, 429, 436, 449, 453, 455, 456, 471, 527, 531, 533, 536, 548, 575, 579, 588, 686, 687, 688, 691, 736, 737, 783, 784, 819
Kirchenkapital 81, 318, 442, 534, 748, 794, 817, 818
Kirchenkasse 356, 359, 394, 436, 437, 445, 446, 503, 517, 518, 523, 786, 795
Kirchenkatechisation 423
Kirchenknecht 411
Kirchenkollegium 513, 760
Kirchenkonstitution 780

Kirchenkonvent 425, 437, 479, 534, 571
Kirchenlade 728
Kirchenländerei 452, 687
Kirchenlanste 402, 431
Kirchenlast 83, 584
Kirchenlotterie 708, 737
Kirchenmissal 233, 402, 686
Kirchenmusik 786
Kirchenopfer 488, 557
Kirchenordnung 64
Kirchenpatron 70, 781
Kirchenpflug 731
Kirchenprotokoll 687, 839
Kirchenrechnung 67, 81, 233, 354, 355, 356, 358, 359, 361, 364, 365, 366, 369, 373, 378, 383, 384, 387, 392, 397, 399, 408, 413, 421, 426, 437, 442, 444, 451, 463, 473, 481, 483, 487, 489, 490, 491, 498, 505, 512, 533, 570, 579, 595, 694, 705, 760, 784
Kirchenrecht 84
Kirchenregister 388, 548
Kirchenregulativ 494
Kirchenrente 317
Kirchenreparatur 83
Kirchenritual 76, 418
Kirchenritus 509
Kirchenroggen 440, 479
Kirchenroggengeld 402
Kirchenschändung 479
Kirchenschatz 492, 516, 604
Kirchenschoss 383, 387, 390, 394, 396, 400, 407, 408, 423, 471, 611, 685, 687, 709, 710, 760, 839
Kirchenschuld 383, 385, 407, 408, 488, 783
Kirchensiegel 760
Kirchenstand 427, 439, 451, 469, 532, 582, 585, 589, 709, 732, 742, 760, 792, 798, 819
Kirchenstrafe 76
Kirchenstuhl 233, 234, 255, 365, 367, 442, 455, 465, 478, 482, 486, 491, 496, 503, 506, 509, 527, 547, 569, 619, 736, 754, 759, 791, 815
Kirchensynode 65
Kirchenturm 530
Kirchenuhr 470
Kirchenverfügung 65
Kirchenverordnung 381
Kirchenvisitation 14, 64, 66, 67, 87, 296, 353, 355, 356, 363, 368, 372, 378, 380, 383, 384, 385, 389, 393, 404, 407, 416, 419, 426, 427, 440, 441, 442, 462, 463, 464, 465, 466, 467, 468, 480, 494, 500, 514, 525, 544, 550, 551, 552, 558, 566, 567, 579, 580, 709, 719, 728,736, 737, 783, 784, 790, 816, 831, 835
Kirchenvisitationsbericht 66, 353, 354, 355, 384, 427, 441, 442, 467, 494, 505, 514, 527, 781, 783, 784
Kirchenvisitationsgebühr 68, 427, 494
Kirchenvisitationskosten 706
Kirchenvisitationsprotokoll 503
Kirchenvisitator 67, 69, 71, 140, 381, 404, 484, 497, 513, 554, 566, 573, 762, 771, 782, 783
Kirchenzehnt 279
Kirchenzensor 64
Kirchenzeremonie 64
Kirchgeschworener 760
Kirchhof 64, 75, 87, 296, 344, 357, 372, 388, 418, 427, 430, 434, 454, 468, 472, 491, 493, 500, 503, 516, 520, 523, 524, 525, 528, 534, 541, 545, 549, 588, 693, 694, 710, 715, 731, 732, 733, 748, 752, 758, 760, 781, 786, 790, 791, 835
Kirchspieleinnehmer 609
Kirchspielsanlage 612
Kirchspielsbote 666
Kirchspielschreiberei 495, 521, 609, 610, 611
Kirchspielschronik 69
Kirchspielsdeichschoss 141
Kirchspielsdeputierte 609, 610
Kirchspielsgevollmächtigte 254, 609, 639

Kirchspielsrechnung 419, 602, 611, 615, 824
Kirchspielsversammlung 496
Kirchspielvogt/Kirchspielvogtei 598, 609, 610, 617, 639, 648, 662, 760
Kirchspielvorsteher 610
Kirchturm 449, 514, 516, 519, 520, 522, 524, 531, 532, 534, 535, 539, 545, 546, 547, 567, 581, 586, 801
Klingelbeutel 81, 417, 428, 474, 475, 533, 542, 580, 687, 711, 734
Klippschule 408
Kloster 136, 170, 171, 173, 190, 211, 261, 262, 263, 264
Klosterarmenhaus 250
Klosterhofmeister 234, 258
Klosterkommission 237, 244, 256
Klosterordnung 231
Klosterprediger 245, 368
Klosterrechnung 230, 231, 235, 242, 256
Klosterschreiber 255, 256
Klostervogt 232, 820
Knecht 181, 243, 619
Knechtsgilde 625
Knochenhaueramt 697
Koch 697
Kohle 195
Kokarde 185
Kollaborator 212
Kollateralsteuer 209, 210, 211, 212, 213, 214, 215, 381
Kollegium Scholasticum 695
Kollegium, akademisches 163
Kollekte 81, 82, 443, 709, 781, 782, 820
Kolonialwaren 657
Kolonie 50, 189, 200
Kommunion 77, 410, 419, 760
Komödiantin 80
Konfirmand 483, 567, 729
Konfirmandenunterricht 493, 569
Konfirmation 77, 78, 87, 131, 354, 373, 377, 382, 387, 389, 414, 423, 426, 436, 456, 460, 464, 466, 493, 497, 508, 511, 525, 528, 536, 540, 541, 581, 584, 709, 760, 815, 816
Konfirmationsregister 688
Konfirmationstag 575
Konfirmationsunterricht 384, 441
Konfitent 392, 443
Konkurs 83, 219, 261, 682
Konsistorialaktuariat 440
Konsistorialarchiv 465
Konsistorialassessor 426
Konsistorialbote 440, 550
Konsistorialgericht 64, 377, 426
Konsistorialrechnung 566
Konsistorium 16, 23, 32, 33, 65, 73, 80, 342, 630, 649, 686
Konsistorium, akademisches 718, 721
Konskribierte 21
Konsul 46, 188, 195, 196, 197
Konsulatsgebühr 195, 198
Kontingent 32
Kontrabande 37, 50
Kontribution 12, 13, 37, 50, 207, 263, 265, 273, 281, 282, 298, 303, 307, 311, 591, 592, 601, 604, 613, 658, 690, 714, 721, 723, 726, 740, 751, 802, 824, 825
Kontributions- und Steuerkasse 209
Kontributionsrechnung 233
Kontributionsregister 254, 282
Konventdiener 614
Konvikt 720, 721
Koog 211, 265, 514, 590, 591, 598, 614
Koogbesitzer 262
Kopfschatz 13
Kopfsteuer 24, 208, 209, 210, 213, 298, 604, 832
Korn 202
Kornausfuhr 806
Kornhandel 656, 704, 705, 807
Kornlieferung 71, 776
Kornmangel 202
Kornpreis 35
Kornschifffahrt 750
Kornvorrat 220
Kornwaren 193, 195

Korps 11
Krambude 64
Krämer 199, 691, 722, 739
Krameramt 750
Kramerkompanie 697
Krammarkt 343
Kran 738
Kranke 617
Krankenanstalt 721
Krankenbett 827
Krankenhaus 165, 334, 665, 667, 717, 721, 724, 730, 742, 757, 764, 808, 814
Krankenstiftung 745
Krankenwärter 756
Krankheit 78, 620, 668, 676, 841
Kranzreiten 637
Krätze 606
Kreditbrief 674
Kreditkasse 205, 262
Kreisanlagen 769
Kreissteuer 23
Kreistag 765
Kreistruppen 229
Kreuzerhöhungstag 493
Krieg 54, 187, 188, 192, 193, 307, 492, 590, 622, 644, 651, 652, 659, 662, 668, 684
Kriegsbelastung 254
Kriegsfuhren 228, 310, 345, 651, 675, 841
Kriegsgefangene 766
Kriegsgut 228
Kriegskosten 382, 644, 661
Kriegslast 601, 627
Kriegsmaterial 40
Kriegspflichtordnung 40
Kriegsschaden 300, 452, 591, 614, 651, 668, 682, 707, 745, 756, 757, 822
Kriegsschadensvergütung 269
Kriegsschiff 229
Kriegssteuer 816
Kriminalgebühr 665
Kriminalgeld 484, 675, 710
Kriminalkasse 766, 841
Kriminalkosten 30, 31, 290, 345, 595, 620, 674, 675, 677, 685, 688, 690, 767, 775, 776
Kriminalkostenrechnung 628
Kriminaltaxe 626
Krug 261, 290, 310, 316, 334, 493, 600
Krüger/Krügerei 213, 245, 250, 255, 335, 634, 658, 672, 673, 675, 734, 805
Kruggerechtigkeit 26, 27, 219, 273, 345, 620, 653, 689
Krugheuer 757
Krupschütze 218
Kuhlengräber 402
Küper 195
Kupferschmied 672
Kurantbank 206
Kürassier-Leibregiment 692
Küstenmiliz 608
Küster 71, 76, 140, 299, 342, 361, 367, 370, 408, 410, 420, 429, 444, 460, 461, 463, 486, 520, 694, 695, 727, 759, 770, 783, 787
Küsterhaus 369, 401, 408, 437, 452, 462, 511, 531, 535, 536, 539, 548, 556, 576, 586, 709
Küsterländerei 83
Küsterwitwe 69, 377
Küsterwohnung 494, 564
Lage 306
Lagemann 258, 340, 608
Lagerbuch 734
Lagerechnung 258
Lageregister 230, 326
Lagergeld 641
Landaufteilung 56, 619
Landaufteilungsgebühr 200
Landausschuss 78, 135, 136, 230, 244, 283, 296, 308, 310, 321, 330, 331, 338, 344, 434, 608, 620, 626, 635, 639, 653, 678, 679, 687, 737, 775, 814
Landausschussgeld 344
Landausschussleute 321
Landausschussreuterpferde 776

Landdiener 183, 654, 655
Landdrost 775, 824
Landesausweisung 802
Landesgevollmächtigte 597, 598, 599, 825
Landeskasse 824, 826, 829
Landeskommission 639
Landesmatrikel 208
Landesteilung 597
Landestrauer 427
Landesverteidigung 207, 228
Landesverweisung 129, 131
Landgericht 7, 255, 725
Landgerichtsordnung 4
Landgerichtsrat 217
Landhandel 302
Landhandwerker 33, 199, 241, 252, 264, 270, 271, 272, 273, 274, 275, 276, 277, 279, 286, 290, 291, 292, 293, 300, 301, 302, 303, 306, 310, 312, 313, 316, 320, 322, 323, 324, 325, 327, 328, 330, 332, 333, 335, 336, 337, 338, 339, 340, 341, 342, 349, 350, 351, 352, 353, 600, 613, 649, 654, 806, 830, 833
Landkarte 2, 177
Landkasse 597, 821
Landkasten 206
Landmaß 12, 254, 658, 659
Landmesser 203, 659
Landmilitär 230, 308, 340, 777
Landmilitärfuhren 608
Landmilitärordnung 230
Landmilitärpflichtige 17
Landmilitärreserve 137, 678
Landmilitärsession 303, 340, 679
Landmiliz 237
Landrecht 599, 655
Landreiter 648, 734
Landschreiber 599, 655, 656, 660, 666
Landschulmeister 424
Landseminar 137
Landsoldat 33, 137, 257, 280, 287, 289, 291, 309, 311, 338, 349, 409, 483, 565, 622, 666, 766
Landsoldatenfamilie 638
Landsteuer 33, 269, 270, 273, 394, 433, 459
Landstraßen 292
Landstreicher 626
Landsturm 466
Landvogt/Landvogtei 491, 497, 500, 505, 525, 590, 593, 599, 600
Landwirtschaft 62
Lastgeld 195
Laterne 702
Lazarett 286, 352, 627, 704, 717, 724
Lebensmittel 193
Lebensversicherungsgesellschaft 204
Leder 188
Legat 19, 31, 133, 134, 210, 212, 237, 241, 257, 301, 319, 357, 364, 368, 369, 371, 376, 377, 380, 387, 393, 400, 403, 410, 414, 426, 441, 463, 470, 474, 487, 489, 529, 599, 611, 656, 694, 706, 710, 759, 761, 816, 817
Legatgeld 382, 393
Lehen 50
Lehnsbrief 4, 769
Lehranstalt, polytechnische 140
Leibeigene 24, 25, 261, 365
Leibeigenschaft 261, 319, 339, 364, 679
Leibrente 2
Leibrentenanstalt 1, 2
Leichen 163, 441
Leichenbahre 442
Leichenfrau 744
Leichengebühr 429, 528, 553, 569
Leichenlaken 307, 532, 581
Leichenpredigt 479, 506
Leichenstein 748
Leichentaxe 752
Leihinstitut 614
Leinöl 195
Leinweber/Leinweberei 621, 682, 697
Lesebuch 375
Leuchtturm 44, 202
Likördestillerie 309
Lizenten 296, 601, 604, 659, 699
Lizenzfreiheit 602

Logbuch 196
Logenstuhl 474
Lohe 188, 193
Lohgerberamt 689
Lombard 126, 127, 697, 711, 715
Lombardverwalter 752
Lotse 22, 38, 42, 43, 44, 191, 193, 196, 771, 807, 824
Lotsenanstalt 193
Lotsenbrüderschaft 191
Lotsenexamen 191
Lotsengesellschaft 806
Lotsenordonnanz 806
Lotsensignalflagge 197
Lotterie 181, 182, 227, 367, 638, 699, 708, 808, 809, 830
Luftspringer 181
Lumpensammlung 766
Luxusverordnung 182, 808
Magazin 733, 806
Magazinkorn 419, 818
Magazinkornausschreibung 803
Magazinkorngeld 398
Magazinkornlieferung 318, 644, 831
Magazinlieferung 257, 340, 680, 833
Magd 181
Magistrat 28, 65
Mahlgeld 696
Mährische Brüder 85, 780
Maiensetzen 75
Maitegen 285
Maleramt 347
Malz 750
Malzen/Malzerei 263, 268
Manggut 262
Mannzahlprotokoll 708
Mannzahlregister 298
Manufaktur 187, 263
Maria-Magdalena-Tag 465
Marineangehörige 20
Marionettenspieler 181
Markt 13, 23, 181, 190, 199, 242, 243, 244, 246, 248, 252, 253, 259, 272, 306, 318, 342, 344, 348, 628, 641, 691, 692, 701, 711, 716, 727, 739, 743, 751, 754, 755, 780
Marktordnung 701
Markttage 716
Marschausschlag 659, 662
Marschausschlagsgeld 660
Marschgeld 33, 270, 289
Marschkommüne 206
Marschrechnung 654, 659
Marschrecht 655
Martinipflicht 392
Maskerade 181, 623
Maß 12, 155, 224, 225, 226, 367, 577, 601, 658, 659, 776
Matrose 46, 198, 229, 702, 707, 730, 813, 825
Mattengeld 696
Maurer 33, 697
Maureramt 259, 751
Maurerzunft 712, 744
Medikament 163, 164, 166, 168, 628, 638, 652, 841
Medizinalordnung 163, 701
Medizinalpolizei 260
Medizinalrechnung 304
Medizinaltaxe 164
Medizinalware 165
Medizinstudent 164
Mehl 220
Mehlhandel 347, 633
Meierhof 261, 262, 263, 269, 275
Mennoniten 121, 814
Mergelgrube 184
Messgefäß 702, 734
Messung 193, 195, 196
Michaelissammlung 726
Milch 344, 345
Milchhöker 702
Militär 47, 70, 79, 80, 132, 163, 166, 247, 248, 261, 269, 446, 678, 681, 720, 767
Militärauktion 724
Militärbäckerei 755
Militärdienst 305, 315, 678
Militärdivision 21
Militäretat 206
Militärfuhren 271, 651, 826
Militärhandwerker 814

Militärhospital 627
Militärkosten 595
Militärkranke 166
Militärkrankenhaus 667, 717, 742, 764, 814
Militärlazarett 766
Militärmarschgeld 285
Militärpatrouille 812
Militärperson 78, 109, 165
Militärpflicht 39, 239, 304, 340, 432
Militärreisegeld 285
Militärzivilbeamte 83
Miliz 199, 229, 261, 350
Mission 89
Missionskollegium 780
Mobiliengilde 201, 202, 261, 607, 702
Moor 258, 284, 285, 293, 409, 532, 592, 614, 642, 643, 650, 660, 758, 818, 821
Moorflagen 218
Mühle 28, 30, 33, 187, 220, 225, 235, 236, 249, 256, 258, 261, 279, 282, 283, 284, 308, 310, 321, 333, 346, 352, 434, 484, 548, 600, 622, 623, 627, 633, 634, 641, 647, 656, 657, 672, 673, 679, 680, 681, 693, 696, 697, 704, 726, 730, 732, 738, 739, 755, 769, 772, 776, 805, 824, 827, 829, 830, 832
Mühlenbau 304
Mühlenhanddienst 240
Mühlenmatte 308
Mühlenpflicht 220, 805
Mühlenvergehen 633
Mühlenzwang 245, 326, 327, 673
Müller 692, 707, 750
Mündigkeitserklärung 72
Munition 753
Münze 50, 293
Münzgerechtigkeit 35
Münzmeister 216
Münzsorten 393
Münzstätte 802
Münzverordnung 803, 807
Muschel 151
Muschelkalk 40
Muschelpfahl 248
Musik 637, 741
Musikalien 177
Musikant 179, 180, 245, 664, 697, 702
Musterung 46
Nachdruck 61, 177
Nachlass 10, 15, 36, 40, 48, 49, 162, 212, 213, 214, 215, 255, 350, 360, 362, 389, 445, 699, 721, 746, 803, 804, 805
Nachlassabgabe 802
Nachtwächter 238, 259, 346, 596, 627, 701, 714, 715, 767
Nachtwächtergeld 472
Nagelschmied 36
Näherrecht 742
Nahrungsgeld 707
Nahrungssteuer 681, 700
Namensänderung 56
National-Bataillon 465
Nationalmiliz 809
Naturalisationspatent 2, 3
Naturallieferung 11
Navigationsdirektor 198
Navigationskunde 198
Navigationsvertrag 188
Neutralitätspfahl 350
Niedersächsischer Kreis 4
Notzucht 682
Nutzbringende Gesellschaft 61
Oberamtsgericht 8
Oberbeamte 139
Oberpräsidentur 717
Obersachwalter 6
Obligation 219, 232, 740
Ochsen 169, 590
Offizier 229, 230, 465, 545, 704, 814
Ökonomie- und Kommerzkollegium 205
Ökonomiekollegium 818
Oktroi 605
Ölmühle 258
Opfergeld 322, 456
Orden 1, 53, 779
Ordensballei 312
Ordination 75, 440, 511, 565, 695

Ordinationsgebühr 541
Ordonnanzkette 20
Ordonnanzreiten/Ordonnanzreiter 466, 627, 708
Organist 136, 233, 276, 331, 352, 361, 362, 364, 365, 366, 371, 375, 395, 402, 410, 426, 460, 505, 509, 609, 611, 694, 709, 727, 783, 791, 796, 799, 800, 831, 840
Organistenhaus 434, 448, 450, 480, 485, 520, 529, 534, 546, 547, 553, 554, 559, 562, 563, 573, 574, 582, 680, 688, 792
Organistenwohnung 680
Orgel 82, 317, 366, 408, 410, 422, 444, 462, 476, 481, 507, 512, 518, 521, 532, 534, 538, 541, 546, 547, 551, 558, 585, 694, 799
Orgelbau 82, 199
Papageiengilde 616
Papierfabrik 202
Papiermaterial 187
Papiermühle 202, 680
Parchent 189
Parzellensteuer 706
Parzellierung 34
Parzellisten 262
Pass 2, 18, 19, 130, 177, 178, 179, 180, 184, 186, 617, 822
Passagegeld 296, 665, 699, 752
Passverordnung 178
Pastorat 359, 364, 365, 369, 371, 372, 374, 377, 388, 394, 397, 400, 403, 406, 410, 413, 414, 415, 417, 421, 432, 434, 448, 457, 461, 479, 481, 486, 496, 510, 516, 518, 519, 524, 530, 531, 532, 533, 534, 536, 537, 539, 540, 542, 546, 547, 548, 559, 570, 583, 584,730, 736, 754, 761, 785, 786, 788, 789, 793, 795, 801
Pastoratsarchiv 357, 427
Pastoratseinkünfte 536
Pastoratsgarten 453, 533, 687, 801
Pastoratsgebäude 524
Pastoratsländerei 81, 82, 83, 144, 148, 311, 313, 359, 360, 365, 366, 369, 370, 372, 376, 377, 396, 404, 416, 418
Pastoratswahl 50, 233, 242, 356, 360, 362, 371, 373, 377, 400, 404, 490, 500, 522, 688, 747, 759, 760, 781
Pastorenbesoldung 203
Pastorenwitwe 418
Pastorenwitwenhaus 531, 547, 549
Patronat/Patronatsrecht 64, 65, 66, 290, 358, 375, 407, 456, 462, 497, 693, 694, 759, 764, 818, 830
Pension 2, 54, 55, 219, 783, 813
Pensionskasse 219, 493
Pensionszulage/Pensionszulagekasse 55, 469
Perikopen 71
Pest 13, 50, 156, 157, 158, 159, 160, 161, 653, 695, 703, 773
Pestarzt 701
Pfandbuch 22
Pfandrecht 57
Pfarrgebäude 81
Pfarrländerei 365
Pfeifenfabrik 713
Pferde 11, 38, 160, 174, 189, 191, 237, 297, 345, 606, 633, 802
Pferdedieb/Pferdediebstahl 592, 817
Pferdedurchfuhr 260
Pferdefleisch 202
Pferdekauf 682
Pferdelieferung 250, 590
Pferdemarkt 23
Pferdeseuche 173
Pferdetransport 25
Pferdezucht 200, 807
Pflanzschule 697
Pflaumen 184
Pflegeanstalt/Pflegehaus 454, 612
Pflug 207, 742
Pfluglast 211
Pflugsetzung 311
Pflugsteuer 207, 208, 209, 263, 710
Pflugvogt 649
Pflugzahl 207, 208, 238, 263, 269, 276, 304, 339, 355, 404, 478, 826, 829
Pförtner/Pförtnerei 183, 745

Pfuscher 167
Physikat 163, 164, 165, 607
Physikus 65, 163, 166
Plincken 257, 660
Plinksitzer 405
Pocken 164
Poggendeich 150
Polizei 2, 31, 681, 752
Polizeiamt 179, 183, 185, 716
Polizeiaufseher 297
Polizeibedienstete 41, 618, 715
Polizeibehörde 178, 347
Polizeigerät 742
Polizeigericht 724
Polizeikommando 670
Polizeikosten 688, 715, 724
Polizeimeister 55, 183, 617, 701, 708, 716, 724
Polizeiordnung 182, 707, 733, 748
Polizeireiter 126, 154, 318, 637, 649, 678, 768
Polizeistunde 185
Polizeiverwaltung 716
Porto 11
Portofreiheit 263
Porzellan 190
Post 18, 20, 34, 732, 826
Postamt 628
Postbeförderung 716
Postgeld 841
Postkasse 54, 55, 517
Postmeister 240, 753, 813
Postwagen 38
Pottasche 196
Präbende 16, 25, 238, 434, 774
Präbendenstift 841
Prahm 708
Prahmbauer 711
Prahmfahrer/Prahmführer 697, 704, 712
Prälat 231
Präsentationsrecht 356
Predigereinkünfte 71
Predigerhaus 81, 429, 480, 534, 535, 559, 761
Predigerinstitut 720
Predigeropfer 559, 577
Predigerornat 64
Predigerpflicht 276
Predigerstelle 71
Predigerstuhl 546
Predigervakanz 70
Predigerverein 565
Predigerwahl 69, 71, 74, 294, 355, 356, 360, 377, 378, 386, 412, 425, 427, 436, 457, 463, 478, 481, 487, 500, 514, 625, 688, 727, 761, 830
Predigerwittum 584
Predigerwitwe 69, 70, 357, 359, 361, 363, 365, 367, 372, 376, 377, 400, 423, 541, 546, 558, 578, 582, 583, 587, 687, 780
Predigerwitwenabgabe 611
Predigerwitwengarten 738
Predigerwitwenhaus 431, 448, 450, 452, 456, 458, 470, 471, 518, 524, 530, 535, 537, 538, 539, 543, 548, 582, 738, 786
Predigerwitwenkasse 356, 381, 425, 426
Predigerwitwenlegat 426
Predigerwitwenpension 357, 370, 371, 495, 781
Predigerwitwenwohnung 533
Predigerwitwenzulagekasse 466, 579
Predigerwohnung 528
Predigt 69, 75, 76, 84, 256, 301, 380, 386, 391, 396, 410, 411, 416, 418, 423, 424, 428, 442, 443, 474, 476, 503, 504, 506, 507, 508, 515, 528, 529, 541, 543, 562, 566, 586, 687, 694, 709, 743, 760, 789, 798, 799, 820
Preis 762
Presse 1
Priegel (Nordempore) 632
Priester 747
Priesterkragen 737
Priesteropfer 444, 528, 546, 556, 835
Priesterzehnt 736
Primogeniturrecht 769
Prinzessinnensteuer 207, 214, 282

Priörin 230, 231, 239, 254
Prise 188, 814
Privilegium de non appellando 4, 9
Prokurator 4
Propst 65, 66, 68, 69, 230, 231, 244, 255, 259, 378, 381, 384, 463, 505, 565, 780, 816
Proselyt 85
Prövengilde 831
Proviantschreiber 187
Provinzialbericht 84, 382
Prozentsteuer 695
Prozess 778
Pulver 185
Pulvermagazin 702
Puppenspiel 344
Quacksalber 167, 169
Quarantäne 44, 159, 160, 161, 162, 773
Quarantänedirektion 160
Quarantänehaus 14
Quarantänekommission 46, 159, 160
Quarantäneverordnung 160
Quartalsopfer 527, 573, 588
Quartier 297
Quartieramt 708
Quartiergeld 210, 685, 714, 728, 814
Quartierkasse 239
Quartiermeister 821
Quartierrechnung 240
Quartprozentsteuer 335
Quittungsbuch 308
Rademacher 251, 711
Raketen 227, 809
Rang 53, 505, 567, 601, 746, 778
Rangordnung 55
Rangsteuer 209, 210, 212, 213, 214, 215, 261, 263
Raps 195
Rapssaathandel 612
Rapssaatmühle 187
Rathaus 685, 693, 734, 744, 755
Ratsdiener 723, 724
Ratsverwandte 685, 746
Räuber 153
Realprivileg 54
Realschullast 137, 139, 396, 422, 573
Rechenmeister 512
Rechnungsbeamte 204
Rechtsgewohnheit 56
Reeder 198
Reepschlägerei 697
Reformationsfest/Reformationstag 76, 84
Reformierte 3, 85, 344, 552, 694, 709, 748, 814
Regierung, gottorfische 746
Regiment 703
Reichsanlage 769
Reichsbank 211, 550, 680, 714, 766
Reichsbankgeld 55, 494, 661, 822
Reichsbankhaft 314
Reichsbankschuld 766
Reichsbankzinsen 32, 744
Reichsdeputationshauptschluss 3
Reichsfürstenrat 22
Reichsfürstenstand 1
Reichsgraf 261
Reichshoffiskalat 769
Reichshofrat 5, 7, 8, 9, 772, 773
Reichskammergericht 4, 5, 7, 8, 9, 10, 232, 278, 725, 740, 771, 777, 778
Reichsstand 3, 37
Reichstag 3, 9, 10
Reichsunmittelbarkeit 667
Reitvogt 595
Rekognition 265
Rekrut 620, 626, 653, 678
Rekrutenbezirk 753
Rektor/Rektorat 683, 695, 727, 728, 738, 749
Rektoratshaus 544
Religionsblatt 84
Religionsunterricht 517
Remontekommission 265
Remontepferd 11, 624
Rentekammer 127, 138, 187, 205, 206, 219, 220, 259, 469, 598, 620, 626, 635, 742, 800
Reserve 303, 326, 340
Resident 11, 28
Rettungsprämie 54, 353, 665

Reuter 393
Reutergut 229
Reuterpferd 265, 274, 318
Revisionskommission 234
Rezeptionsgebühr 604
Riemer 739
Rinderseuche 161
Ringreiten 715
Ritterschaft 37, 208, 261, 603
Ritterschaftsanlagen 281
Robbenfang 190
Roggenpreis 762
Römermonat 50
Rossdienst 254
Rotzkrankheit 160
Ruhr 158, 160, 161, 676, 810
Rüstwagen 228
Sabbat 75, 754
Sabbatordnung/Sabbatverordnung 32, 354, 363, 365, 421, 434, 491
Sachsenrecht 56
Sägemühle 308
Sakrament 486
Salariengeld 737, 743
Saline 650, 738
Salinengüter 50, 647
Salvagardie 349
Salz 184, 194
Salzhandel 190
Salzsiederei 341
Sandleute 590
Sanitätskollegium 164, 165, 166, 168, 722, 724
Sankt-Annen-Orden 53
Sarg 217, 375
Satisfaktionsgeld 207
Sattler 739
Schafe/Schäferei 12, 239, 650
Schanze 50, 149, 608, 666
Schanzenbau 654
Scharfrichter 307, 674, 684, 686, 693, 726, 732, 735, 808
Scharfrichterknecht 754
Scharlach 665
Schatzkammerabtragungsfonds 209
Schatzung 615
Schauspieler 181
Schauspielergesellschaft 702
Scheibenschießen 397, 741
Scheidung 28
Scherenschleifer 178, 811
Schiff 21, 149, 187, 188, 220, 229, 303, 605, 612, 657, 663, 666, 684, 703, 707, 712, 723, 752
Schiffbau 697
Schiffer 42, 177, 187, 257, 316, 421, 773
Schifferzunft 750
Schifferzunft 750
Schifffahrt 45, 46, 173, 186, 697, 712, 718, 750, 822
Schifffahrtsvertrag 188
Schiffsabgabe 196
Schiffsausrüstung 194
Schiffsbau 203
Schiffsdokument 681
Schiffsfracht 191
Schiffsjournal 196
Schiffslast 697
Schiffsparten 36
Schiffsreeder 187
Schiffsschreiber 187
Schiffsverzeichnis 299
Schiffswerft 697
Schiffszertifikat 195, 197
Schillsches Korps 12
Schlachter 35
Schlachteramt/Schlachterzunft 348, 697, 723, 739
Schlachtvieh 202
Schlagbaum 303, 667, 676, 680
Schleichhandel 42, 45
Schleswig-Holsteinische Anzeigen 61
Schleswig-Holsteinische Kammer 205
Schleswig-Holsteinische Kanzlei 54
Schleswig-Holsteinische Landkommission 200
Schleswig-Holsteinische Patriotische Gesellschaft 62
Schleswig-Holsteinische Zeitschrift 84
Schleswig-Holstein-Lauenburgische Kanzlei 203, 734, 757

Schleuse 38, 141, 142, 146, 147, 149, 151, 152, 251, 282, 297, 407, 416, 605, 617, 636, 659, 663, 664, 693, 698, 829, 832
Schleuseneinigung 150
Schleusenhauptmann 151
Schleusenschoss 661
Schlicklandsheuer 326
Schloss 699, 724
Schlossgarten 724
Schmähschrift 61, 411
Schmied/Schmiede 28, 31, 33, 214, 258, 624, 625, 634, 645, 649, 696, 739, 841
Schmiedeamt/Schmiedezunft 292, 331, 650, 689, 697, 711, 712, 762, 763
Schmiedegerechtigkeit 633
Schneider 245
Schneidergesellen 773
Schneiderzunft 249, 251, 252, 750, 751, 756
Schornstein 422
Schornsteinfeger 716
Schossdepartement 25
Schossgeld 690
Schreibmeister 727
Schriften, theologische 84
Schuhmachergesellen-Bruderschaft 612
Schulabgabe 382, 429, 474, 795, 801
Schulanlage 139, 457, 508, 579
Schulaufsicht 472
Schulbau 137, 297, 412, 458, 477, 508, 582, 787
Schulbedienstete 31, 82, 132, 136, 381, 424, 466, 569, 627, 674, 686, 690, 795
Schulbesuch 268, 341, 368, 395, 418, 441, 480, 681, 736, 788, 795, 799
Schulblatt 84
Schulbuch 333, 464, 466
Schuld- und Pfandprotokoll 30, 60, 61, 260, 275, 291, 303, 318, 321, 336, 346, 685, 734, 744, 776, 807, 833
Schuldfonds 139
Schuldforderung 682
Schuldiener 496
Schuldienst 413, 416, 420, 439
Schuldistrikt 137, 139, 327, 382, 387, 394, 411, 418, 420, 505, 553, 562
Schuleinkünfte 527
Schulfonds 135, 409, 438, 454, 459, 469, 475, 483, 504, 560, 578, 755, 793, 836, 838
Schulfuhren 499
Schulgebäude 357, 521
Schulgehalt 479, 485, 487, 505, 561, 568
Schulgeld 132, 140, 272, 323, 368, 375, 380, 383, 403, 410, 415, 416, 422, 431, 470, 473, 489, 495, 502, 505, 515, 517, 523, 525, 530, 544, 547, 558, 567, 572, 576, 579, 586, 626, 685, 706, 743, 783, 795, 800, 835
Schulhaus 67, 81, 82, 137, 140, 236, 253, 282, 286, 291, 293, 309, 321, 326, 328, 329, 336, 366, 368, 376, 383, 386, 390, 393, 394, 399, 401, 403, 404, 406, 407, 409, 411, 417, 419, 420, 430, 432, 437, 438, 439, 440, 441, 443, 446, 447, 448, 450, 451, 452, 457, 458, 459, 461, 462, 463, 469, 472, 473, 477, 480, 481, 482, 483, 484, 485, 487, 488, 501, 503, 504, 509, 510, 516, 518, 521, 523, 524, 532, 535, 536, 539, 541, 543, 545, 548, 553, 554, 555, 556, 558, 559, 560, 561, 563, 564, 568, 570, 571, 573, 574, 575, 576, 578, 579, 581, 582, 583, 584, 585, 586, 587, 588, 688, 706, 738, 786, 787, 788, 789, 792, 793, 794, 795, 796, 797, 798, 801, 836, 837, 838
Schulinteressenten 465
Schulkasse 628
Schulkate 246, 314, 315, 429, 528, 536, 547, 548, 580, 582, 649, 671
Schulkinder 423
Schulkosten 265
Schulland 83, 136, 238, 452

Schullast 386, 393, 402, 422, 448, 449, 450, 452, 454, 458, 459, 480, 487, 501, 513, 519, 555, 558, 568, 584, 788, 792
Schullegat 546
Schullehrer 31, 66, 136, 168, 204, 213, 245, 279, 323, 334, 338, 358, 364, 365, 367, 374, 375, 381, 389, 391, 392, 393, 395, 397, 405, 411, 416, 419, 420, 424, 426, 427, 429, 430, 431, 433, 435, 446, 450, 452, 454, 456, 457, 458, 460, 461, 462, 466, 472, 493, 582, 662, 686, 688, 710, 783, 795, 832
Schullehrerbibliothek 385
Schullehrerseminar 135, 136, 137, 139, 140, 722
Schullehrerwitwe 466, 504, 564
Schullehrerwitwenhaus 393
Schullehrerwitwenkasse 514, 835, 836, 839
Schullehrerwohnung 494, 583
Schulleistung 517, 523, 538, 555, 556, 558, 568, 571, 572, 573, 574, 576, 582, 583, 584, 585
Schullokal 138
Schulmeister 132, 218, 283, 308, 315, 363, 392, 410, 421, 445, 463, 481, 492, 495, 501, 719, 726, 770, 800
Schulordnung 66, 131, 132, 135, 136, 354, 363, 425, 440, 446, 470, 686, 706, 709, 728, 733, 738, 757, 780, 798, 836, 837
Schulpflicht 137, 366, 454, 476, 483, 554, 574
Schulplan 719
Schulprotokoll 472
Schulrechnung 505
Schulreglement 352, 529, 695
Schulregulativ 248, 381, 425, 437, 440, 441, 450, 466, 483, 494, 514, 518, 560, 581, 782, 786, 787, 794, 796, 835
Schulschilling 136
Schulstiftung 743
Schulstube 445, 473, 487, 507, 512, 544, 546, 553, 560, 563, 564, 568, 571, 588
Schultabelle 138, 580
Schultag 134
Schultorf 495, 508, 513
Schulunterricht 137, 138, 139, 401, 479, 485, 838
Schulverbindung 19
Schulverordnung 134, 365, 366, 464, 513, 640, 795
Schulvisitation 66, 433, 816
Schulvorsteher 405, 506
Schulwesen 308
Schuster 271, 684, 727, 746
Schusteramt/Schusterzunft 143, 242, 318, 337, 628, 658, 689, 706, 711, 713, 739
Schusterwaren 41
Schutz- und Verbittelsgeld 338, 775
Schutzbrief 281
Schützengilde 701, 743, 820
Schwängerung 28, 89, 378, 460, 695, 726
Schwärmer 84
Schweine 190, 192
Seedefension 20
Seedienst 129, 704
Seedienstpflichtige 681
See-Enrollierte 197, 338, 667
See-Enrollierung 229, 717
See-Enrollierungsverordnung 226
See-Etat 263, 704
Seefahrer 160, 229, 697
Seegras 202
Seekartenarchiv 196
Seeleute 19, 198, 229, 700, 705, 814
Seepass 186, 187, 188, 191, 192, 195
Seetonne 14, 17, 41, 197
Segensprecher 64
Seide 195
Seidenhändler 697, 750
Seife 196
Seiltänzer 181
Sektierer 84
Selbstmord 127, 412, 677, 691, 715

Seminarist 137, 139, 140, 420, 782
Seminaristenexamen 140
Setzungsregister 38
Setzwirtschaft 589
Seuche 50, 808
Siegel 630, 779
Siel 50, 142, 144, 148, 244, 281, 283, 593, 603, 621, 635, 645, 675, 698, 755, 809, 818, 832
Singen 76
Sirup 194
Sklavenkasse 187, 806
Sodomie 63
Soldaten 39, 153, 154, 179, 199, 234, 442, 443, 608, 650, 666, 676, 704, 719, 727, 814, 825
Soldatenfamilie 31
Soldatenkind 703
Soldatentumult 229
Sonntagsheiligung 64, 75
Sonntagsschule 540
Spanndienst 305, 509, 579, 582, 584
Spar- und Leihkasse 768
Spiel 701
Spielkarten 219, 221, 222, 224, 225, 249
Spinnerei 751
Spinnmaschine 628
Sportel/Sporteltaxe 32, 55, 596, 599, 670, 685
Sprachkenntnis 55
Spritzenanlage 646
Spritzenhaus 422
Staatsfonds 205, 206
Staatskasse 203
Staatsschuld 205
Stadkassierer 727
Stadtausschlagsgeld 699
Stadtbuch 735
Stadtdiener 183, 687, 736
Stadtfähnrich 692
Stadtkassierer 691
Stadtkommission 693
Stadtleutnant 692
Stadtmusikant 730, 731
Stadtpräsident 747
Stadtrechnung 699, 705, 729, 755
Stadtrecht 707
Stadtschreiber 726
Stadtsekretär/Stadtsekretariat 705, 707, 708, 714, 726, 746, 758, 761
Stadtstiftsdörfer 26, 27
Stadtvogt 55
Stadtwaage 696
Statthalter/Statthalterschaft 53, 76, 600, 609
Staugeld 672
Steckbrief 17, 19, 20
Stegegeld 834
Steingut 189
Steinkohle 195
Steinkohlentonne 155
Steinpflaster 606, 701
Stellmacher 251
Stempel 193
Stempelpapier 223, 296, 403, 705, 802, 803, 805, 817
Stempelpapierfreiheit 314, 721
Stempelpapiergeld 804
Stempelpapierverordnung 212, 221
Sterbeliste/Sterberegister 29, 65, 695, 710
Steuer 31, 54, 263, 265, 680, 751
Steuerfreiheit 833
Steuerleute 198
Steuermannspatent 192
Steuerregulierung 733
Steuertonne 137
Stiftsvogt 594
Stiftung 83, 87, 88, 165, 355, 368, 377, 517, 519, 705, 714, 719, 738, 745, 816, 837
Stipendium 132, 133, 134, 247, 248, 301, 382, 385, 426, 493, 631, 687, 721, 730, 782, 816
Stockhaus 693, 745
Störbaumbaumgerechtigkeit 711
Störbaumgerechtigkeit 711
Strafanstalt 390, 675, 680
Strafpfahl 375
Strand 802
Strandaufseher 658

Strandfahrt 722
Strandfall 219, 596, 616
Strandgerechtigkeit 219
Strandgut 40, 41, 42, 43, 605, 699
Strandrecht 219
Strandung 150, 220, 596, 602, 612
Strandverordnung 219
Strandvogt 617
Strandwache 605
Straßenpflaster 745
Strohdach 542
Stückknecht 131
Stückpferd 661
Student 54, 355, 720
Sturm 615
Sturmflut 52, 81, 143, 144, 147, 148, 299, 615, 811
Sturmschaden 698
Subsidialgeld 601
Subsidium charitativum 527
Superintendent 443, 543
Supplik 52, 57, 684, 693
Synagoge 719
Tabak 187, 807
Tabakfabrik 187, 249, 348, 728
Tabakhandel 190
Tabakrauchen 185
Tablettenkrämer 163
Tagelöhner 309, 681
Tanz 637
Tanzgesellschaft 840
Tanzunterricht 596
Tanzveranstaltung 250, 260, 272, 766
Taubenhaltung 606
Taubstummeninstitut 724
Taufanzug 475
Taufbuch 392
Taufe 33, 77, 78, 79, 87, 182, 271, 316, 343, 393, 434, 445, 473, 490, 491, 506, 530, 550, 587, 677, 703, 725, 728, 732, 780
Taufprotokoll 472
Taufregister 77, 298, 441, 725, 782
Taufschein 78, 123, 354, 373
Taufschmuck 562
Taufwasser 76
Taxationsprotokoll 599
Taxator 56, 589
Testament 59, 60, 210, 231, 300, 682, 802
Teuerung 202, 701
Theologiestudent 133, 377
Tischler/Tischlerei 697, 711, 828
Tischleramt/Tischlerzunft 259, 332, 348, 712, 713, 731, 750, 762, 763
Tollhaus 631, 645
Tollwut 186
Tonne 193, 223, 661
Torf 189
Torfdeputat 559, 560
Torfgraben 650
Torfmoor 411
Torfstich 150
Torgeld 699, 734, 752
Torwärter 627
Tote Hand 53
Totenfeier 380
Totengeläut 396
Totengilde 292, 304, 531, 742
Totengräber 549, 570, 719, 744
Totenregister/Totenverzeichnis 77, 298, 395, 441, 748, 782
Totenschein 588
Totenzoll 77, 815
Totschlag 16, 593, 718
Tran 191
Trauergeläut 231, 436, 443, 464, 478, 728, 818, 820
Trauerjahr 94, 380
Trauerordnung/Trauerverordnung 182, 224, 808
Trauschein 106, 262, 343, 595
Trauung 13, 26, 27, 28, 29, 32, 38, 39, 64, 78, 79, 80, 81, 86, 89, 90, 366, 380, 394, 424, 489, 492, 493, 499, 781, 784
Trauungsverzeichnis 29
Travefahrer 740
Triennium 74, 720
Truppen 12, 17, 30, 38, 50, 166, 207, 223, 232, 240, 257, 260, 298, 326,

327, 346, 606, 618, 644, 678, 679, 700, 813, 814, 816
Truppendurchmarsch 674
Truppenverpflegungsgeld 207
Tuchhändler 697
Tuchmacher 204
Tumult 724
Türkensteuer 23
Turmuhr 710
Überlassungskontrakt 262, 267
Uhr 694
Umschlag 181, 184, 202, 724
Umschlagspatrouille 155
Umschlagsregister 47
Umsingen 448, 523
Uniform 55, 183
Universität 9, 65, 611
Universitätsbibliothek 721
Universitätsferien 720
Universitätsprorektor 718
Unterkonsistorium 65
Untermahneramt 507
Unteroffizier 199, 230, 465, 666, 814
Unterrichtsanstalt 517
Unterstützungsanstalt/Unterstützungsinstitut 55, 88
Unterstützungskasse 666
Untertanenverband 3
Unzucht 362
Urfehde 35
Vagabund 347, 626, 649, 652, 676, 812
Vemessung 635
Verbittelsgeld 259, 280, 309, 443, 484, 679, 819
Verbitter 230, 232, 234
Verbrecher 19, 20, 665
Verfassung 12, 51
Verkoppelung 200, 201, 706
Verlobung 32, 79, 80, 89, 90, 316
Vermessung 29, 149, 152, 203, 243, 275, 288, 296, 310, 397, 630, 644, 650, 776
Vermessungsregister 354
Vermögenssteuer 409, 804
Verordnung 597, 818
Verpflegungsgeld 207, 682
Versicherung 203, 322
Versicherungsanstalt 204, 264
Versorgungsanstalt 55
Verwesungsgebühr 558
Veterinärschule 164
Vieh 201
Vieharzt 164
Viehattest 171
Viehhandel 191
Viehschoss 660
Viehseuche 208, 324, 358, 374, 664, 809
Viehseucheposten 809
Viehzoll 613
Vierprozentsteuer 208, 213, 215
Vier-Städte-Gericht 50, 56
Viertelprozentsteuer 209, 210, 340, 804, 805
Vikar/Vikarie 16, 425, 550, 555, 586, 774
Vikarienhaus 39
Vogelschießen 181
Vokation 540, 565
Vokationsgebühr 541, 547, 835
Volkszählung 200, 269
Vorkauf 192
Vormünderordnung 57
Vormundschaft 317, 593, 682, 683
Vormundschaftsverordnung 32
Vorsetzung 698
Vorwerk 673
Waage 755
Wachgeld 704
Wachtdienst 310, 654, 708
Wachthaus 326
Wachtschiff 16, 42, 43, 703
Waffen 192, 199
Wahlkapitulation 50
Wahnsinnige 128, 130, 131, 288
Waisen 671
Waisenhaus 40, 482, 742, 743, 808
Waisenkasse 424, 426, 514, 555, 597
Waldherr 671
Walfang 190
Wanderbuch 180, 183, 184

Wanderjahre 250, 252
Wappen 2
Wartegeld 55, 522
Wasen 151
Wassergang 141
Wasserleitungsgraben (Wetter) 151
Wasserlösung 298
Wattenfahrt 45
Weg 231, 298, 313, 329, 346, 691, 726, 823, 830
Wegebaum 331, 652
Wegegeld 20, 288, 296, 303, 317, 348, 652, 675, 677, 810, 834, 840
Wegeinstandsetzung 273, 282, 319, 321, 334, 358, 637, 645, 652, 653, 676, 677
Wegekarte 768
Wegeunterhaltung 271
Wegezoll 288, 676, 731
Wehemüttergeld 675, 676
Weidegeld 493
Weidegerechtigkeit 248, 254, 619, 625, 635, 764
Wein 21, 695, 697
Weinakzise 699
Weinhaus 724
Weinkeller 699
Weinschank 371, 624
Weißbäckeramt 641, 746
Werber 608, 617
Werbung 11, 38, 132, 152, 229, 279, 703, 813
Werkhaus 422, 693, 762, 818
Weserlotsengesellschaft 22
Wettbüro 220, 803
Wetter (Wasserleitungsgraben) 151
Wiedertäufer 814
Wiener Kongressakte 46
Wildbahn 642
Wilddeputat 217
Wilddieb/Wilddiebstahl 218, 671
Wilder Wassergang 140, 142, 144, 147
Wildschütze 218
Willkür 51, 806
Winkelschreiberei 558
Winkelschule 422, 504
Wirtshaus 617, 724, 808
Wittum 545
Witwen- und Waisenkasse 526
Witwengehalt 535
Witwenhaus 539
Witwenkasse 55, 383, 386, 393, 398, 424, 482, 513, 555, 569, 571, 597, 648, 779
Witwenpensionskasse 419
Wochenblatt 62, 169, 177, 253
Wochenschrift 61
Wolf 283
Wolle 194
Wörterbuch 137
Worthalter 729
Wundarzt 167
Wurzelkaffee 697
Zahnarzt 169
Zauberei/Zauberin 63, 647
Zehnpfennigamt 39
Zehnt 16, 17, 35, 244, 343, 690, 713, 763, 802, 803, 804, 805, 832
Zehntgeld 705
Zeitschrift/Zeitung 61, 62, 84, 169, 172, 176, 181, 343, 666
Zensur 61, 83, 342, 781
Zeremoniell 778
Zeughaus 703
Ziegeldach 204
Ziegelei 352, 543
Zigeuner 64, 154
Zimmeramt/Zimmerzunft 244, 247, 259, 270, 276, 633, 673, 697, 712, 741
Zimmerleute 657
Zimmermeister 754
Zinsfonds 205
Zoll 14, 35, 41, 43, 44, 193, 196, 295, 296, 601, 613, 636, 647, 673, 699, 700, 746, 758, 771, 772, 773, 801, 802, 803
Zollabgabe 57
Zollbeamte 18
Zollbedienstete 14, 42, 53

Zollfreiheit 248, 251, 252, 261, 262, 263, 264, 268, 271, 274, 277, 279, 283, 285, 289, 293, 295, 299, 304, 305, 311, 314, 316, 319, 322, 325, 328, 330, 336, 602, 614, 662, 680, 753, 766, 772, 804
Zollhaus 317
Zollkontrolle 741
Zollkutter 44
Zöllner 17, 19, 45, 46
Zollprivileg 704
Zollstätte 345, 802, 826
Zollvergehen 39, 592
Zollverordnung 39, 803
Zollverwalter 662
Zuchthaus 17, 30, 155, 163, 386, 399, 625, 679, 693, 705, 818
Zuchthausinventar 130
Zuchthauskasse 126
Zuchthauskirchenbedienstete 131
Zuchthausküster 127
Zuchthauspastorat 128
Zuchthausrechnung 127
Zuckersiederei 808
Zunft 16, 51, 242, 264, 600, 806, 807, 821
Zunft; Bäcker 348, 697, 730
Zunft; Branntweinbrenner 690
Zunft; Brauer 697
Zunft; Fährschiffer 703
Zunft; Maurer 712, 744
Zunft; Schiffer 750
Zunft; Schlachter 348, 723
Zunft; Schmiede 331, 712
Zunft; Schneider 249, 251, 252, 750, 751, 756
Zunft; Schuster 318, 706, 713
Zunft; Tischler 348, 712, 713, 750
Zunft; Zimmer 270, 712
Zunftartikel 252, 672, 723
Zwangsanleihe 240, 662, 691, 714
Zwangsarbeitsanstalt/Zwangsarbeitshaus 129, 348
Zweiprozentsteuer 210, 318, 356, 393, 425, 430, 569

Ortsregister

Aasbüttel 462
Abessinien 186
Achterhörn 393, 660, 761
Achterwehr 314
Adelmansfelden 9
Adria 157
Agethorst 314
Ägypten 159
Ahrenlohe 797
Ahrensbök 18, 99, 135, 176, 185, 218, 424, 427, 431, 631, 636
Ahrensbök, Amt 139, 220
Ahrensbök, Amt; Amtschirurg 638
Ahrensbök, Amt; Delinquentenwachen 635
Ahrensbök, Amt; Deputatholz 217
Ahrensbök, Amt; Dienstpferd 638
Ahrensbök, Amt; Gebühren 369
Ahrensbök, Amt; Grenzvergleich 294, 629
Ahrensbök, Amt; Hebammen 637
Ahrensbök, Amt; Kirchenvisitationsbericht 427
Ahrensbök, Amt; Kirchenvisitationsgebühr 427
Ahrensbök, Amt; Kontributionserleichterung 635
Ahrensbök, Amt; Landmilitärwesen 230
Ahrensbök, Amt; Schulhaltereinkünfte 425
Ahrensbök, Amt; Woltersteich 635
Ahrensbök, Vorwerk 213
Ahrensburg 96, 116, 121, 133, 174, 210, 212, 225, 377, 580, 667, 668
Ahrensfelde 267, 268, 269, 270, 271
Akeby 594
Albersdorf 495
Albersdorf (Gut Brodau) 286
Albersdorf (Landschaft Süderdithmarschen) 495, 496, 598
Albersdorf, Kirchspiel 601, 618
Aleppo 157, 158
Alexandria 158, 159, 162
Algerien 159
Algier 157, 188, 197, 198
Alster 37, 38, 303
Alsterdorf 787
Altendeich (Krempermarsch) 110, 691
Altengörs 222, 637, 757
Altenhafen 661
Altenkoog (Wilstermarsch) 147
Altenkrempe 112, 300, 301, 567, 570, 571, 730
Altenmoor (Krempermarsch) 420, 655
Altenweide 630
Altes Land 12, 722
Altgalendorf 33, 313
Altheikendorf 336, 557
Altona 16, 24, 36, 39, 40, 57, 73, 86, 102, 103, 104, 105, 106, 108, 110, 111, 113, 114, 115, 116, 117, 118, 119, 120, 122, 123, 124, 125, 210, 212, 226, 228, 240, 266, 298, 651, 671, 751, 761, 771, 778, 779, 781, 784, 785, 786, 803, 804, 805, 807, 808, 809, 810, 813, 828
Altona, Meierhof 322
Altona, Propstei 88
Altona; Anleihe 205
Altona; Annuitäts-Transport-Kontor 205, 804
Altona; Armenhaus 808
Altona; Armenstift 785
Altona; Assekuranzordnung 807
Altona; Bäckeramt 712
Altona; Bank 190
Altona; Begräbnisplatz 786
Altona; Elbstrand 804
Altona; Feuerordnung 805
Altona; Fischerei 772
Altona; Frachtweg 191
Altona; Gesellschaft zur Beförderung der Tonkunst 786
Altona; Gewicht 156
Altona; Grenze 50, 772
Altona; Handwerker 771
Altona; Juden 86, 343, 748

Altona; Katechismus 781
Altona; Kirchengebet 815
Altona; Kirchenmusik 786
Altona; Kollegium, akademisches 163
Altona; Kompastor 71
Altona; Konsistorium 342
Altona; Kornhandel 807
Altona; Krankenhaus 808
Altona; Landstraße 825, 826
Altona; Leichentransport 184
Altona; Maleramt 347
Altona; Mühle 769
Altona; Oberpräsidium 180
Altona; Pastor 140
Altona; Propst 695, 782, 784
Altona; Schiff 196
Altona; Siel 50
Altona; Soldaten 704
Altona; Stlpendium 134
Altona; Trauung 781, 784
Altona; Unterstützungsinstitut 88
Altona; Verhältnis zu Hamburg 771
Altona; Versicherung 204
Altona; Waisenhaus 808
Altona; Weg 810
Altona; Wochenschrift 61
Altona; Zoll 41, 802
Altrahlstedt 22, 530, 531, 580, 581, 669, 675, 677
Altrahlstedt, Kirchspiel 530, 581
Altratjensdorf 135, 541, 567, 574
Alveslohe 99, 113, 305, 306, 483, 484
Ameland 808
Amelingshof 281
Amerika 189, 200
Ammerswurth 603, 607
Amsterdam 682
Annenhof 333
Antoinettenhof 293
Apenrade, Amt 372
Appen 227, 797
Arentsee 150, 391, 399
Ärmelkanal 42
Armstedt 238, 239
Ärösköping 806
Aschau 207
Ascheberg 102, 105, 123, 210, 221
Aspe (Hohenaspe) 780
Aspern 121
Audorf 441, 445, 446
Augstfelde 431
Augustenhof, Gut 332, 574
Aukrug 752
Ausacker 590
Averfleth 96, 97, 103, 391, 393, 657
Averlak 501
Averlakerdonn 501, 502
Badendorf 122, 438
Bagatelle, Meierhof 271
Bahia 126
Bahrenfeld 306, 774, 784, 785, 809, 827, 829
Bahrenfleth 143, 144, 145, 150, 171, 273, 283, 302, 422, 689
Bahrenhof 476, 635
Balje 15
Baltimore 160, 161
Bankendorf 704
Barbarei (Nordafrika) 158, 159
Barcelona 162, 193, 197
Barensdorf 95, 576
Bargen 225, 518, 615, 618
Bargenstedt 603
Bargfeld 458
Bargfeld (Amt Rendsburg) 458, 642, 645
Bargfeld (Gut Jersbek) 120, 304, 374, 375
Barghorst 26, 28, 30, 34, 631, 637, 678
Bargstedt 303
Bargstedt (Amt Rendsburg 457
Bargteheide 304, 470, 532, 533, 579, 581, 582, 668
Bargum, Kirchspiel 591
Bargumer Koog 593
Bark 99, 464, 469, 474, 475, 477, 651
Barkau 89, 550, 551, 553, 554
Barkhorn 218
Barkhorst 27
Barlt 480, 496, 497, 511, 599, 601, 603, 604, 605, 652

Barlt, Kirchspiel 492, 497, 604
Barlter Altendeich 497
Barmissen 246
Barmstedt 103, 124, 306, 765, 766, 767, 835, 836, 837, 840, 841
Barmstedt, Amt 765, 769, 833
Barmstedt, Kirchspiel 833
Barmstedt; Armenhaus 836
Barmstedt; Armenkasse 840
Barmstedt; Fleckensrechnung 768
Barmstedt; Huldigungseid 765
Barmstedt; Katechetenstelle 836
Barmstedt; Kirche 833
Barmstedt; Kompastorat 837
Barmstedt; Küster 835
Barmstedt; Landaktuar 817
Barmstedt; Münzen 216
Barmstedt; Organist 835
Barmstedt; Schuldistrikt 837
Barmstedt; Schulordnung 836, 837
Barmstedt; Spar- und Leihkasse 768
Barmstedt; Tanzgesellschaft 840
Barmstedt; Weidegerechtigkeit 764
Barmstedt; Zoll 801
Barnitz 24, 25, 30, 436, 741
Barsbek 247
Barsfleth 176, 506, 605
Bastenberg 151
Batzhorn 258, 818, 820, 821
Bauland 821
Bayern 84, 157
Bebensee 212, 474, 475, 476
Bederkesa 14
Behl 430, 636
Behmhusen 500, 501, 502
Behrensbrook 174
Beidenfleth 89, 100, 286, 311, 394, 395, 396, 493, 654, 658
Beidenfleth, Kirchspiel 311, 378, 383, 399, 658, 659, 664
Beidenfleth; Altar 395
Beidenfleth; Armengeld 396
Beidenfleth; Armenkasse 395
Beidenfleth; Armenvorsteher 382, 396
Beidenfleth; Ausschweifungen 395
Beidenfleth; Begräbnis 394
Beidenfleth; Diakonat 395
Beidenfleth; Diakonatpflichtgeld 395
Beidenfleth; Diakonatsländerei 395
Beidenfleth; Feuerungsgeld 666
Beidenfleth; Hurerei 379
Beidenfleth; Kirche 396
Beidenfleth; Kirchenkasse 394
Beidenfleth; Kirchenschoss 396
Beidenfleth; Kirchspielvogt 654
Beidenfleth; Königliche Pflüge 654
Beidenfleth; Magensches Stipendium 385
Beidenfleth; Organist 395
Beidenfleth; Predigerhaus 396
Beidenfleth; Realschulasten 396
Beidenfleth; Schulbesuch 395
Beidenfleth; Schulgeld 422
Beidenfleth; Schullehrer 395
Beidenfleth; Schulpflicht 396
Beidenfleth; Totenregister 395
Beidenfleth; Vakanzpredigt 396
Beimoor 271
Bekau 830
Bekdorf 663, 664, 816
Beke 758
Bekenreihe 419, 662
Bekhof 113, 302
Bekmoor 100
Bekmünde 302
Bekschleuse 151
Beldorf 108
Belgien 198
Bellerkrug 236, 237, 238
Bellin 99
Bendfeld 61, 571
Bendorf 297
Bennebek 751
Benstaben 439
Bentfeld 33, 249
Bergedorf 20
Bergedorf, Amt 673
Bergen 22, 23, 667, 696
Bergen op Zoom 179
Bergewöhrden 516
Bergfeld 680
Bergrögen 342

Bergstedt 101, 533, 534, 583
Bergstedt, Kirchspiel 583
Bergstedt; Backhaus 533
Bergstedt; Bauervogt 677
Bergstedt; Grenzregulierung 670
Bergstedt; Kirchenglocke 533
Bergstedt; Kirchenjurate 579
Bergstedt; Kirchenkapital 534
Bergstedt; Kirchenkonvent 534
Bergstedt; Kirchenplatz 533
Bergstedt; Kirchenrechnung 579
Bergstedt; Kirchenreparatur 533, 534, 583
Bergstedt; Kirchhof 534
Bergstedt; Klingelbeutelsammlung 533
Bergstedt; Lektor 533
Bergstedt; Organist 352, 533, 583
Bergstedt; Organistenhaus 534
Bergstedt; Pastorat 533, 534, 583
Bergstedt; Pastoratseinkünfte 533
Bergstedt; Prediger 352, 671, 793
Bergstedt; Predigerhaus 534
Bergstedt; Predigerwitwe 242, 583
Bergstedt; Predigerwitwenwohnung 533
Bergstedt; Quartalsopfer 527
Bergstedt; Schullehrer 583
Bergstedt; Wegeinstandsetzung 677
Beringstedt 201, 215, 461, 645
Berlin 179
Berlin (Gut Seedorf) 113, 119, 337, 488
Berliner Au 337
Beschendorf 91, 365, 565, 680
Besenbek 765, 766
Bielenberg 13, 143, 144, 148, 151, 308, 309
Bille 38, 669, 670, 672, 677
Billwerder 37, 39, 126, 676
Bilsen 774, 825
Bimöhlen 480, 647
Bischof 400, 657
Bissee 621, 623
Bistrupgaard 131
Blankenese 40, 42, 44, 45, 46, 124, 219, 774, 791, 802, 810, 823, 825
Blankenese; Abgaben 826
Blankenese; Armenhaus 793
Blankenese; Bäcker 827
Blankenese; Dienstgeld 823
Blankenese; Dorfämter 828
Blankenese; Eiderlostsen 44
Blankenese; Einquartierungsfreiheit 826
Blankenese; Elbe 771
Blankenese; Elbstrand 825, 827
Blankenese; Ewerführer 808
Blankenese; Fährschiffer 825
Blankenese; Fischer 41, 42, 43, 45, 46, 47, 191, 197, 774, 808, 824
Blankenese; Fischerfrauen 39
Blankenese; Fuhren 823
Blankenese; Fuhrwesen 823
Blankenese; Kirchspielvogtei 180
Blankenese; Mehlhandel 827
Blankenese; Poststelle 826
Blankenese; Schulkosten 792
Blankenese; Schulland 791
Blankenese; Schullehrer 792
Blankenese; Stellvertreterdienstkontrakt 814
Blankenese; Strandgut 605
Blankenese; Weg 810
Blankenese; Ziegelbedachung 828
Blankenese; Zollbeamte 18
Blankenese; Zollstelle 826
Blekendorf 571, 572
Bliesdorf 29, 30, 31, 33, 61, 571
Blocksdorf 376, 462
Blockshagen 169, 207, 313, 314, 333, 621, 723
Blomesche Wildnis 10, 101, 115, 383, 385, 658
Blumenthal 440, 456, 459, 550, 561, 619
Blumenthal, Amt 14
Blunk 315, 476, 477, 648, 652
Boberg 547, 586
Böbs 25, 28, 29, 30, 32
Bockhorn 479, 651
Bockhorn, Gut 324, 325
Boden 630, 737

Böhmen 161, 173
Bohmstedt 592, 593
Böhnhusen 559
Boizenburg 721
Bokel (Amt Rendsburg) 115, 458, 482, 643
Bokel (Grafschaft Rantzau) 225, 837, 839
Bokelhop 296, 297, 448
Bökelnburg 499
Böken 456, 639, 641
Bökenberg 190, 537
Bokholt (Grafschaft Rantzau) 836
Bokhorst (Gut Hanerau) 297, 462
Bökingharde 590
Boksee 358, 553
Bönebüttel 543, 544, 560, 628
Bonn 180
Boostedt 542, 543, 554, 555
Bordelum 591, 593, 594
Bordelum, Kirchspiel 591
Bordelumer Koog 591
Bordesholm 58, 119, 212, 358, 534, 550, 554, 555, 621
Bordesholm, Amt 59, 399, 544
Bordesholm, Amt; Amtmann 455, 620, 627
Bordesholm, Amt; Brauzwang 620
Bordesholm, Amt; Dienste 620
Bordesholm, Amt; Erbpachtdistrikt 622
Bordesholm, Amt; Festequalität 589
Bordesholm, Amt; Feuerspritze 622
Bordesholm, Amt; Fuhren 620
Bordesholm, Amt; Fuhrleistungen 622
Bordesholm, Amt; Haushunde 621
Bordesholm, Amt; Haussammlung 730
Bordesholm, Amt; Holzlieferung 619, 622
Bordesholm, Amt; Kirchenbote 550
Bordesholm, Amt; Kirchenjurat 455
Bordesholm, Amt; Kirchenvisitation 551, 552
Bordesholm, Amt; Korn- und Fouragelieferung 622
Bordesholm, Amt; Krankheit 159
Bordesholm, Amt; Kruggerechtigkeit 620
Bordesholm, Amt; Landabgabe 621
Bordesholm, Amt; Landausschuss 620
Bordesholm, Amt; Leinweberei 621
Bordesholm, Amt; Nachmatt 620
Bordesholm, Amt; Weidegerechtigkeit 619
Bordesholm; Armenkasse 535
Bordesholm; Bettler 623
Bordesholm; Distriktchirurg 623
Bordesholm; Handwerker 624
Bordesholm; Kanaldamm 623
Bordesholm; Kirche 82, 457, 534, 554
Bordesholm; Kirchenanlagen 534
Bordesholm; Kirchenbedienstete 534
Bordesholm; Kircheninventar 555
Bordesholm; Kirchenjurat 555
Bordesholm; Kirchenvisitation 550, 551
Bordesholm; Kirchturm 534, 535
Bordesholm; Organist 535, 554
Bordesholm; Organistenhaus 554
Bordesholm; Pastorat 555
Bordesholm; Pastoratsscheune 534
Bordesholm; Pastoratstreppe 554
Bordesholm; Polizeimaßnahmen 623
Bordesholm; Predigerwitwenhaus 535
Bordesholm; Remontepferd 624
Bordesholm; Schulhaus 554
Bordesholm; Schullast 555
Bordesholm; Schullehrer 535
Bordesholm; Schulpflicht 554
Borgdorf 458, 459
Borgstedt 226, 639, 640
Bornholt 297
Bornhorst 304
Bornhöved 126, 163, 220, 423, 466, 478, 479, 637
Bornhöved, Kirchspiel 651
Bornhöved; Heide 651
Bornhöved; Kirchenbote 478
Bornhöved; Kirchenkonvent 479
Bornhöved; Kirchenstuhl 478
Bornhöved; Kirchenvisitation 467, 468
Bornhöved; Kuhweidegeld 651

Bornhöved; Maria-Magdalena-Tag 465
Bornhöved; Organist 478
Bornhöved; Pastorat 479
Bornhöved; Prediger 478
Bornhöved; Predigerländerei 479
Bornhöved; Predigerwahl 478
Bornhöved; Schulabgabe 478
Bornhöved; Schulunterricht 479
Bornhöved; See 647
Bornhöved; Trauergeläut 478
Börnsdorf 221
Borsfleth 93, 96, 396, 397, 398, 662
Borsfleth, Kirchspiel 397, 398
Borsfleth; Armengeschäfte 383
Borsfleth; Brücke 141
Borsfleth; Deich 143, 664
Borsfleth; Deichlast 144
Borsfleth; Diakonat 397, 398
Borsfleth; Diakonatsländerei 398
Borsfleth; Glockenstuhl 398
Borsfleth; Gottesdienst 396
Borsfleth; Huckwehr 397
Borsfleth; Kirchengemälde 397
Borsfleth; Kirchenländerei 397
Borsfleth; Kirchenrechnung 397
Borsfleth; Kornmahlen 326
Borsfleth; Latjen-Ufer 664
Borsfleth; Pastorat 65, 397
Borsfleth; Pastoratseinkommen 396
Borsfleth; Pastoratsländerei 144, 396, 397, 398
Borsfleth; Predigerländerei 398
Borsfleth; Propst 397
Borsfleth; Schullehrer 397
Borsfleth; Schullehrergehalt 398
Borsfleth; Totengeläut 396
Borsfleth; Zigeuner 154
Borstel (Amt Segeberg) 488, 490
Borstel (Herrschaft Pinneberg) 17, 773, 826
Borstel, Gut 80, 263, 303, 358, 373, 375, 484, 647, 670
Bosau 30, 423, 439, 632, 637
Bösbüttel 515, 612
Bösdorf 165, 429, 430, 431
Bossee 63, 360
Bothkamp 136, 212, 242, 250, 359, 621, 627
Bothkamper See 623
Bovenau 99, 169, 442, 448
Braak (Amt Neumünster) 628
Braak (Amt Reinbek) 105, 581
Braaken 609
Brabant 11
Brahmkamp 457
Bramfeld 113, 583, 674, 676
Brammer 459
Bramsted; Kirchenbau 481
Bramsted; Orgel 481
Bramstedt 85, 185, 223, 280, 480, 641, 651, 652, 657
Bramstedt, Gut 479
Bramstedt, Kirchspiel 175, 647, 650, 651
Bramstedt; Begräbnis 479
Bramstedt; Einquartierung 651
Bramstedt; Gesundbrunnen 652
Bramstedt; Gnadenjahr 481
Bramstedt; Kirche 50, 480
Bramstedt; Kirchenrechnung 481
Bramstedt; Kirchenroggen 479
Bramstedt; Kirchenvisitation 467, 468
Bramstedt; Kirchgeschworene 279
Bramstedt; Kirchspielvogtei 650
Bramstedt; Landreiter 648
Bramstedt; Magazin 280, 650, 651
Bramstedt; Maria-Magdalena-Tag 465
Bramstedt; Marktplatz 653
Bramstedt; Organistenhaus 480
Bramstedt; Pastoratsland 481
Bramstedt; Pastoratswiese 480
Bramstedt; Predigerhaus 480
Bramstedt; Privilegien 648
Bramstedt; Schulbau 480
Bramstedt; Schulhaus 480
Bramstedt; Vagabundentransport 652
Bramstedt; Wege 175
Brandenburg 217
Brandenburg, Mark 169
Brasilien 198
Braunschweig 590
Braunschweig, Herzogtum 121

Bredenbek (Amt Plön) 635
Bredenbek (Gut Kronsburg) 309, 310, 360
Bredenbekshorst 465, 648
Bredeneek 263, 330
Bredenmoor 310
Bredstedt 591, 592, 593
Bredstedter Koog 591
Breiholz 151, 451, 452, 457, 642, 645
Breitenberg 282, 283, 380, 398, 399, 411, 539
Breitenburg 133, 134, 145, 213, 282, 377, 380, 410, 411, 648, 780
Breitenburg, Herrschaft 93, 207, 412, 454
Breitenburg, Herrschaft; Arme 765
Breitenburg, Herrschaft; Bedienstete 411
Breitenburg, Herrschaft; Brandschatzung 274
Breitenburg, Herrschaft; Familienstellen 284
Breitenburg, Herrschaft; Feldsteine 201
Breitenburg, Herrschaft; Grenze 708
Breitenburg, Herrschaft; Holzfällen 453
Breitenburg, Herrschaft; Kanzlei 50
Breitenburg, Herrschaft; Konkursangelegenheit 280
Breitenburg, Herrschaft; Moorwasser 659
Breitenburg, Herrschaft; Schullehrer 411
Breitenburg, Herrschaft; Viehseuche 171
Breitenburg, Kirchspiel 281, 282
Breitenburg, Schloss 411
Breitenstein 335
Brekling 594
Breklum 591, 592
Breklumer Koog 591, 592
Bremen 11, 13, 22, 44, 159, 195, 217, 802
Bremen, Herzogtum 41, 127, 169, 170, 229, 722, 769, 770
Bremervörde 12, 16
Brendeck 486
Brenkenhagen 102, 573, 679
Brickeln 124
Brinjahe 441, 451, 643
Brodau 250, 567, 573
Broden 50
Brodersdorf 110
Brokdorf 95, 98, 111, 146, 399, 400, 603, 656, 660, 661
Brokdorf, Kirchspiel 150, 383, 399, 656, 658, 659, 664
Brokdorf; Armengeld 399
Brokdorf; Armenkasse 399, 400, 409
Brokdorf; Armenvorsteher 689
Brokdorf; Boten 666
Brokdorf; Bracke 142
Brokdorf; Deichlasten 149
Brokdorf; Deichschaden 142
Brokdorf; Diakonat 399
Brokdorf; Dikage 142
Brokdorf; Elbschanze 149
Brokdorf; Fähre 605
Brokdorf; Kirche 399
Brokdorf; Kirchenrechnung 399
Brokdorf; Kirchenschoss 400
Brokdorf; Kirchenschuld 383
Brokdorf; Kirchturm 400
Brokdorf; Pastorat 400
Brokdorf; Pastoratsländerei 144
Brokdorf; Predigerwitwe 400
Brokdorf; Schanze 666
Brokdorf; Schiffsstrandung 150
Brokdorf; Schleuse 142
Brokdorf; Schule 399
Brokdorf; Schulmeister 400
Brokenlande 558, 627
Brokreihe (Krempermarsch) 102
Brokstedt 640, 641
Bruchs 277
Brügge 80, 535, 550, 551, 555, 556, 620, 623
Brünn 82
Brunsbüttel 498, 600
Brunsbüttel, Kirchspiel 135, 140, 494, 607

Brunsbüttel; Armenkasse 499
Brunsbüttel; Bollwerke 605
Brunsbüttel; Deichgeschworener 605
Brunsbüttel; Deichreparatur 50
Brunsbüttel; Deichverstärkung 142
Brunsbüttel; Diakonatsland 498
Brunsbüttel; Eindeichung 141, 145
Brunsbüttel; Elbtonnen 45
Brunsbüttel; Elementarschullehrer 498
Brunsbüttel; Fähre 605
Brunsbüttel; Festmusik 226
Brunsbüttel; Graben 607
Brunsbüttel; Hafen 605
Brunsbüttel; Holz- und Buschauktion 603
Brunsbüttel; Kirche 497
Brunsbüttel; Kirchenbaumeister 497
Brunsbüttel; Kirchenrechnung 498
Brunsbüttel; Kirchspielvogt 498
Brunsbüttel; Pastoratsland 497
Brunsbüttel; Patronatsrecht 497
Brunsbüttel; Prahme 708
Brunsbüttel; Rektoratswohnung 498
Brunsbüttel; Rektorwahl 499
Brunsbüttel; Schleusenbau 152
Brunsbüttel; Schulhaus 499
Brunsbüttel; Schullehrerwohnung 494
Brunsbüttel; Winkelschule 498
Brunsbütteler Neuen Koog 134, 151
Brunsbüttelhafen 498, 499, 599, 600
Brunsbüttelkoog 498
Brunsholm, Gut 6
Brunsholt 148, 420, 660
Brunstorf 109, 581
Brunswik 87, 94, 100, 117, 180, 226, 528, 622, 623, 624
Brunswik; Armengeld 624
Brunswik; Aufenthaltsverbot 724
Brunswik; Hofarmenschule 719
Brunswik; Juden 621
Brunswik; Leichentransport 620
Brunswik; Nebenschule 552
Brunswik; Schulgebäude 552
Brunswik; Schulhausbau 553
Brüssel 75
Buchholz (Landschaft Süderdithmarschen) 149, 498, 499, 607
Bücken 282, 388
Buckhagen 51
Büdelsdorf 96, 447, 639, 643
Budissin 178
Bühnsdorf 475, 476
Bülk 718
Bullendorf 406, 765
Bullenkuhlen 222, 765, 766, 836
Bullenstadt 178
Bülowsche Wildnis 215, 788, 789, 831
Bünningstedt 107, 271
Buntenhof 147, 208
Bünzen 458, 619, 639, 641
Bürau 207
Burg (Landschaft Süderdithmarschen) 182, 204, 499, 500, 501, 603, 606, 607
Burg auf Fehmarn 162, 172
Burg, Kirchspiel 499, 600, 601, 605
Burger Au 141, 146, 147
Burhave, Amt 824
Busdorf (Gut Bothkamp) 278
Busenwurth 496, 506
Büsum 45, 139, 515, 602, 605, 610, 615, 617
Büsum, Kirchspiel 147, 148, 150, 610, 611
Büsum; Begräbnisplatz 515
Büsum; Deiche 147
Büsum; Diakonat 515
Büsum; Elbtonne 45
Büsum; Kirchenboden 515
Büsum; Kirchenreparatur 515
Büsum; Kirchspielschreiberei 610
Büsum; Kirchturm 514
Büsum; Kornwaren 193
Büsum; Pastorat 515
Büsum; Predigt 515
Büsum; Rektorat 515
Büsum; Rektoratshaus 515
Büsum; Seedeiche 616
Büttel (Wilstermarsch) 408, 409, 658, 664, 665

Büttel, Meierhof 237, 302, 401
Buxtehude 18
Cadiz 160, 161, 197
Carlshütte 155
Celle 169
Celle, Herzogtum 229
Christianenhain 325
Christiansfeld 202
Christiansfelde 439, 632, 633
Christianshof (Amt Traventhal) 632
Christiansthal 293
Cismar 209, 215, 537, 540, 574, 596
Cismar, Amt 71, 227, 527, 565, 730
Coruna 197
Curau 19, 29, 37, 73, 102, 425
Cuxhaven 42, 43, 44, 46, 159, 160, 773
Dägeling 150, 281, 283, 284, 285, 383, 662, 684
Dahme 135, 541, 542, 574
Dahmsdorf 437
Dakendorf 80
Dalmatien 159
Damlos 118, 119, 568, 680
Dammducht 151
Dammfleth 393, 655, 658, 665, 758
Damsdorf 636
Dänemark; Bündnis 50
Dänemark; Finanzkollegium 205
Dänemark; Friedensvertrag 50, 188
Dänemark; Gottorf 48
Dänemark; Handelsvertrag 187, 188, 198
Dänemark; Handwerksgeselle 183
Dänemark; Juden 177
Dänemark; Landmesser 203
Dänemark; Pass 2
Dänemark; Reutergüter 229
Dänemark; Schifffahrtsvertrag 188
Dänemark; Trave 740
Dänemark; Truppen 207
Dänemark; Vertrag 1
Dänisch-Nienhof 99
Dänisch-Nienhof, Gut 748
Dänischwohld 549
Dannau (Gut Kuhof) 568
Dannau (Gut Rantzau) 110, 225, 329
Danzig 156, 174
Darenwurth 521, 614
Darmstadt 74
Dassower See 10
Dätgen 440, 456
Davisstraße 190
Dazendorf 29, 203, 570, 707
Deicherde 302
Deichhausen 92, 515, 616, 617
Deichkamp 569
Delingsdorf 80, 304, 579, 668
Dellstedt 523
Delmenhorst, Grafschaft 170
Delve 516, 611
Delve, Kirchspiel 609
Demühlen 552, 553, 624
Depenau 118
Dersau 273, 430
Detmold 721
Deutsches Reich 11
Deutschland 50, 65, 156, 169
Deutsch-Nienhof 96
Deutsch-Nienhof, Gut 376
Diekhof, Gut 325
Diekhusen 503
Diekshörn 604
Dietrichsdorf 117
Dingen 500, 501
Dithmarschen 16, 37, 41, 156, 187, 229
Dobersdorf 295
Dobersdorf, Gut 563
Dockenhuden 40, 106, 777, 792, 822, 827, 828
Döhnsdorf 95
Dorfgarten 246, 556, 557
Dörnick 429
Dörpstedt 638
Dörpum 593
Dosenbek 102
Douay 120
Dovenmühlen 144, 147
Dowenholz 764
Drage 114, 288, 403

Drage, Gut 6, 135, 172, 297, 449, 453, 460, 642
Dransau 572
Dreggers 105, 475, 476
Drelsdorf 591
Driburg 284, 383
Drochtersen 20
Dükermühle 235, 418, 420
Dummersdorf 29, 433
Dunkelsdorf 215, 266, 267, 268, 269, 270
Dünkirchen 50
Düpsgraben 146
Dürwade 74
Düsternbrook 122
Düttebüll 351
Duvenstedt 111, 340, 583, 643
Eckernförde 92, 138, 449, 705
Eckernschmiede 34, 637
Eckhöft 211
Eckhorst (Gut Eckhorst) 104, 161, 175, 265, 268, 269, 438
Eckhorst, Gut 204, 267, 268, 269, 270
Ecklak 125, 394, 656, 663
Ecklaker Ducht 393
Eddelak 37, 190, 226, 432, 494, 500, 501, 502
Eddelak, Kirchspiel 140, 606
Edemannswisch 513
Edendorf 401
Eesch 508
Egenbüttel 812, 827
Eggstedt 510, 511
Ehlerstorf 24, 256, 565, 568
Eichede 221, 535, 536, 579, 583, 584, 585, 674, 677, 678
Eichede, Kirchspiel 536
Eidelstedt 486, 789, 790, 809, 810, 827, 830
Eider 41, 198, 241, 623, 750
Eiderstede 94, 108, 113, 554, 622
Eiderstedt, Landschaft 75, 243, 720
Eilsdorf 439, 486, 487
Einfeld 534, 560, 619
Einhaus (Gut Ehlerstorf) 290
Eisendorf 458, 459, 643
Eishammer 617
Ekelsdorf 222
Ekholt 837, 838
Elbe 13, 20, 35, 50, 161, 187, 193, 196, 219, 770, 772, 802, 804, 814
Ellerau 108, 305, 793, 794
Ellerbek 114, 246, 248, 249, 556, 794, 825, 827, 829
Ellerdorf 97, 458, 644
Ellerhoop 836
Elmenhorst (Amt Tremsbüttel) 222
Elmenhorst (Gut Jersbek) 91, 222, 303, 304, 374, 668
Elmenhorst (Gut Lanken) 670
Elmschenhagen 243, 360, 551, 556
Elmshorn 15, 104, 108, 109, 111, 115, 122, 167, 225, 389, 416, 568, 767, 768, 787, 811, 835, 837, 838, 840
Elmshorn, Kirchspiel 840, 841
Elmshorn; Armenhaus 50, 765
Elmshorn; Armenkasse 766, 767
Elmshorn; Armensetzung 838
Elmshorn; Brückengeld 317
Elmshorn; Durchfahrt 765
Elmshorn; Einquartierung 822, 824
Elmshorn; Juden 86, 767, 822, 838
Elmshorn; Kircheninventar 835
Elmshorn; Kirchenprotokoll 839
Elmshorn; Kirchhof 835
Elmshorn; Kirchspielvogtei 179, 768
Elmshorn; Klostersande 834
Elmshorn; Kompastorat 837
Elmshorn; Kompastoratsland 839
Elmshorn; Kriegsgefangene 766
Elmshorn; Landstraße 825
Elmshorn; Maureramt 259
Elmshorn; Militärlazarett 766
Elmshorn; Organist 837
Elmshorn; Pastor 834
Elmshorn; Pastorat 838
Elmshorn; Pastoratsländerei 838, 839
Elmshorn; Patronat 834
Elmshorn; Priesteropfer 835
Elmshorn; Reichsbankschuld 766
Elmshorn; Rückwerk 767
Elmshorn; Scharfrichter 307

Elmshorn; Schiffer 196
Elmshorn; Schule 837
Elmshorn; Schulfonds 838
Elmshorn; Schulhaus 838
Elmshorn; Schullehrerwitwenkasse 839
Elmshorn; Seidenladen 767
Elmshorn; Tanzveranstaltung 766
Elmshorn; Tischleramt 259
Elmshorn; Vormstegen 834
Elmshorn; Wasserleitung 151
Elmshorn; Wegegeld 834
Elmshorn; Zimmeramt 259
Elpersbüttel 507, 508
Elsass 117
Elsdorf 451
Elsfleth 22, 144
Elskop 101, 121, 149, 152, 389, 390, 391, 660, 664, 667, 686
Embühren 451, 452, 646
Emkendorf, Gut 445, 455, 643
Emmelsbüll 590
Ems 45
Engelau 104, 318
England 50, 196
Entendorf 319
Epenwöhrden 509, 604
Eppendorf 781, 783, 787
Erfde 522
Erfrade 171, 284, 285, 648
Erfurt 182
Erlangen 84
Esche, Gut 16
Eschelsmark 5
Esfleth 145, 146, 148
Esgrus 377
Esingen 818, 819, 824, 834
Essen 10
Etz 796
Eutin 24, 25, 32, 33, 92, 108, 192, 211, 242, 425, 426, 433, 633
Eutin, Amt 631
Eutin, Fürstbistum 53
Eutin, Fürstentum 88
Eutin, Stift 23, 27
Eutin; Erbschaft 680
Eutin; Fürstbischof 29, 30
Eutin; Gerichtshalter 31
Eutin; Justizkanzlei 630
Eutin; Kirchhof 439
Eutin; Konsistorium 425, 427, 433, 537, 632
Eutin; Mühle 679
Eutin; Pastorat 578
Eutin; Pferdemarkt 23
Eutin; Prediger 439
Eutin; Sabbatordnung 32
Eversdorf 237
Faareveille 718
Fackenburg 21
Fahren 215
Fahrstedt 504
Falken 178
Falkendorf 330, 331
Fallersleben, Amt 121
Fargau 564
Fargemiel 577, 578
Farnewinkel 509
Farve 173, 214
Farvemühl 339, 340
Fedderingen 494, 519, 609, 611, 617
Fegetasche 634, 745
Fehmarn, Landschaft 294, 306, 446
Fehmarnsund 294, 707
Fehrenbötel 474, 558, 625, 648, 649
Felde 91, 94, 320, 441
Feldhusen 285, 417
Ferrol 197
Fiefbergen 111, 123, 250
Fiefharrie 535, 554
Fiel 508, 509
Finkenwerder 19, 41, 45, 773, 781
Finnland 174
Fischbek 96, 303, 473, 668
Fitzbek 235, 237, 238, 241
Flehde 615
Flemhude 550, 551, 557
Flensburg 47, 50, 84, 178, 218, 590, 594
Flensburg, Amt 66, 180, 231
Flensburg, Propstei 425
Flethsee 410, 662, 664

Fliegenfelde 438, 633
Flintbek 237, 539, 550, 559
Flottbek 53, 169, 823, 827, 829
Flüggendorf 323
Fockbek 103, 124, 443, 445, 639, 643, 645
Föhr 610
Föhrden 480, 652
Frankfurt 50
Frankreich 3, 5, 17, 31, 37, 38, 39, 42, 187, 807
Frauenholz, Gut 472
Frauenholz, Meierhof 32, 466
Frauenwisch 116
Frederikswerk 204
Freiburg (Elbe) 17, 703
Fresenburg, Gut 172, 173, 471, 606, 630, 651, 740
Frestedt 511
Friedrichsgabe (Herrschaft Pinneberg) 122, 126, 794
Friedrichsgabekoog 87, 144, 513, 602, 605, 613, 616
Friedrichshof (Amt Plön) 109, 631
Friedrichshof (Landschaft Süderdithmarschen) 597, 601, 603, 604
Friedrichshulde 829
Friedrichsort 228, 722
Friedrichstadt 110, 197, 480, 601
Fuhlenrühe 481
Fuhlsbüttel 828
Fünen 15, 50
Füsing 231
Futterkamp 4, 318, 359, 569, 571, 572, 726
Gaarden 110, 249, 253, 556, 557, 624
Gaarz 293, 567, 568
Gadeland 95, 244, 560, 626, 627, 628
Gadendorf 362, 572
Garbek 350, 491
Garding 241
Garkau 432, 634
Garstedt 104, 123, 793, 794, 828
Gehlensiel 788
Gelting 6
Generalstaaten 10
Gentenbeck 179
Genua 188
Georgenthal 324
Geschendorf 486, 637
Gettorf 74
Gibraltar 162
Giddendorf 568, 732
Giekau 318, 366, 572
Gieschenhagen 19, 107, 114, 115, 200, 283, 474, 754
Gieschenhagen; Armenhaus 475
Gieschenhagen; Fouragelieferung 636
Gieschenhagen; Gartenteile 756
Gieschenhagen; Hospital 475
Gieschenhagen; Hospitalkasse 475
Gieschenhagen; Jahrmarkt 754
Gieschenhagen; Kalkarbeiter 474
Gieschenhagen; Klingelbeutelkasse 475
Gieschenhagen; Vereinigung mit Segeberg 755, 757
Giesensand 299, 771
Glasau 176, 369, 629
Glasholz (Gut Ascheberg) 430
Glashütte (Amt Segeberg) 558
Gleschendorf (Amt Ahrensbök) 31, 32, 33, 84, 107, 222, 228, 423, 424, 425, 431, 432, 634
Gleschendorf (Amt Schwartau) 431
Glinde (Amt Reinbek) 586
Glinde (Gut Blumendorf) 275
Glinde (Herrschaft Pinneberg) 40, 74, 795, 824
Glindesmoor 142, 404
Glückstadt 7, 15, 16, 17, 24, 34, 39, 43, 60, 71, 74, 78, 81, 84, 85, 87, 91, 92, 97, 98, 101, 102, 106, 114, 116, 121, 122, 123, 124, 135, 146, 163, 180, 193, 199, 208, 213, 220, 221, 222, 224, 226, 327, 379, 380, 386, 398, 636, 663, 666, 719, 758, 779, 829
Glückstadt; Ämter 199
Glückstadt; Amtshaus 655
Glückstadt; Arme 152

Glückstadt; Armenarbeitshaus 88
Glückstadt; Armenkasse 88
Glückstadt; Barbieramt 199, 689
Glückstadt; Bettelei 153
Glückstadt; Bier 681
Glückstadt; Blechenschläger 35
Glückstadt; Buchhandel 177
Glückstadt; Buntenhof 147, 208
Glückstadt; Bürgermeister 35
Glückstadt; dänische Kronen 217
Glückstadt; Deich 149, 829
Glückstadt; Deserteure 228
Glückstadt; Festung 608, 813
Glückstadt; Festungsdeich 146
Glückstadt; Garnison 327
Glückstadt; Gelehrtenschule 213
Glückstadt; Gerichtsstand 5
Glückstadt; Gewicht 156
Glückstadt; Gilde 201
Glückstadt; Handel 656
Glückstadt; Handwerksgesellen 183
Glückstadt; Holzlieferung 50
Glückstadt; Irrenhaus 128, 129, 130
Glückstadt; Juden 87
Glückstadt; Karren 154
Glückstadt; Katholiken 86, 94
Glückstadt; Kirche 12
Glückstadt; Kirchenanlagen 327
Glückstadt; Kirchenvisitation 385
Glückstadt; Lombard 127
Glückstadt; Medizinalhandel 164
Glückstadt; Münzakten 216
Glückstadt; Münze 216
Glückstadt; Münzmeister 216
Glückstadt; Neues Tor 830
Glückstadt; niederländische Kolonie 50
Glückstadt; Obergerichte 51
Glückstadt; Pass 180
Glückstadt; Pastorwahl 50
Glückstadt; Pest 13
Glückstadt; Polizei 327
Glückstadt; Prahmführer 283
Glückstadt; Reformierte 243
Glückstadt; Regierung 8, 28, 37
Glückstadt; Rethövel 126
Glückstadt; Scharfrichter 686
Glückstadt; Schiff 43, 44, 193
Glückstadt; Schiffer 196
Glückstadt; Schifffahrt 160
Glückstadt; Schlachter 35
Glückstadt; Schleuse 829
Glückstadt; Schloss 642
Glückstadt; Schule 385
Glückstadt; See-Equipage 42
Glückstadt; Soldaten 228, 229, 608
Glückstadt; Soldatentumult 229
Glückstadt; Strafanstalten 130, 131
Glückstadt; Viehseuche 172, 173
Glückstadt; Warentransport 41
Glückstadt; Werkhaus 126, 818
Glückstadt; Wilder Wassergang 140
Glückstadt; Wolle 36
Glückstadt; Zoll 35
Glückstadt; Zubrot 199
Glückstadt; Zuchthaus 17, 126, 127, 128, 129, 130, 155, 386, 399, 818
Glüsing (Amt Rendsburg) 450, 640
Gnissau 117, 426, 427
Gnutz 459
Goding 775
Göhl 139, 328
Gokels 642
Goldbogen 665
Goldenbek 635
Goltoft 594
Gömnitz 356, 573
Gönnebek 626
Görnitz 334, 335
Gorrieswerder 770
Gosdorf 93, 540, 541, 575
Gosesand 770
Gotha 61
Gothendorf 439
Gottesgabe 191
Gottorf 47, 48, 50, 153, 216, 781
Gottorf, Amt 231
Gottorf, Herzogtum 22, 36, 64, 153, 357, 717
Götzberg 651
Gowens 329
Grabau 263

Gramdorf 363, 576
Grammersdorf 568
Grande 587
Grasort 769
Grauel 450, 640
Gravenstein 683
Grebenhagen 103, 107
Grebin 95, 109, 334, 335
Grevenhof 769, 770
Grevenkop 175, 389, 390, 413, 664, 665, 686, 693
Grevenkrug 555
Greverkate 552
Gribbohm 641
Griesenwerder 770, 791
Grinau 266
Grindel 38
Gröde 782
Grömitz 73, 92, 115, 172, 527, 537, 538, 573, 595, 596
Gronenberg 223
Grönhude 236, 284
Grönland 46, 146, 421, 654
Grönsund 194
Grönwohld (Amt Trittau) 587, 675
Grönwohld (Gut Muggesfelde) 315, 316
Grönwohldshorst 596
Groß Buchwald 535, 555, 623
Groß Flottbek 791, 792, 819
Groß Gladebrügge 476
Groß Kampen 221, 657, 661, 663
Groß Kollmar 13
Groß Kummerfeld 627
Groß Nordende 798, 799, 800, 824
Groß Nordsee 90, 169, 360, 441
Groß Pampau 670
Groß Rönnau 649
Groß Steinrade 269
Groß Vollstedt 291, 458, 459, 643, 645
Großbarkau 253, 358
Großbritannien 3, 11
Großbüttel 601
Großenaspe 380, 538, 539, 550, 555, 558, 626
Großenbrode 120, 161, 294, 295, 312, 462, 481, 566, 567, 572, 705
Großendorf 767, 836, 837
Großensee 101, 579, 587, 674
Großenwiehe 378
Großflintbek 539, 540, 550, 551, 559, 619, 754
Großhansdorf 19, 670
Großharrie 560, 621
Großwessek 529, 731
Großwisch 108
Groven 521
Grube 82, 95, 135, 139, 209, 540, 541, 549, 574, 575
Grube; Armenbeiträge 541
Grube; Backhaus 540
Grube; Beerdigung 542
Grube; Diakonat 574
Grube; Fähre 596
Grube; Hegereiter 575
Grube; Kirchenanlagen 541
Grube; Kirchenausbesserung 542
Grube; Kirchenbücher 574
Grube; Kirchengebäude 541, 575
Grube; Kirchenjurat 575
Grube; Kirchenreparatur 540, 541
Grube; Kirchhof 541
Grube; Kompastor 575
Grube; Kompastorat 540, 542
Grube; Kompastoratsland 542
Grube; Konfirmationstag 575
Grube; Organist 574
Grube; Organistenhaus 574
Grube; Organistenscheune 541
Grube; Organistenwitwe 541
Grube; Orgel 541
Grube; Pastorat 540, 575
Grube; Pastoratsgebäude 542
Grube; Pastoratsland 574
Grube; Pastoratsländerei 566
Grube; Pastoratsländerei 82
Grube; Prediger 527, 540, 541, 574, 575
Grube; Predigerwitwe 541
Grube; Predigt 541
Grube; Quartalsopfer 573

Grube; Schule 541, 575
Grube; Schulgebäude 574
Grube; Schulländerei 541
Gruberhagen 8, 575, 596
Grünenthal 98
Gudendorf 507
Guinea 216
Gurbek 352
Guttau 575, 596
Haale 52, 451, 452, 644
Haarberg 139
Hackeboe 96, 392, 393, 394
Hadeln 12, 17
Hademarschen 84, 94, 296, 297, 298, 442, 448, 449
Hademarschen, Kirchspiel 441, 448
Hadenfeld 290, 461
Hadersleben 56, 83, 128, 593
Hadersleben, Amt 244
Haferwisch 526
Haffkrug 635
Hagen 74
Hägen 519
Hagen (Amt Segeberg) 112, 280, 480, 481, 651
Hagen (Gut Ahrensburg) 271
Hagen (Gut Hagen) 369, 562
Hagen, Amt 17
Hagen, Gut 320, 369, 563
Hahnenkamp (Kloster Uetersen) 258, 406
Hahnheide 674
Hainböst 272
Hainholz 120, 149, 829, 830, 837, 838
Halberstadt 86
Halle 164
Halloh 626
Halstenbek 795, 797
Hamburg 4, 5, 7, 10, 18, 20, 21, 32, 50, 58, 61, 62, 92, 118, 123, 127, 130, 160, 178, 179, 187, 211, 229, 302, 303, 305, 342, 348, 374, 377, 387, 389, 568, 594, 622, 672, 674, 677, 678, 679, 693, 717, 722, 759, 777, 784, 790, 791, 800, 803, 804, 805, 815, 816, 827, 828, 829, 840
Hamburg; Ausweisung 21
Hamburg; Bier 681
Hamburg; Bille 670
Hamburg; Briefbeförderung 678
Hamburg; Deserteure 270
Hamburg; Dieb 759
Hamburg; Domkapitel 801, 825
Hamburg; Eheaufgebot 124
Hamburg; Fabrikwaren 194
Hamburg; Flagge 195
Hamburg; Flucht 703
Hamburg; Frachtfahrt 190
Hamburg; Fuhren 267, 703
Hamburg; Fuhrleute 765
Hamburg; Gericht 671
Hamburg; Getreidetransport 21
Hamburg; Grenze 348, 669, 670
Hamburg; Groversche Konkurs 8
Hamburg; Hafen 42, 44
Hamburg; Heiraten 379
Hamburg; Holzdiebstahl 669
Hamburg; Juden 86, 87, 345, 748
Hamburg; Konfirmation 581
Hamburg; Krankheit 14
Hamburg; Leichentransport 25, 545
Hamburg; Magistrat 52
Hamburg; Maire 32
Hamburg; Militär 47
Hamburg; Münzedikt 216
Hamburg; Nexus 693
Hamburg; Ordonnanzkette 20
Hamburg; Pest 156, 158
Hamburg; Polizeibehörde 347
Hamburg; Sankt Johanniskloster 781
Hamburg; Schaumburgischer Hof 188
Hamburg; Schiff 42, 229, 303, 605
Hamburg; Schlachteramt 8
Hamburg; Schlagbaum 667
Hamburg; Transport 193
Hamburg; Trauung 78
Hamburg; Tribunal 19
Hamburg; Vergleich 777
Hamburg; Warentransport 41
Hamburg; Weg 175, 647
Hamburg; Werbung 11, 229
Hamburg; Zoll 41

Hamburger Baum (Amt Kiel) 619
Hamburger Berg 39
Hamdorf (Amt Rendsburg) 451
Hamdorf (Amt Segeberg) 331, 476, 477
Hameln 131
Hamfelde (Amt Trittau) 548, 587, 676
Hammel (Jütland) 244
Hammer, Hof 552, 723
Hammoor 582, 668, 678
Hamweddel 441, 451, 645
Hanerau 88, 149, 225, 295, 296, 448, 460, 496, 598, 642
Hanerau, Amt 296
Hanerau, Gut 448
Hannover 40, 41, 43, 283, 669, 829
Hannover, Kurfürstentum 10, 12, 44, 195
Hansühn 359, 367, 576, 577
Harburg 20, 38
Harksheide 100, 111, 224, 828
Harmsdorf (Gut Güldenstein) 295, 576
Harmswöhrden 176
Hartenholm 208, 477, 649
Haselau 110, 144, 261, 823
Haselau; Deiche 143
Haselau; Diensboten 783
Haselau; Jagdfuhren 818
Haselau; Kirche 780, 782
Haselau; Kirchengebäude 788
Haselau; Kirchenvisitation 354, 383
Haselau; Ländereien 298
Haselau; Schulbesuch 788
Haselau; Schulregulativ 787
Haselau; Sturmflutschäden 143
Haselau; Torfmoor 818
Haseldorf 73, 114, 144, 259, 363, 788
Haseldorf, Amt 265
Haseldorf; Brandgildeordnung 299
Haseldorf; Deiche 143
Haseldorf; Dienstboten 783
Haseldorf; Gottesdienst 788
Haseldorf; Jagdfuhren 818
Haseldorf; Justitiar 40
Haseldorf; Kirche 780, 782
Haseldorf; Kirchendach 788
Haseldorf; Kirchenvisitation 354
Haseldorf; Pastorat 788
Haseldorf; Sturmflutschäden 143
Haseldorf; Torfmoor 818
Hasenkrug (Amt Segeberg) 480, 640
Hasloh 794
Hasselburg 571, 705
Hasselburg, Gut 3, 25, 61, 208, 571
Hassenbüttel 515
Hatzburg 778, 783
Havekost (Amt Ahrensbök) 432, 637
Havighorst (Amt Reinbek) 221
Havighorst (Amt Reinfeld) 92, 471, 472, 632, 633, 638
Havighorst (Kloster Preetz) 242
Hedwigenkoog 87, 101, 118, 123, 124, 148, 150, 212, 525, 526, 610, 613, 614, 615, 616
Heede 106, 226, 766, 836, 840
Heide 59, 90, 136, 503, 517, 557, 612, 615, 618
Heide; Aktuariat 615
Heide; Arbeits- und Pflegeanstalt 612
Heide; Armenarbeitsanstalt 213
Heide; Armenversorgungskommission 517
Heide; Begräbnis 514
Heide; Eggenbuch 613
Heide; Fleckenschatz 516
Heide; Glocke 516
Heide; Grenzstreitigkeit 609
Heide; Kirchenbesuch 502
Heide; Kirchenreparatur 517
Heide; Kirchenschatz 516
Heide; Kirchenvisitation 514
Heide; Kirchhofsmauer 516
Heide; Kirchspielvorsteher 610
Heide; Kirchturmbau 516
Heide; Kirchturmreparatur 516
Heide; Landstraße 617
Heide; Landvogtei 90
Heide; Papageiengilde 616
Heide; Parochialverhältnisse 517
Heide; Pastorat 517
Heide; Persenweg 607
Heide; Privatunterrichtsanstalt 517

Heide; Reichsbankzettel 615
Heide; Religionsunterricht 517
Heide; Schuhmachergesellen-Bruderschaft 612
Heide; Schule 516, 517
Heide; Schulgeld 517
Heide; Schulklasse 517
Heide; Stipendium 134
Heide; Weg 617
Heidekamp 49, 434, 435, 437, 636
Heidekamp (Amt Reinfeld) 434
Heiderfeld 485
Heidgraben 824
Heidkamp 434, 635
Heidmühlen 538, 558, 625
Heidrege 824, 825
Heidschlag 225
Heiligenhafen 23, 115, 121, 133, 178, 196, 214, 300, 464, 469, 570
Heiligenhafen, Kirchspiel 124
Heiligenhafen; Apotheke 165
Heiligenhafen; Diakonat 469
Heiligenhafen; Diakonatsländerei 570
Heiligenhafen; Eheangelegenheiten 27
Heiligenhafen; Kantor 469
Heiligenhafen; Kirchengebäude 469
Heiligenhafen; Kirchenjurate 469
Heiligenhafen; Küster 570
Heiligenhafen; Landhandwerker 199
Heiligenhafen; Pastor 570
Heiligenhafen; Pastoratsländerei 469
Heiligenhafen; Pastoratsscheune 469, 570
Heiligenhafen; Pastoratsspeicher 469
Heiligenhafen; Rektor 469
Heiligenhafen; Schullehrer 565
Heiligenhafen; Totengräber 570
Heiligenhafen; Weg 176
Heiligenstedten 17, 117, 121, 167, 171, 209, 237, 279, 386, 400, 401, 763
Heiligenstedten, Kirchspiel 401
Heiligenstedten; Armenkasse 401
Heiligenstedten; Armenkollegium 401
Heiligenstedten; Armenlasten 656
Heiligenstedten; Aufnahme von Fremden 400
Heiligenstedten; Begräbnis 238, 301
Heiligenstedten; Deich 143
Heiligenstedten; Deichbrüche 145
Heiligenstedten; Diakon 386
Heiligenstedten; Diakonat 401
Heiligenstedten; Eheaufgebote 397
Heiligenstedten; Fastnachtssammlung 401
Heiligenstedten; Hebammendistrikt 168
Heiligenstedten; Kirchenhauptmann 402
Heiligenstedten; Kirchenjurate 402
Heiligenstedten; Kirchenkapital 301
Heiligenstedten; Kirchenrechnung 233
Heiligenstedten; Kontribution 273
Heiligenstedten; Küsterhaus 401
Heiligenstedten; Pastoratsländerei 401
Heiligenstedten; Pastoratswahl 233, 400
Heiligenstedten; Prediger 233
Heiligenstedten; Predigerwitwe 400
Heiligenstedten; Schulhaus 401
Heiligenstedten; Stipendium 133
Heiligenstedten; Viehseuche 171
Heiligenstedtenerkamp 401
Heiliggeist-Dörfer 23
Heilshoop 636
Heinkenborstel 640, 641, 646
Heist 258, 794, 795, 796, 805, 811, 817, 818, 819, 820, 821
Heisterende 821
Helgoland 22, 38, 41, 42, 43, 44, 85, 129, 134, 191, 195, 202, 617, 785
Hellhof 176, 317, 404
Hellschen 126, 526
Helmstedt 59
Helmstorf 215, 567, 726
Helserdeich 91, 504
Helsingør 189
Hemdingen 837
Hemme 211, 518, 610, 611, 615
Hemme, Kirchspiel 613
Hemmelmark 6

Hemmerwurth 92, 616
Hemmingstedt 502, 503, 512
Hemmingstedt, Kirchspiel 601
Hennstedt (Kloster Itzehoe) 237, 240, 241
Hennstedt (Landschaft Norderdithmarschen) 81, 518, 519, 609, 611, 617
Henstacken 261
Henstedt 37, 100, 463, 647
Heringsand 148, 526
Heringsdorf 25, 31, 33, 101, 203, 366, 577
Herrenbranden 477
Herren-Felddeich 832
Herrenwisch 148
Herrnhut 85
Herzhorn 93, 107, 108, 124, 172, 788, 789, 830, 832
Herzhorn, Herrschaft 654, 801, 830, 832
Herzhorn, Kirchspiel 794, 839
Herzhorn; Armenkasse 501, 812
Herzhorn; Armenschoss 789
Herzhorn; Deiche 146
Herzhorn; Diakonat 789
Herzhorn; Diakonatsländerei 788
Herzhorn; Fastnachtssammeln 831
Herzhorn; Fleet 147
Herzhorn; Kirche 830
Herzhorn; Kirchenfußsteig 831
Herzhorn; Kircheninventar 784
Herzhorn; Kirchenraub 802
Herzhorn; Kirchenvisitation 784, 831
Herzhorn; Kirchenvisitationsbericht 783
Herzhorn; Küsterhaus 789
Herzhorn; Lotterie 830
Herzhorn; Mühle 829
Herzhorn; Mühlenschleuse 141
Herzhorn; Organistenhaus 789
Herzhorn; Pastorat 789
Herzhorn; Predigerwahl 830
Herzhorn; Predigt 789
Herzhorn; Schulbeiträge 789
Herzhorn; Schule 789, 798
Herzhorn; Schulgehalt 789
Herzhorn; Schulhaus 788, 789, 793
Herzhorn; Schullehrer 789
Herzhorn; Sielbau 142
Herzhorn; Weg 830
Herzhorner Wildnis 812
Hessen 161
Hetliner Schanze 788
Hetlingen 219, 261, 298, 299, 307, 788
Hetlinger Sand 770
Hetlinger Schanze 298, 770, 771, 772, 783
Hettlingen 261
Hillgroven 526
Himmelpforten 15
Hingstheide 225, 372
Hinschendorf 224, 588, 674, 675
Hinschenfelde 342, 345, 346, 581, 828
Hitzhusen 171, 279, 280, 284
Hobstin 300
Hochdonn 510
Hochfeld (Kirchspiel Wilster) 93
Hochwöhrden 513
Hödienwisch 526
Hodorf 150, 171, 239
Hof (Bayern) 84
Högel 592
Högersdorf 651
Högsdorf 578
Hohenaspe 134, 135, 223, 288, 289, 290, 402, 403, 449
Hohenaspe, Kirchspiel 289, 402
Hohenaspe; Brauerei 237
Hohenaspe; Diakonatsland 402
Hohenaspe; Grund- und Benutzungssteuer 214
Hohenaspe; Hafergeld 402
Hohenaspe; Hebammendistrikt 311
Hohenaspe; Kätner 134
Hohenaspe; Kirche 780
Hohenaspe; Kirchenjurate 402
Hohenaspe; Kirchenlansten 402
Hohenaspe; Kirchenmissal 402
Hohenaspe; Kirchenroggengeld 402
Hohenaspe; Krugprivileg 290

Hohenaspe; Organistenhaus 402
Hohenaspe; Pastor 214
Hohenaspe; Pastorat 640
Hohenaspe; Pastoratsländerei 214, 402, 403
Hohenaspe; Pastoratsländerei 402
Hohenaspe; Pastoratsscheune 403
Hohenaspe; Prediger 402
Hohenaspe; Predigerwitwe 403
Hohenaspe; Schulgehilfe 385
Hohenaspe; Schullast 402
Hohenaspe; Wege 288
Hohendamm 154, 358
Hohenfelde (Amt Steinburg) 116, 223, 383, 403, 404, 652, 658, 764
Hohenfelde (Amt Trittau) 588
Hohenfelde, Gut 63, 261, 324, 334
Hohenholz 30, 739
Hohenhorn 295
Hohenhörn (Gut Hanerau) 296
Hohenhorst 432, 637
Hohenhude 376
Hohenlieth, Gut 260
Hohenraden 796, 797, 827
Hohenschulen 169
Hohenstein (Gut Farve) 359, 567, 576
Hohenweg 416
Hohenwestedt 98, 103, 120, 167, 179, 208, 289, 449, 450, 641, 642, 645, 646
Hohenwestedt, Kirchspiel 168, 638, 641, 642, 644, 750
Hohenwestedt; Amtskosten 645
Hohenwestedt; Blitzableiter 449
Hohenwestedt; Diakonat 449
Hohenwestedt; Gilde 625
Hohenwestedt; Jahrmarkt 641
Hohenwestedt; Jurisdiktion 236
Hohenwestedt; Kirche 449
Hohenwestedt; Kirchenanlagen 450
Hohenwestedt; Kirchenhölzung 218
Hohenwestedt; Kirchenjurat 449
Hohenwestedt; Kirchenreparatur 449
Hohenwestedt; Kirchenwaldung 449
Hohenwestedt; Organistenhaus 450
Hohenwestedt; Pastoratsland 449
Hohenwestedt; Pflichtroggenlieferung 640
Hohenwestedt; Prediger 450
Hohenwestedt; Predigerwitwenhaus 450
Hohenwestedt; Schuldistrikt 450
Hohenwestedt; Schulhaus 450
Hohenwestedt; Schullehrer 450
Hohenwestedt; Soldat 234
Hohenwestedt; Vogteigebäude 639
Hoherdamm 374
Hohlegruft 371
Höhndorf 371
Hohner Harde 172, 643
Hohner Koog 752
Hohwacht 316, 726
Hoisbüttel 180, 583, 670, 825
Hoisdorf 585, 670, 671, 674
Holdorf 457, 458
Holland 50, 591
Hollenbek (Gut Bothkamp) 625
Hollerwettern 421
Hollingstedt (Norderdithmarschen) 516, 526
Holm 824
Holm (Herrschaft Pinneberg) 298, 795, 801, 805, 823, 824
Holsteinborg, Grafschaft 193
Holstein-Schauenburg, Grafschaft 378, 769
Holstendorf (Amt Ahrensbök) 220, 636, 637
Holstendorf (Herrschaft Pinneberg) 821
Holstenniendorf 90, 228
Holtdorf 104
Holtenau 327
Höltenklinken 48, 49, 56, 274, 359, 473, 741
Höltigbaum 20
Holzbaum 38, 677
Homfeld 236, 237, 457, 459
Honigfleth 393
Honigsee 250, 253, 358, 553
Hoopsheide 483
Hörn (Grafschaft Rantzau) 767

Hornburg 13, 36
Hörnerkirchen 839, 840, 841
Hornsdorf 117
Horst 405, 406
Horst (Gut Depenau) 287
Horst (Gut Horst) 100, 117, 223, 254, 255, 256, 257, 258, 259, 379, 405, 406, 656
Horst (Gut Horst) 406
Horst (Gut Horst) ; Dovenmühle 144
Horst (Gut Horst); Armenkasse 380
Horst (Gut Horst); Bäcker 255
Horst (Gut Horst); Diakon 405
Horst (Gut Horst); Fuhren 258
Horst (Gut Horst); Gefangenenhaus 256
Horst (Gut Horst); Graben 254
Horst (Gut Horst); Grenze 254
Horst (Gut Horst); Handwerker 259
Horst (Gut Horst); Hebammendistrikt 258
Horst (Gut Horst); Kirche 780
Horst (Gut Horst); Kirchenbau 405
Horst (Gut Horst); Kirchenbauten 406
Horst (Gut Horst); Kirchengeschworene 405
Horst (Gut Horst); Kirchenjuraten 405, 406
Horst (Gut Horst); Kirchenland 254
Horst (Gut Horst); Kirchenschuld 383
Horst (Gut Horst); Kirchenvisitation 385
Horst (Gut Horst); Kirchspielschreiber 255
Horst (Gut Horst); Kirchspielsgevollmächtigte 254, 256
Horst (Gut Horst); Kirchspielsrechnung 824
Horst (Gut Horst); Kirchspielvogt 255, 258
Horst (Gut Horst); Konkursgericht 256
Horst (Gut Horst); Kontributionsregister 254
Horst (Gut Horst); Kruggerechtigkeit 653
Horst (Gut Horst); Lagemänner 258
Horst (Gut Horst); Landmaße 254
Horst (Gut Horst); Landstraße 176
Horst (Gut Horst); Moor 140
Horst (Gut Horst); Mühle 256
Horst (Gut Horst); Nachtwächterstelle 259
Horst (Gut Horst); Pastor 406
Horst (Gut Horst); Pastorat 258, 405, 406
Horst (Gut Horst); Pastoratsland 405, 406
Horst (Gut Horst); Plinckengevollmächtigte 257
Horst (Gut Horst); Plinksitzer 405
Horst (Gut Horst); Priesterland 254
Horst (Gut Horst); Rossdienst 254
Horst (Gut Horst); Rüstwagen 254
Horst (Gut Horst); Schullehrer 405
Horst (Gut Horst); Weidegerechtigkeit 254
Horst (Gut Neuendorf) 318, 415
Horst (Kirchspiel Hennstedt) 519
Horst, Gut 259
Horst, Kirchspiel 60, 158, 257, 404, 405
Horstberg 488
Hörsten (Amt Rendsburg) 451, 452, 751
Hörsten (Gut Mehlbek) 314
Horstheide 255
Hövede 523
Hoyer, Grafschaft 283
Huje 99, 215, 222, 223, 288, 289, 290, 314, 401, 402
Hujer Au 314
Hummelsbüttel 775, 776, 777, 781, 825, 828
Husberg 561
Husby 378
Husbyharde 590
Husum 84, 89, 210
Hüttblek 201, 481, 482, 619
Hütten (Amt Rendsburg) 638
Huy 451
Indien 192
Innien 237, 457, 641

Ionisches Meer 157
Island 128, 191, 196, 656, 696
Italien 157
Itzehoe 16, 20, 50, 58, 59, 63, 82, 92, 94, 96, 98, 104, 106, 108, 109, 111, 112, 113, 119, 122, 125, 146, 165, 167, 169, 170, 209, 210, 217, 225, 226, 227, 232, 234, 235, 236, 237, 238, 240, 241, 280, 281, 290, 301, 379, 382, 383, 386, 387, 388, 613, 618, 625, 629, 656, 696, 703, 810, 829
Itzehoe, Kirchspiel 280
Itzehoe, Kloster 133, 456, 639
Itzehoe, Kloster; Brandschatzung 274
Itzehoe, Kloster; Brandversicherungsregister 646
Itzehoe, Kloster; Deichgraf 144
Itzehoe, Kloster; Einquartierung 713
Itzehoe, Kloster; Grenzstreitigkeit 639
Itzehoe, Kloster; Holzfällen 453
Itzehoe, Kloster; Jurisdiktionsstreitigkeit 379
Itzehoe, Kloster; Kirchenjurat 449, 453
Itzehoe, Kloster; landesherrliche Rechte 654
Itzehoe, Kloster; Pastorat 386
Itzehoe, Kloster; Patronatsrecht 456
Itzehoe, Kloster; Privilegienerteilung 750
Itzehoe, Kloster; Propst 378
Itzehoe, Kloster; Streitigkeiten 708, 709
Itzehoe, Kloster; Viehseuche 171
Itzehoe; Amtshaus 655
Itzehoe; Apotheke 163
Itzehoe; Armeninstitut 132
Itzehoe; Bier 237, 681
Itzehoe; Branntwein 237
Itzehoe; Brauen 641
Itzehoe; Buchhandel 177
Itzehoe; Büttlerdamm 175
Itzehoe; Diakonat 69, 388
Itzehoe; Einquartierung 238, 249, 281
Itzehoe; Exerzierschule 745
Itzehoe; Fuhrrolle 753
Itzehoe; Gilde 201
Itzehoe; Gottesdienst 381, 388
Itzehoe; Handwerker 281
Itzehoe; Haussteuer 238
Itzehoe; Hebamme 164
Itzehoe; Kirche 382, 387, 388
Itzehoe; Kirchenjuraten 233
Itzehoe; Kirchenrechnung 387
Itzehoe; Kirchenregister 388
Itzehoe; Kirchhof 232, 388
Itzehoe; Krämer 163
Itzehoe; Maß 156
Itzehoe; Mobiliengilde 702
Itzehoe; Mühle 283
Itzehoe; Pastor 238, 379
Itzehoe; Pastorat 69
Itzehoe; Pastoratshaus 388
Itzehoe; Physikus 702
Itzehoe; Polizeiamt 179, 183
Itzehoe; Prahmführer 283
Itzehoe; Prediger 233, 386
Itzehoe; Propstenhaus 388
Itzehoe; Schlachteramt 8
Itzehoe; Schule 135
Itzehoe; Stipendium 134
Itzehoe; Trauung 86
Itzehoe; Verpflegungskosten 232
Itzehoe; Weg 175
Itzehoe; Weißbäckeramt 641
Itzehoe; Zoll 41
Itzehoer Güterdistrikt 230, 263
Itzstedt 105, 374, 548, 667, 669
Ivenfleth (Ihlenfleth, Ibenfleth) 152, 226, 658, 666
Jahnsdorf 567
Jahnshof 95, 338, 568
Jahrsdorf 441, 639
Jarren 526
Jasen 527
Jenfeld 224
Jersbek 18, 89, 90, 91, 106, 181, 215, 222, 373, 374, 668
Jersbek; Erbbegräbnis 375
Jersbek; Gebühren 355
Jersbek; Gerichtshalter 263
Jersbek; Musikantenfamilie 180

Jersbek; Parzellisten 488
Jersbek; Schule 485
Jersbek; Zigeuner 154
Jevenstedt 75, 103, 441, 451, 452, 645, 646
Jevenstedt, Kirchspiel 82, 451, 642, 644, 750
Johannisdorf 568
Johannisthal 312, 567
Jork, Kirchspiel 769
Julianka 302
Jütland 169, 172, 244, 374, 767
Jützbüttel 99
Kaaksburg (Gut Mehlbek) 288
Kabelhorst 117, 680
Kaden 154, 242, 303, 483, 484, 648, 650, 651, 794
Kaihof 295
Kaisborstel 288, 290, 461
Kaiserhof 285
Kaköhl 30, 31, 359, 477, 572
Kalkberg 757
Kaltenhof (Elbwerder) 769, 770
Kaltenhof, Gut 718
Kaltenkirchen 464, 467, 468, 480, 481, 482, 483, 484, 648, 652, 840
Kaltenkirchen, Kirchspiel 482, 648, 650, 652
Kalübbe 222, 273
Kamerland 420, 664
Kamp (Gut Travenort) 432
Kampen (Amt Steinburg) 653
Kampen (Kirchspiel Beidenfleth) 396
Kampen, Gut 211, 302, 662
Kamperrege 141, 146, 151, 659
Karlshof (Herrschaft Breitenburg) 454
Karlshof, Gut 576
Karolinenkoog 87, 518, 609, 613, 614, 616, 617
Karpe 428
Kasenort 148, 401, 664
Kassau 339
Kasseedorf 58, 116, 578, 679, 680
Kassel 174
Kattenberg 573
Kattendorf 483, 484
Kattenhöhlen 432
Kattrepel 139, 150
Kehdingbruch 17
Kehdingen 12, 13, 17
Keller 296, 462
Kellinghusen 91, 453, 454, 644, 645, 646, 712
Kellinghusen, Kirchspiel 453, 454, 641, 642
Kellinghusen; Armengeld 453
Kellinghusen; Armenkasse 453
Kellinghusen; Brücke 175
Kellinghusen; Diakonat 454, 455
Kellinghusen; Dispense 453
Kellinghusen; Fleckenartikel 639
Kellinghusen; Gemeinweide 643
Kellinghusen; Hebammen 646
Kellinghusen; Hochzeiten 646
Kellinghusen; Kantonierungskosten 644
Kellinghusen; Kirchenanlagen 454
Kellinghusen; Kirchenchor 453
Kellinghusen; Kirchengut 453
Kellinghusen; Kirchenhölzung 453
Kellinghusen; Kirchenjurat 453
Kellinghusen; Kirchenländerei 452, 453
Kellinghusen; Kirchenvisitationsbericht 442
Kellinghusen; Kirchspielsgevollmächtigte 639
Kellinghusen; Kriegskosten 644
Kellinghusen; Lehmberg 241
Kellinghusen; Militärpflicht 239
Kellinghusen; Mühle 641
Kellinghusen; Pastor 625
Kellinghusen; Pastorat 455, 746
Kellinghusen; Pastoratsgarten 453
Kellinghusen; Pastoratsland 453, 643
Kellinghusen; Prediger 453
Kellinghusen; Roggenheuer 453
Kellinghusen; Schullasten 454
Kellinghusen; Schulrestanten 454
Kellinghusen; Spritzenanlage 646
Kellinghusen; Unordnungen 646
Kembs (Gut Hornstorf) 488

Kembs (Kirchspiel Heiligenhafen) 31, 570
Kerkis 158
Kesdorf 31, 33
Ketelsbüll 144
Ketelsbüttel 508
Kiebitzreihe 418, 419, 662
Kiel 8, 48, 57, 59, 62, 71, 72, 73, 74, 81, 87, 93, 106, 107, 108, 119, 125, 130, 163, 166, 175, 176, 178, 180, 183, 185, 196, 210, 211, 222, 224, 226, 227, 235, 249, 264, 335, 361, 528, 529, 552, 553, 614, 621, 624, 733
Kiel, Amt 74, 174, 361, 545, 549, 589, 627, 720, 721
Kiel, Propstei 67, 88
Kiel; Abendmahl 552
Kiel; Archidiakonatgarten 552
Kiel; Armenanstalt 84
Kiel; Bäcker 623
Kiel; Begräbnis 184
Kiel; Bettlertransport 621
Kiel; Brauer 623
Kiel; Brenner 623
Kiel; Finanzkassenkommission 205
Kiel; Fuhrrolle 243
Kiel; Gottesdienst 528
Kiel; Hafen 623
Kiel; Handel 190
Kiel; Hebammenanstalt 165
Kiel; Juden 86
Kiel; Kirchengebäude 528
Kiel; Kirchenvisitation 551
Kiel; Kirchhof 528
Kiel; Konsistorium 65
Kiel; Krämer 167
Kiel; Krankenhaus 165
Kiel; Krankheit 159
Kiel; Leichenstein 553
Kiel; Leichentaxe 528
Kiel; Leichentransport 620
Kiel; Maskerade 623
Kiel; Mühlenzwang 622
Kiel; Organistengarten 528
Kiel; Pastor 552
Kiel; Philosophische Fakultät 382
Kiel; Polizeiamt 185, 624
Kiel; Polizeimeister 130
Kiel; Prediger 528
Kiel; Predigerwohnungen 528
Kiel; Predigt 528
Kiel; Priester 86
Kiel; Rede, theologische 84
Kiel; Reformierte 552
Kiel; Regierung 48
Kiel; Rentekammer 205
Kiel; Schuld- und Pfandprotokoll 60
Kiel; Schule 552
Kiel; Schullehrerseminar 135, 136, 137, 139
Kiel; Stiftung 88, 165
Kiel; Stipendium 133
Kiel; Umschlag 181, 184, 202
Kiel; Universität 9, 611
Kiel; Witwenkasse 528
Kieler Güterdistrikt 263
Kirchbarkau 91, 248, 249, 553, 554
Kirchbarkau, Kirchspiel 61
Kirchnüchel 306, 567, 577
Kirchsteinbek 546
Kisdorf 227, 482, 651
Kisdorf, Kirchspiel 647
Kisdorferwohld 653
Kius 595
Klamp 324
Klausdorf (Kloster Preetz) 244, 556
Klaustorf, Gut 294, 312, 313
Klein Flottbek 771, 792, 803, 819
Klein Gladebrügge 135, 473, 476, 477, 632, 634
Klein Grönland 419
Klein Hansdorf 582, 668
Klein Kampen 395
Klein Kollmar 208, 215, 317
Klein Nordende 798, 824
Klein Nordsee 4, 169, 441, 557
Klein Rönnau 222, 321, 474, 475, 476, 633
Klein Schlamin 357
Klein Timmendorf 433
Klein Vollstedt 291

Klein Wesenberg 268, 369, 436, 437
Kleinbarkau 358
Kleinflintbek 559
Kleingrönland 105
Kleinharrie 560, 623
Kleinkummerfeld 544, 626
Klenau 574
Kletkamp 7, 48, 191, 366, 367
Kleve (Gut Krummendiek) 310, 311
Kleve (Landschaft Norderdithmarschen) 99, 519, 615, 803
Klevendeich 144, 299, 799, 824, 825
Klinken 472
Klinkrade 222
Klint (Amt Rendsburg) 639
Klosterhof 817
Klostersande 115, 126, 223, 256, 257, 259, 801, 807, 820, 821, 822, 834, 838, 841
Klostersee 596
Kniphagen 300, 301
Knoop, Gut 327
Köhnholz (Kloster Uetersen) 838
Koldenbüttel 356, 737
Kollmar 103, 118, 143, 145, 146, 148, 151, 152, 164, 307, 317, 380, 406, 407, 829
Kollmar, Kirchspiel 307
Kollmoor 282, 283, 284, 387, 388
Kölln 838
Köln, Kurfürstentum 11, 814
Königsberg 110
Königshof (Mühlenhof) 772
Königsmoor 90, 419, 420, 665
Konstantinopel 157, 158, 159
Kopenhagen 57, 193, 243, 294, 593, 805, 831
Kopenhagen; 83
Kopenhagen; Afrikanische Kompanie 2
Kopenhagen; Ausfuhrverbot 187
Kopenhagen; Bank 2
Kopenhagen; Brand 2
Kopenhagen; chirurgische Akademie 162
Kopenhagen; Deichkommission 149
Kopenhagen; Erziehungshaus 2
Kopenhagen; Gesellschaft für Wissenschaften 2
Kopenhagen; Hof 52
Kopenhagen; Kollegien 2
Kopenhagen; Leibrentenanstalt 1, 2
Kopenhagen; Magazin 806
Kopenhagen; Missionskollegium 780
Kopenhagen; Münzakten 216
Kopenhagen; Polytechnische Lehranstalt 140
Kopenhagen; Schloss 2
Kopenhagen; Viehseucheberichte 172, 173
Kopenhagen; Wechsel- und Leihbank 806
Kopenhagen; Witwenkasse 55
Korsika 157
Koselau 208
Kossau 331
Köthel 587, 588, 669, 671
Krautsand 50, 171
Krempdorf 254, 259, 390, 397, 664, 665, 686, 688, 700
Krempe 58, 59, 104, 164, 167, 181, 214, 222, 223, 226, 227, 281, 379, 383, 389, 390, 391, 400, 654, 657, 659, 699, 702
Krempe; Anleihe 390
Krempe; Armenrechnung 389
Krempe; Bäckeramt 255
Krempe; Bankhaft 391
Krempe; Beerdigungskosten 811
Krempe; Begräbnis 390
Krempe; Bier 681
Krempe; Brücheregister 221
Krempe; Bürgermeister 655
Krempe; Damm 701
Krempe; Deserteure 228
Krempe; Diakonat 389
Krempe; Diakonatland 390
Krempe; Gilde 201
Krempe; Gottesdienst 381
Krempe; Hochzeit 181
Krempe; Kirche 384, 389
Krempe; Kirchenbauten 390

Krempe; Kirchengüter 390
Krempe; Kirchenschoss 390
Krempe; Kirchenschrank 390
Krempe; Kirchenvisitation 385, 389, 390
Krempe; Konfirmation 389
Krempe; Kopfsteuer 208
Krempe; Medikamentenlieferung 166
Krempe; Mobiliengilde 702
Krempe; Munitionstransport 753
Krempe; Pastoratsländereien 390
Krempe; Pest 156
Krempe; Schule 385
Krempe; Schulhaus 390
Krempe; Soldaten 228
Krempe; Sturmflut 143
Krempe; Wegeinstandsetzung 175
Kremper Fluss 141, 657
Kremper Moor 281
Kremperheide 171, 383
Krempermarsch 652, 654, 655
Krempermarsch; Advokatengeld 653
Krempermarsch; Amtssekretär 655
Krempermarsch; Bohlgeld 660
Krempermarsch; Deichband 146, 663
Krempermarsch; Deiche 146, 663
Krempermarsch; Dikage 142
Krempermarsch; Einquartierungskosten 763
Krempermarsch; Erbrecht 655
Krempermarsch; Fastnachtssammlung 654
Krempermarsch; Festungsarbeit 666
Krempermarsch; Fuhren 658
Krempermarsch; Fußsteig 692
Krempermarsch; Grabenkleiung 691
Krempermarsch; Grundstücksumschreibung 656
Krempermarsch; Handel 656
Krempermarsch; Herrendienste 653
Krempermarsch; Kirchenländerei 382
Krempermarsch; Kirchenrechnung 378, 383, 397
Krempermarsch; Kirchenvisitation 378
Krempermarsch; Kriminalgebühren 665
Krempermarsch; Kriminalkosten 767
Krempermarsch; Landdiener 654
Krempermarsch; Landschreiber 655, 656
Krempermarsch; Landsoldaten 666
Krempermarsch; Lasten 659, 660
Krempermarsch; Leistungen 662
Krempermarsch; Lizente 659
Krempermarsch; Marschausschlag 659
Krempermarsch; Predigerländerei 382
Krempermarsch; Rechnung 653, 660
Krempermarsch; Schuld- und Pfandprotokoll 60
Krempermarsch; Schuldenaufschub 659
Krempermarsch; Tuchlieferung 657
Krempermarsch; Verfassung 655
Krempermarsch; Zimmerleute 657
Krempermarschwall 662
Krempermoor 383, 412, 416, 417
Krems (Amt Segeberg) 484
Krems (Gut Muggesfelde) 315, 491
Kremsdorf 681
Krogaspe 459, 619, 639
Krojansberg 282
Krokau 562, 563
Kronenberger Feld 223
Kronprinzenkoog 109, 499, 504, 505, 598, 602
Kronprinzenkoog; Abgaben 603
Kronprinzenkoog; Deserteure 608
Kronprinzenkoog; Familienstellen 603
Kronprinzenkoog; Gevollmächtigte 598
Kronprinzenkoog; Inspektor 598, 599
Kronprinzenkoog; Kirchhof 503
Kronprinzenkoog; Landesverteidigung 602
Kronprinzenkoog; Landhandwerker 600
Kronprinzenkoog; Norderschleuseneinigung 149
Kronprinzenkoog; Ökonomie 600
Kronprinzenkoog; Reichskammergericht 10

Kronprinzenkoog; Schuld- und Pfandprotokoll 60
Kronprinzenkoog; Schule 503, 504
Kronprinzenkoog; Schullehrer 500
Kronprinzenkoog; Stiftung 87
Kronprinzenkoog; Strandung 602
Kronsburg, Gut 360
Kronshagen 208, 367, 553, 619
Kronshagen, Amt 168, 527, 549, 627
Kronshorst 585
Kronstadt 197
Krößß 236, 328
Krückau 149, 317
Krumbeck 28
Krummbek (Gut Hasselburg) 300
Krummbek (Kloster Preetz) 563
Krummbek, Gut 33, 275
Krummendiek (Gut Krummendiek) 310, 311, 407, 415
Krummendiek, Gut 288, 310, 394, 396, 407, 662
Krummenwisch 320
Krummesse 425
Krumstedt 506, 508
Krumwehl 391
Krupunder 124
Kücknitz 29
Kuddewörde 535
Kuden 149, 498, 501
Kudensee 141, 142, 146, 147, 149, 409, 410, 601, 602
Kuhberg 47
Kuhlen 102, 650
Kühlkamp 315
Kuhof 734
Kühren, Gut 562
Kummerfeld (Amt Neumünster) 625
Kummerfeld (Herrschaft Pinneberg) 796, 797, 811, 834
Kurzenmoor 149, 816, 817, 819, 821, 827
Kuskoppermoor 663
Laboe 368
Lägerdorf 150, 282, 283, 285, 286, 411
Lammershagen, Gut 204, 372, 478, 725
Landrecht 394, 666, 690
Langeln 837
Langelohe (Amt Reinbek) 585
Langelohe (Herrschaft Pinneberg) 149, 787, 837
Langenfelde 57, 73, 826
Langenhagen 221, 578
Langenhals 172, 793
Langenhorn (Amt Bredstedt) 377, 378, 591, 593
Langenhorn, Kirchspiel 591
Langenhorner Koog 590, 593
Langenrade (Gut Ascheberg) 273
Langenreihe (Amt Steinburg) 666
Langstedt 594
Langwedel 234, 235, 236, 238, 456, 459
Lanken 669
Lasbek 208, 536, 584, 667, 668, 678
Latendorf 627, 628
Lauenburg 75
Lauenburg, Amt 679
Lauenburg, Herzogtum 154, 185
Laurvigsche Wildnis 140, 230, 830
Lebrade 112, 331, 550, 551
Lebrade, Kirchspiel 551
Leck 590, 595
Leezen 463, 468, 484, 485, 486, 652
Leezen, Kirchspiel 468, 485
Lehe (Landschaft Norderdithmarschen) 520, 521, 614, 617
Lehmbek 639, 640
Lehmberg (Kellinghusen) 241
Lehmkuhlen, Gut 58, 176, 364, 430
Lehrsbüttel 506
Lendern 523
Lensahn 109, 140, 325, 365, 371, 451, 577
Lensahn; Amtskollegiatstift 566
Lensahn; Justitiariat 575
Lensahn; Kircheninventar 354
Lensahn; Landreiter 734
Lensahn; Organist 577
Lensahn; Organistenkoppel 577

Lensahn; Organistenwohnung 680
Lensahn; Schulbesuch 681
Lensahn; Vermessungsregister 354
Lenste 537, 595
Lentföhrden 279, 283, 482, 648
Levante 158, 159, 198
Lexfähre 617, 618
Leyde 769
Liensfeld 135, 369
Liesbüttel 223, 297, 449
Lieth (Herrschaft Pinneberg) 830, 838
Lieth (Landschaft Süderdithmarschen) 502, 599
Lindau (Gut Ascheberg) 272, 273
Lindau, Gut 6
Lindauer Redder 114
Linden 110
Lindewitt 765
Lissabon 157
Livorno 158
Lockstedt 108, 125, 155, 454, 639, 643
Lohbarbek 200, 282, 284, 285, 286, 411
Lohbrügge 676
Lohe (Gut Wandsbek) 345, 346
Lohe (Kloster Uetersen) 817, 819, 821
Lohe (Landschaft Süderdithmarschen) 93, 502, 503, 609
Loheide 378
Lohklindt 121, 451
Lohmühle 462
Löhndorf 287
Löhrstorf 95, 112, 350, 364
Löja 425
Lokfeld 435
Lokstedt 774, 781, 805, 828
Lolland 706
London 1
Looft 288, 289, 290, 403
Loop 440, 561, 620
Löptin 368
Lotten 282
Lotternhof 281
Louisenberg 258, 455
Louisenlund 167
Lübeck 18, 19, 21, 23, 266, 268, 444, 534, 635, 672
Lübeck, Fürstbistum 424, 630
Lübeck, Fürstentum 129, 425, 426, 427, 681, 727
Lübeck, Stift 23
Lübeck; Auslieferung von Verbrechern 20
Lübeck; Dassower See 10
Lübeck; Domkapitel 49, 80, 218, 266, 424, 444, 464, 486
Lübeck; Fabrikwaren 194
Lübeck; Flagge 195
Lübeck; Frachtfahrt 190
Lübeck; Fuhren 267
Lübeck; Gerichtsstand 37
Lübeck; Getreidetransport 21
Lübeck; Grenze 266, 647
Lübeck; Haus in Oldesloe 735
Lübeck; Heiliggeisthospital 26
Lübeck; Heilig-Geist-Stift 424
Lübeck; Inkorporierung 39
Lübeck; Kaland 23
Lübeck; Landbesitz 27
Lübeck; Landeshoheit 266
Lübeck; Legat 19
Lübeck; Mühle 739
Lübeck; Nagelschmiede 36
Lübeck; Ordonnanzkette 20
Lübeck; Pest 156, 653
Lübeck; Sankt Johanniskloster 23, 26
Lübeck; Spinnhaus 19
Lübeck; Trave 739, 740
Lübeck; Weg 175
Lübeck; Werbung 11
Lübeck; Zollverwalter 217
Lübscher Baum 620, 624
Lunden 72, 74, 92, 119, 227, 228, 520, 521, 612, 615, 761
Lunden, Kirchspiel 91, 610, 611, 612
Lunden; Armenhausländerei 520
Lunden; Diakonatshaus 520
Lunden; Kirchenland 520
Lunden; Kirchenorgel 521
Lunden; Kirchenrechnung 611
Lunden; Kirchenreparatur 520

Lunden; Kirchenstall 520
Lunden; Kirchhof 520
Lunden; Kirchspieleinnehmerschaft 609
Lunden; Kirchspielvogtei 609
Lunden; Kirchturmbau 520
Lunden; Küsterwahl 520
Lunden; Landstraße 617
Lunden; Moor 614
Lunden; Predigt 610
Lunden; Rektorat 520
Lunden; Rektoratshaus 520
Lunden; Schuldistrikt 520
Lunden; Schulhaus 521
Lunden; Weg 618
Lundenerkoog 520
Lüneburg 16, 50, 184, 497, 647, 765, 822
Lunvieh 746
Lurup (Herrschaft Pinneberg) 791, 812, 826
Luschendorf 432, 433
Lütjenbrode 572
Lütjenburg 19, 58, 59, 139, 167, 173, 226, 366, 470, 569, 628
Lütjenburg; Begräbnis 567
Lütjenburg; Begräbnisplatz 567
Lütjenburg; Diakonat 470
Lütjenburg; Diakonatswohnung 569
Lütjenburg; Jahrmarkt 242
Lütjenburg; Kaufvertrag 294
Lütjenburg; Kirche 462
Lütjenburg; Kircheninventar 569
Lütjenburg; Kirchenkapital 569
Lütjenburg; Kirchenstände 469
Lütjenburg; Kirchenvisitatoren 470
Lütjenburg; Kirchturmbau 567
Lütjenburg; Kirchturmspitze 567
Lütjenburg; Kompatrone 569
Lütjenburg; Kosten- und Auslagerechnung 324
Lütjenburg; Krankheit 161
Lütjenburg; Landstraße 334
Lütjenburg; Leichengebühr 569
Lütjenburg; Nahrungssteuer 681
Lütjenburg; Permutationsakte 294
Lütjenburg; Prediger 316, 469, 569
Lütjenburg; Schulgeld 470
Lütjenburg; Schulhaus 469
Lütjenburg; Schullehrer 565
Lütjenburg; Schusterzunft 318
Lütjenburg; Untersuchungskommission 704
Lütjenburg; Verkoppelung 201
Lütjenburg; Weg 176
Lütjendorf 293
Lütjenhastedt 600, 659
Lütjensee 92, 549, 587, 588, 674
Lütjenwestedt 97, 460, 642, 644, 645, 646
Lutterbek 121, 245, 368
Lüttich 9
Lutzhorn 214
Luxbrücke 296
Magdeburg 260
Mahde 614
Maisborstel 461, 462
Malaga 157, 160, 161
Malente 680
Malkendorf 26, 431
Manhagen (Gut Manhagen) 112, 364, 577
Manhagen, Gut 679
Margarethenhof, Gut 332
Margarethenkoog 591
Marne 72, 73, 127, 128, 203, 226, 504, 505
Marne, Kirchspiel 112, 505, 602, 603, 608
Marne; Adjunktur 598
Marne; Deich 144
Marne; Diakonatsgarten 504
Marne; Feuerherdschatzung 602
Marne; Glockenstuhl 504
Marne; Katechisation 503, 504
Marne; Kirchenanlagen 505
Marne; Kirchenbaumeister 504
Marne; Kirchenstuhlordnung 503
Marne; Pipenstabe 605
Marne; Predigt 503, 504
Marne; Rektorat 503, 505
Marne; Schule 504

Marne; Schulgeld 505
Marne; Schullehrer 505
Marne; Schullehrerwohnung 494
Marne; Schulunterricht 138
Marne; Strandung 605
Marne; Weg 606
Marnerdeich 139
Marokko 159, 161
Martensrade 212
Marutendorf 169, 221, 557
Marxdorf 32, 33, 61, 357
Mauritius 186
Mecklenburg 169, 171, 172, 174, 183, 201, 261, 629, 722
Mecklenburg, Herzogtum 95
Mecklenburg-Schwerin 803
Mecklenburg-Strelitz 803
Meeschendorf (Gut Bürau) 577
Meggerkoog 124
Mehlbek 212, 288, 314, 329, 460, 640, 642
Meiendorf 581, 669, 673
Meierhaus 285
Meilsdorf 545, 675
Meimersdorf 101, 237, 239, 619, 719
Meinsdorf 429, 430, 431, 629, 634, 636
Meischenstorf 211, 291
Meldorf 15, 37, 68, 74, 115, 226, 378, 435, 446, 493, 504, 507, 509, 597, 599, 606, 607
Meldorf, Kirchspiel 492, 601, 607
Meldorf, Vogtei 608
Meldorf; Arbeitshaus 606
Meldorf; Armengeld 508
Meldorf; Armenkasse 507
Meldorf; Armenkollegium 506
Meldorf; Armenschule 506, 507
Meldorf; Bauernschuld 602
Meldorf; Beerdigung 507
Meldorf; Begräbnis 505, 506
Meldorf; Beichtstuhl 505
Meldorf; Bürgergeld 602
Meldorf; Bürgerschaften 598
Meldorf; Diakon 505
Meldorf; Einquartierung 507, 603
Meldorf; Fleckensvorsteher 493
Meldorf; Fuhren 603
Meldorf; Gelehrtenschule 507, 599
Meldorf; Grenzstreitigkeiten 598
Meldorf; Kirche 493, 507
Meldorf; Kirchenanlagen 506
Meldorf; Kirchenritus 509
Meldorf; Kirchenstuhl 506
Meldorf; Kollaborator 212
Meldorf; Kompastoratsstall 507
Meldorf; Konfirmation 508
Meldorf; Konrektorat 506, 507
Meldorf; Landausschuss 608
Meldorf; Ländereien 601
Meldorf; Landvogtei 152
Meldorf; Lebensmittelverkauf 606
Meldorf; Leichenpredigt 506
Meldorf; Mühle 600
Meldorf; Organist 505, 509
Meldorf; Orgel 507
Meldorf; Pastoratsstall 508
Meldorf; Popst 505
Meldorf; Prediger 493, 507
Meldorf; Predigereinkünfte 493
Meldorf; Predigt 507
Meldorf; Rangstreitigkeiten 601
Meldorf; Schleuse 144
Meldorf; Schulden 603
Meldorf; Schule 135, 506, 507
Meldorf; Schullehrer 508
Meldorf; Steinpflaster 606
Meldorf; Stipendium 132
Meldorf; Taufe 506
Meldorf; Vogtei 597, 602, 603
Meldorf; Vorsingen 508
Mellenburg 40
Mellingstedt 810
Melsdorf 329, 557
Memel 178
Merkendorf 31, 33, 61, 571, 729
Mettenhof 320
Michaelsdorf 339
Middelburg 630
Middelfart 747
Mielkendorf 91, 540, 620
Mielsdorf 637

Mieltal 605
Minden 179
Mittelmeer 157, 159, 806
Mohrkirchen 242
Mohrrügen 277
Moisling 21, 187, 265, 266, 267, 268, 740
Moldau 159, 180
Molfsee 80, 86, 559
Mollhagen 115, 584, 585, 670, 674, 675, 678
Mölln 633, 673
Mönchneversdorf 679
Mönkeberg 544
Mönkebüll 593
Mönkenbrook 113, 303, 304, 374, 375, 668, 669
Mönkhagen 437, 438, 632, 633, 637
Mönkloh 283, 648, 778
Moorhusen (Gut Neuendorf, Gut Klein Kollmar) 146, 148, 151, 308, 317
Moorhusen (Herrschaft Herzhorn) 793, 839
Moorrege (Herrschaft Breitenburg) 284
Moorrege (Herrschaft Pinneberg) 809, 818, 824, 825
Moorsee 250, 553, 623, 624
Morea 157
Mörel 450
Mori 153, 266, 269, 270
Mözen 477
Mucheln 226, 564
Müggenburg 769, 770, 771
Muggesfelde 8, 37, 97, 241, 370, 375, 439, 478, 487, 490
Mühbrook 125, 535, 555
Mühlenau 627
Mühlenbarbek 171, 280, 282, 283, 411, 454
Mühlenbek (Herrschaft Breitenburg) 285, 417
Mühlenberg (Blankenese) 828
Mühlenberg (Herrschaft Pinneberg) 119
Mühlenhof (Königshof) 772
Mühlenkamp (Kirchspiel Elmshorn) 838
Mühlenstraßen 499, 606
München 177
Münkenkamp 40
Münster 50, 733
Münsterdorf 89, 150, 281, 284, 285, 380, 410, 411, 412, 686
Münsterdorf, Kirchspiel 411
Münsterdorf, Propstei 88, 466
Müssen 100
Müssen, Gut 370, 491
Nahe 89, 375, 488, 548, 587, 672, 673, 675
Nanndorf 33
Negenharrie 535, 620
Negernbötel 650
Nehms 315, 370, 487
Nehmten 478, 634
Neritz 473, 676
Nessendorf 306
Nesserdeich 521
Nettelau 287
Nettelsee 107, 247
Neubokhorst 278
Neudorf, Gut 728
Neuenbrook 89, 93, 109, 133, 174, 412, 413, 656, 658, 664
Neuenbrook, Kirchspiel 659, 665
Neuenbrook; Armengeld 412
Neuenbrook; Armenkasse 412, 413
Neuenbrook; Diakonat 412, 413
Neuenbrook; Diakonatsländerei 412
Neuenbrook; Fouragemagazin 660
Neuenbrook; Hebamme 665
Neuenbrook; Kirchenbau 413
Neuenbrook; Kirchenglocke 414
Neuenbrook; Kirchenrechnung 413
Neuenbrook; Kirchenreparatur 413
Neuenbrook; Kirchenvisitation 385
Neuenbrook; Konfirmation 414
Neuenbrook; Küsterländerei 414
Neuenbrook; Latjen-Ufer 664
Neuenbrook; Maitegen 285
Neuenbrook; Missgeburt 665
Neuenbrook; Moordeich 659

Neuenbrook; Pastorat 413, 695
Neuenbrook; Pastoratsgründe 413
Neuenbrook; Pastoratsland 413, 660
Neuenbrook; Schleusenkosten 146
Neuenbrook; Schuldienst 413
Neuenbrook; Schulland 414
Neuenbrook; Wasserableitung 150
Neuenbrook; Wegereparatur 664
Neuendeich 151, 386, 397, 417, 799, 807, 818, 821, 824, 825
Neuendorf (Gut Neuendorf) 25, 227, 307, 380, 405, 414, 415
Neuendorf (Gut Neuendorf); Abwässerung 148
Neuendorf (Gut Neuendorf); Ackerheuergeld 317
Neuendorf (Gut Neuendorf); Adjunktur 415
Neuendorf (Gut Neuendorf); Beichte 415
Neuendorf (Gut Neuendorf); Deichbrüche 145
Neuendorf (Gut Neuendorf); Deichkosten 141
Neuendorf (Gut Neuendorf); Diakon 380, 414
Neuendorf (Gut Neuendorf); Diakonat 415
Neuendorf (Gut Neuendorf); Diakonatswahl 414
Neuendorf (Gut Neuendorf); Ehebruch 379
Neuendorf (Gut Neuendorf); Kantorat 415
Neuendorf (Gut Neuendorf); Kantorhaus 415
Neuendorf (Gut Neuendorf); Kirche 780
Neuendorf (Gut Neuendorf); Kirchenausschlagsgeld 317
Neuendorf (Gut Neuendorf); Kirchengewölbe 317
Neuendorf (Gut Neuendorf); Kircheninventar 414
Neuendorf (Gut Neuendorf); Kirchenjuraten 317, 415
Neuendorf (Gut Neuendorf); Kirchenrente 317
Neuendorf (Gut Neuendorf); Kirchhof 415
Neuendorf (Gut Neuendorf); Legat 414
Neuendorf (Gut Neuendorf); Leichenlaken 307
Neuendorf (Gut Neuendorf); Orgel 317
Neuendorf (Gut Neuendorf); Pastorat 414, 415
Neuendorf (Gut Neuendorf); Pastoratsland 318, 415
Neuendorf (Gut Neuendorf); Prediger 414
Neuendorf (Gut Neuendorf); Predigt 416
Neuendorf (Gut Neuendorf); Religionsspötterei 379
Neuendorf (Gut Neuendorf); Schulbesuch 788
Neuendorf (Gut Neuendorf); Schule 384, 385, 414
Neuendorf (Gut Neuendorf); Schulgeld 415
Neuendorf (Gut Neuendorf); Schulinteressenten 415
Neuendorf, Gut 6, 36, 143, 145, 146, 148, 151, 294, 308, 309
Neuendorf, Kirchspiel 307
Neuengörs 476
Neuenkirchen (Gut Bahrenfleth) 144, 274, 382, 412, 416, 417, 422, 780
Neuenkirchen (Landschaft Norderdithmarschen) 521, 522, 612, 615
Neuenkirchen, Gericht 14
Neuenkirchen, Gut 301
Neuenkirchen, Kirchspiel 148
Neuenkirchener Wisch 302
Neuenkoogsdeich 498
Neuenwohld 559
Neufeld 192
Neufeld (Amt Steinburg) 657
Neuhafen 663
Neuhagen 537
Neuhaus 333

Neuhaus, Amt 13, 16
Neuhaus, Gut 5, 191, 294, 725, 726
Neuheikendorf 336
Neuhof (Amt Ahrensbök) 135, 431
Neuhof (Amt Reinfeld) 434, 635
Neuhof (Landschaft Süderdithmarschen) 147
Neuhof, Gut 718
Neukirchen (Amt Eutin) 25, 316, 334, 335, 354, 426, 732
Neukirchen (Propstei Oldenburg) 312, 313, 577
Neumühlen (Amt Kiel) 101, 545, 564, 621, 622, 623
Neumühlen (Herrschaft Breitenburg) 93, 454
Neumühlen (Herrschaft Pinneberg) 41, 43, 44, 771, 772, 804, 811
Neumünster 74, 81, 85, 122, 125, 136, 140, 175, 183, 220, 223, 224, 225, 228, 252, 466, 543, 544, 554, 555, 561, 625, 626, 627, 628, 629, 652
Neumünster, Amt 108, 179, 285, 527, 550, 552, 589, 648
Neumünster, Gut 208
Neumünster, Kirchspiel 624
Neumünster; Bankhaft 560
Neumünster; Glockenstuhl 543
Neumünster; Kirche 82, 542
Neumünster; Kirchenbaurechnung 542
Neumünster; Kircheninventar 542
Neumünster; Kirchenjuraten 542
Neumünster; Kirchenkasse 560
Neumünster; Kirchenländerei 560
Neumünster; Kirchenvisitation 544
Neumünster; Kirchenziegelei 543
Neumünster; Kompastor 527, 542, 555
Neumünster; Küster 543
Neumünster; Pastor 24, 543, 560
Neumünster; Pastoratshaus 542
Neumünster; Pastoratswiese 542
Neumünster; Prediger 543, 544
Neumünster; Predigereinkünfte 543
Neumünster; Predigerhaus 543
Neumünster; Predigerwitwenhaus 543
Neumünster; Predigerwitwenwohnung 544
Neumünster; Predigt 543
Neumünster; Privatlehrinstitut 560
Neumünster; Rektoratshaus 544
Neumünster; Schule 134, 560
Neumünster; Schulhaus 543
Neumünster; Schullehrer 543, 560, 561
Neumünster; Schulstube 544
Neumünster; Totenzoll 77
Neumünster; Weg 718
Neumünster; Zuchthaus 30, 128, 129, 130, 679
Neurahlstedt 221, 531, 669
Neuratjensdorf 706
Neustadt 25, 59, 60, 93, 112, 114, 117, 214, 220, 244, 300, 528, 529, 565
Neustadt; Diakon 529
Neustadt; Hospital 88
Neustadt; Konsistorium 65
Neustadt; Legat 529
Neustadt; Organistenhaus 529
Neustadt; Predigt 529
Neustadt; Stiftung 88
Neustawedder 435
Neversdorf 117, 484, 485
Neverstaven 479
New York 159
Niederkleveez 429, 634, 636
Niederlande 162, 197, 692
Niederschleme 676
Nieharde 590
Nienborstel 638
Nienburg 283
Niendorf (Amt Reinfeld) 438
Niendorf (Amt Rendsburg) 98
Niendorf (Amt Segeberg) 96, 475, 484, 485, 756
Niendorf (Amt Traventhal) 105
Niendorf (Herrschaft Pinneberg) 136, 214, 783, 789, 790, 810, 823
Niendorf, Gut 265, 267, 268, 436
Niendorf, Kirchspiel 789, 790
Nienhagen 537, 572, 573, 595

Nienstedten 166, 169, 773, 783, 789, 790, 791, 792, 810, 823, 827, 828
Nienstedten, Gut 16
Nienstedten, Kirchspiel 793, 828
Nienwohld 121, 304, 374, 667
Nindorf (Amt Rendsburg) 450, 640
Nindorf (Landschaft Süderdithmarschen) 152, 508, 509, 606
Nizza 158
Noer 31, 717
Nordafrika 157, 159
Nordamerika 193
Norddeich (Landschaft Norderdithmarschen) 119, 526, 616
Nordende 816, 824
Norderdithmarschen, Landschaft 172
Norderdithmarschen, Landschaft; Deiche 147
Norderdithmarschen, Landschaft; Feldmäuse 201
Norderdithmarschen, Landschaft; Fidekommissgeld 9
Norderdithmarschen, Landschaft; Grenzpfähle 597
Norderdithmarschen, Landschaft; Haustrauung 90
Norderdithmarschen, Landschaft; Kornausfuhrverbot 188
Norderdithmarschen, Landschaft; Propst 68
Norderdithmarschen, Landschaft; Riesenwohld 597
Norderdithmarschen, Landschaft; Stiftung 87
Norderdithmarschen, Landschaft; Sturmflutschäden 147
Norderdithmarschen, Landschaft; Testamenterrichtung 60
Norderdithmarschen, Landschaft; Zollfreiheit 295
Nordergoesharde 590
Norderheistedt 519
Norderwöhrden 610, 611
Norderwöhrden, Kirchspiel 148
Nordfeld (Landschaft Norderdithmarschen) 519
Nordhastedt 173, 510
Nordhusen 606
Nordpol 196
Nordsee 189, 806
Norstedt 593
Nortorf 456, 458, 645
Nortorf (Amt Rendsburg) 100, 236, 239, 241, 441, 456, 457, 459, 550, 639, 642, 643, 644, 646
Nortorf (Amt Rendsburg); Beerdigung 456
Nortorf (Amt Rendsburg); Diakonat 458
Nortorf (Amt Rendsburg); Diakontasländerei 458
Nortorf (Amt Rendsburg); Einquartierung 241
Nortorf (Amt Rendsburg); Fuhren 457
Nortorf (Amt Rendsburg); Fuhrinteressenten 646
Nortorf (Amt Rendsburg); Hofdienste 642
Nortorf (Amt Rendsburg); Jurisdiktion 236
Nortorf (Amt Rendsburg); Kirche 457
Nortorf (Amt Rendsburg); Kirchenanlagen 457
Nortorf (Amt Rendsburg); Kirchengeldraub 458
Nortorf (Amt Rendsburg); Kirchenjuraten 456
Nortorf (Amt Rendsburg); Kirchenstuhl 455
Nortorf (Amt Rendsburg); Kirchenvisitation 441
Nortorf (Amt Rendsburg); Kirchenvisitationsbericht 442
Nortorf (Amt Rendsburg); Mühlenhanddienst 240
Nortorf (Amt Rendsburg); Opfergeld 456
Nortorf (Amt Rendsburg); Organist 457

Nortorf (Amt Rendsburg); Patronatsrecht 456
Nortorf (Amt Rendsburg); Predigerwahl 457
Nortorf (Amt Rendsburg); Predigerwitwenhaus 456, 458
Nortorf (Amt Rendsburg); Predigerwohnung 459
Nortorf (Amt Rendsburg); Schulhaus 458
Nortorf (Amt Rendsburg); Schulland 459
Nortorf (Amt Rendsburg); Schullehrer 457
Nortorf (Amt Rendsburg); Trauergeläut 455
Nortorf (Amt Rendsburg); Weidegerechtigkeit 642
Nortorf (Wilstermarsch) 98, 104, 392, 394
Nortorf, Kirchspiel 455, 457, 458, 641, 642, 643, 750
Nortorf, Klostervogtei 240
Norwegen 2, 59, 161, 189, 193, 194, 198, 205, 264, 780
Nübbel (Amt Rendsburg) 442, 443, 639, 643
Nübel (Amt Gottorf) 484
Nüchel, Kirchspiel 243
Nütschau 172, 470, 471, 737, 739
Nutteln 407, 643
Nuttelnmoor 654
Nützen 222, 482, 649
Nystedt 706
Ochsenzoll 773
Ockholm 591, 592, 593
Ockholmer Koog 591
Odderade 101, 506, 509
Odessa 161
Oelixdorf 282, 285, 387, 388
Oering 109, 275, 374
Oersdorf (Amt Segeberg) 483
Oersdorf (Gut Hanerau) 296, 297
Oetjendorf 545, 586
Oevelgönne 43, 784, 786, 808, 823
Offendorf 433
Offenseth 110, 836
Ohe (Amt Reinbek) 114, 586
Ohlenfelde 124
Ohrfeld 335
Ohrsee 92
Oldenborstel 461
Oldenburg 60, 80, 85, 86, 99, 100, 101, 104, 116, 126, 213, 231, 529, 530, 567, 568, 569, 681, 705, 730, 781
Oldenburg i. O. 44
Oldenburg, Amt 260
Oldenburg, Grafschaft 170
Oldenburg, Herzogtum 693
Oldenburg, Propstei 67, 88, 111
Oldenburg; Archidiakonat 568
Oldenburg; Beichtregister 530
Oldenburg; Brand 81
Oldenburg; Diakonat 567
Oldenburg; Diakonatshaus 530
Oldenburg; Kantor 72, 135, 567
Oldenburg; Kirche 529
Oldenburg; Kirchenbaurechnung 527
Oldenburg; Kirchenjurat 569
Oldenburg; Kirchenstuhl 569
Oldenburg; Konfirmandenunterricht 569
Oldenburg; Küster 529
Oldenburg; Maureramt 313
Oldenburg; Organist 530
Oldenburg; Pastor 530, 544, 567, 568
Oldenburg; Prediger 94
Oldenburg; Rektor 568
Oldenburg; Schullehrer 565
Oldenburg; Schulreglement 529
Oldenburg; Sechswöchnerinnen 530
Oldenburg;Nahrungssteuer 681
Oldenburger Güterdistrikt 264
Oldenbüttel 296, 297
Oldendorf 135, 238, 288, 310, 311, 401
Oldenfelde 116
Oldenhütten 102, 241, 458
Oldesloe 32, 57, 85, 90, 96, 102, 112, 126, 175, 190, 221, 336, 343, 466, 470, 471, 472, 473, 530, 630, 635, 647, 672, 675

Oldesloe, Kirchspiel 580
Oldesloe; Altar 471
Oldesloe; Beede 471
Oldesloe; Diakonat 471
Oldesloe; Feuerspritze 470
Oldesloe; Gottesdienst 472
Oldesloe; Kirchenanlage 471
Oldesloe; Kirchenrechnung 473
Oldesloe; Kirchenschoss 471
Oldesloe; Kirchenuhr 470
Oldesloe; Kirchenvisitation 468
Oldesloe; Kirchhof 472
Oldesloe; Organist 470
Oldesloe; Organistengarten 473
Oldesloe; Pastorat 471
Oldesloe; Predigerwitwenhaus 470, 471
Oldesloe; Predigerwohnung 471
Oldesloe; Schmiede 28
Oldesloe; Schmiedeamt 292
Oldesloe; Schneiderzunft 756
Oldesloe; Schulaufsicht 472
Oldesloe; Schulordnung 470
Oldesloe; Schulprotokoll 472
Oldesloe; Taufprotokoll 472
Oldesloe; Trauung 92
Oldesloe; Untersuchungskommission 704
Oldesloe; Zimmeramt/Zimmerzunft 270, 276, 673
Oppendorf 244, 376, 545, 563
Orient 158
Osdorf 774, 777, 822
Osnabrück, Hochstift 803
Ossenwerder 769
Osten, Gericht 17
Osten, zum, Kirchspiel 12
Ostenau 593
Ostenfeld (Amt Rendsburg) 447, 520
Osterbelmhusen 499
Osterborstel 523
Osterhamm 643
Osterhof (Herrschaft Breitenburg) 285
Osterhorn 225, 836
Östermoor 519
Ostermoor (Landschaft Süderdithmarschen) 145, 497, 499
Ostermühlen 644
Osterrade (Landschaft Süderdithmarschen) 495
Osterrade, Gut 445
Österreich 50
Osterrönfeld 447, 639, 642, 751
Osterstedt 638
Osterwohld 113
Ostsee 189, 194, 195, 196
Oststeinbek 109
Othmarschen 202, 785, 809, 829
Ottenbüttel 207, 234, 235, 237, 239, 288, 403
Ottendorf (Amt Ahrensbök) 635
Ottendorf (Amt Kronshagen) 134, 553, 619, 624
Ottensen 13, 87, 102, 773, 785, 786, 807, 817
Ottensen; Kirchenjurat 784, 815
Ottensen; Kirchhof 786
Ottensen; Küsterhaus 786
Ottensen; Mühle 772
Ottensen; Pastor 786
Ottensen; Pastorat 786
Ottensen; Pastoratsland 784
Ottensen; Prediger 785
Ottensen; Sakristei 786
Ottensen; Schulhaus 786
Ottensen; Schulregulativ 786
Ottensen; Totenzoll 815
Ottensen; Trauung 784
Ottensen; Vogt 772
Ottensen; Vogtei 775
Ottensen; Wegeunterhalt 811
Övelgönne 60, 106, 208, 435, 436, 729
Ovendorf 358
Ovendorf, Hof 279, 358, 359
Overndorf 238, 240, 241, 453, 455, 643
Oyendorf 670
Pagensand 46
Papendorf 585, 586, 675
Pascheburg 707

Passade 249
Passau 351
Pederstrup 251
Pehmen 439
Pellworm 151, 610
Perdöl 94
Petersburg 197
Petersdorf (Gut Petersdorf) 325, 364
Petersdorf, Gut 365
Pettluis 331
Peute 769, 770, 771
Pfalz 3, 9
Philadelphia 159
Pinnau 827
Pinneberg 107, 122, 139, 168, 169, 185, 215, 227, 260, 299, 716, 771, 773, 775, 778, 779, 781, 796, 802, 808, 810, 811, 812, 814, 821, 822, 824, 826, 828
Pinneberg, Amt 772, 776, 818
Pinneberg, Herrschaft 258, 767, 773, 775
Pinneberg, Herrschaft; Armendistrikte 338
Pinneberg, Herrschaft; Brandversicherung 203
Pinneberg, Herrschaft; Episkopalrecht 66
Pinneberg, Herrschaft; Fischerei 219
Pinneberg, Herrschaft; Grenzberichtigung 774
Pinneberg, Herrschaft; Grenze 40
Pinneberg, Herrschaft; Grenzstreitigkeit 298
Pinneberg, Herrschaft; Jurisdiktion 653
Pinneberg, Herrschaft; Kornlieferung 776
Pinneberg, Herrschaft; Landaufteilungsgebühren 200
Pinneberg, Herrschaft; Pagensand 46
Pinneberg, Herrschaft; Patronatsrecht 66
Pinneberg, Herrschaft; Roggen- und Haferlieferung 777
Pinneberg, Herrschaft; Schuld- und Pfandprotokoll 60
Pinneberg, Herrschaft; Verkoppelung 200
Pinneberg, Herrschaft; Vermessung 776
Pinneberg, Herrschaft; Wohnjahre 53
Pinneberg, Herrschaft; Zivilkonstitution 50
Pinneberg, Propstei 88
Pinneberg; Amtsbote 779
Pinneberg; Archiv 779
Pinneberg; Goding 775
Pinneberg; Landdrostei 779
Pinneberger Dingstätte 782, 795, 796, 797, 827, 828
Pinnebergerdorf 795, 807, 810, 823, 825
Pivitsheide 178
Plessensche Wildnis 145, 399
Plön 21, 23, 26, 29, 49, 52, 73, 82, 103, 125, 179, 186, 213, 215, 220, 222, 224, 225, 273, 428, 429, 430, 431, 478, 629, 631, 634, 636
Plön, Amt 230, 426, 439, 479, 630, 632, 636
Plön, Amt; Hebammen 637
Plön, Amt; Schulhaltereinkünfte 425
Plön, Herzogtum 26, 64, 127, 131, 170, 464, 629, 648
Plön, Propstei 88, 112
Plön; Apotheke 164
Plön; Armenhaus 88, 424, 428, 430
Plön; Aufkauf 191
Plön; Beerdigung 428
Plön; Begräbnis 430
Plön; Brautschmücken 429
Plön; Druck 424
Plön; Gottesdienst 428, 429
Plön; Kirche 82, 427
Plön; Kircheneinkünfte 428
Plön; Kirchenjurat 428, 429
Plön; Kirchenvisitation 427
Plön; Kirchenvorsteher 428
Plön; Kirchhof 430
Plön; Kompastor 429, 430

Plön; Kompastoratshaus 430
Plön; Küster 429
Plön; Ländereien 201
Plön; Landstraße 334
Plön; Nahrungssteuer 681
Plön; Pastor 428, 429
Plön; Pastoratsland 430, 431
Plön; Prediger 427, 428, 429
Plön; Predigt 428
Plön; Rentekammer 220
Plön; Schlosskirche 429
Plön; Schule 424
Plön; Stipendium 132
Plöner See 634, 635
Plügge 568
Plunkau 339
Poggenpohl 574
Poggensee (Gut Fresenburg) 291, 292, 471, 473
Pöhls 438
Pohnsdorf (Kloster Preetz) 114, 562
Polen 156, 157, 158, 185
Pölitz 26, 27, 28, 29, 30, 31, 32, 33, 34, 103, 473, 678, 739
Pommern 174, 217
Poppenbrügge 552, 557
Poppenbüttel 63, 101, 340, 670, 774, 775, 776, 777, 787, 806, 810, 826, 827
Poppendorf 29
Poppenwurth 526
Pöschendorf 95, 288, 290, 461
Postfeld 96, 368, 562
Poyenberg 289
Prag 812
Prasdorf 115
Preetz 6, 57, 60, 70, 73, 91, 99, 102, 106, 111, 112, 118, 125, 167, 172, 190, 203, 209, 211, 213, 242, 243, 245, 247, 248, 249, 250, 251, 252, 253, 358
Preetz, Kloster 718
Preetz, Kloster; Apothekerkonzession 168
Preetz, Kloster; Archiv 358
Preetz, Kloster; Gerichtszwang 556
Preetz, Kloster; Grenzbestimmung 623
Preetz, Kloster; Kirchenrechnung 355
Preetz, Kloster; Kirchenvisitation 551, 552
Preetz, Kloster; Legat 441
Preetz, Kloster; Moorsee 623
Preetz, Kloster; Pastoratsland 371
Preetz, Kloster; Schuld- und Pfandprotokoll 60
Preetz, Kloster; Schullehrer 367
Preetz, Kloster; Schulregulativ 563
Preetz, Kloster; Zigeuner 154
Preetz, Propstei 161, 243
Preetz; Armenwesen 244
Preetz; Begräbnisplatz 253
Preetz; Deserteure 244
Preetz; Gerberei 252
Preetz; Gewerbe 244
Preetz; Hökereireglement 244
Preetz; Kirchenvisitation 551
Preetz; Markt 243, 244, 248, 252
Preetz; Pastorenbestallung 242
Preetz; Prediger 562
Preetz; Predigerwitwenkasse 356
Preetz; Predigt 562
Preetz; Privatunterricht 252
Preetz; Privilegien 244
Preetz; Schlagbaum 243
Preetz; Schneider 245
Preetz; Schusteramt 242
Preetz; Stipendium 133
Preetz; Tabakfabrik 249
Preetz; Wochenblatt 253
Preetz; Zimmeramt 244
Preetz; Zunftartikel 252
Preetzer Güterdistrikt 263, 264, 265
Preil 613
Preptow 178
Preußen 3, 12, 156, 208
Pries 228
Prisdorf 795, 797, 834
Probstei 246, 249, 250, 251, 253
Probsteierhagen 122, 253, 551, 562
Projensdorf 552, 553
Pronstorf 87, 157, 214, 465, 487, 634

Pronstorf, Kirchspiel 634
Pronstorf; Armenkapitalien 464
Pronstorf; Kirche 463, 486
Pronstorf; Kirchenfußsteig 486
Pronstorf; Kirchenkapitalien 464, 486
Pronstorf; Kirchenstände 439
Pronstorf; Kirchenstühle 486
Pronstorf; Kirchenvisitation 467, 468
Pronstorf; Küsterhaus 487
Pronstorf; Pastorat 486
Pronstorf; Pastoratsland 486
Pronstorf; Prediger 465
Pronstorf; Sakrament 486
Pronstorf; Schulangelegenheiten 465
Pronstorf; Schulhaus 487
Pronstorf; Wahlstimme 423
Puls 212, 461
Pülsen 572
Pünstorf 239
Putlos 63, 292, 565, 568
Quaal (Gut Koselau) 540
Quaal (Gut Rohlstorf) 97, 331, 332, 490
Quals 293
Quarnbek 169
Quarnstedt 455, 488
Quedlinburg 7
Quickborn 793
Quickborn (Herrschaft Pinneberg) 118, 226, 638, 783, 784, 793, 794, 805, 811, 825, 826
Quickborn (Landschaft Süderdithmarschen) 98
Raa 146, 765, 766
Rade (Gut Wulksfelde) 139, 225, 352, 353, 583
Rade (Kirchspiel Hohenwestedt) 449, 450, 640, 645
Rade (Kirchspiel Rendsburg) 441, 447, 639
Rade (Kloster Itzehoe) 237
Rahde 215, 311
Rahlstedt 171, 345, 530, 579, 581
Rahlstedt, Kirchspiel 578
Raisdorf 112, 250
Ramhusen 503, 504
Ramikhuus 171
Rantzau (Grafschaft Rantzau) 179, 766, 767, 777
Rantzau, Grafschaft 21, 63, 691, 819
Rantzau, Grafschaft; Administrator 831
Rantzau, Grafschaft; Dezimationsrecht 259
Rantzau, Grafschaft; Examinationsprotokoll 66
Rantzau, Grafschaft; Grenzpfähle 820
Rantzau, Grafschaft; Grenzregulierung 648
Rantzau, Grafschaft; Grenzvergleich 305
Rantzau, Grafschaft; Holzdeputat 816
Rantzau, Grafschaft; Jagdfuhren 818
Rantzau, Grafschaft; Zollhaus 317
Rantzau, Gut 564
Rantzau, Propstei 88
Rapstedt 160
Rastorf 201, 249, 260
Ratekau 76, 423, 425, 433
Rathjensdorf (Gut Rixdorf) 110, 112, 559
Ratjendorf (Kloster Preetz) 248, 559
Ratjensdorf (Kirchspiel Heiligenhafen) 27, 124
Ratzbek 438, 633, 635
Ratzeburg 8, 30, 80, 633, 675
Ratzeburg, Amt 674
Ratzeburger See 21
Raumort, Kirchspiel 644
Rausdorf 545
Ravensbusch 21, 225
Rederstall 523
Reecke 265, 267, 268
Reesdorf 556
Regensburg 10, 177
Reher 167, 222, 225, 289, 461, 462, 639, 644
Rehhorst (Amt Reinfeld) 113, 438
Rehm 615
Reinbek 6, 58, 223, 546, 547, 586, 672, 673, 677, 678

Reinbek, Amt 19, 20, 166, 465, 527, 579
Reinfeld 434
Reinfeld (Amt Reinfeld) 99, 434, 435, 636, 638
Reinfeld (Amt Reinfeld) ; herrschaftliche Gärten 630
Reinfeld (Amt Reinfeld); Armenhaus 434, 435
Reinfeld (Amt Reinfeld); Glocke 434
Reinfeld (Amt Reinfeld); Hauskindstaufe 434
Reinfeld (Amt Reinfeld); Kirche 49
Reinfeld (Amt Reinfeld); Kirchhofmauer 434
Reinfeld (Amt Reinfeld); Mühle 434
Reinfeld (Amt Reinfeld); Organist 435
Reinfeld (Amt Reinfeld); Organistenhaus 434
Reinfeld (Amt Reinfeld); Parzellisten 635
Reinfeld (Amt Reinfeld); Pastoratsarchiv 427
Reinfeld (Amt Reinfeld); Prediger 435
Reinfeld (Amt Reinfeld); Predigerwitwenlegat 426
Reinfeld (Amt Reinfeld); Salinengüter 650
Reinfeld (Amt Reinfeld); Sammelholz 635
Reinfeld (Amt Reinfeld); Schullehrer 435
Reinfeld (Amt Reinfeld); Schulwesen 138
Reinfeld (Amt Reinfeld); Stipendium 426
Reinfeld (Amt Reinfeld); Zahlenlotteriesammlung 638
Reinfeld, Amt 124, 632, 633, 635, 735
Reinfeld, Amt; Amtspförtner 631
Reinfeld, Amt; Belastungen 49
Reinfeld, Amt; Deputatholz 217
Reinfeld, Amt; Fuhren 635
Reinfeld, Amt; Hebammen 637
Reinfeld, Amt; Kirchenvisitationsgebühren 427
Reinfeld, Amt; Krankheit 161
Reinfeld, Amt; Prediger 425
Reinfeld, Amt; Wegeinstandsetzung 637
Reinfeld, Kirchspiel 470
Reinfeld, Kloster 647
Reinsbek 487
Reinsbüttel 526
Reisiek 838
Reitbrook 121, 347
Rellin 577
Rellingen 122, 795, 796, 803, 805, 809, 828, 829
Rellingen Kirchenanlage 796
Rellingen, Kirchspiel 795, 797
Rellingen; Armenversorgung 797
Rellingen; Armenvorsteher 797
Rellingen; Kirche 795
Rellingen; Kirchenbau 794
Rellingen; Kirchenkasse 795
Rellingen; Kirchenschulden 783
Rellingen; Kirchenvisitation 784
Rellingen; Kirchenvisitationsbericht 783
Rellingen; Organist 796
Rellingen; Organistenhaus 797
Rellingen; Parochialrecht 797
Rellingen; Pastroat 795
Rellingen; Pfannendeckung 811
Rellingen; prediger 794
Rellingen; Schulbedienstete 795
Rellingen; Schulhaus 797
Rellingen; Schuljugend 796
Rellingen; Schullehrer 796
Rellingen; Schulverordnung 795
Remmels 228, 449, 450, 644
Rendsburg 3, 57, 59, 72, 74, 81, 85, 89, 99, 100, 101, 102, 103, 104, 105, 107, 110, 111, 112, 114, 116, 119, 120, 124, 131, 175, 214, 216, 222, 229, 296, 442, 443, 444, 445, 446, 447, 449, 592, 640, 641, 642, 646, 684, 705, 722, 826
Rendsburg, Amt 98, 199, 619
Rendsburg, Amt; Armenkasse 440

Rendsburg, Amt; Armenversorgung 440
Rendsburg, Amt; Armenwesen 440
Rendsburg, Amt; Bauholzfuhren 657
Rendsburg, Amt; Beerdigung 440
Rendsburg, Amt; Grenzregulierung 746
Rendsburg, Amt; Kirchenvisitation 66
Rendsburg, Amt; Landaufteilungsgebühren 200
Rendsburg, Amt; Physikus 753
Rendsburg, Amt; Schulordnung 440
Rendsburg, Amt; Verkoppelung 200
Rendsburg, Propstei 88, 136
Rendsburg; Arme 442, 455
Rendsburg; Armenkasse 440, 445, 447, 641
Rendsburg; Armenwesen 444
Rendsburg; Arsenal 643
Rendsburg; Artilleriedetachement 444
Rendsburg; Beerdigung 440
Rendsburg; Begräbnis 444, 445, 446
Rendsburg; Diakon 73, 446, 447
Rendsburg; Frachtweg 191
Rendsburg; Garnisonsschullehrer 446
Rendsburg; Glockengießerei 82, 200
Rendsburg; Grenze 639
Rendsburg; Handelskommissar 192
Rendsburg; Holzlieferung 50
Rendsburg; Hospital-Armenkasse 88
Rendsburg; Karre 16
Rendsburg; Kasse 205, 270
Rendsburg; Kirche 82, 444
Rendsburg; Kirchenbedienstete 446
Rendsburg; Kirchenkasse 446
Rendsburg; Kirchturm 445, 447
Rendsburg; Klingelbeutel 445
Rendsburg; Kompastor 446, 447
Rendsburg; Konrektor 72, 447
Rendsburg; Konsistorium 360
Rendsburg; Legat 443
Rendsburg; Leichenbahre 442
Rendsburg; Mühle 187, 641
Rendsburg; Orgel 444
Rendsburg; Pastor 440
Rendsburg; Pastoratsgarten 447
Rendsburg; Prediger 445
Rendsburg; Predigt 443
Rendsburg; Propst 296
Rendsburg; Proselyten 85
Rendsburg; Rektor 447
Rendsburg; Sankt-Jürgen-Hof 47
Rendsburg; Schule 445
Rendsburg; Schulhaus 443
Rendsburg; Schullehrer 443, 446
Rendsburg; Schulordnung 446
Rendsburg; Soldaten 442
Rendsburger Koog 752
Rensefeld 25, 32
Rensing 280, 282, 285
Renzel 796, 833
Rethfurt 352, 353
Rethövel 126, 693, 698, 699, 703
Rethwisch (Amt Rethwisch) 26, 49, 470, 471, 472, 630, 631, 632, 633, 636, 637
Rethwisch (Krempermarsch) 95, 146, 283
Rethwisch, Amt 28, 49, 470, 472, 632, 633, 634, 637, 740
Rethwisch, Gut 263, 367
Rethwisch, Vorwerk 632
Rethwischdorf 473
Rettin 573
Rhodos 157
Rickelshof 502, 503, 609
Rickling 282, 625, 648
Ridders 172
Riepsdorf 540, 574, 575
Riesbriek 590
Riesewohld 496, 613
Riesgen 597
Ringköbing 198
Rinteln 209
Rissen 791, 792, 822
Ritzebüttel, Amt 605
Rixdorf 112, 123, 364
Röbel 26, 28, 33, 181, 222, 436
Roge 122, 322, 435
Roggenhorst 433
Rohe 103

Rohlfshagen 464, 530, 672, 675, 676, 737
Rohlstorf 375, 490
Rönnau 29
Rönne 250
Rosdorf 454, 455
Rosenfeld 330
Rosenhof, Gut 208, 541, 574
Röst 496
Rösthusen 495
Rostorf 283
Rotensande 447
Rouen 157
Rugenbergen 771
Rügge 116
Rumohr 457, 559, 619, 620
Rumohrhütten 539, 620
Rümpel 672, 675, 678, 741
Rupel 590
Russee 621
Russland, Kaiserreich 3, 178, 194
Rüting 542
Sachsen 217, 803
Sachsen, Ordensballei 312
Sachsenbande (Wilstermarsch) 141, 142, 391, 394, 415, 619, 620, 623, 643, 660
Sagau 680
Sahms 585, 670, 671
Saint Croix 157
Salerta 158
Saloniki 158
Salzau 564
San Sebastian 197
Sande (Amt Reinbek) 670
Sandesneben 222, 678
Sandweg 821
Sankt Annen 93, 514, 515, 609, 612
Sankt Croix 198
Sankt Johanniskloster 48
Sankt Margarethe 408
Sankt Margarethen 40, 50, 73, 97, 141, 165, 167, 223, 381, 382, 383, 385, 408, 409, 410, 657, 661, 664, 665, 762
Sankt Margarethen, Kirchspiel 382, 383, 408, 409, 410, 654, 658, 659, 663, 664, 665
Sankt Margarethen; Armenkasse 409
Sankt Margarethen; Armenvorsteher 408
Sankt Margarethen; Bakenstecher 665
Sankt Margarethen; Briefbeförderung 666
Sankt Margarethen; Deich 661, 662, 663, 664
Sankt Margarethen; Diakonatsscheune 409
Sankt Margarethen; Diakonatsländerei 409
Sankt Margarethen; englische Landung 46
Sankt Margarethen; Hebammenkosten 410
Sankt Margarethen; Katechumene 408
Sankt Margarethen; Kirchenanlagen 408, 409
Sankt Margarethen; Kirchenjurate 385, 408
Sankt Margarethen; Kirchenrechnungsaufnahme 408
Sankt Margarethen; Kirchenschulden 408
Sankt Margarethen; Kirchspielvogt 654
Sankt Margarethen; Kirchturm 410
Sankt Margarethen; Küster 408
Sankt Margarethen; Küsterhaus 408
Sankt Margarethen; Landsoldaten 409
Sankt Margarethen; Marschausschlagsgeld 660
Sankt Margarethen; Moordeich 659
Sankt Margarethen; Pastorat 409, 410
Sankt Margarethen; Predigerländerei 409
Sankt Margarethen; Schule 409
Sankt Margarethen; Schulhaus 409
Sankt Margarethen; Schulkinder 408
Sankt Margarethen; Schullehrer 408, 662
Sankt Margarethen; Steinhaupt 659

Sankt Margarethen;Orgelbau 408
Sankt Margarethen;Schullasten 409
Sankt Michaelisdonn 493, 509, 602, 608
Santona 197
Sarau 29, 97, 105, 366, 439, 467, 468, 487
Sarau, Kirchspiel 25
Sarlhusen 244, 454, 455
Sarzbüttel 598
Sasel 580, 670, 671, 678
Satjendorf 362
Satjewitz 191, 366
Satrup 365
Schaafsand 43
Schacht 445, 446, 642, 643
Schachtholm 452, 751
Schackenburg, Grafschaft 171
Schadehorn 292, 472
Schadendorf 146
Schädtbek 330, 804
Schafhaus (Amt Segeberg) 477
Schafstedt (Kirchspiel Albersdorf) 496
Schalkholz 105, 523
Scharbeutz 31, 228, 432
Scharstorf 248
Schashagen 357
Schauenburger Hof 50, 772
Schaumburgische Wildnis 794
Schellhorn 252
Schelrade 523
Schenefeld (Amt Rendsburg) 71, 87, 201, 442, 459, 460, 461, 462, 641, 644, 719
Schenefeld (Herrschaft Pinneberg) 223, 792, 793, 824, 827, 829
Schenefeld, Kirchspiel 460, 638, 641, 642, 643, 644, 750
Schevenbrügge 452
Schieren 491
Schierenhorst 305
Schierensee (Amt Bordesholm) 104, 117, 440, 462, 549, 564
Schiffbek 38, 213, 546, 586, 587, 670, 673, 674
Schinkel (Kloster Itzehoe) 238
Schinkel, Gut 750
Schiphorst 741
Schipphorst 278, 561
Schlamersdorf (Amt Traventhal) 637
Schlamersdorf (Gut Seedorf) 107, 337, 366, 467, 468, 487, 488
Schlamin 33, 61, 300
Schleeme 38, 672
Schlegelsteich 580
Schlengelsteich 473
Schlesen 111, 564
Schlesien 161
Schleswig 65, 69, 73, 177, 179, 187, 213, 482, 682, 684
Schleswig, Herzogtum 82, 137, 153, 200, 265, 589, 640
Schleswig; Armenhaus 343
Schleswig; Dom 611
Schleswig; Domkapitel 50
Schleswig; Examen 72, 73, 74, 835
Schleswig; Irrenanstalt 130, 131
Schleswig; Oberkonsistorium 74
Schleswig-Holsteinischer Kanal 190
Schlichting 93, 509, 522, 611, 615
Schlichtinger Neuerkoog 616
Schlotfeld 282, 388
Schlüsbek 224
Schmachthagen 336
Schmalbeck 388
Schmalenbeck 670
Schmalenseer See 647
Schmalfeld (Amt Segeberg) 483
Schmalstede 622
Schmoel 24, 63, 233, 261, 324, 717
Schnelsen 789
Scholenfleth 109, 363, 788
Schönbek (Amt Bordesholm) 114, 554, 555
Schönberg (Amt Steinhorst) 39, 675
Schönberg (Kloster Preetz) 118, 125, 243, 245, 247, 253, 354, 360, 371, 551, 562, 563
Schönböken 479
Schönhorst 323, 563, 622
Schönkirchen 113, 323, 544, 545, 550, 551, 563, 564, 619, 620, 764

Schönkirchen, Kirchspiel 619
Schönmoor 234
Schönningstedt 352, 670, 671
Schönwalde 138, 354, 365, 578, 680
Schönweide 335
Schönwohld 98, 314, 566
Schotten 657, 664
Schrevenborn 6, 7, 117, 217
Schrum 495
Schulau 776, 826
Schuldorf 642
Schulenburg 24
Schulenburg, Gut 25, 30, 275
Schulendorf (Amt Schwartau) 431, 432
Schulenhof 559, 620
Schulensee 237
Schülldorf 644
Schülp (Kirchspiel Nortorf) 456, 457
Schülp (Landschaft Norderdithmarschen) 616
Schülpersiel 614
Schürensöhlen 269, 630
Schürsdorf 432
Schwabstedt, Amt 50, 66
Schwal 187
Schwartau 178, 249, 426
Schwartbuck 334
Schwartenbek 169, 173
Schwarzenbek 355
Schwarzenbek, Amt 669, 671, 677
Schweden 3, 13, 50, 187, 198, 229, 803, 814
Schwentine 249
Schwerin 266
Schwesing 397
Schwienhagen 537
Schwienhusen (Landschaft Norderdithmarschen) 526
Schwienköben 221
Schwienkuhl 565
Schwienkuhlen 364
Schwinger-Schanze 43
Schwinkenrade 30
Schwissel 476
Schwochel 25, 29, 30, 32, 117
Seedorf (Amt Rendsburg) 234, 458
Seedorf (Gut Seedorf) 488
Seedorf (Wilstermarsch) 661, 665
Seedorf, Gut 125, 370
Seefeld (Amt Rendsburg) 461
Seefeld (Gut Fresenburg) 291, 471
Seegalendorf 568
Seeland 178
Seester 211, 258, 259, 798, 810, 812, 817, 820, 828
Seester Au 317, 338, 802
Seester, Kirchspiel 798
Seester; Adjunkt 818
Seester; Beichtstuhl 798
Seester; Ehebruch 379
Seester; Erbbegräbnis 781
Seester; Fasten-, Bet- und Bußtag 780
Seester; Kirche 780
Seester; Kirchensteindamm 338
Seester; Kirchenvisitation 783
Seester; Kirchenvisitationsbericht 783
Seester; Kirchgeschworene 818
Seester; Kirchhof 781
Seester; Pastorat 783
Seester; Patronatsrecht 818
Seester; Pfarrlanddienste 798
Seester; Religionsspötterei 379
Seester; Schulhaus 798
Seester; Trauergeläut 818
Seestermühe 7, 60, 143, 152, 299, 307, 376, 784, 798, 818
Segeberg 58, 59, 89, 100, 106, 111, 119, 123, 154, 164, 167, 168, 175, 179, 203, 204, 213, 220, 221, 223, 227, 474, 475, 476, 477, 648, 649, 650, 705
Segeberg, Amt 26, 279, 342, 463, 489, 619
Segeberg, Amt; Alster 37
Segeberg, Amt; Amtmann 463
Segeberg, Amt; Amtsrechnungen 728
Segeberg, Amt; Brandassekuranzkasse 640
Segeberg, Amt; Brandversicherung 280

Segeberg, Amt; Einquartierungslasten 757
Segeberg, Amt; Erbfolge 56
Segeberg, Amt; Grenzstreitigkeit 201
Segeberg, Amt; Güter 24
Segeberg, Amt; Kirchengebühren 625
Segeberg, Amt; Kirchenvisitation 736
Segeberg, Amt; Kriegsschäden 757
Segeberg, Amt; Landaufteilungsgebühren 200
Segeberg, Amt; Mährische Brüder 85
Segeberg, Amt; Ruhr 160
Segeberg, Amt; Schulinteressenten 465
Segeberg, Amt; Verkoppelung 200
Segeberg, Amt; Wege 176
Segeberg, Kirchspiel 218, 468, 476, 650, 651
Segeberg, Propstei 88, 115, 378
Segeberg; Apotheke 167
Segeberg; Armenhaus 475
Segeberg; Begräbnis 474
Segeberg; Diakonat 69
Segeberg; Gefängnis 631
Segeberg; Grenze 648
Segeberg; Juden 87
Segeberg; Kirche 331
Segeberg; Kirchenkonvent 331
Segeberg; Kirchenvisitation 468
Segeberg; Kirchhof 468
Segeberg; Klingelbeutel 474
Segeberg; Kompastor 475, 476
Segeberg; Konsistorium 342
Segeberg; Logenstuhl 474
Segeberg; Mühle 283, 647
Segeberg; Nahrungssteuer 681
Segeberg; Organist 475
Segeberg; Orgel 476
Segeberg; Pastorat 69, 474
Segeberg; Predigt 474, 476
Segeberg; Rektor 475
Segeberg; Schmiedezunft 331
Segeberg; Schule 477
Segeberg; Schusteramt 337
Segeberg; Tischleramt 321, 332
Segeberg; Untersuchungskommission 704
Segeberg; Viehseuche 172
Segeberg; Zimmeramt 633, 741
Segeberger Au 31
Sehlendorf 293
Sehmsdorf 735
Seine 195
Selent 101, 312, 354, 362, 365, 550, 551, 564
Seth (Gut Borstel) 118, 373
Sibbersdorf 679
Sibstien 300
Sibstin 571
Siebenbäumen 267, 268, 269, 270
Siebenbergen 374
Siebenbürgen 808
Siek (Amt Reinbek) 19, 545, 546, 579, 584, 585, 586, 670, 674, 677
Siek (Amt Reinbek) 546
Siek, Kirchspiel 545, 578, 675
Siel 793
Siems 29, 427
Sierksdorf 321, 322, 435
Siershagen, Gut 350
Siethwende (Herrschaft Herzhorn) 91, 830
Sieversdorf (Kloster Preetz) 562
Sievershütten 201, 619, 670
Siezbüttel 440
Siggen 39, 104, 236, 469
Siggeneben 332, 574
Siggenerbusch 339
Silk 671, 672
Silzen 94, 235, 241, 450, 643
Sipsdorf 103
Sizilien 188
Skaarup 140
Smyrna 157, 158, 159, 160, 161
Söhren (Amt Traventhal) 475
Sommerland 132, 146, 170, 174, 420, 654
Sonnendeich 148, 817, 819, 821
Sophienhof (Gut Rethwisch) 330
Sophienkoog 87, 600, 605, 616
Sören 82, 440, 457, 459, 544

Sorö 138
Spanien 12, 188, 199
Spannhorn 273
Sparrieshoop 223, 836, 840
Spechserholz 637
Speyer 769
Spiekerhörn 415
Spinkebüll 592
Spitzbergen 190
Spitzerdorf 37, 774, 775, 776, 777, 800, 801, 804, 826
Sprenge (Amt Bordesholm) 620
Sprenge (Amt Trittau) 536, 581, 584, 674, 678
Springhoe 236, 454, 639
Springwedel 458, 459
Stad; Zollbedienstete 42
Stade 17, 42, 43
Stade; Barbier 13
Stade; Elbzollgericht 47
Stade; Fähre 703
Stade; Feuer 50
Stade; geflüchtete Familien 338
Stade; Hofgericht 722
Stade; Konsistorium 16
Stade; Landsyndikus 16
Stade; Magistrat 13
Stade; Regierung 15, 16, 17, 42, 43, 157, 158, 173, 188, 191, 721, 775
Stade; Wachtschiff 42
Stade; Zoll 41, 43, 44
Stade; Zoll; 41
Stade; Zollkutter 44
Stadt und Butjadinger Land 22
Stafstedt 451, 641, 644
Stakendorf 246, 563
Stapelfeld 126, 579, 580, 581, 673, 677
Stapelholm 129
Stapelholm, Landschaft 160, 621
Stavanger 807
Stawedder (Gut Övelgönne) 323
Stecknitz 21
Stedesand 595
Steenfeld 297, 298, 449
Steenrade 29
Stegen 154, 263
Steilshoop 787
Stein 90, 251
Steinbek 475, 546, 547, 579, 586, 587, 672, 676, 677
Steinbek, Kirchspiel 676
Steinberg (Amt Flensburg) 590
Steinberg (Amt Rendsburg) 119
Steinberg, Hof 52
Steinburg 98, 176, 390, 418, 419, 420, 654, 656, 657, 665
Steinburg, Amt 155, 208, 259, 379, 685, 702, 760
Steinburg, Amt; Amtsrechnungen 326
Steinburg, Amt; Arme 152
Steinburg, Amt; Ausfuhrverbot 50
Steinburg, Amt; Bettler 152
Steinburg, Amt; Deiche 144
Steinburg, Amt; Dowenholz 764
Steinburg, Amt; Einquartierungsgelder 258
Steinburg, Amt; Fuhrvergütungsgelder 258
Steinburg, Amt; Gesindel 152
Steinburg, Amt; Gottesdienst 379
Steinburg, Amt; Jurisdiktionsstreitigkeiten 758
Steinburg, Amt; Kirchenrechnung 383, 384
Steinburg, Amt; Kirchenvisitation 383, 384, 385
Steinburg, Amt; Polizeiverwaltung 764
Steinburg, Amt; Quartieramt 708
Steinburg, Amt; Sachsenbande 619
Steinburg, Amt; Stipendium 132, 133
Steinbusch 220
Steindamm (Glückstadt) 386
Steinfeld (Amt Reinfeld) 434, 470, 632
Steinfurth 672
Steinhof 434, 635
Steinhorst, Amt 632, 675, 677
Steinkampreihe 40
Steinrade (Gut Steinrade) 265
Steinrade, Gut 265, 266, 267, 269, 270
Stellau 282, 385, 417

Stellau (Amt Reinbek) 115, 579, 671
Stellau (Herrschaft Breitenburg) 225, 282, 284, 385, 417
Stellau, Kirchspiel 466
Stelle 92, 524, 610
Stellingen 790, 827
Stemwarde 579, 587, 677
Stendorf 679, 680
Stillhorn 770
Stipsdorf 49, 439, 476, 681, 754
Stockelsdorf 18, 19, 104, 108, 113, 166, 265, 266, 269, 270, 486
Stocksee 439
Stolpe (Gut Depenau) 214, 287, 479
Stolpe (Gut Sierhagen) 339
Stör 50, 145, 150, 151, 175, 193, 286, 649, 661, 666
Stördorf 93, 146, 611
Störkathen 639
Stormarn 187
Stormarn, Propstei 67, 88, 120
Störort 145, 146, 147, 198
Störtewerkerkoog 593
Stralsund 269, 364
Strande (Gut Winterhagen) 322
Straßburg 62, 177
Strenglin 157
Strübbel 525, 526, 616, 710
Strukdorf 217, 221, 328, 486, 629, 634
Struvenhütten 648, 651, 652
Struxdorf 71
Stubben (Amt Steinhorst) 80, 536, 584
Stubbendorf (Amt Reinfeld) 435, 635
Suchsdorf 95, 100, 134, 552, 553
Sude 98, 119, 236, 239, 387, 388
Süderau 90, 163, 308, 417, 418, 419, 420, 767
Süderau, Kirchspiel 154, 158, 420
Süderau; Abendmahl 417
Süderau; Armengeschäfte 383
Süderau; Armenkasse 380, 419, 831
Süderau; Armenvorsteher 419
Süderau; Beichte 419
Süderau; Diakonat 69, 418, 419, 420
Süderau; Einquartierung 661
Süderau; Einquartierungsgeld 419
Süderau; Gedächtnispredigt 418
Süderau; Gottesdienst 381
Süderau; Kirchenacht 418
Süderau; Kirchenjurate 419
Süderau; Kirchenländerei 420
Süderau; Kirchenvisitation 419
Süderau; Kirchhof 418
Süderau; Kirchspielsrechnung 419
Süderau; Kommunion 419
Süderau; Latjen-Ufer 664
Süderau; Magazinkorn- und Fouragelieferung 419
Süderau; Pastorat 69, 418, 419
Süderau; Pastoratsländerei 418
Süderau; Prediger 419
Süderau; Predigt 418
Süderau; Schule 418
Süderau; Schullehrer 419, 420
Süderau; Viehseuche 170
Süderau; Wegeinstandsetzung 175
Süderdeich (Landschaft Norderdithmarschen) 95, 614
Süderdithmarschen, Landschaft 163, 204
Süderdithmarschen, Landschaft; Bettler 152
Süderdithmarschen, Landschaft; Deichkosten 142
Süderdithmarschen, Landschaft; Deichregulativ 142
Süderdithmarschen, Landschaft; Deichreparaturen 142
Süderdithmarschen, Landschaft; Erbschaftssteuer 215
Süderdithmarschen, Landschaft; Feldmäuse 201
Süderdithmarschen, Landschaft; Feldsteine 616
Süderdithmarschen, Landschaft; Gesindel 152
Süderdithmarschen, Landschaft; Kapital 804
Süderdithmarschen, Landschaft; Kirchenschatzung 492
Süderdithmarschen, Landschaft; Kirchenvisitation 66

Süderdithmarschen, Landschaft; Kirchenwesen 491
Süderdithmarschen, Landschaft; Kontribution 613
Süderdithmarschen, Landschaft; Landaufteilungsgebühren 200
Süderdithmarschen, Landschaft; Ostermoor 145
Süderdithmarschen, Landschaft; Polizeiordnung 182
Süderdithmarschen, Landschaft; Riesewohld 613
Süderdithmarschen, Landschaft; Sabbatschändung 75
Süderdithmarschen, Landschaft; Schuld- und Pfandprotokoll 60
Süderdithmarschen, Landschaft; Schulunterricht 138
Süderdithmarschen, Landschaft; Stiftung 87
Süderdithmarschen, Landschaft; Stipendium 134
Süderdithmarschen, Landschaft; Testamenterrichtung 60
Süderdithmarschen, Landschaft; Verkoppelung 200
Süderdithmarschen, Landschaft; Viehseuche 170, 171
Süderdithmarschen, Landschaft; Wolber Au 146
Süderdithmarschen, Landschaft; Zigeuner 153
Süderdithmarschen, Landschaft; Zollfreiheit 295
Süderdithmarschen, Propstei 381
Süderhastedt 91, 510, 511
Süderhastedt, Kirchspiel 600, 601, 605
Süderheistedt 519
Süderholm (Landschaft Norderdithmarschen) 174
Süderrade 495
Süderstapel 210, 618
Süderwöhrden 610
Sühlen 91, 321
Sülfeld 80, 89, 116, 154, 276, 303, 355, 375, 467, 468, 488
Sülldorf 122, 166, 792, 822
Sulsdorf 204, 570
Sundewitt 50
Süsel 76, 322, 323, 435, 436
Sushörn (Krempermarsch) 391, 415, 788
Süssau 39
Sütel 220, 568
Suxdorf 572, 573, 596
Tangstedt (Gut Tangstedt) 533, 583
Tangstedt (Herrschaft Pinneberg) 797, 810, 827
Tangstedt, Gut 111, 165, 347, 353, 355, 533, 647, 667
Tankenrade 28, 486
Tappendorf 640
Tarbek 478, 631
Tasdorf 245
Tating 438
Techelsdorf 236, 237, 238, 239, 241, 555
Techelwitz 33
Tellingstedt 412, 522, 523, 609, 610, 611, 615, 617
Tellingstedt, Kirchspiel 614
Tensbüttel 495
Tensfeld 225, 439, 479
Terceira 198
Teschendorf 33
Testorf 24, 362
Tetenhusen 47
Teufelsbrück 792, 811, 814
Teutendorf 29
Thaden 297, 441, 448
Thienbüttel 456, 459
Thiensen 836
Thomsdorf 540, 574
Thorn 83
Thumby (Amt Gottorf) 71
Thürk 629
Tiebensee 521
Tielenhemme 522, 611, 614
Timmaspe 456, 457, 458, 645
Todenbüttel 461, 462, 644

Todendorf (Amt Trittau) 98, 342, 536, 584, 585, 675
Todendorf, Meierhof 672
Todesfelde 276, 474, 475, 650, 755
Tolk 484
Tolkschuby 594
Tondern 130, 137, 140, 377
Tondern, Amt 611
Tonndorf 343, 581, 584, 669
Tönning 22, 191, 512, 606, 616, 617, 750
Tönningstedt 484, 485, 668
Torneke 769
Tralau, Gut 172, 208, 321, 647
Tralau, Hof 479
Tralauerholz 210
Trave 321, 649, 739, 740, 741
Travemünde 433
Travenhorst (Gut Travenort) 29, 426, 432
Travenort 350, 432
Traventhal 172, 476, 630, 638
Traventhal, Amt 220, 629, 632, 638, 649, 754, 755
Traventhal, Amt; Amtsverwalter 629
Traventhal, Amt; Deputatholz 217
Traventhal, Amt; Gefängnis 631
Traventhal, Amt; Grenzstreitigkeiten 629
Traventhal, Amt; Hebammen 637
Traventhal, Amt; Holzdiebe 218
Traventhal, Amt; Landsoldatenfamilien 638
Traventhal, Amt; Mehlhandel 633
Traventhal, Amt; Schulinteressenten 465
Traventhal, Amt; Schulmeister 218
Traventhal, Amt; Siegel 630
Traventhal, Amt; Trauschein 466
Traventhal, Amt; Viehseuche 172
Traventhal, Amt; Zimmeramt 633
Tremsbüttel 72, 672
Tremsbüttel, Amt 34, 222, 373, 375, 527, 668, 671, 825
Trennewurth 503, 504, 606
Trennewurther Deich 109
Trent 312, 562
Trenthorst 28, 97, 266, 267, 268, 269, 270, 436, 437
Tresdorf 210
Treufeld 93
Treuholz 632, 633
Tripolis 1, 158, 188
Trittau 107, 213, 548, 588, 675, 677
Trittau, Amt 34, 201, 343, 344, 349, 527, 619, 648, 667, 668, 737
Trittau, Kirchspiel 545
Trittau; Amtsbrauerei 672
Trittau; Backhaus 548
Trittau; Beerdigung 549
Trittau; Einbruch 153
Trittau; Einquartierungsvergütung 675
Trittau; Färberei 673
Trittau; Feldbäckerei 678
Trittau; Gefangenenwärter 671
Trittau; Gefängnis 115, 671
Trittau; Gemeinweide 674
Trittau; Glockenstuhl 548
Trittau; Gnadenjahr 548
Trittau; Grabkreuze 676
Trittau; Holzdeputat 587
Trittau; Kirchendokumente 587
Trittau; Kirchenfenster 549
Trittau; Kirchengewölbe 548
Trittau; Kirchenglocke 588
Trittau; Kirchenjurate 78, 548, 579
Trittau; Kirchenrechnung 579
Trittau; Kirchenreparatur 548, 549
Trittau; Kirchhof 588
Trittau; Küster 587
Trittau; Küsterhaus 548
Trittau; Mühle 673
Trittau; Organist 587
Trittau; Pastorat 548
Trittau; Pastoratshufe 548
Trittau; Pastorenwitwenhaus 549
Trittau; Prediger 94
Trittau; Predigerwitwenhaus 548
Trittau; Quartalsopfer 527
Trittau; Schulhaus 67, 548, 588
Trittau; Totengräberrdienst 549
Trittau; Trauung 535

Trögelsby 590
Tungendorf 543, 560
Tunis 1, 158, 159, 188
Türkei 159
Twielenfleth 41
Twielenflether Sand 771, 825
Übermstegen 814
Uckermark 90
Uetersen 36, 107, 164, 215, 257, 258, 259, 298, 780, 784, 797, 798, 799, 803, 804, 808, 809, 812, 817, 819, 820, 822, 824
Uetersen, Kloster 405, 656, 690, 778, 804, 811, 827, 829, 834
Uetersen, Klostervogtei 60
Uetersen, Vogtei 817
Uetersen; Apotheke 167
Uetersen; Armengeld 800
Uetersen; Artillerieknechte 819
Uetersen; Batzhorn 821
Uetersen; Begräbnisplatz 799
Uetersen; Deichbrüche 821
Uetersen; Diakonat 799
Uetersen; Hebamme 168
Uetersen; Kalkofen 820
Uetersen; Kirchenkapital 818
Uetersen; Kirchenstände 798
Uetersen; Kirchenvisitation 783, 816
Uetersen; Koppeldeich 817
Uetersen; Orgelspielen 799
Uetersen; Pastorat 783, 800
Uetersen; Patronatsrecht 818
Uetersen; Pferdedieb 817
Uetersen; Plaggenhauen 818
Uetersen; Prediger 799
Uetersen; Predigt 798, 799
Uetersen; Quartiermeister 821
Uetersen; Rektor 799
Uetersen; Rektoratsscheune 799
Uetersen; Schiffer 196
Uetersen; Schulbesuch 799
Uetersen; Schule 799, 817, 821
Uetersen; Schulgeld 800
Uetersen; Schulordnung 821
Uetersen; Schulvisitation 816
Uetersen; Schützengilde 820
Uetersen; Trauergeläut 818, 820
Uetersen; Viehabdeckung 821
Uetersen; Weißbäckeramt 818
Uhrendorf 95, 144, 145, 147, 661
Ulsnis 594
Ulzburg 99, 110, 221, 483, 484, 648, 809
Ungarn 157, 808
Unterschaar 526
Uphusum (Amt Bredstedt) 591
Vaale 645
Vaasbüttel 450, 640
Veddel 769, 770
Vejle 98
Venedig 777
Verden 169
Verden, Herzogtum 41, 170
Verlathschleuse 141
Vieburg 556, 619
Vinzier (Gut Nütschau) 321, 472
Virginia 159
Vogelsand/Elbe 43
Vogelsdorf 302
Volksdorf 669
Voorde 559
Vorburg 549, 582, 668
Vörde 12
Vormstegen 115, 149, 227, 787, 810, 822, 826, 834, 838
Wagrien 187
Wahlstedt 168
Wahlstorf 292, 561
Wahrendorf 300, 301
Wakendorf (Amt Segeberg) 37, 647, 650
Wakendorf (Amt Traventhal) 220, 472, 630, 635
Wakendorf (Kloster Preetz) 245, 247, 562
Walachei 180
Wallen 523
Wallsbüll (Amt Bredstedt) 593
Wallsbüll (Amt Husum) 590
Wallsbüll, Kirchspiel 591
Wandelwitz 565, 568

Wandsbek 1, 24, 87, 92, 96, 97, 101, 114, 156, 210, 215, 227, 294, 342, 343, 344, 346, 347, 348, 489, 588, 589, 613
Wandsbek, Gut 6, 263, 465, 466, 489, 669, 673
Wandsbek; Armenpflege 489
Wandsbek; Armenrechnung 489
Wandsbek; Armenvorsteher 588
Wandsbek; Armenwesen 348
Wandsbek; Bäckerzunft 348
Wandsbek; Baumpflanzung 348
Wandsbek; Buchdruckerei 62
Wandsbek; Fabrik 347
Wandsbek; Fleckensgerechtigkeit 344
Wandsbek; Juden 345, 489
Wandsbek; Kirche 462, 588
Wandsbek; Kirchenbedienstete 489
Wandsbek; Kirchenjurat 531, 588
Wandsbek; Kirchenrechnung 489
Wandsbek; Kirchenvisitation 579
Wandsbek; Küster 490
Wandsbek; Legat 489
Wandsbek; Markt 346, 348
Wandsbek; Organist 490
Wandsbek; Pastor 38
Wandsbek; Puppenspiel 344
Wandsbek; Quartalsopfer 527
Wandsbek; Sabbatverordnung 491
Wandsbek; Schlachterzunft 348
Wandsbek; Schloss 347
Wandsbek; Schule 489, 588
Wandsbek; Schulgeld 489
Wandsbek; Schulhalter 136, 490
Wandsbek; Spritzenleute 348
Wandsbek; Tischlerzunft 348
Wandsbek; Vorsteher 346
Wandsbek; Zwangsarbeitsanstalt 348
Wangels 131, 576
Wankendorf 93, 116, 287, 288, 478, 479
Warder 350, 490, 491
Warder (Amt Rendsburg) 643
Warder (Gut Emkendorf) 277
Warder (Gut Rohlstorf) 315, 331, 370, 462, 467, 468, 490, 491
Warderbrück 116
Warfen 498, 500
Warleberg 667
Warnau 118, 248, 358
Warringholz 106, 461, 640
Wasbek 97
Wasbuck 576
Waterneverstorf 105, 569
Wattenbek 103, 620
Weddelbrook 279, 280, 480, 482, 648, 650
Weddingstedt 94, 107, 524, 610, 617
Weddingstedt, Kirchspiel 524, 610
Wedel 15, 61, 105, 109, 168, 781, 800, 801, 811, 812, 827
Wedel; Armenanstalten 776
Wedel; Armenwesen 811
Wedel; Einquartierungsgeld 826
Wedel; Elbaufwurf 771
Wedel; Fuhren 823
Wedel; Kirche 800
Wedel; Kirchenanlage 801
Wedel; Kircheninventar 800
Wedel; Kirchenvisitationsbericht 783
Wedel; Kirchgeschworene 800
Wedel; Kirchturm 801
Wedel; Kornlieferungsmaße 776
Wedel; Landeskassengelder 826
Wedel; Landverpachtung 825
Wedel; Mühle 769, 776, 822
Wedel; Organist 800
Wedel; Pastorat 801
Wedel; Pastoratsländerei 800
Wedel; Pferdemarkt 823
Wedel; Privatzubauer 824
Wedel; Schulabgabe 801
Wedel; Schulden 826
Wedel; Schule 801
Wedel; Schulmeister 800
Wedel; Schulregulativ 782
Wedel; Zollfreiheit 802, 804
Weede 477, 637
Weißenhaus 48, 79, 173, 292, 576, 705
Wellen 280, 281, 282
Wellingdorf 361, 537, 556, 621, 622

Wellingsbüttel 349, 350, 583
Wellsee 95, 528, 557
Welmbüttel 609
Wendemuth 588
Wennbüttel 495, 599
Wennebek 645
Wennemannswisch 139
Wentorf (Kloster Preetz) 111, 245
Wentorfer Strand 114
Wertheim 83
Wesenberg 28, 427, 436, 633
Weser 42, 45
Wessek 568, 734
Wesselburen 90, 227, 510, 525, 526, 610, 613
Wesselburen, Kirchspiel 133, 147, 148, 492, 514, 524, 610, 614, 615, 618
Wesselburen; Abwässerung 148
Wesselburen; armenhaus 525
Wesselburen; Armenkasse 612
Wesselburen; Arzt 617
Wesselburen; Deichrezess 616
Wesselburen; Diakonat 525
Wesselburen; Katechumene 525
Wesselburen; Kirchengebäude 514, 525
Wesselburen; Kirchhof 524
Wesselburen; Kirchspielsanlage 611
Wesselburen; Kirchturm 524
Wesselburen; Konfirmationshandlung 525
Wesselburen; Pastorat 524
Wesselburen; Pflegehaus 612
Wesselburen; Predigerwohnung 525
Wesselburen; Rektorat 524, 526
Wesselburen; Schulgebäude 525
Wesselburen; Schullehrer 526
Wesselburen; Weg 617
Wesseln 91
Westdorf 510
Westensee 351, 376, 462
Westensee, Kirchspiel 243
Westerau 26, 27, 28, 30, 32, 33, 111, 269, 436, 437, 634
Westerborstel 523, 609
Westerbüttel 498, 502
Westerhever 83
Westerhorn 144, 836, 840
Westermoor (Landschaft Norderdithmarschen) 519
Westerort 828
Westerrade 486, 629, 635
Westerrönfeld 95, 125, 452, 746
Westfalen 767
Westindien 43, 159, 189
Westphalen, Königreich 20
Wetterndorf 409
Wetzlar 7, 8, 9
Wewelsfleth 13, 94, 97, 109, 110, 421, 422, 423, 658, 660
Wewelsfleth, Kirchspiel 150, 378, 383, 421, 422, 423, 658, 659, 664
Wewelsfleth; Armen- und Werkhaus 422
Wewelsfleth; Armenkasse 421
Wewelsfleth; Armenschoss 423
Wewelsfleth; Bakengeld 663
Wewelsfleth; Brotbacken 15
Wewelsfleth; Deichlasten 149
Wewelsfleth; Diakon 653
Wewelsfleth; Eheerlaubnis 421
Wewelsfleth; Examen 422
Wewelsfleth; Hurerei 379
Wewelsfleth; Kirchenausschlag 421
Wewelsfleth; Kirchengebäude 422
Wewelsfleth; Kirchenrechnung 421
Wewelsfleth; Kirchenschoss 423
Wewelsfleth; Kirchturm 422
Wewelsfleth; Kolonialwaren 657
Wewelsfleth; Konfirmationstag 423
Wewelsfleth; Legat 134
Wewelsfleth; Mehlmahlen 15
Wewelsfleth; Organistengarten 422
Wewelsfleth; Orgel 422
Wewelsfleth; Pastoratsländerei 148
Wewelsfleth; Predigt 423
Wewelsfleth; Realschullasten 422
Wewelsfleth; Sabbat 421
Wewelsfleth; Schiffsvisitation 666
Wewelsfleth; Schule 422
Wewelsfleth; Schulgeld 422
Wewelsfleth; Schullasten 422

Wewelsfleth; Schulmeister 421
Wewelsfleth; Spritzenhaus 422
Wewelsfleth; Zoll 235
Wewelsfleth; Zollverwalter 171
Wiedenborstel 237
Wiemersdorf 480, 481, 649, 651
Wien 7, 9, 10, 82, 300
Wiesharde 590
Wik 134, 552
Wilder Wassergang 140, 142
Willendorf 94, 98, 437, 438, 632
Willenscharen 454, 639
Willinghusen 579
Willingrade 560, 625, 626
Wilmsdorf 29, 30
Wilstedt 114, 340, 533
Wilster 58, 74, 90, 94, 109, 120, 121, 132, 133, 141, 145, 162, 165, 185, 199, 227, 382, 391, 392, 393, 394, 400, 602, 654, 655, 656, 657, 658, 659, 660, 664, 665, 666, 702
Wilster, Kirchspiel 93, 208, 382, 658
Wilster; Armenkasse 393
Wilster; Armenlasten 656
Wilster; Armensetzung 392
Wilster; Armenvorsteher 393, 394
Wilster; Armenwesen 84
Wilster; Buchhandel 177
Wilster; Büttlerdamm 175
Wilster; Darlehn 659
Wilster; Gilde 201
Wilster; Gottesdienst 381
Wilster; Katechumenen 385
Wilster; Kirchenhauptmann 392
Wilster; Kirchenkollegium 392
Wilster; Kirchenschoss 394
Wilster; Kirchenschuld 383
Wilster; Kirchenvisitation 393
Wilster; Kollekte 82
Wilster; Konfirmandenunterricht 384
Wilster; Konfitenten 392
Wilster; Legat 393
Wilster; Mobiliengilde 702
Wilster; Organist 392
Wilster; Pastor 392
Wilster; Pastoratshaus 394
Wilster; Prozess 735
Wilster; Reutersches Legat 393
Wilster; Schule 384
Wilster; Schullehrer 214
Wilster; Schullehrerbibliothek 385
Wilster; Schullehrerwitwenhaus 393
Wilster; Schuster 684
Wilster; Schusteramt 658
Wilster; Stadtdiener 183
Wilster; Stadtmoor 393
Wilster; Stipendium 134
Wilster; Taufbücher 392
Wilster; Taufen 393
Wilster; Weg 175
Wilster; Witwenkasse 393
Wilstermarsch 378, 392, 654, 655
Wilstermarsch; Advokatengeld 653
Wilstermarsch; Amtssekretär 655
Wilstermarsch; Beerdigungen 379
Wilstermarsch; Bekdorfer Weg 664
Wilstermarsch; Branntweinausschank 653
Wilstermarsch; Darlehn 659
Wilstermarsch; Deichband 141, 663
Wilstermarsch; Deiche 143, 149, 663
Wilstermarsch; Deichgraf 148, 149, 661, 663
Wilstermarsch; Deichrechnung 664
Wilstermarsch; Deichreparatur 142, 151
Wilstermarsch; Deichschoss 147
Wilstermarsch; Dikage 142
Wilstermarsch; Einquartierungskosten 660, 763
Wilstermarsch; Entschädigungen 661
Wilstermarsch; Erbrecht 655
Wilstermarsch; Erdbuch 654
Wilstermarsch; Fastnachtssammlung 654
Wilstermarsch; Fuhren 658, 764
Wilstermarsch; Gevollmächtigte 655
Wilstermarsch; Gewerbe 657
Wilstermarsch; Handel 656
Wilstermarsch; Hauptleute 655
Wilstermarsch; Herrendienste 653
Wilstermarsch; Kirchenländerei 382

Wilstermarsch; Kirchenrechnung 378, 383, 397
Wilstermarsch; Kirchenvisitation 378
Wilstermarsch; Kontribution 658
Wilstermarsch; Kriminalgebühren 665
Wilstermarsch; Landdiener 654
Wilstermarsch; Landgewerbe 657
Wilstermarsch; Landmaße 658, 659
Wilstermarsch; Landschreiber 656, 659
Wilstermarsch; Lasten 659
Wilstermarsch; Legat 759
Wilstermarsch; Lizente 659
Wilstermarsch; Marsch- und Kirchspielsausschläge 662
Wilstermarsch; Marschrechnung 659
Wilstermarsch; Mühle 657
Wilstermarsch; Ostermoor 145
Wilstermarsch; Predigerländerei 382
Wilstermarsch; Rechnung 660
Wilstermarsch; Reichsbankgeld 661
Wilstermarsch; Schanzen 50
Wilstermarsch; Scharfrichter 686
Wilstermarsch; Schleusenhauptmann 151
Wilstermarsch; Schuld- und Pfandprotokoll 60
Wilstermarsch; Schuldenaufschub 659
Wilstermarsch; Verfassung 655
Wilstermarsch; Viehseuchenfreiheit 173
Wilstermarsch; Viehsterben 169
Wilstermarsch; Wege 665
Wilstermarsch; Wolber Au 146
Wilstermarsch; Zwangsanleihe 662
Windbergen 105, 493, 511, 607
Winseldorf 119, 120, 282, 411, 713, 824
Winsen 483, 650, 651, 653
Winzeldorf 796
Wisch (Herzogtum Bremen) 15
Wisch (Kloster Preetz) 111, 124, 245, 371
Wisch (Kloster Uetersen) 259, 817, 819, 820, 821, 829, 837, 838
Wischhafen 14, 309
Wischreihe 419, 420
Wismar 56, 682
Wittenberg, Gut 98, 334
Wittenbergen 284
Wittenborn 473, 477, 630, 649
Wittenwurth 524, 610
Wittmoldt 94, 140, 430
Wittorf 561, 628
Witzhave 587, 674
Wohltorf 37
Wöhrden 91, 512, 603, 605
Wöhrden, Kirchspiel 492, 493, 512, 598, 600, 601, 604, 611
Wöhrden, Land 191
Wöhrden; 513
Wöhrden; Diakonat 512
Wöhrden; Episkopalrecht 512
Wöhrden; Hafen 602
Wöhrden; Kanal 617
Wöhrden; Kirchengebäude 512
Wöhrden; Kirchengerste 513
Wöhrden; Kirchenkollegium 513
Wöhrden; Kirchenrechnung 512
Wöhrden; Kirchenreparatur 493
Wöhrden; Kirchspielvogt 512
Wöhrden; Organist 512
Wöhrden; Orgelreparatur 512
Wöhrden; Pastorat 512
Wöhrden; Persenweg 607
Wöhrden; Rechenmeister 512
Wöhrden; Rektor 512
Wöhrden; Schullehrer 513
Wöhrden; Schullehrerwohnung 494
Wöhrden; Strand 612
Wöhrden; Süderhufschlag 144
Wöhrdenerhafen 222, 513
Wolber Au 146
Woldenhorn 113, 272, 366, 579, 580, 589
Wollersum 614
Wolmersdorf 509
Woltersteich 635
Wonsild 138
Wormsbrook 438
Wrohm 523
Wrohmer Koog 617

Wulfsdorf (Amt Schwartau) 29
Wulfsfelde (Amt Reinfeld) 487, 634, 636
Wulfshagen 817
Wulfsmoor 285
Wulksfelde 38, 139, 212, 225, 263, 304, 352, 353, 439, 486
Wulmenau 268
Wursten 12
Wyk auf Föhr 179
Zarpen 215, 426, 427, 437, 438, 465, 637
Zarpen, Kirchspiel 427, 437
Zennhusen 610
Zwischenahn 219

Veröffentlichungen des Landesarchivs Schleswig-Holstein

Band 1: Findbuch der Bestände Abt. 268 und 285: Lübecker Domkapitel mit Großvogtei und Vikarien sowie Amt Großvogtei, von Wolfgang Prange. 1975. XVII, 324 Seiten. ISBN 3-931292-01-0

Band 2: Findbuch des Bestandes Abt. 400.5: Von der Universitätsbibliothek Kiel übernommene Handschriften, von Wolfgang Prange. 1975. IV, 84 Seiten. ISBN 3-931292-02-9

Band 3: Findbuch des Bestandes Abt. 320 Eckernförde: Kreis Eckernförde, von Hans Wilhelm Schwarz. 1976. VIII, 89 Seiten. Vergriffen. Neuauflage siehe Band 44. ISBN 3-931292-03-7

Bände 4 und 5: Findbuch des Bestandes Abt. 7: Herzöge von Schleswig-Holstein-Gottorf 1544–1713. 1. und 2. Band, von Kurt Hector. 1977. XVI, XII, 852 Seiten. Nur zusammen zu beziehen. Auf die Nachträge und Indices, die als Band 11 erschienen sind, wird ausdrücklich verwiesen. ISBN 3-931292-04-5

Band 6: Findbuch des Bestandes Abt. 320 Eiderstedt: Kreis Eiderstedt 1867–1950, von Reimer Witt. 1978. VIII, 144 Seiten. Vergriffen. Neuauflage siehe Band 62. ISBN 3-931292-06-1

Band 7: Findbuch des Bestandes Abt. 218: Lauenburgisches Konsistorium zu Ratzeburg, von Wolfgang Prange. 1979. V, 148 Seiten. ISBN 3-931292-07-X

Band 8: Findbuch des Bestandes Abt. 320 Steinburg: Kreis Steinburg, von Robert Knull und Dagmar Unverhau. 1980. XVI, 215 Seiten. ISBN 3-931292-08-8

Band 9: Findbuch des Bestandes Abt. 65.1: Deutsche Kanzlei zu Kopenhagen bis 1730, von Konrad Wenn. 1981. VII, 171 Seiten. Vergriffen. ISBN 3-931292-09-6

Band 10: Findbuch des Bestandes Abt. 107: Ämter Cismar und Oldenburg, von Wolfgang Prange. 1982. VIII, 73 Seiten. Vergriffen. ISBN 3-931292-10-X

Band 11: Findbuch des Bestandes Abt. 7: Herzöge von Schleswig-Holstein-Gottorf 1544–1713. 3. Band, von Kurt Hector und Heinrich Frhr. von Hoyningen gen. Huene. 1983. Enthält Nachträge und Indices zu Band 4 und 5. XXIV, 422 Seiten. ISBN 3-931292-11-8

Band 12: Findbuch der Bestände Abt. 231, 232, 233 und 234: Ämter Lauenburg, Ratzeburg, Schwarzenbek und Steinhorst, von Wolfgang Prange und Konrad Wenn. 1984. XVII, 358 Seiten. ISBN 3-931292-12-6

Band 13: Findbuch des Bestandes Abt. 210: Lauenburgische Regierung zu Ratzeburg, von Wolfgang Prange und Konrad Wenn. 1985. XVII, 597 Seiten. ISBN 3-931292-13-4

Band 14: Findbuch des Bestandes Abt. 320 Segeberg: Kreis Segeberg, von Robert Knull und Dagmar Unverhau. 1985. XVIII, 140 Seiten. ISBN 3-931292-14-2

Band 15: Findbuch des Bestandes Abt. 320 Plön: Kreis Plön, von Hartmut Haase und Hans Wilhelm Schwarz. 1986. VIII, 262 Seiten. ISBN 3-931292-15-0

Bände 16 und 17: Findbuch der Reichskammergerichtsakten (Abt. 390 und andere), von Hans-Konrad Stein-Stegemann. 1986. 2 Bände: Titelaufnahmen und Indices. XIX, 734 Seiten. Nur zusammen zu beziehen. ISBN 3-931292-16-9

Bände 18 und 19: Findbuch der Reichskammergerichtsakten im Archiv der Hansestadt Lübeck, von Hans-Konrad Stein-Stegemann. 1987. 2 Bände: Titelaufnahmen und Indices. XXI, 1067 Seiten. Nur zusammen zu beziehen. ISBN 3-931292-18-5

Band 20: Schleswig-Holsteinische Archivtage 1985–1987 – Ansprachen und Vorträge –. Hrsg. von Angelika Menne-Haritz. 1987. 137 Seiten. ISBN 3-931292-20-7

Band 21: Schleswig-Holsteinische Regesten und Urkunden. Band 9: Herrschaft Breitenburg 1256–1598. Bearb. von Kurt Hector und Wolfgang Prange. Neumünster 1988. XI, 657 Seiten. Nur im Buchhandel erhältlich. ISBN 3-931292-21-5

Band 22: Landschaft und Siedlung im Wandel. Alte Flurkarten aus Schleswig-Holstein, Erdbücher, Urkunden, Vermessungsinstrumente. Eine Ausstellung im Landesarchiv Schleswig-Holstein 1989/1990, von Susanna Misgajski. 1989. 64 Seiten. ISBN 3-931292-22-3

Band 23: Schleswig-Holsteinische Regesten und Urkunden. Band 10: Kloster Ahrensbök 1328–1565. Bearb. von Wolfgang Prange. Neumünster 1989. 455 Seiten. Nur im Buchhandel erhältlich. ISBN 3-931292-23-1

Band 24: Findbuch des Bestandes Abt. 8.1: Schleswig-Holstein-Gottorfisches (Großfürstliches) Geheimes Regierungs-Conseil zu Kiel 1720–1773, von Wolfgang Prange und Konrad Wenn. 1989. X, 258 Seiten. ISBN 3-931292-24-X

Band 25: Findbuch des Bestandes Abt. 8.2: Schleswig-Holstein-Gottorfische (Großfürstliche) Rentekammer zu Kiel 1720–1778, von Wolfgang Prange. 1990. IX, 209 Seiten. ISBN 3-931292-25-8

Band 26: Schleswig-Holsteinische Regesten und Urkunden. Band 11: Die Protokolle des Lübecker Domkapitels 1535–1540. Bearb. von Wolfgang Prange. Neumünster 1990. 330 Seiten. Nur im Buchhandel erhältlich. ISBN 3-931292-26-6

Band 27: Durchs Objektiv gesehen. Aspekte der Filmgeschichte in Schleswig-Holstein. Eine Ausstellung im Landesarchiv Schleswig-Holstein 1992/1993, von Jutta Matz. 1992. 59 Seiten. ISBN 3-931292-27-4

Band 28: Historisches Ortsnamenlexikon von Schleswig-Holstein, von Wolfgang Laur. 2., völlig veränderte und erweiterte Auflage. Neumünster 1992. 755 Seiten. Vergriffen. ISBN 3-931292-28-2

Band 29: Findbuch der Bestände Abt. 216 und 217: Lauenburgische Gerichte, von Wolfgang Prange. 1992. 149 Seiten. ISBN 3-931292-29-0

Band 30: Schleswig-Holsteinische Regesten und Urkunden. Band 12: Die Protokolle des Lübecker Domkapitels 1522–1530. Bearb. von Wolfgang Prange. Neumünster 1992. 874 Seiten. Nur im Buchhandel erhältlich. ISBN 3-931292-30-4

Bände 31 bis 33: Findbuch des Bestandes Abt. 66: Rentekammer zu Kopenhagen, Schleswig-Holsteinische Kammer auf Gottorf, General-Landwesens-Kollegium, Steuerkommissionen, von Wolfgang Prange und Konrad Wenn. 1993. 3 Bände. 1077 Seiten. Nur zusammen zu beziehen. ISBN 3-931292-31-2

Band 34: Findbuch des Bestandes Abt. 320 Bordesholm: Kreis Bordesholm 1867–1932, von Veronika Eisermann und Hans Wilhelm Schwarz. 1993. V, 79 Seiten. ISBN 3-931292-34-7

Band 35: Urkundenbuch des Bisthums Lübeck. Teil 1. Hrsg. von Wilhelm Leverkus. Neudruck der Ausgabe von 1856. Neumünster 1994. XXXII, 901 Seiten. Nur im Buchhandel erhältlich. ISBN 3-931292-35-5

Band 36: Schleswig-Holsteinische Regesten und Urkunden. Band 13: Urkundenbuch des Bistums Lübeck. Band 2: Urkunden 1220–1439. Bearb. von Wolfgang Prange. Neumünster 1994. XIV, 656 Seiten. ISBN 3-931292-36-3

Band 37: Schleswig-Holsteinische Regesten und Urkunden. Band 8: Kloster Itzehoe 1256–1564. Bearb. von Hans Harald Hennings. Neumünster 1993. XIV, 569 Seiten. ISBN 3-931292-37-1

Band 38: Schienen zum Fortschritt. 150 Jahre Eisenbahn in Schleswig-Holstein. Ausstellungen zum Jubiläum der Eisenbahn in Schleswig-Holstein, von Christian Küster, Susanna Misgajski, Manfred Schulz und Günther Ungerbieler. 1994. 113 Seiten. Vergriffen. ISBN 3-931292-38-X

Band 39: „Der Stand der Frauen, wahrlich, ist ein harter Stand“. Frauenleben im Spiegel der Landesgeschichte. Hrsg. von Elke Imberger. 1994. 231 Seiten. ISBN 3-931292-39-8

Band 40: Schleswig-Holsteins Lied und Farben im Wandel der Zeiten. Vorträge und Diskussionen eines wissenschaftlichen Symposiums: „150 Jahre Schleswig-Holstein-Lied“. Hrsg. vom Schleswig-Holsteinischen Heimatbund und dem Landesarchiv Schleswig-Holstein. 1995. 112 Seiten. ISBN 3-931292-40-1

Band 41: Der 8. Mai als politische Zäsur. Ansprachen und Vorträge zum Symposium „Ende und Anfang im Mai 1945“ in der Marineschule Mürwik am 17. Mai 1995 (Landeszentrale für Politische Bildung. Labskaus 4). 41 Seiten. ISBN 3-931292-41-X

Band 42: Der Kaiser, der Kanal und die Kinematographie. Begleitheft zur Ausstellung im Landesarchiv Schleswig-Holstein: Birt Acres – 100 Jahre Film in Schleswig-Holstein, von Hauke Lange-Fuchs. 1995. 71 Seiten. ISBN 3-931292-42-8

Band 43: Archive in Schleswig-Holstein. Bearb. von Veronika Eisermann und Hans Wilhelm Schwarz. 1996. 115 Seiten. ISBN 3-931292-43-6

Band 44: Findbuch des Bestandes Abt. 320.3: Kreis Eckernförde 1867–1950, von Veronika Eisermann und Hans Wilhelm Schwarz. 2., wesentlich erweiterte Auflage. 1996. VIII, 290 Seiten. ISBN 3-931292-44-4

Band 45: Schleswig-Holsteinische Regesten und Urkunden. Band 14: Urkundenbuch des Bistums Lübeck. Band 3: Urkunden 1439–1509. Bearb. von Wolfgang Prange. Neumünster 1995. 806 Seiten. ISBN 3-931292-45-2

Band 46: Schleswig-Holsteinische Regesten und Urkunden. Band 15: Urkundenbuch des Bistums Lübeck. Band 4: Urkunden 1510–1530 und andere Texte. Bearb. von Wolfgang Prange. Neumünster 1996. 839 Seiten. ISBN 3-931292-46-0

Band 47: Landgraf Carl von Hessen 1744–1836. Statthalter in den Herzogtümern Schleswig und Holstein. Eine Ausstellung im Landesarchiv Schleswig-Holstein, von Jens Ahlers, Jürgen Ostwald, Reimer Witt und Heyo Wulf. 1996. 215 Seiten. Vergriffen. ISBN 3-931292-47-9

Band 48: Findbuch des Bestandes Abt. 320.9: Kreis Husum 1867–1950, von Marion Dernehl und Reimer Witt. 1997. VII, 119 Seiten. ISBN 3-931292-48-7

Band 49: Die Wappen der Kreise, Ämter, Städte und Gemeinden in Schleswig-Holstein. Bearb. von Martin Reißmann unter Mitwirkung von Uta Hess, Jutta Matz und Hans Wilhelm Schwarz. Husum 1997. 415 Seiten. Vergriffen. ISBN 3-931292-49-5

Bände 50 bis 53: Findbuch des Bestandes Abt. 260: Regierung des Bistums, Fürstentums, Landesteils Lübeck zu Eutin, von Gertrud Nordmann, Wolfgang Prange und Konrad Wenn. 1997. 4 Bände. 1896 Seiten. Nur zusammen zu beziehen. ISBN 3-931292-50-9

Band 54: Die Anfänge des Landes Schleswig-Holstein. Vier Vorträge aus Anlaß des 50jährigen Landesjubiläums. Hrsg. vom Schleswig-Holsteinischen Heimatbund und dem Landesarchiv Schleswig-Holstein. 1997. 103 Seiten mit 10 Abb. ISBN 3-931292-51-7

Band 55: Landgraf Carl von Hessen 1744–1836. Vorträge zu einer Ausstellung. Hrsg. von Reimer Witt und Heyo Wulf. 1997. 163 Seiten. Vergriffen. ISBN 3-931292-52-5

Band 56: Der Hesterberg. 125 Jahre Kinder- und Jugendpsychiatrie und Heilpädagogik in Schleswig. Eine Ausstellung im Landesarchiv Schleswig-Holstein, von Susanna Misgajski. 1997. 157 Seiten. ISBN 3-931292-53-3

Band 57: Die Gottorfer auf dem Weg zum Zarenthron. Russisch-gottorfische Verbindungen im 18. Jahrhundert. Katalog zur Ausstellung im Landesarchiv Schleswig-Holstein, von Michail Lukitschev und Reimer Witt, unter Mitwirkung von Svetlana Dolgova, Jutta Matz, Marina Osekina und Sven Schoen. 1997. 203 Seiten. Vergriffen. ISBN 3-931292-54-1

Band 58: Schleswig-Holsteinische Regesten und Urkunden. Band 16: Urkundenbuch des Bistums Lübeck. Band 5: Siegelzeichnungen, Überlieferung, Indices. Bearb. von Wolfgang Prange. Neumünster 1997. 363 Seiten. ISBN 3-931292-32-0

Band 59: Schleswig-Holsteinische Beamte 1816–1848, von Gertrud Nordmann. 1997. VII, 445 Seiten. ISBN 3-931292-56-8

Band 60: Findbuch des Bestandes Abt. 170: Landschaft Stapelholm 1699–1867 (–1925), von Marion Dernehl. 1998. V, 52 Seiten. ISBN 3-931292-17-7

Band 61: Findbuch des Bestandes Kreis Herzogtum Lauenburg (Ratzeburg) 1873–1950, von Cordula Bornefeld und Hartmut Haase. 2001. 2 Bände. XIII, VIII, 687 Seiten. ISBN 3-931292-33-9

Band 62: Findbuch des Bestandes Abt. 320.4: Kreis Eiderstedt 1867–1950. Neu bearb. von Marion Dernehl und Reimer Witt. 1998. 2., erweiterte Auflage. IX, 167 Seiten. ISBN 3-931292-19-3

Band 63: Die Staatsgrundgesetze 1848/49 in Schleswig-Holstein und Lauenburg: Reprint zeitgenössischer Drucktexte. Hrsg. vom Verein zur Förderung des Landesarchivs Schleswig-Holstein e. V. 1998. 63 Seiten. ISBN 3-931292-55-X

Band 64: Heinrich Rantzau (1526–1598) – Statthalter in Schleswig und Holstein. Ein Humanist beschreibt sein Land. Katalog zur Ausstellung im Landesarchiv Schleswig-Holstein. Landesbeschreibung – Aufsätze – Katalog. Hrsg. von Marion Bejschowetz-Iserhoht, Hans Braunschweig, Reimer Witt und Heyo Wulf. 1999. 346 Seiten. ISBN 3-931292-57-6

Band 65: Arkivfortegnelse/Findbuch der Bestände Tønder kreds/Kreis Tondern 1867–1920 und/og Kreis Südtondern/Sydtønder kreds 1920–1950 i/im Landsarkivet for Sønderjylland und/og Landesarchiv Schleswig-Holstein. Redaktion Bettina Reichert und Hans Schultz Hansen. 1999. XIII, 353 Seiten. ISBN 3-931292-58-4

Band 66: Staatsgrundgesetze 1848/49 in Schleswig-Holstein und Lauenburg. Katalog zur Ausstellung im Haus Mecklenburg, Ratzeburg, 11. Mai bis 7. November 1999, von Hans Wilhelm Schwarz. 1999. 104 Seiten. ISBN 3-931292-61-4

Band 67: Findbuch des Bestandes Abt. 20: Herzöge von Schleswig-Holstein-Sonderburg-Plön, von Wolfgang Prange und Konrad Wenn. 1999. XVIII, 221 Seiten. ISBN 3-931292-62-2

Band 68: Findbuch des Bestandes Abt. 2002: Landesfilmarchiv, von Dirk Jachomowski. 1999. XVI, 258 Seiten mit 70 Abb. ISBN 3-931292-59-2

Band 69: Gilden in Schleswig-Holstein. Vorträge zur Ausstellung im Landesarchiv Schleswig-Holstein. Hrsg. von Marion Bejschowetz-Iserhoht, Reimer Witt und Heyo Wulf. 2000. 171 Seiten mit 17 Abb. ISBN 3-931292-63-0

Band 70: Findbuch Helgoländer Bestände: Abt. 174 Landschaft und britische Kronkolonie Helgoland, Abt. 131 Landgemeinde Helgoland, Abt. 320.22 Inselkreis Helgoland, von Malte Bischoff und Robert Knull. 2003. 70 Seiten. ISBN 3-931292-60-6

Band 71: Wappen – Zwischen Tradition und Fortschritt. Begleitheft zur Ausstellung im Landesarchiv Schleswig-Holstein, von Martin Reißmann. 2000. 35 Seiten mit 24 Abb. ISBN 3-931292-65-7

Band 72: Findbuch des Bestandes Abt. 3: Grafschaft Holstein-Schauenburg-Pinneberg. Bearb. von Malte Bischoff und Lars E. Worgull. 2002. 89 Seiten. ISBN 3-931292-66-5

Band 73: Arkivfortegnelse/Findbuch der Bestände Tønder amt til 1867/Amt Tondern bis 1867 i/im Landsarkivet for Sønderjylland og/und Landesarchiv Schleswig-Holstein. Bettina Reichert und Jesper Thomassen. 2001. XXX, 377 Seiten. ISBN 3-931292-67-3

Band 74: Im Spannungsfeld zwischen Regional- und Landesgeschichte. Vorträge eines Regionalsymposiums im Landesarchiv Schleswig-Holstein. Hrsg. von Reimer Witt. 2003. 115 Seiten. ISBN 3-931292-64-9

Band 75: Von Gottesfurcht und Kirchenzucht. Aspekte kirchlichen Lebens in Schleswig-Holstein im 17. Jahrhundert. Katalog zur Ausstellung im Landesarchiv Schleswig-Holstein. Hrsg. von Marion Bejschowetz-Iserhoht, Malte Bischoff und Reimer Witt. 2001. 71 Seiten mit 38 Abb. ISBN 3-931292-68-1

Band 76: Beiträge zur schleswig-holsteinischen Geschichte. Ausgewählte Aufsätze, von Wolfgang Prange. Neumünster 2002. XIV, 610 Seiten. ISBN 3-529-02212-8

Band 77: Archivalien zur Geschichte Schleswig-Holsteins im Niedersächsischen Staatsarchiv in Stade, von Robert Gahde. 2002. 91 Seiten. ISBN 3-931292-69-X

Band 78: Kirchliches Leben in Schleswig-Holstein im 17. Jahrhundert. Vorträge zu einer Ausstellung im Landesarchiv Schleswig-Holstein. Hrsg. von Marion Bejschowetz-Iserhoht und Reimer Witt. 2003. 215 Seiten. ISBN 3-931292-71-1

Band 79: Nicht erschienen.

Band 80: Schleswig-Holstein und die Niederlande – Aspekte einer historischen Verbundenheit. Katalog zur Ausstellung im Landesarchiv Schleswig-Holstein-Hrsg. von Ernst Joachim Fürsen und Reimer Witt. 2003. 183 Seiten . ISBN 3-931292-72-X

Band 81: Findbuch des Bestandes Abt. 320.12: Kreis Pinneberg, von Robert Knull. 2003. IX, 127 Seiten. ISBN 3-931292-73-8

Band 82: Das dritte Elbherzogtum. Der Kreis Herzogtum Lauenburg und seine Geschichte. Eine Ausstellung des Landesarchivs Schleswig-Holstein und des Kreises Herzogtum Lauenburg, von Eckardt Opitz und Martin Knauer. 2003. [34] Bl. Vergriffen. ISBN 3-931292-74-6

Band 83: Von ehrbaren Handwerkern und Böhnhasen – Handwerksämter in Schleswig-Holstein. Katalog zur Ausstellung im Landesarchiv Schleswig-Holstein. Hrsg. von Marion Bejschowetz-Iserhoht und Reimer Witt. 2004. 76 Seiten mit 36 Abb. ISBN 3-931292-75-4

Band 84: Findbuch des Bestandes Abt. 320.11: Kreis Oldenburg 1867–1950. Bearb. von Veronika Eisermann. 2004. VI, 46 Seiten. ISBN 3-931292-76-2

Band 85: Findbuch des Bestandes Abt. 314: Oberversicherungsamt, von Wulf Pingel. 2005. V, 51 Seiten. ISBN 3-931292-77-0

Band 86: Belli Dithmarsici vera descriptio – Wahre Beschreibung des Dithmarscher Krieges, von Heinrich Rantzau (Christianus Cilicius Cimber). Edition, Einleitung und Übersetzung von Fritz Felgentreu. 2009. 252 Seiten mit 12 Abb. ISBN 978-3-931292-78-2

Band 87: Findbuch des Bestandes Abt. 301: Oberpräsidium und Provinzialrat der Provinz Schleswig-Holstein, von Elke Imberger. 2005. XXVIII, 576 Seiten. ISBN 3-931292-79-7

Band 88: Findbuch des Bestandes Abt. 111: Ämter Reinbek, Trittau, Tremsbüttel, von Dirk Jachomowski und Wulf Pingel. 2006. XI, 261 Seiten. ISBN 3-931292-80-0

Band 89: Das Landesarchiv Schleswig-Holstein. Eine Betrachtung aus archivtechnischer Sicht, von Roland Lucht. 2., komplett überarb. Auflage. 2014. 95 Seiten mit 22 Abb. ISBN 978-3-943423-11-2

Band 90: Findbuch des Bestandes Abt. 47: Christian-Albrechts-Universität Kiel. Teil 1: 1665–1945, von Georg Asmussen. 2007. VI, 185 Seiten. ISBN 978-3-937816-43-2

Band 91: Findbuch des Bestandes Abt. 47.1: Kuratorium der Christian-Albrechts-Universität, von Georg Asmussen. 2007. VIII, 61 Seiten. ISBN 978-3-937816-44-9

Band 92: 99 Silbermünzen. Der Haselauer Münzfund aus der Zeit des Dreißigjährigen Krieges. Katalog zur Ausstellung im Landesarchiv Schleswig-Holstein. Hrsg. von Marion Bejschowetz-Iserhoht und Rainer Hering. 2008. 215 Seiten mit 151 Abb. ISBN 978-3-931292-82-9

Band 93: Die Ordnung der Natur. Historische Gärten und Parks in Schleswig-Holstein. Katalog zur Ausstellung des Landesarchivs Schleswig-Holstein in Zusammenarbeit mit dem Archiv für Architektur und Ingenieurbaukunst. Hrsg. von Marion Bejschowetz-Iserhoht und Rainer Hering. 2008. 215 Seiten mit 121 Abb. ISBN 13: 3-931292-83 6

Band 94: Findbuch des Bestandes Abt. 79: Ministerium für das Herzogtum Schleswig zu Kopenhagen 1851–1864, von Jörg Rathjen. 2008. XI, 121 Seiten. ISBN 978-3-937816-48-7

Band 95: Archive zwischen Konflikt und Kooperation/Arkiver mellem konflikt og samarbejde. 75 Jahre deutsch-dänisches Archivabkommen von 1933/75 år dansk-tysk arkivoverenskomst af 1933. Hrsg. von/udgivet af Rainer Hering, Johan Peter Noack, Steen Ousager und/og Hans Schultz Hansen (Landesarchiv Schleswig-Holstein/Statens Arkiver i Danmark). 2008. 159 Seiten mit 1 Abb. ISBN 978-3-937816-59-3

Band 96: Die Ordnung der Natur. Vorträge zu historischen Gärten und Parks in Schleswig-Holstein. Hrsg. von Rainer Hering. 2009. 271 Seiten mit 119 Abb. ISBN978-3-937816-65-4

Band 97: Findbuch der Bestände Abt. 80 und 56: Ministerium für die Herzogtümer Holstein und Lauenburg zu Kopenhagen 1852–1864 sowie Holsteinische Regierung zu Kopenhagen bzw. Plön 1862–1864, von Jörg Rathjen. 2010. XXII, 620 Seiten. ISBN 978-3-937816-66-1

Band 98: Findbuch des Bestandes Abt. 109: Ämter Reinfeld, Rethwisch, Traventhal, von Wulf Pingel. 2010. VII, 116 Seiten. ISBN 978-3-937816-77-7

Band 99: Findbuch der Bestände Abt. 51 bis Abt. 55: Regierungen der Herzogtümer während der Erhebung 1848–1851, Dänische Immediatkommission zur gemeinsamen Regierung der Herzogtümer in Sonderburg 1848–1849, Landesverwaltung für das Herzogtum Schleswig 1849–1851 und Dänischer Regierungskommissar 1850–1851, Oberste Zivilbehörde für das Herzogtum Holstein in Kiel 1851–1852 sowie Militärische Behörden der Erhebungszeit 1848–1851, von Jörg Rathjen. 2010. XV, 606 Seiten. ISBN 978-3-937816-78-4

Band 100: Archivführer Schleswig-Holstein. Archive und ihre Bestände. Hrsg. vom Landesarchiv Schleswig-Holstein, dem Verband schleswig-holsteinischer Kommunalarchivarinnen und -archivare e. V. (VKA) und dem Nordelbischen Kirchenarchiv. 2011. 504 Seiten mit zahlreichen Abb. ISBN 978-3-937816-83-8

Band 101: Das Gedächtnis unseres Landes. Archive in Schleswig-Holstein. Begleitschrift zur Ausstellung. Hrsg. von Manfred von Essen, Rainer Hering, Anke Rannegger und Johannes Rosenplänter. 2011. 50 Seiten mit zahlreichen Abb. ISBN 978-3-931292-85-0

Band 102: Findbuch des Bestandes Abt. 22: Herzöge von Schleswig-Holstein-Sonderburg-Augustenburg, von Jörg Rathjen. 2012. X, 213 Seiten. ISBN 978-3-937816-89-0

Band 103: Findbuch der Bestände Abt. 57 bis Abt. 62: Bundeskommissare für die Herzogtümer Holstein und Lauenburg 1863–1864, Österreichisch-preußische Oberste Zivilbehörde für das Herzogtum Schleswig 1864, Österreichisch-preußische Oberste Zivilbehörde für die Herzogtümer Schleswig, Holstein und Lauenburg 1864–1865, Österreichischer Statthalter für das Herzogtum Holstein, Preußischer Gouverneur für das Herzogtum Schleswig, Oberpräsident für die Herzogtümer Schleswig und Holstein (von Scheel-Plessen) in Kiel, Holsteinische Landesregierung in Kiel 1864–1866, Schleswig-Holsteinische Landesregierung in Schleswig 1865, Schleswigsche Regierung zu Schleswig 1865–1868, Zivilverwaltung/Regierung für Holstein 1866–1868, von Jörg Rathjen. 2012. XIII, 262 Seiten. ISBN 978-3-937816-90-6

Band 104: Wie mächtig sind Archive? Perspektiven der Archivwissenschaft. Hrsg. von Rainer Hering und Dietmar Schenk. 2013. 204 Seiten mit 18 Abb. ISBN 978-3-943423-03-7

Band 105: Prinz Heinrich von Preußen. Großadmiral. Kaiserbruder. Technikpionier. Hrsg. von Rainer Hering und Christina Schmidt. 2013. 256 Seiten mit zahlreichen Abb. ISBN 978-3-529-06100-4

Band 106: Findbuch der Bestände Abt. 18 und 19: Generalsuperintendent für Schleswig und Generalsuperintendent für Holstein, von Jörg Rathjen. 2016. X, 158 Seiten. ISBN 978-3-943423-14-3

Band 107: Schleswig-Holsteinische Regesten und Urkunden. Band 17: Das Protokoll des Lübecker Domkapitels 1544–1549 mit ergänzenden Texten. Bearb. von Wolfgang Prange. In Verbindung mit der Gesellschaft für Schleswig-Holsteinische Geschichte hrsg. vom Landesarchiv Schleswig-Holstein. 2016. 201 Seiten mit 4 Abb. ISBN 978-3-943423-26-6

Band 108: 1864 – Menschen zwischen den Mächten/1864 – Mennesker mellem magterne. Hrsg. von/udgivet af Rainer Hering und/og Hans Schultz Hansen unter Mitarbeit von/under medvirken af Elke Imberger. Übersetzungen/Oversættelser: Eckhard Bodenstein. 2015. 478 Seiten mit 54 Abb. ISBN 978-3-943423-24-2

Band 109: Die „Reichskristallnacht“ in Schleswig-Holstein. Der Novemberpogrom im historischen Kontext. Hrsg. von Rainer Hering. 2016. 394 Seiten mit 41 Abb. ISBN 978-3-943423-30-3

Band 110: Findbuch des Bestandes Abt. 13: Obergericht zu Gottorf 1713–1834, von Jörg Rathjen. 2017. IX, 185 Seiten. ISBN 978-3-943423-17-4

Band 111: Findbuch des Bestandes Abt. 320.6: Kreis Flensburg-Land 1867–1968, von Hartmut Haase. 2017. VI, 163 Seiten. ISBN 978-3-943423-18-1

Band 112: Findbuch des Bestandes Abt. 49: Schleswig-Holsteinische Regierung auf Gottorf 1834–1851, von Jörg Rathjen. 2017. XIII, 573 Seiten. ISBN 978-3-943423-32-7

Band 113: Gestalten des Archivs. Nachgelassene Schriften zur Archivwissenschaft, von Adolf Brenneke. Hrsg. und mit einem Nachwort versehen von Dietmar Schenk. 2018. 270 Seiten mit 16 Abb. ISBN 978-3-943423-50-1

Band 114: Findbuch des Bestandes Abt. 77: Dänische Ministerien, von Jörg Rathjen. 2018. IX, 70 Seiten. ISBN 978-3-943423-55-6

Band 115: Findbuch des Bestandes Abt. 68: Oberste Zoll- und Kommerzbehörden in den Herzogtümern und in Kopenhagen bis 1867, von Jörg Rathjen. 2018. XIII, 147 Seiten. ISBN 978-3-943423-54-9

Band 116: Findbuch des Bestandes Abt. 8.3: Schleswig-Holstein-Gottorfisches Groß-fürstliches) General-Landes- und Ökonomie-Verbesserungsdirektorium zu Kiel 1766-1807, von Jörg Rathjen. 2019. XV, 371 Seiten. ISBN 978-3-943423-56-3

Band 117: „Die Schleswig-Holsteiner sind fortan Preußen". Schleswig-Holstein als preußische Provinz. Hrsg. von Rainer Hering und Julia Liedtke. 2020. 536 Seiten mit zahlreichen Abb. ISBN 978-3-898769-50-1

Band 118: Findbuch der Bestände Abt. 65.1–65.3: Deutsche Kanzlei zu Kopenhagen bis 1730, Deutsche Kanzlei zu Kopenhagen ab 1730, Deutsche Kanzlei zu Kopenhagen für das Herzogtum Lauenburg, von Jörg Rathjen. 2019. 2 Teile. XXXII, 860 Seiten. ISBN 978-3-943423-57-0

Band 119: Findbuch des Bestandes Abt. 11: Regierungskanzlei (Obergericht) zu Glückstadt, von Jörg Rathjen. 2020. 2 Teile. XXIII, 1029 Seiten. ISBN 978-3-943423-51-8

Band 120: Kommentierte Beständeübersicht des Landesarchivs Schleswig-Holstein. Bestandsaufnahme zum 150-jährigen Bestehen. Hrsg. von Rainer Hering. 2020. XVI, 629 Seiten mit 14 Abb. ISBN 978-3-943423-74-7

Die Ausstellungskataloge, der Band 117 sowie vor Band 89 erschienene Werke sind direkt über das Landesarchiv zu beziehen.

Landesarchiv Schleswig-Holstein
Prinzenpalais
24837 Schleswig
Telefon 04621 8618-00
Fax 04621 8618-01
landesarchiv@la.landsh.de
www.schleswig-holstein.de/landesarchiv

Ab Band 89 (außer Band 117) stehen die Bände, die bei Hamburg University Press veröffentlicht werden (ISSN 1864-9912), zum kostenlosen Lesen und Herunterladen sowie als hochwertige Printversion zur Verfügung. Die Printversion kann über den Buchhandel oder direkt beim Verlag bezogen werden:

Hamburg University Press
Verlag der Staats- und Universitätsbibliothek Hamburg Carl von Ossietzky
Von-Melle-Park 3
20146 Hamburg
Telefon 040 42838-7146
Fax 040 42838-3352
order.hup@sub.uni-hamburg.de
hup.sub.uni-hamburg.de